Agathe Israel
Ingrid Kerz-Rühling (Hrsg.)

Krippen-Kinder in der DDR

In dem Buch wird den Auswirkungen der frühen Krippenbetreuung nachgegangen. Dabei wird besonders der körperlich-seelischen Gesundheit und der Persönlichkeitsentwicklung Aufmerksamkeit geschenkt. Der spätere Einfluss auf die eigene Elternschaft durch die Verschränkung von familiären, institutionellen und subjektiven Faktoren wird hervorgehoben.

Die Befunde dieser qualitativen Untersuchungen stellen die Autorinnen und der Autor in den Kontext aktueller entwicklungspsychologischer Erkenntnisse und psychoanalytischer Konzepte. Besonderer Wert wird auf den Bezug zu der aktuellen Betreuungsdebatte von Kleinkindern gelegt. Die Ergebnisse betonen die Qualität der Beziehungen in den Einrichtungen und messen der Bewältigung von Entwicklungsschritten der Kinder eine zentrale Bedeutung bei.

Die Herausgeberinnen:

Ingrid Kerz-Rühling, Dr. med., Ärztin für Neurologie und Psychiatrie, Psychoanalytikerin (DPV). Von 1977 bis 2006 wissenschaftliche Mitarbeiterin am Sigmund-Freud-Institut in Frankfurt a. M. Veröffentlichungen zur Psychoanalyse und den Transformationsprozessen nach 1989 in der ehemaligen DDR, u. a.: *Sozialistische Diktatur und psychische Folgen* (2000), *Verräter oder Verführte?* (2004).

Agathe Israel, Dr. med., Psychoanalytikerin für Kinder, Jugendliche und Erwachsene. Mitbegründerin des Instituts für Analytische Kinder- und Jugendlichen-Psychotherapie in Berlin. Zahlreiche Veröffentlichungen u. a. bei Brandes & Apsel: *Der Säugling und seine Eltern. Die psychoanalytische Behandlung frühester Entwicklungsstörungen* (2007).

Agathe Israel / Ingrid Kerz-Rühling (Hrsg.)

Krippen-Kinder in der DDR

Frühe Kindheitserfahrungen und ihre Folgen für die Persönlichkeitsentwicklung und Gesundheit

Beiträge von Agathe Israel,
Ingrid Kerz-Rühling, Luise Köhler,
Irene Misselwitz, Peter Vogelsänger,
Dagmar Völker

Brandes & Apsel

Auf Wunsch informieren wir Sie regelmäßig mit unseren Katalogen *Frische Bücher* und *Psychoanalyse-Katalog*. Wir verwenden Ihre Daten ausschließlich für die Zusendung unserer beiden Kataloge laut der EU-Datenschutzrichtlinie und dem BDS-Gesetz. Bitte senden Sie uns dafür eine E-Mail an info@brandes-apsel.de mit Ihrer Postadresse. Außerdem finden Sie unser Gesamtverzeichnis mit aktuellen Informationen im Internet unter: www.brandes-apsel.de sowie www.kjp-zeitschrift.de

3. Auflage 2023

2. Auflage 2022
1. Auflage 2008

Umschlag und DTP: Brandes & Apsel Verlag
Druck: Stückle Druck, Printed in Germany

Gedruckt auf einem nach den Richtlinien des Forest Stewardship Council (FSC) zertifizierten, säurefreien, alterungsbeständigen und chlorfrei gebleichten Papier.

Bibliografische Information der Deutschen Nationalbibliothek:
Die Deutsche Nationalbibliothek verzeichnet diese Publikation in der Deutschen Nationalbibliografie; detaillierte bibliografische Daten sind im Internet über www.ddb.de abrufbar.

ISBN 978-3-86099-869-4

Inhalt

Dank

Wir danken den Interviewten, dass sie sich bereit erklärten, uns Einblicke in ihre Lebensgeschichten zu geben.

Vorwort

Unser Buch möchte einen Beitrag zum besseren Verständnis der Bedingungen der Kindheit in der DDR leisten. Ausgehend von der Tradition der Psychoanalyse, an konkreten Fällen emotionale Entwicklungen aufzuzeigen, bilden deshalb die Lebensgeschichten von ehemaligen Krippenkindern aus der DDR das Kernstück unseres Buches. Bei der Bearbeitung der Interviews empfanden wir oft tiefe Trauer über die Sprachlosigkeit der frühen schmerzlichen Erfahrungen und die stillschweigende Anpassung der Interviewten. Wir hatten den Wunsch, ihnen durch diese Untersuchung eine Sprache zu verleihen, damit diese Erfahrungen nicht ungehört verschwinden.

Die Idee der sechs Autoren, Interviews mit jungen Eltern durchzuführen, die im frühesten Lebensalter in eine Kinderkrippe der DDR gekommen waren, entstand vor einigen Jahren, lange bevor die Diskussion um die Krippenbetreuung hohe Wellen schlug. Nach zweijähriger Vorarbeit begannen wir 2005 mit den Interviews. Unsere Motive für die Auseinandersetzung mit diesem Thema waren höchst unterschiedlicher Natur, geprägt durch die eigene Lebensgeschichte, durch professionelles Interesse und gesellschaftspolitische Beunruhigung. Oft entwickelten sich während unserer langjährigen Zusammenarbeit anhand des Materials und der Fachliteratur heftige Debatten. Denn für jeden von uns verband sich mit der Arbeit an diesem Thema jenseits aller professionellen Selbsterfahrung auch eine erneute Konfrontation mit der eigenen Lebensgestaltung. Das Oszillieren zwischen den Erfahrungen der Interviewten und unseren eigenen Kindheitserinnerungen und Erfahrungen als ehemalige DDR-Bürger in Anwesenheit einer interessierten Westdeutschen mit einer anderen gesellschaftlichen Sozialisation war eine schwierige, emotionale und zugleich erhellende Arbeit, die uns nach Beendigung der gemeinsamen Forschungsarbeit weiter bewegen wird. Aber ein gemeinsames Anliegen vereinte alle Autoren: die frühe Kindheit in der DDR sowohl in ihrem historischen, kulturellen und sozialpolitischen Kontext, als auch in ihrer intrapsychischen und interpersonalen Dimension verständlicher zu machen.

In Kapitel 1 versuchen wir deshalb, das in Europa einmalige Spezifikum der DDR-Kindheit, die staatliche institutionelle Fremdbetreuung fast aller null- bis dreijährigen Kinder, in ihren Strukturen und Zielen zu beschreiben. Der entwicklungspsychologische Exkurs in Kapitel 2 soll unsere Sicht auf die wichtigsten Entwicklungsaufgaben des ersten Lebensjahres lenken. Die Ausführungen dieser beiden Kapitel können dem Leser helfen, sowohl die ganz individuellen als auch die kontextbezogenen Aspekte der einzelnen Lebensgeschichten zu erkennen.

Fragestellung und Methode unserer Untersuchung werden in Kapitel 3 erläutert.

Von den 20 durchgeführten Interviews werden aus Gründen der Anonymisierung in Kapitel 4 nur 18 Lebensgeschichten nacherzählt. Die Erzählungen entfalten sich sehr unterschiedlich, was vielleicht im ersten Moment den Leser irritieren mag. Aber gerade diese Unterschiede spiegeln auch etwas von der Interviewszene wieder und entkräften das Klischee vom Einheits-DDR-Krippenkind.

Die Auswertung der Interviews wird deshalb auch eröffnet mit der Untersuchung der Motive der Interviewten, sich an dem Projekt zu beteiligen, und der Interaktionsszene zwischen den beiden Gesprächspartnern (Kapitel 5).

In den weiteren Kapiteln 6 bis 12 werden im Kontext der frühen Krippenbetreuung Lebensumstände, innerfamiliäre Beziehungen, Selbstentwicklung, Gesundheit, Adoleszenz, Erleben der Wende und die Bewältigung eigener Elternschaft sowie die transgenerationale Weitergabe von Lebensmustern dargestellt. Auch in diesem Ergebnisteil wollen wir den Leser durch zahlreiche Beispiele an der Textanalyse teilnehmen lassen. Lediglich bei der Untersuchung der reflexiven Funktion mussten wir aus Platzgründen darauf verzichten.

Wir hoffen, dass es uns mit dieser Untersuchung gelungen ist, deutlich zu machen, wie wenig hilfreich die oft hoch emotional vertretenen positiven oder negativen Pauschalurteile über Krippen sind und wie nötig es ist, darüber eine offene, differenzierte Debatte in unserer Gesellschaft zu führen. Besonders wichtig erscheint uns die Ausweitung der Diskussion über die Quantität der geplanten Krippenplätze auf die Anforderungen an die Qualität der Betreuung. Die Ergebnisse unserer Arbeit, die im Schlussteil (Kapitel 13) diskutiert werden, könnten dafür wesentliche Hinweise geben.

Teil 1

Einführung

Kapitel 1

Krippenbetreuung in der DDR

Agathe Israel

Sozialpolitischer und ideologischer Kontext

Der Aufbau von Kinderkrippen, die Kleinkinder von null bis drei Jahren betreuten, war eine der wirkmächtigsten Maßnahmen der Sozialpolitik der DDR, neben familienfreundlichen Subventionen wie Niedrigpreisen für Kinderbekleidung und Kinderliteratur, kostengünstiger Speisenversorgung in Kita, Schule, Hort sowie ab Mitte der 1970er Jahre »Geburtengeld« und Freistellung der Mütter bei vollem Arbeitslohn für ein Babyjahr mit Sicherung ihres Arbeitsplatzes über drei Jahre. Des Weiteren erhielt man bei Eheschließung bis zum 26. Lebensjahr ein zinsloses Darlehen, das mit der Geburt eines jeden Kindes anteilig getilgt wurde. Vollbeschäftigten Müttern gewährte man ab dem zweiten Kind eine Arbeitszeitverkürzung von 3,75 Stunden pro Woche. Die Dauer des Jahresurlaubs war von der Kinderzahl abhängig, ebenso die Höhe des Kindergeldes. Erkrankte ein Kind, gab es eine unbefristete Freistellung für Mutter oder Vater, die anteilig (wenn mehrere Kinder im Haushalt lebten) auch bezahlt wurde. Kostengünstige Kindergartenplätze sowie Ferien- und Freizeitbetreuung standen ausreichend zur Verfügung, so dass vom Lebensanfang an eine staatlich subventionierte »Vollversorgung« gesichert war.

Hans-Dieter Schmidt, einer der wenigen kritischen Entwicklungspsychologen der DDR, beschreibt 1996 in seinem Beitrag für die »Kommission für die Erforschung des sozialen und politischen Wandels in den neuen Bundesländern e.V. (KSPW)« die Auswirkungen dieser Sozialpolitik:

> Sie trug zur klimatischen Optimierung [...] elementarer Grundbedingungen erfolgreicher erzieherischer Situationen bei, die – insofern das Erziehungskonzept in gleichem Maße familien- wie kindgerecht gewesen wäre – eine wahrhaft ideale Erziehungsgesellschaft hätte gewährleisten können [...] Sie versöhnte die Mehrheit der Bürger mit den als lästig, ärgerlich oder widerlich empfundenen Restriktions- und Repressionsphänomenen des DDR-Systems und verstärkte die Tendenz, sich einzurichten [...], intensivierte also die Anpassungs- und Unterordnungsbereitschaft [...], dass viele Familien geneigt waren, einen Großteil ihrer erzieherischen Verantwortung an staatliche Institutionen zu delegieren und zudem ein Übermaß an staatlicher Förderung und Unterstützung [...] einzufordern und für selbstverständlich zu halten [...] Die staatlichen Erziehungsziele wurden von Anfang an *unmittelbar* aus den Aufbau-, Entwicklungs-, Stabilisierungs- und Sicherheitserfordernissen der sozialistischen DDR-Gesellschaft abgeleitet.

> Bezüglich des *Wie* der Erziehung galt die bewusste Planung unter Anleitung und Kontrolle des Lehrers und Erziehers (dessen gleichfalls führende Rolle zu sichern war) als probates Instrumentarium. (H.-D. Schmidt, 1996, S. 61ff.)

Ziel aller Bemühungen war die Prägung einer »sozialistischen Persönlichkeit«. Das Konzept und damit das Bild vom Kind basierten auf drei charakteristischen Merkmalen:

1. *Heranwachsende sind werdende Erwachsenen* d. h. Unreife, Noch-nicht-Wissen oder Nicht-Können werden als defizitäre Differenz gegenüber Erwachsenen aufgefasst (Defizitmodell).
2. *Heranwachsende sind nahezu grenzenlos formbare Rezipienten* einer geplanten und programmierten Erziehung, d. h. individualspezifische Voraussetzungen werden den Außenbedingungen, vertreten durch den Erzieher und seine Anforderungen, untergeordnet (Tabula rasa-Modell).
3. *Heranwachsende haben sich vor allem die Fähigkeiten und Eigenschaften rational-bewussten, gesellschaftsverpflichtenden und angepassten Verhaltens* anzueignen, d. h. es »wurde ein konventionell-konformistisches Niveau angezielt« (H.-D. Schmidt, 1996, S. 67); dies entsprach m. E. einem Kollektivierungsmodell.

Dafür wurde eine »einheitliche, geschlossene Erzieherfront« geschaffen, die auch die »sozialistische Familie« einbezog. Deren Leitbild könnte folgendermaßen umrissen werden:

- *bewusste und aktive Stellung* der Eltern in der Gesellschaft und zur Gesellschaft;
- *Vater und Mutter tragen grundlegende Merkmale sozialistischer Persönlichkeiten* und
- *Verantwortung und Verpflichtung für die sozialistischeErziehung* ihrer Kinder, für ihre geistige, moralische und körperliche Entwicklung und die Vorbereitung auf die Arbeit und das Leben im Sozialismus;
- »*die Beziehungen in der Familie* werden von Liebe, Vertrauen, gegenseitiger Hilfe und Gleichberechtigung von Mann und Frau getragen« (Scharnhorst, 1989, S. 46);
- *Gleichsinnigkeit mit den gesellschaftlichen Erziehungsinstitutionen*, um den gesellschaftlichen Einfluss auf die Entwicklung des Kindes zu »potenzieren«.

Für das Krippenalter wurde angestrebt, dass von beiden Seiten her, durch die Eltern und die Krippenerzieher, das Leben des Kindes bewusst und harmonisch zu gestalten wäre. In den 1970er Jahren führte man Elternvertretungen in allen Einrichtungen ein. Aber die wurden meist dominiert durch »fortschrittliche« Eltern, wie SED-Mitglieder, die Einfluss ausübten »durch ein breites Reservoir von Beeinflussungstechniken, die schließlich zum schweigenden ›Mitlaufen‹ des überwiegenden Teils der Elternschaft führte« (H.-D. Schmidt, 1996, S. 39f.).

Das Leben, wie es nach staatlichen Vorstellungen ablaufen sollte, vollzog sich also von frühester Kindheit bis in das Erwachsenenalter überwiegend in hierarchisch strukturierten Klein- und Großgruppen nach dem Modell: Führer – Geführter, Rede ohne Gegenrede.

Der Wert des Einzelnen war den Normen der Gruppe total untergeordnet. Dass das multilaterale Leben in Gruppen einen gewaltigen Entwicklungsanreiz bieten kann, soll damit nicht in Frage gestellt werden. Aber diese formalen Gruppen sollten die ideologisch erwünschten Erziehungsziele auch gegen die Interessen und Widerstände des Einzelnen durchsetzen.

Nicht alle Bürger unterwarfen sich diesem Erziehungs- und Bildungskonzept: »Es wäre ein fundamentaler Irrtum anzunehmen, die Erziehungsrealität in der DDR sei ausschließlich durch die [...] offiziellen Intentionen und Indoktrinationen determiniert worden.« (H.-D. Schmidt, 1996, S. 42) Unter Lehrern, Erziehern, wissenschaftlich tätigen Pädagogen und Eltern gab es durchaus findige Geister, die sich über verschiedene Kanäle mit »westlichen« Konzepten, wie z. B. der Montessoripädagogik oder Gordons Familienkonferenz u. ä. m. befassten. Aber diejenigen, die innerhalb ihrer Familie einen privaten Raum für Bindung und individuelle Entwicklung ihrer Kinder schufen, hatten es oft nicht leicht, ihre Haltung gegenüber der Außenwelt zu vertreten, gerieten in den Ruf, »bürgerlich-individualistische Abweichler« zu sein. Das ist u. a. darauf zurückzuführen, dass man sich von reformpädagogischen Ideen, die sich auf eine »Erziehung vom Kinde und seiner Individualität her« gründeten, bereits Anfang der 1950er Jahre abgewandt hatte. Man brach mit der Tradition der Reformpädagogik vor 1933 – lediglich Fröbel (der »Erfinder des Kindergartens«) wurde gelegentlich als Urahn zitiert –, weil sie »revisionistische Auffassungen und Bestrebungen« (Günther et al., 1959, S. 44f.) vertrat, und verteufelte ebenso Weiterentwicklungen [...] als »die größten Feinde einer wahren demokratischen Erziehung« (Siebert, 1949, S. 27).

Favorisiert wurden Sowjetpädagogen wie Makarenko, der die Persönlichkeit des zu erziehenden Kindes regelrecht »projektierte«, oder die Pawlowsche Lehre von der höheren Nerventätigkeit, die sich besonders für Lenins Widerspiegelungstheorie der objektiven Realität im menschlichen Bewusstsein eignete.

Innerfamilialer Kontext

Meist gestaltete sich die Situation junger Familien in der DDR folgendermaßen: Man heiratete sehr früh, oft schon mit 20 Jahren nach dem Abschluss der Berufsausbildung oder während des Studiums, mit der Absicht, sich äußerlich von der Herkunftsfamilie zu lösen, um autonom leben zu können. Das Einkommen war zwar nicht groß, aber sicher. Und als Ehepaar konnte man angesichts der Wohnungsnot auch eher mit der Zuteilung einer eigenen Kleinstwohnung rechnen. Kinder galten als gesellschaftlich gestütztes Statussymbol und als Druckmittel für größere soziale Freiheiten wie eine größere Wohnung, Kindergeld, Befreiung von Arbeitsplatzbindung oder vom Schichtdienst, Reisemöglichkeit in den Westen. Kinder halfen, elterliche Geborgenheitswünsche zu erfüllen. Die selbstverständliche Berufstätigkeit beider Eheleute wurde meist solidarisch getragen. Der permanente Zeitdruck war so selbstverständlich, dass er kaum noch wahrgenommen wurde.

Man teilte sich weitestgehend häusliche Alltagsarbeit und Kinderpflege. Dennoch blieben meist »Mutti fürs Emotionale« und damit letztlich doch für die Kinder, »Vati mehr fürs Sachliche« wie Reparaturen, Kleingarten oder Auto zuständig.

Die Gleichberechtigung von Männern und Frauen war bereits 1949 im Artikel 7 der ersten Verfassung der DDR festgeschrieben worden. Dafür sollten Einrichtungen für Kinder geschaffen werden, »die es gewährleisten, dass die Frau ihre Aufgabe als Bürgerin und Schaffende mit ihren Pflichten als Frau und Mutter vereinbaren kann«. Die Gleichberechtigung zielte damit von Anfang an auf die Veränderung äußerer Bedingungen. Die Vernachlässigung einer Wandlung des innerfamiliären Rollenverständnisses hielt m. E. bis zum Ende der DDR an. Auch war die Emanzipation der Frauen im Sinne der Selbstfindung als erotische Person mit einem geschlechtspezifischen Daseinsgefühl – bis auf wenige literarische Arbeiten und Filme – kein Gegenstand im öffentlichen Diskurs. Deshalb blieb es bei einer Doppelbelastung der Frauen, und das sozialpolitische Paket war eher eine »Muttipolitik«.

Die Geburt des ersten Kindes fiel meist in die ersten zwei Ehejahre, in denen das Paar seine Identität festigen und einen eigenen Lebensstil erst finden musste. »Dieser gegenseitige Anpassungsprozess ist schwierig und gefährlich.« (Willi, 1975, S. 36) So geriet das Kind, zwar erwünscht, als Dritter rasch in die Position eines zu funktionierenden Objektes und erhielt wenig emotionalen Raum für seine Abhängigkeit und Bedürfnisse nach Halt und Verstehen.

Dementsprechend gestaltete sich auch der *Umgang mit dem Baby oder Kleinstkind:* Es wurde im System Familie kaum als ein Mitglied betrachtet, das erst einmal etwas zu bekommen hat, sondern in den Status des Gebenden geschoben. Der elterliche Container (Bion, 1962), der kindliches Erleben aufnehmen und bearbeiten sollte, war brüchig. Dadurch wurden Kleinkinder früh von ihren Bedürfnissen nach Bindung und Geborgenheit getrennt. Dieser Kontext macht vielleicht auch die harten Interpretationen der Eltern – z. B.: *»Es will uns ärgern. Es hört nicht. Es ist verwöhnt. Es muss besser erzogen werden«* – verständlicher, wenn die Kinder nachts schrien, unruhig waren, weinten oder sich vor unbekannten Personen ängstigten.

Ebenso schnell und unkompliziert, wie man in der DDR heiraten konnte, vollzogen sich auch die Scheidungen. Jede dritte Ehe in der DDR wurde wieder geschieden. Der erste Scheidungsgipfel lag in den 1970er Jahren innerhalb der ersten drei bis vier Ehejahre, also meist zwischen dem 22. bis 24. Lebensjahr der Eheleute. In der Regel war bereits mindestens ein Kind geboren. Oft fiel in diese ersten Ehejahre auch der anderthalbjährige Pflichtdienst der Väter bei der Nationalen Volksarmee, so dass sie den Lebensanfang ihrer Kinder nur aus der Perspektive eines gelegentlichen Wochenendbesuchers miterleben konnten. Auch sollte man nicht unterschätzen, wie stark die langen Trennungen zu einer Entfremdung der jungen Erwachsenen beitrugen.

Selten blieben nach der Scheidung die Frauen, denen meist die Kinder zugesprochen wurden, längere Zeit alleine. Leider war das Wissen um den Schmerz und die Dauer kindlicher Trauer über den Verlust des Vaters den Eltern und Erzieherinnen kaum bewusst. Das Kind sollte schnell den »bösen« Vater vergessen, denn Partnerschaft und Elternschaft hatten sich angesichts der kurzen Findungszeit kaum differenzieren können. Ebenso wenig reflektierten die Mütter die Rollen, die ihre (Klein-) Kinder für sie nach einer Scheidung ausfüllen sollten, wie Partner, Tröster, Freund, Versorger. Die Stiefväter sprachen und verstanden nicht die »Sprache« des Kindes. Wollten sie dessen unangemessene innerfamiliäre Position auflösen, standen sie unter hohem Handlungsdruck, besonders dann, wenn sich das Kind auf einen idealisierten leiblichen Vater berief. In diesem Beziehungswirrnis war die »Kindergartentante« oft die stabilste Identifikationsfigur. Regressive Symptome oder Aggressionen, Missmut, Naschen, psychosomatische Erkrankungen, Nicht-hören-Wollen, Stehlen zu Hause und im Kindergarten wurden eher auf schlaffe Erziehung zurückgeführt als auf das häusliche Beziehungschaos oder den repressiven Erziehungsstil oder die psychische Not der Kinder. Die öffentliche Früherziehung konnte jedoch den Verlust von Vater oder Mutter nicht auffangen, wie eine der wenigen Untersuchungen zu psychosomatischen und psychischen Auffälligkeiten von Kleinkindern in der DDR zeigte (Böttcher, 1968).

Die Großeltern spielten in den ersten Lebensjahren oft eine entscheidende Rolle. Sie waren stützende und stabilisierende Personen. Als Paar oft stabiler als die Eltern, wurden sie häufig zur Pflege in Anspruch genommen und gewannen damit ein Recht sich einzumischen. Die abhängige und infantile Position gegenüber den eigenen Eltern erschwerte wiederum die Reifung der Eltern-Kind-Beziehung.

Struktur des Krippenwesens

Das Netz der Tageskinderkrippen hatte sich zwischen 1950 von 194 Institutionen mit 4.774 Plätzen bis 1989 auf 7.707 Einrichtungen mit 348.058 Plätzen soweit verdichtet, dass zu diesem Zeitpunkt für 80 Prozent der Null- bis Dreijährigen ein Platz bereitstand. Allerdings verschob sich die Altersgrenze der Krippenaufnahme im Laufe der Jahrzehnte erheblich nach oben. Zwischen 1970 und 1975 wurden noch 22 Prozent der Kinder vor dem ersten Lebensjahr aufgenommen. Danach, nicht zuletzt wegen des 1976 eingeführten »Babyjahres« ab dem zweitgeborenen Kind, besuchten nur noch acht bis zehn Prozent der Kleinstkinder unter einem Jahr die Krippe. 1988, nach Einführung des Babyjahres ab dem erstgeborenen Kind, waren nur noch ein Prozent der Krippenkinder unter einem Jahr alt. Die bezahlte Freistellung der Mütter oder Väter im ersten Lebensjahr hatte also ihre Wirkung voll entfaltet.

Bis 1989 hatte sich in der DDR das dichteste Netz von Kinderkrippen in Europa entwickelt. Annähernd ähnlich hatte man in der ČSSR in den 1960er Jahren die Tageskrippenplätze ausgebaut. Dort wurden die Folgen frühkindlicher Kollektiverziehung beforscht, und als sich dabei herausstellte, dass psychische Deprivation sowie die Übertragung der psychischen Deprivation von einer Generation auf die nächste, als Folge von Frühtrennungen und kollektiver Früherziehung, gehäuft auftraten, wurden diese Ergebnisse öffentlich und relativ ideologiefrei diskutiert und in die Sozialpolitik umgesetzt (Matejcek, 1968, 1988). So wurden die Krippenplätze drastisch auf ein Angebot von ca. 25 Prozent für Ein- bis Dreijährige reduziert und gleichzeitig die Familien in der Frühzeit ihrer Kinder durch verschiedene Maßnahmen unterstützt.

Die Kinderkrippen unterstanden dem Ministerium für Gesundheit der DDR. Von dort wurde über ein hierarchisch gegliedertes System die fachliche und politische Aufsicht und Kontrolle ausgeübt. Die Bezirksärzte und deren Fachreferate für »Krippen und Heime« waren gegenüber den Kreisärzten und Fachreferaten auf Kreisebene weisungsbefugt. Diese befassten sich direkt mit der Einrichtung oder mit sogenannten Krippenvereinigungen – Zusammenschlüssen von mehreren Krippen –, die sich in Großstädten gebildet hatten.

Mit der Einführung der »Kinderkombinationen«, dabei handelte es sich um Zweckbauten, die Krippe und Kindergarten und damit mehr als 200 Kinder unter einem Dach vereinten, entstanden erhebliche strukturelle Unterschiede zu den ländlichen oder Betriebseinrichtungen, die in der Regel kleiner waren und deshalb eher »familiär« anmuteten. Alle Neubauten wurden nach normierten Standardvorgaben errichtet, die »Funktionseinheiten« pro Gruppe mit Schlaf-, Gruppen-, Sanitärraum und Garderobe sowie eine kindgerechte, minutiös ausgearbeitete Standardausstattung an Möbeln und Spielsachen vorsahen.

Die wirtschaftliche und arbeitsrechtliche Verantwortung lag in den Händen der Räte der Gemeinden und Städte bzw. bei der Betriebs- (bzw. Kombinats-) Leitung.

Auf der untersten Ebene musste die jeweilige Krippenleiterin sowohl die administrativ-wirtschaftlichen als auch die fachlichen Vorgaben koordinieren.

Die Mitarbeiterinnen hatten eine pflegerische oder pädagogische Ausbildung als Säuglings- bzw. Kinderkrankenschwester oder Krippenerzieherin. In ihren jeweiligen Berufsausbildungen waren nicht nur die kleinkindpädagogischen, sondern vor allem die psychologischen Fächer schwach vertreten. Als Grundlage für die Praxis diente zwischen 1968 und 1984 das Erziehungsprogramm unter dem Titel »Pädagogische Aufgaben und Arbeitsweisen der Krippen«, das insbesondere zwischen 1970 und 1974 mit großem Nachdruck eingeführt wurde. Fachberaterinnen kontrollierten die Qualität der Umsetzung und die Arbeit der Institution. Diese Art der »Aufsicht« wurde von den Mitarbeiterinnen in der Regel nicht gern gesehen. Vielleicht lag in diesem Umstand, neben der niedrigen Bezahlung und der vielseitigen Belastung, auf die besonders die jüngeren Erzieherinnen nicht ausreichend vorbereitet waren, einer der Gründe für die hohe Fluktuation des Fachpersonals. »Etwa ab 1985 waren jährlich 2.000 und mehr Krippenerzieherinnen aus dem Beruf ausgeschieden« (Weber, 1996, S. 185), was die zentrale Führungsebene mit Beunruhigung wahrnahm und mit Appellen an das Berufethos beantwortete.

Erst 1985 löste ein neues Programm, das die Subjekthaftigkeit des Kindes mehr berücksichtigte, die alten Vorgaben ab. »Da eine kritische Auseinandersetzung mit diesem (alten) Programm nicht öffentlich geführt werden durfte, war es für die Erzieherinnen in der Praxis besonders schwer, veränderte Erziehungsauffassungen aus dem neuen Programm herauszulesen.« (Weber, 1996, S. 215)

Das Erziehungsprogramm

Das Erziehungsprogramm sollte »das theoretische Rüstzeug für die erste Stufe des einheitlichen sozialistischen Bildungswesens schaffen« (Schmidt-Kolmer, 1968, S. 19). Es wurde zwischen 1963 und 1967 unter der Federführung der Leiterin des Instituts für Hygiene des Kindes- und Jugendalters der DDR, Eva Schmidt-Kolmer, ausgearbeitet. Das Institut unterstand direkt dem Ministerium für Gesundheitswesen. Das Erziehungsprogramm erfuhr zwischen 1970 und 1974 eine immer minutiösere Ausgestaltung.

Mittels Entwicklungsbögen wurden die Ergebnisse der Erziehungsarbeit, gegliedert nach den unten genannten Sachgebieten, genau kontrolliert. Zum Beispiel wurde in einem »Merkblatt zum Beschäftigungsplan« festgehalten, ob das Kind sein Wochenziel erreichte. In diesem Zusammenhang wurde auch die Anwesenheit des Kindes überprüft, um sicherzustellen, dass alle Kinder die notwendigen Übungen absolvierten.

Die Einwände einiger Kleinkindpädagogen der Humboldt-Universität Berlin Ende der 1960er Jahre gegen solcherart Entwicklungsbögen, die den individuellen Eigenschaften eines Kindes kaum Rechnung trugen, wurden nicht gehört.

Das Erziehungsprogramm umfasste in seinem ersten Abschnitt die »Planung der pflegerisch-erzieherischen Arbeit« hinsichtlich Systematik, organisatorisch-methodischer Gestaltung und Kontrolle der Planerfüllung. Im zweiten Abschnitt wurden die »Sachgebiete der Erziehung – Allgemeines, Aufgabenfolgen und methodische Anleitungen« aufgeführt:

- Gestaltung des Lebens und des Verhaltens
- Bewegungsschulung durch Körperübungen
- Ausbildung und Anleitung zum kindlichen Spiel
- Bekanntwerden mit der Umwelt und Spracherziehung
- Musikerziehung
- Darstellende Tätigkeiten.

In bis ins Detail abgefassten, durchnummerierten methodischen Hinweisen und Aufgaben gab das Programm nun vor, wie die Frühbetreuung zu verlaufen hatte. Fachberaterinnen kontrollierten die Durchführung. Zwar räumte man in diesen Programmen dem Kind eine subjektivere und aktivere Rolle als in den Kindergartenprogrammen ein, aber in den Ausführungshinweisen war nicht zu übersehen, wie konsequent kindliche Entwicklung als Ergebnis der pädagogischen Beeinflussung verstanden wurde. »Zwangsläufig setzte wenige Jahre nach Erscheinen des Programms ein Verschulungsprozess in den Krippen ein.« (Weber, 1996, S. 208) Neugier, Mitgefühl, Phantasie und Spiel wurden »entwickelt und gelenkt«, geübt und vorgemacht unter der führenden Rolle der Erzieherin. Der Kleinkindpädagoge Laewen kritisiert diesbezüglich das »Programm für die Erziehungsarbeit in Kinderkrippen«, in welchem »die Ordnungsprinzipien der DDR nicht schwer zu erkennen sind. Sie finden ihren für mich deutlichsten Ausdruck in der unablässigen Verwendung von Lenkungsvokabeln wie ›Die Erzieherin beachtet, nutzt, führt, lenkt, richtet, hilft, fordert, weckt, sichert, sorgt, hält, organisiert, präzisiert, motiviert, informiert‹ [...] und schließlich ›sie befähigt‹. Alle Aktivität wird der Erzieherin aufgenötigt, das Kind wird zum Objekt von ›Befähigungsbemühungen‹, deren Erfolg überprüft wurde.« (Laewen et al., 1991, S. 45f.)

Nicht verwunderlich ist es deshalb, dass die Bedeutung der Frühtrennung und die damit verbundenen Ängste und der Stress nur begrenzt erfasst und akzeptiert wurden.

Eingewöhnung

Unter *Eingewöhnung* verstand man die ersten Wochen des Krippenaufenthalts. Bei der Aufnahme sollte sich die Erzieherin laut Erziehungsprogramm nach Eigenheiten erkundigen und dann »negative Gewohnheiten behutsam in den ersten zwei bis drei Wochen verändern«. *Unsicher gebundene und sehr früh getrennte Kinder* reagierten scheinbar kaum auf die Trennung und den Wechsel in die Kinderkrippe, was Mütter als Ergebnis ihrer konsequenten Erziehung ansahen und mit viel Stolz erzählten. Diese »pflegeleichten« Kinder waren deshalb relativ beliebt, wenngleich ihr Entwicklungstempo oft langsamer verlief. Häufig erkrankten Kinder im ersten Vierteljahr an Infekten, insbesondere an spastische Bronchitiden, die man auch als steckengebliebenes Weinen oder Schreien auffassen könnte. In Kinderkliniken wurden spezielle Stationen eingerichtet, die Kinder mit solcherart Erkrankungen, die man als *Adaptionssyndrom* bezeichnete, aufnahmen. Kinderärzte waren angehalten, das Kind frühzeitig wieder in das »Kinderkollektiv« zurückzuführen bzw. stationär einzuweisen. Dass es sich um die Somatisierung einer psychischen Überforderung handeln könnte, wurde dabei nicht bedacht. Das Adaptionssyndrom stellte ein schwerwiegendes Problem dar. Es wurde m. E. mit einer gewissen Brutalität von Seiten der Eltern und Erzieher und von Kinderärzten bekämpft: *»Da muss man durch. Das ist eben so. Das wird schon wieder.«* Andere Kinder reagierten nach anfänglich heftigem Protest mit psychischen Auffälligkeiten wie Appetitlosigkeit, Schlafstörungen, Ängstlichkeit oder Spielunlust. Weinende und schreiende Kinder gehörten jedoch so sehr zum Krippenalltag, dass die individuelle Not gar nicht auffiel.

Emotionale Befindlichkeiten wurden wenig beachtet. »Positive« Gefühle fanden Akzeptanz. Für die Verarbeitung von Trauer und Unlust und die damit verbundenen »negativen« Gefühle gab es seitens der Erwachsenen keinen Raum. »Selbst wachsame Eltern, die die Veränderungen ihres Kindes durchaus wahrnehmen, griffen eher zu Süßigkeiten, Spielzeug, Medikamenten entsprechend eigener oraler Bewältigungsmuster«, bemerkte eine kritische Pädiaterin in den 1970er Jahren (Kühn, 1986). Vermutlich wirkten die Veränderungen wie ein Riss und waren nicht integrierbar, weil einerseits die Trennung von den primären Bezugspersonen zu plötzlich und zu lange eintrat, nämlich täglich neun bis zehn Stunden, und andererseits in der Sekundärgruppe zu wenig stützende Kräfte bestanden im Sinne eines Erwachsenen, der sich empathisch, tröstend und ausreichend in einer dyadisch orientierten Interaktion engagierte.

Selbst nach 1985, als man eine stundenweise gestaffelte Aufnahme in den ersten Anwesenheitstagen einräumte, wurde die Anwesenheit der Mutter oder einer vertrauten Bezugsperson wegen der strengen hygienischen Vorschriften strikt untersagt. Meist wurde das Kind in seinem Schmerz oder Rückzug alleingelassen. Statt es zu umwerben, statt individueller Bestätigung und Verständigung im Dialog wurde das Kind sich selbst überlassen oder ausgeschimpft. Noch Anfang der 1990er Jahre begegnete ich in einer Kindertagesstätte, die mit ehemaligen DDR-Erzieherinnen arbeitete, dieser Einstellung: Ein Kleinstkind, das die ersten Tage alleine in der Krippe verbrachte, lag während meines einstündigen Besuchs ununterbrochen schreiend unter einer Bank, ohne dass sich eine der drei Erzieherinnen, die im Gespräch an einem Tisch saßen, regte. Meine Frage, welche pädagogische Absicht damit verbunden sei, wurde mit Erstaunen aufgenommen. Man dürfe das Kind nicht verwöhnen, war die einhellige Meinung. Das erscheint uns im Nachhinein besonders schmerzlich, da Trennungsängste durchaus abgemildert werden können, wenn ein Erwachsener einfühlend darauf eingeht (Robertson & Robertson, 1967).

Ist die alleinige Tatsache einer zu frühen Trennung vom Elternhaus automatisch gleichzusetzen mit einem psychischen Trauma? Höchstwahrscheinlich müssen wir dies dann bejahen, wenn nicht ein verstehend-haltgebender Anderer, der sich auf die Individualität des Babys einlässt, die äußere Leerstelle von Mutter oder Vater einnimmt.

Obwohl Bowlbys Bindungsforschung und die psychoanalytische Objektbeziehungstheorie in den strukturbestimmenden Kreisen, wie zum Beispiel im Institut für Hygiene des Kindes- und Jugendalters der DDR, nicht unbekannt waren, wurden die Risiken zu früher Trennung, wie bereits oben zitiert, lange Zeit verleugnet und als »biologistische Auffassungen abgelehnt« (Weber, 1996, S. 197).

Die Neurobiologie untermauerte in den letzten Jahrzehnten die Erkenntnis, dass nichts ein Baby so stresst und ängstigt wie die Trennung von seiner Mutter (Hüther, 2002), und vermutlich dann um so mehr, wenn die Trennung sehr früh erfolgte und wenig Lebenszeit für die Einübung eines Dialogs zwischen Mutter/Eltern und Kind und für den Aufbau innerer Primärobjekte und innerer Arbeitsmodelle blieb. Ein Umstand, dem Kinder, die in den ersten Lebenswochen in die Krippe kommen, ausgesetzt sind.

Der Alltag

Die Kleingruppen wurden in der Regel von zwei Erzieherinnen betreut, die sich im Zwei-Schicht-System zwischen 6 und 20 Uhr ablösten. Vorgegeben waren Gruppengrößen von acht bis zehn Kindern, de facto kamen aber 20 und mehr gleichaltrige Kleinstkinder zusammen. Den geistigen Hintergrund bildete, wie bereits erwähnt, der *Erziehungsplan*:

> Diese Aufgaben erfordern, konsequent davon auszugehen, dass die Erziehbarkeit und Erziehungsbedürftigkeit des Menschen in seinen ersten Lebenstagen beginnt, und nur dann tatkräftige, schöpferische und allseitig gebildete Sozialisten herangebildet werden können, wenn der komplizierte Prozess der Erziehung und Bildung vom ersten Tage an bis hinein ins

> Erwachsenenalter einheitlich und kontinuierlich gestaltet wird [...] das Kind soll bereits im frühen Alter lernen, in einer Gruppe Gleichaltriger zu leben und sich in der gemeinsamen Tätigkeit mit anderen wohl zu fühlen [...] Die wesentlichste Aufgabe der sittlichen Erziehung besteht darin, das Verhalten der Kinder in der Kindergruppe richtig zu lenken. (»Pädagogische Aufgaben und Arbeitsweise der Krippen«, 1974, S. 19)

Das Kind sollte mittels Bildung und Erziehung allmählich »gefüllt« werden. Die Vorstellung, man könne aus jedem Kind alles machen, wenn es nur recht erzogen werde, bestimmte das Handeln.

Tagesablauf

Der Tagesablauf verlief nach Plan, straff strukturiert. Die Zeitstruktur gaben Erwachsene vor, mit festen Fütterungszeiten, gleichzeitigem »Töpfen«, Gruppenspaziergängen, Schlaf, Zeiten für angeleitetes und freies Spiel, musischen und Sportübungen und später auch geregelten Beschäftigungszeiten. Der Plan stand vor einer Beziehungsgestaltung. Der Umgangston war in der Regel hart und laut. Dass »die Betreuung von Säuglingen und Kleistkindern Dialogstrukturen (verlangt), die in bestimmten Zeitfenstern geführt werden müssen und nur dann entwicklungsfördernd sind, wenn die Konsistenzen dafür eingehalten werden« (Ahnert et al., 2005), fand kaum Berücksichtigung.

Vor individueller Hinwendung, sogenannten *»Extravaganzen«*, wurde gewarnt. Und selbst wenn Krippenerzieherinnen diese Auffassung nicht teilten, war es ihnen praktisch kaum möglich, als emotionaler Bezugspunkt zu wirken, weil viel zu viele Kleinstkinder mit gleichgerichteten Bedürfnissen gleichzeitig zu versorgen waren.

Nur wenige Krippenerzieherinnen sind heute bereit, über ihre damalige Arbeit zu sprechen: *»Ich darf gar nicht daran denken, wie wir die Kinder getrieben und kommandiert haben. Schon damals dachte ich, das kann nicht gut sein.«* Eine andere Erzieherin erinnert sich: *»Wir mussten den Brei regelrecht reinstopfen, denn alle hatten gleichzeitig Hunger.«*

Auf die Not, mit großen Kindergruppen zu arbeiten, bezog sich eine andere Erzieherin: *»Obwohl ich als Absolventin noch so jung und unerfahren war, musste ich manchmal bis zu 34 Kinder – und das waren Säuglinge und Kleinstkinder – alleine betreuen. Das hing mit dem Personalmangel und den langen Öffnungszeiten zusammen.«*

Im Zentrum der Erziehung stand die Einordnung ins »Kinderkollektiv«. Die Bezeichnung »Kinderkollektiv« für Kindergruppen zwischen dem ersten und dem dritten Lebensjahr unterstützt dieses Missverständnis. »Ein Kollektiv als bestentwickelte Form der Gruppe besteht aus sozialistischen Persönlichkeiten, [...] ist auf optimale Entwicklung seiner Mitglieder orientiert [...], die im gemeinsamen Handeln Aufgaben gewissenhaft erfüllen und sich gegenseitig zu erwünschtem Verhalten erziehen«, so lautete die Definition im psychologischem Wörterbuch der DDR. Dazu sind Kleinstkinder nicht in der Lage. Doch selbst viele Psychotherapeuten in der DDR fanden Bedenken bezüglich der großen Gruppen gleichaltriger Säuglinge und Kleinstkinder und hinsichtlich des häufigen Betreuerwechsels übertrieben. Ebenso übertrieben fanden sie Bedenken bezüglich der langen täglichen Trennungen von neun bis zehn Stunden und die Hinweise auf den abendlichen Stress mit überlasteten, müden Eltern. Auch die Bedenken hinsichtlich des repressiv-reglementierenden Erziehungsstils und der ideologischen Früherziehung wurden von ihnen belächelt.

Selbstbestimmung

Das individuelle Tempo war der Gruppennorm untergeordnet, wenn es darum ging, bestimmte Ziele zu erfüllen, wie Grundfarben benennen, Schleife binden, Knöpfe schließen, Messer und Gabel führen. »Kinder, die das noch nicht erfüllten, gerieten schnell in den Ruf zurückgeblieben zu sein [...] Denn wollte man eine ganze Gruppe für den gleichen Gegenstand, die gleiche Tätigkeit interessieren, ließ sich das nur unter Vernachlässigung individueller Absichten und Neigungen und mit einer bestimmten Konsequenz durchsetzen.« (H.-D. Schmidt, 1996, S. 78)

Vermutlich war es deshalb verbreitet, dem Kind schon im Alter von einem Jahr willentliches Verhalten zuzuschreiben: *»Es will bloß nicht, es bockt, es war schon im ersten Lebensjahr böswillig, es hat etwas gegen mich.«* Diese vorzeitige Zuschreibung von Willensfunktionen, die in diesem Umfang eigentlich erst zwischen dem zweiten und dritten Lebensjahr zu erwarten wären, verdeutlicht wiederum, dass zu wenig emotionaler Kontakt zur Bedürfnislage der Kinder bestand bzw. dass die Eltern und Erzieherinnen ihre emotionale Überforderung in das Kind projizierten.

Übergangsobjekte, die die (tägliche) Trennung von den primären Beziehungspersonen hätten erleichtern können, wurden nur ungern geduldet wegen angeblicher Infektionsgefahr durch Verschmutzung, Neid der anderen Kinder oder Zerstörungsgefahr; nicht erkannt wurde die Skepsis gegenüber jeglicher Individualität.

Sauberkeitserziehung

Die Sauberkeitserziehung ist die erste eigentliche soziale Krise des Kindes in unserer Kultur. Sie eröffnet die Chance, Autonomie (*»ich will – ich will nicht«*) zu entwickeln sowie Hergeben oder Behalten körperlich zu spüren, sich psychisch im Trennen zu üben, Stolz zu erleben, aber auch die Gefahr, erstmals gebrochen oder beschämt zu werden. Gegen Ende des zweiten Lebensjahres klärt sich, welche Gefühle im Kind überwiegen: Schuld und Scham oder Stolz und Bewusstheit, dabei spielt die Erziehung zur Sauberkeit eine zentrale Rolle (Erikson, 1950). Dressur, Zwang, Vorwürfe, Strafen, Beschämung vor anderen Kindern und Eltern, z. B. mit der Windel ins Gesicht geschlagen werden, waren leider keine Seltenheit. Dies wurde vermutlich nicht wegen der Pflegeerschwernis so praktiziert, sondern weil Sauberkeit einen *hohen Symbolwert* für Eltern und Erzieherinnen hatte. Sie galt als Ausdruck von Gehorsam, Erziehungstüchtigkeit, Leistungsfähigkeit.

Die sogenannte Trotzphase fällt in der Regel mit dem Höhepunkt der »Sauberkeitskrise« um das vierte Lebensjahr zusammen, in dem das Kind auch schon über differenzierte sprachliche Mittel verfügt. Es war verblüffend, wie viele Kinder, die wegen aggressiver Durchbrüche oder Anpassungsstörungen im Schulalter kinderpsychiatrischer Behandlung bedurften, nach den Angaben ihrer Eltern nie getrotzt oder aufbegehrt hatten. Spätestens zu diesem Zeitpunkt begannen sich die Erziehungsziele von Institution und Familien bezüglich Ordnung, Disziplin, Sauberkeit und Einordnung zu decken. Wenn die Eltern die frühen Jahre schilderten, berichteten sie kaum von gemeinsamem Spiel und Freude mit den Kindern in dieser Zeit, sondern von gemeinsamer Pflichterfüllung, auch davon, dass sie sich beschämt fühlten, wenn ihr Kind bis zum dritten Lebensjahr noch nicht sauber gewesen sei; sie berichteten von peinlichen Szenen beim Abholen aus der Krippe, auf deren Wohlwollen sie sich angewiesen fühlten.

Spiel

Die sachlichen Inhalte und Aufgaben des »Erziehungsplans« bildeten auch die Grundlage für die täglichen Spieleinheiten und Beschäftigungen. Sie waren in imperativer Sprache als Vorschriften verfasst, was an Wissen und auf welche Weise Fertigkeiten zu erlernen sind. Inwieweit sich daraus partnerschaftliche Vorschläge entwickeln konnten, hing von der inneren Kapazität der Erzieherin ab. Wenn sie Zugang zur eigenen inneren Welt, eigenen Wünschen und Ängsten hatte, dann wird sie dies alles vermutlich auch bei den Kindern erwartet und darauf gebaut haben. Dann konnte sie den Plan auch als Anregung verstehen und den Kindern einen »Spielraum« im wahrsten Sinne des Wortes verschaffen.

Einige Beispiele aus dem Programm im Gebiet »Aufgabenfolgen – Ausbildung und Anleitung des kindlichen Spiels« sollen zeigen, wie schwer es gewesen sein muss, sich der Verschulung zu entziehen.

Aufgabenfolge 1: Spiel des Säuglings – gegenständliches Spiel (ab 4. Monat)
Nr 9. Spiel am Tisch: Drei Säuglinge sitzen am Füttertisch, die Pflegerin sitzt dabei und bringt mechanisches Spielzeug, Ziehtier, Auto, kleinen Brummkreisel, in Bewegung.

> Benennen der Spielgegenstände: Sie benennt z.B. das Auto: tutut und fährt das Auto auf dem Tisch von Kind zu Kind.
> Bemerkung: Nur jeweils einen Gegenstand verwenden
> Lautnachahmung anregen: Die Pflegerin bringt den Kreisel in Bewegung, dabei summt sie mit, indem sie das Kind ansieht und ihre Lippen fest zusammendrückt.
> Anleitung zum Mitspielen: Pflegerin rollt den Ball über den Tisch und sagt: Petra, jetzt kommt der Ball.
> Erzeugung von Freude: Pflegerin stellt einige Klapperwürfel übereinander und wirft sie um.
> Bemerkung: Dieses Spiel wird mit freudigen Ausrufen, Singen und Ansprechen des Kindes begleitet.

Nr 19. Nachahmen von Bewegungen
»Bitte – bitte« machen: Die Pflegerin zeigt dem Säugling einen bunten Gegenstand.

Das Kind möchte danach greifen. Die Pflegerin patscht in die Hände und fordert das Kind auf: »Mach bitte – bitte!« Die Pflegerin hilft nach.
Dann gibt sie dem Kind den Gegenstand.
Bemerkung: Übung ist oft zu wiederholen.

Aufgabenfolge 8: Puppenspiele, Rollenspiele
(Aus Platzgründen können die ausführlichen Anweisungen für die folgende Aufgabenfolge nicht mit aufgeführt werden, Anm. d. Autorin)

Bemerkung: Bei diesen Spielen sollen die Kinder zu Nachahmungsspielen aus der Beobachtung ihrer Umgebung angeregt werden. Die Kinder werden von einfachen Handlungen mit der Puppe zu Anfängen des schöpferischen Spielens am Ende des 3. Lebensjahres geführt. Siehe auch: bekannt werden mit der Umwelt Aufgabenfolge 2, Nr. 9 ab 16. Lebensmonat:

1. Bekannt werden mit der Puppe
2. Puppe spazieren fahren (im Zimmer)

ab 19. Monat

3. Selbstständiges Umgehen mit der Puppe anbahnen, Ein- und Auspacken der Puppe (Abb. 41)
4. Bekannt machen mit Spielfiguren – Tiere schlafen legen
   Bemerkung: Geeignet sind alle Tiere, besonders Haustiere. Vorbereitung für Aufgabe 22/23
5. kranke Tiere pflegen
6. Tiere füttern
7. Tiere auf die Weide bringen
8. Pferde zum Wasser führen

ab 22. Monat

9. Puppe waschen (Abb. 44)
   Bemerkung: Siehe auch »Bekannt werden mit der Umwelt«, Aufgabenfolge 2, Nr. 10 und 13
10. Puppe füttern
    Bemerkung: Verbinden mit »Bekannt werden mit der Umwelt«, Aufgabenfolge 5, Nr. 27

ab 25. Monat

11. Tagesablauf mit der Puppe spielen
    Bemerkung: Dieses Spiel kann längere Zeit durchgeführt werden, weil verschiedene Handlungen einander ablösen und neuen Anreiz bieten [...] Verbinden mit »Bekannt werden mit der Umwelt«, Aufgabenfolge 1, Nr. 12, Aufgabenfolge 5, Nr. 29
12. Spaziergang mit der Puppe (im Freien)
13. Keksbrei für die Puppe kochen
    Bemerkung: Verbinden mit »Bekannt werden mit der Umwelt«, Aufgabenfolge 6, Nr. 13 und 17, Aufgabenfolge 1, Nr. 12

ab 31. Monat

14. Puppengeburtstag feiern
15. Puppendoktorspiel (Abb. 42)
16. kranke Puppe pflegen
17. Frisörspiel mit der Puppe

Die methodischen Anweisungen geben immer der Pflegerin die führende Rolle. Sie soll genau zeigen, wie es richtig zu machen ist. Dabei wird besonders der liebevolle Umgang mit der Puppe und den Tieren betont. Es handelt sich also weniger um ein Spiel, das dem Kind die Möglichkeit gibt, seine Phantasie oder sein Erleben auszudrücken, als um eine Übung.

Ähnlich programmiert war das Vorgehen in den anderen Sachgebieten.

Zum Beispiel wird im Sachgebiet »Darstellende Tätigkeiten« ab 31. Monat »Darstellendes Malen« geübt.

Übung Nr. 8 gibt Folgendes vor: »den Zaun vor unserem Garten malen«. Die Pflegerin malt die jeweilige Figur vor. Sie macht dabei bei jedem Schritt der Aufgabe aufmerksam [»ich streiche den Pinsel noch einmal am Rand des Gefäßes ab, sonst wird mein [...] zu naß, das Papier muß ich festhalten, sonst [...]«]

Bemerkung: Die fertig gestellten Arbeiten werden den Kindern gezeigt. Sie können beispielsweise ausgehängt, in Verbindung mit dem Postspiel als Brief behandelt, zu einem festlichen Anlass verwendet oder den Kindern mit nach Hause gegeben werden.

Eine Mutter erinnert sich an die Bemerkung der Erzieherin über das Bild ihres dreijährigen Sohnes: »*Er malt wirklich so schön. Nur schade, dass er immer noch nicht gelernt hat, den Schornstein gerade zu malen.*« Der vorsichtige Einwand, dass ihr Sohn vielleicht damit eine bestimmte Vorstellung verbinde, traf auf völliges Unverständnis. Diese Sicht steht prototypisch für eine Pädagogik, die eine innere Welt verneint und der sich die Erzieherin unterordnete. Ihr Defizitbild setzte voraus, dass dem Kind Sinn und Zweck menschlichen Handelns, den es noch nicht versteht, beigebracht werden musste.

Selbsterleben, innere Räume

Ein Kleinkind wuchs also in der Regel während der ersten Lebensjahre in einem stabilen äußeren Rahmen auf, der es wie ein Korsett oder »Äußeres Skelett« umhüllte, während es nur wenig Gelegenheiten gab für die differenzierte innere Entwicklung seiner psychischen Struktur im Sinne einer Selbstregulation oder eines emotionalen inneren Skeletts (Bion, 1962). Und gleichzeitig musste es sich aufgrund der überfüllten Gruppen schlicht seiner Haut wehren und durch lautes Verhalten bemerkbar machen. Aktuelle neurobiologische Erkenntnisse zeigen, dass anhaltender Stress bei kleinen Kindern die primitiven neuronalen Regelkreise stabilisiert, während differenzierte cortical-subcorticale Verschaltungen sogar ausgeschaltet werden können, so dass ein Lernen aus Erfahrung kaum stattfindet (Hüther, 2002). Das Erleben bleibt auf einer körperlichen Ebene fixiert, kann kaum von

Gedanken begleitet oder mentalisiert werden. Dann gelingt es auch wenig, sich differenziert in den Anderen hineinzuversetzen (Fonagy, 2005), was letztlich fatale Folgen für das Zusammenleben hat.

Die staatlich erwünschte und geförderte Erziehungspraxis besaß ein doppeltes Gesicht: Einerseits boten die zahlreichen Institutionen von Geburt an Eltern und Kindern einen stabilen Rahmen für den Tagesablauf im Wochen- und Jahresrhythmus und preisgünstige, zuverlässige, gruppenbezogene Strukturen, auf die man jederzeit zurückgreifen konnte. Kein Kind war ohne Aufsicht. Andererseits entwickelten sich formale und inhaltliche Kontrollmöglichkeiten bis in die Familie hinein, was dazu führte, dass Eltern ihre Erziehungsverantwortung abgeben konnten, ja fast abgeben mussten und sich ein individuelles Entwicklungsprofil und Selbstempfinden des Kindes nur schwer entwickeln konnten. Wenn wir die Qualität der frühen Entwicklungsbedingungen darin sehen, inwieweit *»Übergangsräume«* zur Verfügung stehen, die eine individuelle Entwicklung zulassen, so waren viele Eltern wenig in der Lage, Vorstellungen vom Innenleben (Fonagy, 1999) ihres Kindes zu entwickeln, sondern waren beherrscht von eigenen existenziellen Bedürfnissen.

Unreflektiert teilten sie damit den geistigen Hintergrund der staatlichen Erziehungseinrichtungen von der »Erziehbarkeit« des Menschen vom ersten Lebenstag an. Ob sie sich deshalb so austauschbar fühlten und den Verlust so wenig spürten, den ihr Kind erlebte, wenn es in andere Hände kam?

Es gab aber auch Eltern, die ganz bewusst dafür sorgten, dass solche Erfahrungsräume entstanden. Gemeint sind Alltagsbedingungen, Personen und Regeln, die dem Kind ermöglichen, sein Tempo zu leben, seine ganz eigenen Erfahrungen zu machen. Nicht nur, dass sie ihre Kinder später oder nur wenige Stunden in die Krippe gaben oder sich in den ersten Jahren zu Hause abwechselten und dafür finanzielle und moralische Einbußen in Kauf nahmen, sondern sie bemühten sich auch um eine Beziehung, die eigenes Erleben, Getrenntheit und letztlich Autonomie förderte. Mehr darüber wurde bereits am Anfang dieses Kapitels berichtet.

Interessanterweise bot ein großer Teil der liebevoll ausgestalteten Kinderliteratur eine ganz andere Erlebniswelt an. Schriftsteller und Maler schufen in phantasievollen Geschichten Kinderfiguren, die autonom agierten und sich nicht angepasst verhielten. Erwachsene wie Kinder liebten diese Lektüre, so dass sich per Mundpropaganda der gute Ruf eines Buches rasch verbreitete und die Auflagen im Nu vergriffen waren. Ob diese Lust am Unterlaufen des Systems, an einer nonkonformistischen Ästhetik, wenn auch weitestgehend unreflektiert, den Wunsch der kleinen und großen Menschen nach einer inneren Freiheit ausdrückte?

Resumee

Die DDR-Tageskrippe entsprach in ihrer Grundkonzeption nicht dem, was Säuglinge und Kleinstkinder brauchen. Ahnerts Auswertung einer 20-jährigen Forschungsgeschichte der außerfamiliären Betreuung unterstreicht dies:

> Trotz der Alltagsroutinen [...] muss darüber hinaus der Individualität des Kindes Rechnung getragen und eine Betreuung gewährleistet sein, die keine Ängste hervorruft (auch nicht in bestimmten Alltagssituationen, z. B. durch ungeliebte Speisen oder erzwungenen Mittagsschlaf), um die Herausbildung *desorganisierter Beziehungsmerkmale* zu Erzieherinnen zu vermeiden [...] Dyadische Interaktionsprozesse können dies am besten gewährleisten, bei denen sich die Erzieherinnen auf wenige Kinder konzentrieren können, die sie sehr gut kennen. (Ahnert, 2005, S. 35)

Das verlangt einen Betreuerschlüssel von 1 : 3 bis 1 : 4 (wie er zum Beispiel in Schweden realisiert wird) sowie erzieherische Sensitivität, Fähigkeiten im Gruppenmanagement, bei der Neuaufnahme von Kindern und im Umgang mit geschlechtstypisierenden und interkulturellen Einflüssen. Ebenso gehört dazu die Elternarbeit, die im DDR-Krippenalltag wenig beachtet wurde.

Wir müssen annehmen, dass in vielen Fällen die Qualität der frühen verinnerlichten Beziehung zu Eltern und Erzieherinnen – die im Wesentlichen die Fähigkeit des Kindes beeinflusst, seine Entwicklungsaufgaben zu lösen – nicht ausreichte, immer wieder in ein Gleichgewicht zu gelangen, um das Erlebte integrieren zu können.

Obwohl es wirklich schwer ist, über Auswirkungen der DDR-Krippenerziehung nachzudenken, sollte man es tun: Wir hatten es mit einer *Verschränkung* verschiedener riskanter Umstände zu tun.

1. Die *jungen Eltern* waren oft noch nicht ausreichend fähig, sich den Grundbedürfnissen ihres Kindes auszusetzen.
2. Die zu *frühe Trennung,* besonders wenn sie vor dem sechsten Lebensmonat erfolgte, bewirkte vermutlich, dass sich ein stabiles, gutes inneres »mütterliches Objekt« nur unzureichend aufbauen konnte. Dazu kam die Aufnahme *in zu große Kindergruppen* mit *starrer Organisation* und, infolge der langen täglichen Trennungen, eine *mangelnde emotionale und zeitliche Verfügbarkeit* der Primärgruppe. Was diese riskante Verschränkung *im einzelnen Kind* bewirkte, kann man nicht wissen, also nur tendenziell vermuten.

Vielleicht führte sie später zu einer körperlichen Stressreaktion oder zu körperlichen Erkrankungen in Situationen, die mit Eigenständigkeit, Alleinsein, Abgrenzung, verunsichernden Wandlungen verbunden waren, weil die damit verbundenen Ängste im frühen Alter der Kinder von den Beziehungspersonen nicht ausreichend erfasst und gemildert werden konnten. So »sprechen« diese Personen dann, statt ihre Gefühle wahrzunehmen, durch ihren Körper, indem sie körperliche Symptome produzieren.

Vielleicht führte sie zu einer verfrühten Ich-Bildung (darunter ist der Bereich der Persönlichkeit zu verstehen, der vorrangig Wahrnehmungen und Sinneseindrücke organisiert) mit hoher Selbstkontrolle sowie Selbsthilfeversuchen (Abwehren) im Sinne von Schutzverhalten wie Verschlossenheit und Aggressivität. Vielleicht bewirkte diese verfrühte Ich-Bildung eine »zu frühe Unterordnung individueller Wünsche und Interessen unter kollektive Vorstellungen« (Leuzinger-Bohleber & Garlichs, 1993, S. 220).

Vielleicht behinderte sie auch die Bildung eines wohlwollenden Über-Ich (darunter ist der Bereich der Persönlichkeit zu verstehen, der vorrangig das Gewissen ausmacht), da sich die Verinnerlichung der äußeren Realität nicht über wachsende Identifikation mit einfühlsamen Beziehungspersonen, sondern vorwiegend über Anpassung bzw. Unterwerfung vollzog.

Vielleicht konnte ein Kind aus den Momenten des Verstehens und individueller Zuwendung, die es ja auch gab, ausreichend Nutzen ziehen und einen eigenständigen Kern entwickeln, der seine Entwicklung fortan stärkte.

Ausblicke in Kindergarten, Vorschule und Schule

»Sauberkeit« war eine Bedingung zur Übernahme in die nächste Institution, den Kindergarten, den ca. 90 Prozent der drei- bis sechsjährigen Kinder besuchten. Die Kindergärten unterstanden dem Ministerium für Volksbildung. Die Erziehung erfolgte ebenfalls nach einem verbindlichen Bildungs- und Erziehungsplan, mit durchstrukturiertem Tagesablauf, in Gruppen von ca. 20 Kindern (»Programm für Bildungs- und Erziehungsarbeit im Kindergarten«). Lediglich die wenigen konfessionellen Kindergärten konnten freier arbeiten. Der Plan bot viele Anregungen für musische, körperliche, sprachliche und lebenspraktische Betätigung, aber wieder in vereinheitlichender, anweisender Form: Zum Beispiel erhielten, als man in den 1980er Jahren das Spiel mit Puppen im Rahmen des Rollenspiels einführte, alle Jungen die gleiche Jungenpuppe und alle Mädchen die gleiche Mädchenpuppe, und das jeweilige Puppengeschlecht trug einen Einheitsnamen. Der Plan ließ wenig Spielraum für das individuelle Entwicklungstempo. Statt den Weg zum Ziel zu erklären, wurde eine prozess- und wachstumsfeindliche Haltung praktiziert. Es wurde der Eindruck vermittelt, dass erwünschtes Verhalten sofort und total eintreten müsse. Ein wertfreies *»noch nicht«* schien es nicht zu geben. Unwissenheit der Verantwortlichen können wir nicht annehmen, denn eine unveröffentlichte Studie des Instituts für Hygiene des Kindes- und Jugendalters Berlin wies nach, dass zu diesem Zeitpunkt durchgeführte spezielle, zeitlich sehr aufwändige Trainingsprogramme für entwicklungsrückständige Kindergartenkinder versagten, wenn nicht eine gute, d. h. freundlich geduldige Beziehung zwischen Erwachsenen und Kindern bestand, wenn nicht das Kind den Erwachsenen gern hatte.

Im Kindergarten wird der Umgang mit der Gleichaltrigengruppe zum Bedürfnis, anfangs eher im Paarkontakt, später in kleineren Gruppen. Eine interessante Welt tut sich auf: Freundschaften, Rollenspiele, Kooperationsversuche, Entdecken der genitalen Geschlechtlichkeit, Konkurrenz, Leisten-Wollen. Die Erzieherin könnte in dieser Zeit allmählich in den Hintergrund treten und die Gruppe selbst an Bedeutung gewinnen; die Kinder können ihre Alltagskonflikte immer mehr untereinander aushandeln. Viele Kindergärtnerinnen beklagten aber gerade im Vorschulalter, dass sie wegen aggressiver Ausbrüche, Neid, Streit, Unruhe, mangelnder Kooperationsbereitschaft gegenüber Gleichaltrigen viel zu häufig regulierend eingreifen mussten, als ob die Kinder sich damit die persönliche Zuwendung erzwängen.

Dieses hohe Maß an Zuwendungsbedürftigkeit und Geborgenheitswünschen war augenfällig im wahrsten Sinne des Wortes. Mir sind in Erinnerung: blasse Kinder mit starrem Brustkorb und schmalen Lippen, oft mit verkniffenem Mund und ungeschickten, wenig ausgreifenden Bewegungen, die Arme eng am Körper gehalten. Kinder, die nicht selten zu distanzloser Kontaktaufnahme neigten. Dieses Erscheinungsbild erinnert an eine frühe Abwehr, die man schon im Säuglingsalter beobachten kann. Wenn die Angst zu groß wird und keiner da ist, der die Angst aufnimmt, kann sich das Baby nach innen zurückziehen: Die Haut wird weniger durchblutet, der Blick leer, es erstarrt oder wird zur »Puppe«, die sich der Umwelt überlässt (Israel, 2001).

Vorschulzeit und ideologische Früherziehung

In der Vorschulzeit trat die ideologische Erziehung deutlicher in den Vordergrund. Die Kinder erhielten neben der Einführung in elementare Techniken (wie Zählen, Formgestaltung u. ä. m.) Belehrungen zum Thema Weltfrieden, Solidarität, Waffenbrüderschaft, Klassenfeind, Volksarmee, Sozialismus und lernten entsprechende Lieder, Verse und Rollenspiele. Oft wird heute in Diskussionen die ideologische Früherziehung als besonders schädigend angeführt. Es wäre zu überlegen, wie tief die Parolen, Kampflieder und politischen Rituale die Kleinkinder wirklich erreichten. Eine Verankerung des Freund-Feind-Schemas lässt sich aber dann vermuten, wenn die gängige Erziehungspraxis die ideologischen Inhalte bestätigte, z. B. *wenn du nicht gehorchst, bist du der Feind,* wodurch existenzielle Ängste aktiviert werden können. Ich denke, dass diese sprachgebundenen Angebote zwar der Erinnerung leichter zugänglich sind, aber weitaus weniger Einfluss auf die Entwicklung des Selbst hatten als die Ängste im Verlassensein von den Eltern oder im mangelnden emotionalen Austausch.

Schulalter

Die Einschulung gehörte zu den neuen Ritualen der DDR-Kultur und wurde nicht nur als Familienfest groß gefeiert, sondern eröffnete auch die »gesellschaftliche Karriere« als Jungpionier. Der Pionierorganisation, als Massenorganisation bereits 1947 gegründet, wurden konkrete Erziehungsaufgaben zugeordnet. Pioniere sollten helfen, eine Atmosphäre bewussten und disziplinierten Lernens zu schaffen und alle Schüler im Geiste einer kämpferischen Demokratie zu erziehen. Beim Eintritt in die Organisation gelobten die Kinder, die »zehn Gebote der Jungpioniere« einzuhalten. Sie entsprachen dem Verhaltenskodex eines idealen jüngeren Schulkindes: die DDR, die Eltern und den Frieden zu lieben, Freundschaft mit allen Kindern zu halten, fleißig zu lernen, diszipliniert und ordentlich zu sein, Sport zu treiben, den Körper gesund und sauber zu halten, alle arbeitenden Menschen zu achten und überall tüchtig mitzuhelfen sowie gerne zu singen, zu tanzen und zu spielen und als gute Freunde einander zu helfen. Auch sollten sie mit Stolz das blaue Halstuch tragen.

Obwohl formal durch den Kindergarten sehr gut vorbereitet, nahm die Zahl konzentrationsschwacher, lernunlustiger Kinder zu. In den 1970er Jahren klagten Lehrer über Disziplinlosigkeit und Passivität. Vermutlich waren das nicht nur Reaktionen auf ein Bildungssystem, das hauptsächlich auf Reproduzieren von Gelerntem, intellektueller Bildung, Rede ohne Gegenrede, ideologischer Heuchelei aufbaute, sondern auch die Folge ungelöster frühkindlicher Entwicklungskonflikte.

Kapitel 2

Entwicklungspsychologischer Exkurs

Agathe Israel

Es gibt hervorragende entwicklungspsychologische Lehrbücher. Dieser Exkurs dient lediglich dazu, die wesentlichsten Linien darzulegen, auf die wir uns in der Auswertung der Interviews beziehen. Im Mittelpunkt unserer Untersuchung steht die Frage: Wie erging es den Kindern, die bereits in den ersten Lebenswochen oder -monaten in einer Krippe betreut wurden? Wie hat sich dieser Lebensumstand auf die Entwicklung ihres Selbst und ihrer inneren Welt ausgewirkt?

Deshalb sollen an dieser Stelle noch einmal die wichtigsten Entwicklungsaufgaben, die ein Kind und seine Umwelt am Lebensanfang zu bewältigen haben, sowie frühe Auffälligkeiten beschrieben werden.

Das Leben vor der Geburt

Die neurobiologische Forschung konfrontierte uns in den letzten Jahrzehnten mit zahlreichen Befunden, dass, lange bevor Verstand und psychisches Bewusstsein wirksam werden, ab der fünften Embryonalwoche ein psychisches Erleben existiert, das alle Körpervorgänge begleitet. Das bedeutet, sensorische und soziale Einflüssen werden bereits vom Fötus psychisch bearbeitet und gespeichert (Roth, 2007). Daraus entstehen neuronale Netze (Verbindungen von Nervenzellen), die nicht nur die weitere körperliche Entwicklung prägen, sondern auch erste innere Entwürfe vom Anderen und sich selbst entstehen lassen. Hauptsächlich soll sich das vorgeburtliche Gehirn über akustische Erfahrungen organisieren. Das ungeborene Kind erlernt im Uterus die Stimme der Mutter, insbesondere über ihre emotionale Tönung (Roth, 2007). Da die mütterliche Stimme über die innere Knochenleitung in ihrem ganzen Frequenzspektrum an den Fötus herangetragen wird, unterscheidet sie sich von allen anderen Stimmen und Geräuschen, die von außen über die Schallleitung den Fötus erreichen (Tomatis, 1994). Die Sprachentwicklung beginnt bereits vorgeburtlich in der rechten Hirnhälfte. Diese Region bleibt in den ersten Lebensmonaten vorherrschend und wird erst später von der linken Hirnhälfte abgelöst (Roth, 2007). So kann man von einer frühen anatomischen (körperlichen) Verankerung der »Muttersprache« und der mütterlichen Objekterfahrung ausgehen, auch wenn der Fötus noch nicht über ein Ich-Du-Bewusstsein, das an Trennungserfahrungen gebunden ist, verfügt (Maiello, 1996).

Ultraschalluntersuchungen zeigen, dass bereits lange bevor die Mütter Bewegungen wahrnahmen, ihre Babys trinken, gähnen, sich strecken und sich in charakteristischen Verhaltensmustern bewegen, die auch nachgeburtlich in den ersten Lebensjahren weiter bestehen (Piontelli, 1992).

Auch entdeckte man, dass der einmalige Geschmack des Fruchtwassers das Kind nachgeburtlich dazu befähigt, über die Haut, über Schweiß und Tränen das mütterliche Primärobjekt wiederzuerkennen. Welches Gefühl dieses Erkennen begleitet, ist ungewiss. Die Beobachtung von Frühgeborenen im künstlichen Uterus-Inkubator haben gezeigt, wie das Frühgeborene einen verstehenden Anderen für sein körperlich-seelisches Überleben nutzt und braucht (Israel, 2006). Es ist anzunehmen, dass eine Art angeborenes Wissen über die Existenz eines Anderen im Sinne einer Erwartung vorhanden ist (Bion, 1962), das wie eine Brücke die intrauterinen Erfahrungen mit der nachgeburtlichen Begegnung mit einem Anderen verbindet. Durch die Verwirklichung, z. B. die Erfahrung des Gestillt- und Gehalten-Werdens, entsteht dann aus der Erwartung eine Konzeption, eine (teil-)objekthafte Vorstellung über sich und den Anderen. Dieser »Andere« ist vor allem die Mutter, die dem Kind, wenn es geboren wird, bereits bekannt ist.

Die ersten Lebensmonate: der Dialog zwischen Eltern und Baby muss sich entwickeln

Die Geburt stellt den ersten tiefgreifenden Erlebenseinschnitt im bisherigen Kontinuum dar. Dieses Kontinuum zerfällt plötzlich in Diskontinuitäten, denn nichts kommt mehr von selbst, alles muss seitens des Babys aktiv erworben werden.

Die Körper- und Hirnfunktionen sind jedoch noch nicht stabil, wenn das Kind die schützende Hülle des Uterus verlässt. Nachdem der Biorhythmus bis zur Geburt weitestgehend vom Kreislauf der Mutter bestimmt war, wird die Mutter nun zur äußeren Koordinatorin z. B. des Schlaf-Wach-Rhythmus oder des Fütterungs-Saug-Rhythmus – eine Aufgabe, die mit dem ersten Atemzug ihres Kindes beginnt.

Das Baby ist nun, um überleben zu können, völlig auf aufmerksame Erwachsene angewiesen. Diese sorgen für Beruhigung, Sättigung, Wärme- und Reizregulierung, Pflege und psychische Resonanz. Winnicott fasst diese Aufgaben als »holding function« zusammen und postuliert, dass es keinen Säugling ohne seine Mutter gibt, so wie es keine Mutter ohne Säugling gibt (Winnicott, 1971). Täglich (und nächtlich) finden immens viele wiederkehrende Handlungen, wie stillen oder Flasche geben, aus- und anziehen, wickeln, baden usw. statt, in denen sich Baby und Mutter oder eine andere Betreuungsperson begegnen. Das Kind steht also von Anfang an in einem lebendigen Austausch mit der Welt und seinen Beziehungspersonen. Gleichzeitig leistet es ständig Anpassungsvorgänge *(Adaptationen)*. Reifung und Entwicklung sind somit eng verwoben.

Ständig oszilliert das Baby zwischen Zuständen relativer Ausgeglichenheit, ruhiger Reizaufnahme und Reizverarbeitung und andererseits Zuständen des Ungleichgewichts, die es überfluten mit Reizen aus dem Körperinneren wie z. B. Hunger, Schmerz, Verlassenheit oder mit Außenreizen wie Lärm, Wärme, Kälte, die sein eigener kleiner »Container« noch nicht zu bewältigen vermag.

In Zuständen der Desintegration benötigt es deshalb einen Anderen wie einen *Leih-Container*, in den es diesen Zustand hineingeben kann und der für Besserung sorgt. Nun entwickelt sich ein Dialog: Das Baby »wirft« seine unerträglichen rohen Seinszustände, von denen es sich verfolgt und bedroht fühlt, nach außen in seine (Mutter) Umwelt hinein, um sich von ihnen zu befreien, sie loszuwerden *(projizieren).* Nun liegt es an ihr, die rohen Zustände zu entschlüsseln und eine angemessene Antwort zu finden. D. h., dieser Andere muss eine Art *Übersetzungsarbeit* leisten, herausfinden, was dieses Baby in diesem Moment braucht. Dazu sollte der Empfänger völlig offen und »leer« sein, um zu spüren, sich »anstecken« zu lassen *(projektive Identifikation).* Das Baby nimmt *(introjiziert)* die »Antworten« aus seiner »Mutter-Umwelt« nun auf, immer verbunden mit bestimmten Gefühlen, die wiederum zur inneren Verbindung mit anderen (z. B. ähnlichen) Erfahrungen dienen können.

Die entscheidende Verbindung der Einzelerfahrungen zu inneren Mustern (Introjekten, Objekten oder Bildern) geschieht *also über das begleitende Gefühl* und nicht allein, wie oft angenommen wird, über die Sinneswahrnehmung oder eine körperliche Befriedigung. Dieses Begleitgefühl sorgt auch für die oben bereits genannten *neuronalen Verschaltungen* und deren Komplexität.

Halt und Kontinuität stehen als basale Bedürfnisse am Anfang des Lebens im Vordergrund und setzen eine hohe Intuition der Eltern und eine gute Mitteilungsfähigkeit des Babys voraus. Das Baby teilt sich »vorsprachlich« mit durch Schreien, Blickkontakt, Strampeln, Lächeln, Saugen, Zu- und Abwenden u. ä. m. Je mehr Mitteilungsmittel dem Baby zur Verfügung stehen und je vitaler es sich mitteilen kann, um so leichter wird es für die betreuenden Personen (*reale Objekte*) zu erkennen, wie es sich in diesem Moment fühlt und was es braucht.

Der mütterlich-väterliche (elterliche) Denkraum, die Bereitschaft, sich verstehend einzufühlen in die »rohen« Zustände wie z. B. Hunger oder Schmerz, dafür Worte zu finden und angemessen zu reagieren, eröffnet dem Baby allmählich die Möglichkeit, einen eigenen Denkraum zu entwickeln und sich selbst kennenzulernen.

Der verstehende Andere kann aber nicht kontinuierlich-unendlich dem Baby zur Verfügung stehen, denn er hat ein Eigenleben und psychophysische Grenzen. So ist es möglich, dass auch eine anwesende Mutter nicht die nötige Erleichterung schaffen kann oder dass das Baby warten muss, weil sie nicht da ist. Das Baby muss also allmählich »lernen« zu warten. Winnicott (1971) spricht in diesem Zusammenhang von einem Übergangsraum, der durch eine *»genügend gute Mutter«* entsteht, und durch deren »Unvermögen« das Baby immer wieder frustriert wird. Es kann sich helfen, indem es Übergangsobjekte erfindet. Das sind unbelebte Gegenstände wie ein Kuscheltuch, ein Püppchen o. ä., die dazu dienen, seine ursprünglich an das Objekt gerichteten Gefühle und Bedürfnisse auszudrücken und sich vorübergehend zu beruhigen, denn es steckt in einem schweren Arbeitsprozess: Die mit diesen Trennungserfahrungen verbundenen Ängste und Ohnmachtgefühle muss das Baby zunehmend auszuhalten lernen, denn die Trennungen stellen zentrale Entwicklungsmomente dar, insofern die Kapazität des Kindes (z. B. Trennungsdauer, Intensität der Reize) nicht überschritten wird.

Ein Gedanke, der aus der erinnerten Erfahrung entsteht, kann also erst in Abwesenheit des Anderen gedacht werden und somit zwei Zustände verbinden; z. B. der quälende Hunger wird verbunden mit dem Wohlgefühl des Sattseins durch den Gedanken: »Meine Mutter hat mich immer wieder satt gemacht«. Damit gewinnt das Kind eine neue Freiheit, einen eigenen Denkraum, einen Entwicklungsraum für Übergänge, der sein Selbst stärkt.

Gemeinsames Erleben (*Intersubjektivität*) entsteht vermutlich dann, wenn der Andere *als ganze Person,* ganzes Objekt, wahrgenommen wird (Murray, 1991), was voraussetzt, dass An- und Abwesenheit der Mutter vom Baby bewusst und als zu ihrer Person gehörig wahrgenommen werden können. Das bedeutet, es muss auf die Illusion verzichten, die Mutter besitzen und kontrollieren zu können. Und es bedeutet gleichzeitig, dass die Trennungsängste und Ohnmachtgefühle und die daraus entstehende Aggression das Baby als zu sich selbst gehörig wahrnehmen kann. Gut-Böse könnten dann in einer Person integriert, Spaltungen zunehmend aufgegeben werden. Daraus entstehen vermutlich subjektives Empfinden und ein subjektives Selbst. Diese anhaltende Aufhebung oder Wiederaufhebung von Spaltungen zugunsten einer anwachsenden Integration führt zu einer inneren Fähigkeit, die Melanie Klein (1957) als depressive Position bezeichnet. Sie meint damit, fähig zu sein, sich und die Welt, die anfangs überwiegend durch die Mutter, weniger den Vater und später schließlich durch andere Menschen repräsentiert wird, als voneinander und von sich selbst getrennte Wesen anzuerkennen, ohne in Verlassenheitsängste oder paranoide Vorstellungen zu verfallen.

Das Bild vom kindlichen Container, der überfließt, und weshalb das Kind einen Leihcontainer benötigt, in dem das Unerträgliche erst einmal aufgehoben ist, bedarf einer Erläuterung.

Ein Container ist ein Behälter, der einen *Inhalt* nicht nur aufnimmt, sondern in unserem Fall auch bearbeitet *und* der *Grenzen,* Wände besitzen muss, in denen der Inhalt aufgehoben werden kann. Also treffen wir auf *zwei Funktionen,* die den Container ausmachen: Halten und Bearbeiten des Inhalts. Ein Aufbewahren innnerhalb von Grenzen (z. B. starre Regeln und Rituale) ohne Bearbeitung des Inhalts (das aktuelle Befinden des Kindes) ist ebenso unbrauchbar wie die genaue Bearbeitung, ohne dass es einen Ort gibt, von dem aus dosiert zurückgegeben werden kann (z. B. wenn eine Mutter mit ihrem Baby gänzlich verschmilzt). Diese beiden Funktionen sind eng mit der väterlichen haltend-begrenzenden und mütterlichen aufnehmend-verstehenden Funktion verbunden, ohne dass wir diese Funktionen an die Realperson Vater oder Mutter anheften müssen. Sie können auch von anderen feinfühligen Personen übernommen werden.

Die Entwicklung des reflektierenden Selbst als wesentlicher Grundlage der sozialen Kompetenz

Die Grundlagen für die Fähigkeit, sich selbst zu kennen, sagen zu können: »So bin ich, das macht mich aus«, entstehen sehr früh entlang dem Dialog zwischen dem Baby und seinen Bezugspersonen. In der Regel sind das Mutter und Vater, aber im Falle der frühen Fremdbetreuung auch die Erzieherinnen.

Dabei ist das Kind auf den *denkenden Erwachsenen* angewiesen, der sich über das konkret beobachtbare Verhalten hinaus in das innere Befinden des Kindes einfühlt und es als ein beseeltes eigenständiges Wesen behandelt. Um miteinander so vertraut zu werden, dass selbst kleine Signale verständlich sind, brauchen die Beteiligten ausreichend Zeit, Gelegenheiten und Feinfühligkeit.

Zeit für den unmittelbaren Kontakt mit dem Kind aufzubringen ist eine der knapp bemessensten Ressourcen der Postmoderne. Der Amerikaner David Bosworth, Universitätsprofessor für kreatives Schreiben, sieht diesen Mangel auch in den USA:

> Wer Kinder sinnvoll beeinflussen will, ob nach dem Vorbild der eigenen Eltern oder einem Gegenideal, muss physisch (körperlich) anwesend sein – das geht nicht per E-mail – und viele Eltern haben sich heute, aus mancherlei Gründen, unerlaubterweise entfernt. Das Überhandnehmen zerbrochener Familien und außerehelicher Beziehungen hat dazu geführt, dass viele Kinder zu einem Elternteil, meistens dem Vater, keine nennenswerte Beziehung mehr haben. Die Tragödie wird noch verschlimmert durch die Zeitzwänge, die den Lebensrhythmus intakter Familien bestimmen, wenn beide Eltern außer Haus arbeiten. (Mehan, 2008)

Das *Selbsterleben* wächst im Kind allmählich über die Erfahrung, als denkendes Wesen gedacht zu werden. Jede neue Erfahrung bahnt eine neuronale Verschaltung im Zentralnervensystem, die es wiederum möglich macht, noch differenzierter wahrzunehmen, und die schließlich zur Vernetzung der Nervenzellen führt. Soziale und sensorische Erfahrungen hinterlassen also im Gehirn sichtbare »Spuren«. Traumatisierende Erfahrungen, wie der plötzliche Verlust der Mutter, Misshandlung (z. B. Hungern, Verlassenheit), Missbrauch oder anhaltende Schmerzen behindern die weitere Entfaltung dieses Netzwerkes, weil das Kind auf früheste primitive Stressmuster zurückgreifen muss, um diese Verstörung allein bewältigen zu können. Neurobiologische Untersuchungen haben nachgewiesen, dass nichts einen Säugling so in Angst und Stress versetzt wie der plötzliche Verlust der Mutter (Hüther, 2002; Roth, 2007). Einen wesentlichen Beitrag zum Verständnis des subjektiven Erlebens des Säuglings und des sich daraus ableitenden Selbstempfindens bzw. der Entwicklung des Selbst leistete der Säuglingsforscher und Psychoanalytiker Daniel Stern (1986) mit seinen Forschungen und Beobachtungen. Er entwirft entlang der kindlichen Entwicklung der ersten Lebensmonate vier Selbstempfindungen, die sich aufeinander aufbauend entwickeln:

1. Auftauchendes Selbst: auftauchende Bezogenheit – Selbstregulation
2. Kern-Selbst: erkennen der eigenen Urheberschaft – Selbstkohärenz – Selbstaffektivität – Gedächtnis
3. Subjektives Selbst: intersubjektive Bezogenheit – Abstimmung mit einem Anderen
4. Verbales Selbst: verbale Bezogenheit – Sprache differenziert das Selbsterleben – symbolisierte generalisierte Bedeutungen unterscheiden sich von namenlosen präverbalen Zuständen.

Stern beobachtete, dass diese Selbst-Zustände nicht untergehen, sondern relativ unabhängig neben- und miteinander existieren können. Sie regulieren die Beziehung zum Anderen und zu sich selbst lebenslang. Stern entdeckte auch die *amodale Wahrnehmung*, eine Fähigkeit des Säuglings, »die in einer bestimmten Sinnesmodalität aufgenommenen Informationen irgendwie in eine andere Sinnesmodalität übersetzen zu können« (Stern, 1986). Lässt man z. B. ein Baby an einem speziell geformten Nuckel saugen, so erkennt es diesen mit den Augen unter verschiedenen anderen, obwohl es ihn zuvor noch nie gesehen hatte, und zeigt dies mit seinem Verhalten an. Stern vermutet eine *globale* Wahrnehmungsweise, die es dem Säugling möglich macht, aus den Objekten die abstrakten Merkmale des Erlebens zu ermitteln. Seine Forschungsergebnisse ergänzen die oben genannten zentralen Gedanken.

Aus dem alltäglichen Dialog, der auf einem differenzierten Austausch zwischen präverbalen (vorsprachlichen) Mitteilungen des Babys und angemessenen Antworten des Erwachsenen beruht, entsteht ein psychisches Modell. Je differenzierter man sich als selbstständiges Wesen in seinen Gedanken, Gefühlen, Absichten und Wünschen reflektiert, desto genauer kann man auch den Anderen in seiner Andersartigkeit wahrnehmen und auf ihn eingehen. Das bedeutet, in jedem Menschen entwickelt sich in mehr oder weniger starkem Ausmaß ein Konzept, eigene innere mentale Zustände sowie die inneren Zustände anderer Menschen erkennen zu können. Dadurch wird es möglich, Zustände eines Anderen, also dessen Gefühle, Einstellungen, Absichten, Wünsche und Ziele, zu begreifen, quasi *zu lesen.* Ein zentrales Moment dieses Konzepts ist die *reflexive Funktion.*

Die reflektierende Funktion der Eltern und deren Auswirkung auf die kindliche Entwicklung

Was hilft Eltern, ihre Aufgaben, wie sie oben beschrieben wurden, genügend gut zu erfüllen? Diese Frage wird oft gestellt, und viele »Elternratgeber« versuchen, mit Tipps, Regeln oder Ratschlägen eine Antwort zu geben. Alle wohlgemeinten Hinweise laufen aber ins Leere, wenn sie nicht auf die *inneren Fähigkeiten* der Eltern eingehen. Eine zentrale Rolle spielt ihre Reflexionsfähigkeit. Es handelt sich um die Fähigkeit, offen für die Signale des Kindes zu sein, sich einzufühlen und angemessen zu reagieren. Dazu müssen die Eltern erst einmal Abschied von ihrem »phantasierten Baby« nehmen, von dem Bild, das sie sich während der Schwangerschaft ausgemalt haben. Gelingt es den Eltern dann, sich auf ihr reales Kind einzustellen, können sie mittels ihrer reflexiven Fähigkeiten zur wichtigsten Stütze für ihr Kind bei seiner Selbstentwicklung werden, um

1. seine Abwehren (Schutz- und Anpassungsverhalten) zu organisieren und angemessen einzusetzen;
2. seine Affekte zu kontrollieren (d. h. nicht von ihnen überwältig und zerrissen zu werden);
3. in sich konstante Objekte (d. h. sowohl die »guten« als auch die »bösen« Erfahrungen mit den Eltern in einem inneren Gesamtbild zu vereinen) zu formen;
4. seine Selbstrepräsentanz (d. h. sich selbst als eine Person zu erleben, die realistisch einschätzen kann, dass in ihr sowohl »Gutes« als auch »Böses« existieren) aufzubauen.

Die englische Forschergruppe um Fonagy et al. (1993) fasste die Merkmale der *reflektierenden Funktion* folgendermaßen zusammen: Der Betreuer müsse die Fähigkeit besitzen, die überwältigenden Affekte des Kindes auszuhalten, seine psychischen und physischen Bedürfnisse zu erahnen, sich bereitwillig an seine Perspektive anzupassen und die äußere Welt zu verändern. Eine Mitschwingungsfähigkeit erfordere ein Wahrnehmen des Kindes als psychische Gesamtheit mit mentaler Erfahrung. Das setze beim Betreuer die Fähigkeit voraus, über die mentale Erfahrung zu reflektieren und diese dem Kind, übersetzt in die Sprache von solchen Handlungen, die es verstehen kann, widerzuspiegeln. Dem Säugling werde dadurch die Illusion vermittelt, dass dieser Vorgang von psychischen Prozessen innerhalb der eigenen mentalen Grenzen durchgeführt wurde. Aus Fonagys Sicht wird die Differenzierung zwischen Selbst und Objekt im Physischen sehr viel früher vollzogen als die Trennung der beiden in der mentalen Welt.

Anfängliches Sich-verlassen-Können auf das reflektierende Selbst des Objekts und allmähliche Erkenntnis des Getrenntseins seien notwendig für die Herausbildung eines sicher entwickelten, reflektierenden Selbst. Wenn man seinen mentalen Zustand erahne und darauf reagiere, werde das Kind, das in seiner Bindung sicher ist, weniger auf Abwehrverhalten angewiesen sein, um sein psychisches Gleichgewicht zu erhalten.

Abwehrverhalten kann dann überwiegen, wenn die kindlichen Signale in der Mutter oder in den Eltern eigene (frühe) Erfahrungen wachrufen und es zu einer *inneren Vermischung* in den Eltern kommt, z. B. wenn die Mutter angesichts ihres schreienden Babys panisch wird und denkt, »es will mich in den Wahnsinn treiben«. Dann ist es so, als werde *das innere Baby der Mutter* durch das Schreien des Kindes aktiviert und beginne nun selbst zu schreien.

In diesem Moment kann die Mutter nicht mehr »übersetzen«, sondern wird aggressiv oder kalt bzw. agiert mit ihren Abwehrmechanismen. Ihr *Denkraum, ihr reflektierendes Selbst bzw. der Leihcontainer* ist dann sozusagen *zusammengebrochen.* Die unerträglichen Zustände des Kindes wurden dem Anderen, Vater oder Mutter, *vergeblich* übergeben (projiziert). Es kommt statt einer verstehenden Antwort nur das *Echo* des Projizierten zurück oder gar eine »Miss-Handlung«, oder eine Antwort bleibt gänzlich aus. Dann muss das

Kind, um die Unerträglichkeit aushalten zu können, etwas am eigenen Zustand verändern, also selbst versuchen, ein inneres Gleichgewicht zu finden, oder die Antwort-Botschaft verändern, sie verstümmeln, abspalten, verleugnen.

Neurophysiologisch betrachtet werden dann wieder *primitivere Verschaltungen*, die einfachen *Stressmuster aktiviert* (wie exzessives Schreien, heftiges Strampeln, Anklammern, Erstarren) und die *reiferen Muster blockiert* (wie Lautmalerei, Blicksprache, gestisch-mimische Mitteilungen) (Hüther, 2002). Obwohl diese Zustände äußerlich gesehen wie primitive, reflexähnliche Reaktionen wirken, handelt es sich um die innere Abwehr unerträglichen Erlebens. Diese frühen Abwehren schützen das Kind zwar im Moment vor Desintegration oder Überflutung, gehen aber vermutlich gleichzeitig mit einem erheblichen Objekt- und Selbstverlust einher. Es »verarmt«. Um die gefühlte Unerträglichkeit überhaupt überstehen zu können, geht das Kind eine Fragmentierung ein und gibt Teile von sich auf oder gibt sich ganz auf: Das gehört nicht zu mir, das bin ich nicht, da ist nichts.

Die Weiterentwicklungen solchen Abwehrverhaltens können primitive seelische Vorgänge wie Spaltung und massive Verleugnung sein. Sie mindern die Fähigkeiten des Kindes, vollen Gebrauch von seinem Potential zu machen und über mentale Zustände nachzudenken. Diese Behinderung wird schließlich seine Fähigkeit im Erwachsenenalter einschränken, eine adäquate psychische Umwelt für sein eigenes Kind sicherzustellen, was z. T. die Übereinstimmung von Bindungstypen über mehrere Generationen erklärt.

Fonagy und seine Mitarbeiter betrachten die Funktionsfähigkeit des reflektierenden Selbst als Indikator für die Wahrscheinlichkeit von »Gespenstern in der Kinderstube« (Fraiberg, 1982). Unter »Gespenstern« können wir alle die Verhaltensweisen und Einstellungen zusammenfassen, die unbewusst von den Eltern in den Dialog mit ihrem Kind hineingeschleppt werden und ihn stören. Betreuungspersonen mit einer niedrigen reflexiven Funktion haben vermutlich eine hohe Bereitschaft (Prädisposition), diese »Gespenster« weiterzugeben.

Weitergabe der Abwehren und Traumen durch die Eltern: eine Mehrgenerationenperspektive

Wieso gibt es nun Eltern, die in ihrer Kindheit Brutalität, Vernachlässigung, Armut und Tod, also massive Ängste und Bedrohungen erlebt haben und trotzdem nicht dazu neigen, die Bindungen zu ihrem Kind und die Bindung des Kindes zu ihnen zu gefährden? Wieso gibt es wiederum andere Eltern, die weitaus weniger traumatisiert wurden und in ihrer Elternfunktion versagen? Und wodurch wird bestimmt, ob Eltern ihre konflikthafte Vergangenheit mit ihrem Kind wiederholen?

Fonagy (1991) beschreibt in eindrucksvoller Weise, dass sowohl klinische als auch epidemiologische Daten darauf hinweisen, dass »die Chronik, also die ›historischen Fakten‹, *nicht* voraussagen, ob die Elternschaft zu Kummer und Verletzungen führt oder ob sie zur Zeit der Erneuerung wird. Die Absicht, für das Kind Besseres zu wollen als man selber hatte, kann stark sein, aber leider bleibt sie weit hinter dem zurück, was benötigt wird.«

Die genaue Analyse, die Fonagy und seine Mitarbeiter in ihrer Studie der Verhaltensmuster über die Generationen hinweg erhoben haben, lassen Folgendes vermuten:

1. Die *Abwehrstrategien,* die bei Kindern *unter Stress* beobachtet werden, können ihren Ursprung in den Abwehrstrategien der Eltern haben.
2. Dieselben *seelischen Abwehrmechanismen,* die die Eltern benutzen, um ihre eigene schwierige Vergangenheit zu verarbeiten, werden von ihnen an die Kinder weitergegeben. Die Forscher knüpfen an Untersuchungen der englischen Psychoanalytikerin Selma Fraiberg (1983) an. Sie führte die *Verdrängung* von erinnerten Affekten (Löschung aus dem Bewusstsein), die mit einem traumatischen Ereignis assoziiert sind, und die *Identifikation mit dem Aggressor* (sich gänzlich in den Angreifer hineinzuversetzen, um das schmerzhafte Erlebnis auszuhalten) als zwei charakteristische Abwehrmechanismen an.
3. Eine andere Möglichkeit der Weitergabe besteht darin, dass das *Verhaltensmuster* der Eltern, wie sie die affektiven Signale des Babys *abwehren,* vom Kind übernommen wird und sich wiederkehrend in seinen »Antwortreaktionen« zeigt. Dieses Verharren in einer gespiegelten Abwehr hindert das Kind, seine Affekte weiter zu »verdauen« und sich selbst wahrzunehmen.

Fonagy meint weiter:

> [...] dass viel von der Unfähigkeit der Mutter, auf die Bedürfnisse des Kindes einzugehen, von ihrer eigenen Abwehr herrührt, ähnliche negative Affekte bei sich wahrzunehmen und zu verstehen. Die mütterliche Abwehr hat den Ursprung in ihrer Entwicklungsgeschichte und erschwert es der Mutter, auf affektive Signale ihres Kindes in einer empathischen Weise zu reagieren. Es wird angenommen, dass solche Abwehrreaktionen der Mutter fest etablierte charakterologische Muster widerspiegeln [...] Wenn im Erleben des Säuglings der Schwerpunkt meist auf Gefühlen von Unwohlsein liegt, weil die Mutter unvermögend ist, die Umgebungs- oder physikalischen Faktoren der kindlichen Belastungen zu erkennen, oder sie unfähig ist, auf die dadurch hervorgerufenen negativen Affekte zu reagieren, so bleiben Angst und Wut im Kind weiter bestehen. Da sich das Kind nicht ausreichend darauf verlassen kann, ob die Mutter auf die Signale seiner negativen affektiven Zuständen reagieren und diese mindern kann, muss es *alternative Wege* finden, um diese zu vermindern. Mit einem unreifen und unstrukturierten psychischen Apparat [...] muss es eine Verhaltensstrategie entwickeln. (Fonagy, 1991, S. 125)

Wie zeigen sich Störungen in der frühen Entwicklung?

Alle bisherigen Forschungsbefunde und Überlegungen lassen erkennen, dass das Baby in hohem Maße lernfähig ist, dazu aber Personen in seiner Umgebung benötigt, die in der Lage sind, feinfühlig seine Mitteilungen zu verstehen. Ansonsten gerät es in übergroße Anspannung (Stress), kann nicht mehr »lernen«, sondern muss sich mehr oder weniger abschotten oder verfällt in primitives Abwehrverhalten. Denn es lernt erst allmählich seine Sinneswahrnehmungen zu integrieren, innen und außen zu unterscheiden, so dass sein innerer Zustand übergangslos von Wohlbefinden zu Bedrohtheit wechseln kann. Wie kann ein Baby, das erst am Anfang seiner Ich-Entwicklung steht, nur über einen kleinen Bewegungsspielraum verfügt und noch nicht sprechen kann, sich »wehren«?

In der folgenden Übersicht, die sich auf Beobachtungen, Erfahrungen und internationale Studien (Cierpka & Windaus, 2007; Israel, 2007; Vogelsänger, in diesem Buch) bezieht, sind verschiedene Auffälligkeiten und Störungen zusammengestellt.

Muskelpanzer

Versuchen Neugeborene oder junge Säuglinge, ihre Desintegration selbst wieder zu *re-containen*, bauen sie eine *frühe muskuläre Panzerung* auf oder geraten in eine Atonie. Die frühe Panzerung äußert sich meist sehr dramatisch: Das Gesicht ist verkrampft, gerötet oder blau angelaufen, die Augen sind zugekniffen, oft begleitet von endlosem, heißerem Schreien. Der Körper wird nach hinten überstreckt, der Kopf zwischen die Schultern eingezogen oder einzelne Körperpartien verkrampfen sich (wie der Torticollis). Die Hände sind hart geballt zu Fäustchen, die Zehen gekrümmt, Arme und Beine angespannt und oft in heftiger Bewegung. Die Atmungswelle stockt, weil sie sich vom Brustkorb nicht in den Bauchraum ausbreiten kann. Bei Frühgeborenen ist diese Atmungsstörung besonders auffällig. Es scheint bei manchen Kindern so, als flattere ihr Thorax unverbunden mit dem restlichen Körper (Israel, 2007).

Atonie

Im Falle der Atonie besteht ein Tonusverlust (Spannungsverlust) der Muskulatur. Alles scheint auseinanderzufließen. Die Haut ist blass, die Hände sind geöffnet, der Blick nach innen gekehrt. Der Säugling gibt kaum eine Reaktion von sich, als habe er sich nach innen gezogen. In beiden Fällen geht es um einen Zusammenbruch des Kontakts mit der Außenwelt. Das Kind scheint völlig auf sich zurückgeworfen zu sein und kein Verstehen mehr zu erwarten.

Exzessives Schreien

Schreien ist das wichtigste Kommunikationsmittel, in dem sich unerträgliche Gefühle entladen können. Schreianfälle können sich über Minuten und Stunden hinziehen, beginnen in der zweiten Lebenswoche, haben mit sechs Wochen ihren Höhepunkt und hören meist mit drei Monaten (spätestens mit sechs Monaten) schlagartig auf.

Der Unterschied zwischen normalem Schreien und pathologischem Schreien (der Säugling schreit über mehr als drei Wochen an mehr als drei Tagen mehr als drei Stunden) ist fließend. Gerade das Schreien des hilflosen Kindes konfrontiert die Eltern mit primitiven Gefühlen von Wut und Verzweiflung.

Schlafstörungen

Im ersten Lebenshalbjahr ist der Schlaf-Wach-Rhythmus noch nicht ausgereift; kurzes nächtliches Aufwachen ist normal. Eine Schlafstörung liegt vor, wenn Säuglinge auch nach sechs Monaten noch nicht gelernt haben, sich selbst zu beruhigen. Bei einer *Einschlafstörung* brauchen sie mehr als eine halbe Stunde, um den Übergang vom Wachen zum Schlafen zu bewältigen. Dabei sind sie von elterlichen Einschlafhilfen abhängig. Bei einer *Durchschlafstörung* werden sie über mehrere Tage mehr als drei Mal in der Nacht wach und brauchen dann wieder längere Zeit (mehr als 20 Minuten), um mit Hilfe ihrer Eltern erneut einzuschlafen.

Je übermüdeter und überreizter ein Kind ist, desto schwieriger lässt es sich beruhigen. Oft wird ein sensorischer Reiz (z. B. Schaukeln, Umhertragen) gesetzt, der das Weinen unterbricht, aber gleichzeitig das Nervensystem aktiviert und Schläfrigkeit, die zum Einschlafen führt, verhindert. So wird ein Teufelskreis in Gang gesetzt, der die Eltern in extrem belastende Erschöpfungszustände treibt. Die Trennung beim Einschlafen kann bei Kind und Eltern traumatische Trennungserfahrungen reaktivieren, die den gelassenen Umgang mit der Einschlafsituation erschweren.

Fütterstörungen

Die Ernährung des Kindes als körperlicher Ausdruck seelischer Austauschprozesse ist in der engen Verbindung von Mutter und Kind in der Stillsituation nicht zu übersehen. Auch bei älteren Säuglingen ist die Füttersituation Spiegel von seelischen Austauschprozessen zwischen Eltern und Kind.

Kurzfristige Fütterunregelmäßigkeiten kommen bei jedem Säugling vor. Von einer Fütterstörung spricht man erst, wenn die Füttersituation mehr als einen Monat als unangemessen empfunden wird. Dazu gehört, dass die Mahlzeiten jeweils länger als 45 Minuten dauern, dass zwischen den Mahlzeiten weniger als zwei Stunden liegen oder dass beim älteren Säugling die Fütterung in einem unangemessenen Kontext (Fütterposition, Fütterzeit, Auswahl der akzeptierten Lebensmittel) stattfindet. Eine Fütterstörung kann sich bis zur Nahrungsverweigerung steigern und zur Gedeihstörung mit dauerhafter Schädigung geraten, wenn das Körpergewicht sinkt bzw. konstant unter dem Normgewicht bleibt.

Frühe Regulationsstörungen

Schrei-, Schlaf- und Fütterstörungen können in unterschiedlichem Schweregrad als einzelnes Symptom oder auch gleichzeitig auftreten. Es gibt akute Krisen, vorübergehende Anpassungsschwierigkeiten und schwerwiegende Entgleisungen, die die Entwicklung der Kinder dauerhaft behindern und zu somatischen Chronifizierungen führen können.

Allen gemeinsam ist, dass sie die elementaren Lebensäußerungen betreffen und bei den betreuenden Personen, besonders bei den Eltern, aber auch bei professionellen Helfern, an eigene elementare Erfahrungen rühren, die mit Ängsten, unerträglichen Zuständen und regressiven Bedürfnissen verbunden sein können. Deshalb gibt es eine Tendenz, die Symptomatik zu »objektivieren« und sogenannte »medizinische« Erklärungen zu finden. Auf Grund der Unreife des Regulationsvermögens der Säuglinge gibt es einen fließenden Übergang vom Normalen zum Pathologischen. Mit jedem Reifungsschritt verschwinden mit zunehmendem Alter die Symptome. Ist die unter dem Symptom liegende Beziehungsstörung nicht bearbeitet, existiert die Störung aber oft in veränderter Form fort.

Psychosomatische Störungen sowie allergische Erkrankungen

Psychosomatische Störungen verbunden mit allergischen Erkrankungen wie asthmatoide Bronchitis und Dermatitis atopica (Neurodermitits) haben, wenngleich auch familiäre Dispositionen eine Rolle spielen können, einen erlebnisbedingten Hintergrund, der aber angesichts des jungen Alters der Kinder noch völlig somatisch (körperlich) ausgedrückt wird im Sinn der *somato-psychischen Einheit eines Menschen.* Zum Beispiel könnte der psychodynamische Hintergrund der Neurodermitis darin bestehen, dass die Haut nicht nur körperliche Begrenzung und Schutz bieten, sondern auch dem psychischen »Zusammenhalt« dienen soll.

Allgemeine Infektanfälligkeit

Da sich in den ersten 18 Lebensmonaten die Immunabwehr erst entwickeln muss, können emotionale Belastungen und der damit verbundene »Stress«, wie zahlreiche Untersuchungen nachweisen, die Immunantwort einschränken und die Infektanfälligkeit erhöhen. Das betrifft besonders Infekte der Luftwege.

Frühe Abwehren des Kindes in der Mutter-Kind-Interaktion

Neben den mehr körpergebundenen Störungen gibt es bereits in der ersten Lebenszeit Verhaltensauffälligkeiten, die Ausdruck einer frühen Beziehungsstörung sein können und in einem Circulus vitiosus die Beziehung zwischen Kind und Eltern immer mehr belasten.

Selma Fraiberg (1983) fand in ihren Forschungen an Babys, die von ihren Eltern unzureichend betreut wurden, auffällige *Verhaltensphänomene,* die mehr als nur ein Reflex waren und die Kommunikation zwischen Mutter und Kind beeindruckend steuerten. Das Alter der von ihr untersuchten Kinder lag zwischen dem dritten und 18. Lebensmonat. Sie bezeichnete diese beobachteten Verhaltenweisen als *frühe pathologische Abwehren*, die sie folgendermaßen klassifizierte:

Einfrieren – das Kind erstarrt im Muskelpanzer und bricht schließlich untröstlich schreiend zusammen.

Vermeiden – das Kind blendet die Bezugsperson völlig aus, behandelt diese so, als sei sie Luft.

Kämpfen – das Kind wehrt sich bis zur Erschöpfung gegen die Bezugsperson.

Affektumwandlung (Transformation des Affekts) – das Kind zeigt einen Affekt, der der Situation nicht entspricht, z. B. statt zu erschrecken, reagiert es mit Freude und Begeisterung.
Selbstverletzendes Verhalten (Umkehrung des Affekts) – das Kind richtet seine Aggression gegen sich selbst und zeigt dabei kaum Schmerzempfinden.

Eine weitere Abwehrform von eher unauffälliger Natur ist der *Rückzug* – das Kind richtet sich nach innen, unterbricht körperlich und emotional den Kontakt mit der Außenwelt (Israel, 2001).

Weitere gravierende Störungen des Kindes
Weitere gravierende Störungen des Kindes können sein:

- Frühkindliche Depression bei passiven, lebensschwachen Kindern
- Frühe Ängste verbunden mit Unruhe oder anklammerndem Verhalten
- Frühe Kommunikations- und Verhaltensauffälligkeiten, die Vorboten von schweren Entwicklungsstörungen sein können
- Häufige Verletzungen
- Folgen schwerer angeborener oder früh erworbener körperlicher Erkrankungen
- Folgen von Frühgeburtlichkeit
- Folgen von Misshandlungen

Frühe Fremdbetreuung und ihre Auswirkung auf die Selbstentwicklung

Wenn sich ein Säugling bereits nach wenigen Lebenswochen oder -monaten täglich in der Obhut von weiteren Betreuungspersonen befindet, prägen nicht nur die Eltern das entstehende Selbst und seine innere Welt. Großeltern, Tagesmütter oder, wie in unserer Untersuchung, Erzieherinnen der Krippe tragen gleichermaßen dazu bei. Gleichzeitig werden die Begegnung mit ihnen und die tägliche Trennung von den Eltern bereits mit Hilfe der bis dahin primär gesammelten Erfahrungen, die als Modelle und Konzepte innerlich verankert sind, verarbeitet. Sie beeinflussen die Wahrnehmung der neuen Umwelt und der neuen Betreuungspersonen entscheidend und führen zu ganz individuellen Reaktionen. Dazu ein Beispiel aus der Säuglingsbeobachtung:

Frau S stillte ihre neugeborene Tochter Lydia nach einem bestimmten Ritual: Erst gab sie die rechte Brust, dann unterbrach sie die Fütterung und windelte das Baby, dann gab sie die linke Brust, auf die sich das Baby regelrecht stürzte. Lydia protestierte anfangs heftig gegen die Unterbrechung, strampelte und schrie beim Wickeln. Die Mutter interpretierte dies als Bauchschmerzen. Einige Wochen später verhielt sich Lydia etwas »gelassener«, schaute die Mutter während des Windelwechsels mit ernstem Gesicht und forschendem Blick an, jammerte etwas und wehrte sich kaum. Vermutlich hatte sich in Lydia gegen das Hungergefühl und die Frustration der Unterbrechung eine Hoffnung etabliert, dass es mit dem Stillen schon weitergehen würde, auch wenn sie mitteilte, dass das Ritual nicht ihrer Befindlichkeit entsprach. Die Mutter hatte die Empfehlung der Hebamme, man könne auch zwischendurch das Baby windeln, auf Grund ihrer eigenen Unsicherheit als Vorschrift verstanden und wollte es besonders richtig machen. Sie deutete Lydias Unmut als Bauchschmerzen um, denn in einer Pflegeanleitung hatte sie etwas über Dreimonatskoliken gelesen.

Einige Wochen später hatte sich Lydia gänzlich auf den Rhythmus eingestellt, füllte ihren leeren Mund mit Lauten und schäkerte mit ihrer Mutter auf der Wickelkommode, die ihr ansonsten wenig Zuwendung gab, oder »sprach« verträumt mit den runden Elemente eines Mobiles über ihrem Kopf. Auch nach dem Übergang auf die Flasche – die Krippenaufnahme stand kurz bevor – wurde die Unterbrechung beibehalten und verlief in innigerem Kontakt als die Fütterung.

Wie wird Lydia nun, wenn sie in der Krippe die Flasche in einem Zug leertrinken soll, reagieren? Welcher Dialog zwischen Pflegerin und Baby wird sich entwickeln? Wird Lydia an ihrem inneren Konzept, das eine zwischenzeitliche symbolische Mundfüllung – die Lautmalerei – vorsieht, festhalten oder wird sie ein zweites Konzept entwickeln? Wieviel individueller Spielraum wird ihr gegeben werden, um sich umzustellen? Und wie wird sie dann zu Hause zurechtkommen?

Wenn ein Kind in die Krippe aufgenommen wird, bringt es also – mag es noch so jung sein – bereits sein erstes Verhaltensrepertoire mit, das durch die Qualität der primären Beziehungen und deren innere Verarbeitung geprägt, alle weiteren Wahrnehmungen beeinflussen wird. Zum Beispiel wird ein sicher gebundenes Baby den Verlust seiner Eltern und die Veränderungen vermutlich sehr intensiv spüren und sich »beklagen«, vielleicht heftig weinen, aber in sich genügend stabile Anteile (Erfahrungen) haben, so dass es nicht in Verlassenheitsängste fällt und für neue Erfahrungen offener bleibt. Ein nicht so sicher gebundenes Kind wird den Umgebungswechsel eher »still« hinnehmen, weil es seine Eltern nicht als zuverlässig haltgebend und wechselhaft erlebte. Es trennt sich scheinbar leichter von ihnen.

Doch ist auch die Qualität der neuen Lebensumwelt ausschlaggebend, die sich darin widerspiegelt, wie differenziert sie *dieses* Kind verstehend annehmen und in seinen Entwicklungsaufgaben fördern kann. Deshalb treffen alle Überlegungen, die die Feinfühligkeit und den Dialog mit dem Kind betreffen, auch auf professionelle Betreuungspersonen zu. Dazu ein Beispiel aus den 1970er Jahren in einer DDR-Kinderkrippe:

Als der zwölf Monate alte Fred in die Krippe aufgenommen wurde, konnte er bereits sicher mit dem Löffel essen. Zu Hause hatten seine Eltern ihm viel Raum gegeben, es erst mit den Fingern zu versuchen. Dann hatte er sich für den Löffel interessiert und bald das Geschick entwickelt, selbstständig seinen Teller zu leeren, wenngleich der eine oder andere Löffel danebenging. Der Junge saß gerne in seinem Hochstühlchen am Tisch. Die gemeinsamen Mahlzeiten mit seinen Eltern bereiteten ihm Freude.

Eine Krippeneingewöhnung im Beisein der Mutter war nicht gestattet. So konnte die Mutter der Erzieherin nur etwas über die Gewohnheiten des Kindes berichten. Nach einigen Tagen beschwerte sich die Erzieherin heftig bei der Mutter, dass es mit diesem Kind nicht einfach sei, es würde nicht essen. Das löste in ihr große Besorgnis aus, weil sie vermutetet, der Trennungsschmerz sei zu groß. Dennoch überwandt sie ihre Betroffenheit und forschte genauer nach, wie die Mahlzeiten denn verliefen. Es stellte sich heraus, dass die Erzieherin ihn trotz Gegenwehr mittags hatte füttern wollen, weil das »so üblich« war. Aber er hatte sich abgewandt, den Mund zusammengepresst, ihre Hand weggestoßen, geschien und letztlich nichts zu sich genommen. Er durfte es nicht selbst tun. Über weitergehenden körperlichen Zwang berichtete sie nicht, aber die Mutter fürchtete, dass es den gegeben hatte.

Der Mutter gelang es, die Erzieherin schließlich zu überzeugen, dem Kind die Freiheit zu geben, selbstständig zu essen. So bekam er einen Platz an einem abgesonderten Tischchen zugewiesen. Von da an konnte Fred wieder essen.

Fred war nicht bereit, seine bereits erworbene Fähigkeit, mit dem Löffel zu essen, wieder aufzugeben, und verweigerte sich. Obwohl er »seinen Löffel« und damit seine Selbstwirksamkeit wieder bekam, wurde er gleichzeitig abgewiesen. Er musste abseits alleine essen. Wie wird er das Verhalten der neuen Bezugsperson in sein inneres Elternbild eingebaut haben? Wie wird er den Platz außerhalb der Gemeinschaft verkraftet haben? Hat sich seine Beziehung zu den Eltern, die ihn solchen Schwierigkeiten aussetzten, verändert?

Aus dem Zusammentreffen oder Zusammenspiel der Primärbeziehung mit den Eltern und den Beziehungserfahrungen mit den Erzieherinnen wird das Kind nun seine individuelle innere Welt entwickeln. Sie ist mehr als das bloße Abbild der Beziehungen; sein Selbst und die Entfaltung seiner reflexiven Funktion sind also letztlich eine kreative Neuschöpfung, die aus dem *Gemeinschaftswerk* aller Beteiligten, Eltern, Kind, Erzieherin und Institution, entsteht.

Kapitel 3

Fragestellung und Methode

Ingrid Kerz-Rühling

Anhand von Interviews mit ehemaligen Krippenkindern untersuchten wir die Auswirkungen der Krippenbetreuung auf die Persönlichkeitsentwicklung, die Objektbeziehungen und die psychische und körperliche Gesundheit.

Da frühe Kindheitserfahrungen und die Folgen für die psychische Entwicklung nicht direkt zu erfassen sind, oft weniger erinnert als durch spätere Ereignisse reaktualisiert werden, gehen wir davon aus, dass uns die Reaktionen der ehemaligen Krippenkinder auf die Geburt eigener Kinder und deren Aufnahme in die Krippe u. a. Aufschluss über ihre abgewehrten Konflikte, Ängste und Wünsche geben. Es ist uns daher wichtig, unbewusste Mitteilungen über die Frühzeit zu erforschen, die sich vor allem auch in der Übertragung zum Interviewer zeigen.

Im Verlauf unserer Diskussionen erschienen uns folgende Fragestellungen besonders aufschlussreich:

1. Welche Motive hatten die ehemaligen Krippenkinder für ihre Teilnahme an dem Forschungsprojekt und wie war ihr Verhalten bei der Kontaktaufnahme?
2. Gibt die Gestaltung des Interviews, d. h. Verhaltensbesonderheiten und der Umgang mit Affekten bei belastenden Themen wie z. B. Frühtrennung, Hinweise auf die Bewältigung der Frühtrennung?
3. Welche Übertragungs- und Gegenübertragungsphänomene sowohl im Interview als auch bei der Gruppenauswertung lassen Rückschlüsse auf die Folgen der Frühtrennung und Fremdbetreuung zu?
4. Führen Schwellensituationen wie Pubertät, Schwangerschaft, Geburt eigener Kinder und deren Abgabe in die Krippe zur Reaktualisierung eigener Früherfahrungen?
5. Welchen Einfluss hat die frühe Trennungserfahrung auf die körperliche und psychische Gesundheit?
6. In welcher Weise werden die Selbstentwicklung, die Objektbeziehungen und die Bindungsfähigkeit durch die frühe Fremdbetreuung beeinflusst?
7. Haben die Lebensumstände der Eltern, ihre Einstellung zum Kind sowie ihre Reaktionen bei der Abgabe des Kindes in die Krippe Einfluss auf die Verarbeitung der Frühtrennung?
8. Kann die Krippenbetreuung in Ergänzung zur familiären Erziehung eine hilfreiche Unterstützung bei konfliktreichen Elternhäusern sein und zusätzliche Anregungen bieten oder führt sie häufiger zu einer Störung der Entwicklung?

9. Findet eine transgenerationale Weitergabe der frühen Trennungserfahrungen statt?
10. Haben die Erfahrungen in der Krippe Einfluss auf die Erziehung eigener Kinder?

Die Befunde unserer Untersuchung können zur aktuellen Diskussion über die Vor- und Nachteile der Fremdbetreuung beitragen, indem sie die Folgen der Frühtrennung bei fehlender Eingewöhnung aufzeigen. Da der Erziehungsplan für die Krippen in der DDR vor allem die Unterordnung der Kinder unter ein strenges Regelsystem vorsah, ist es von Interesse zu erforschen, in wieweit diese Erziehung auf die Persönlichkeitsentwicklung einwirkte und welche Faktoren sich als positiv für die Ich-Entwicklung erwiesen, um daraus evtl. Konsequenzen für den Aufbau von Krippen zu ziehen.

Methodisches Vorgehen

Zur Klärung unserer Fragestellung wurden mit 20 Probanden ein bis zwei psychoanalytisch orientierte Interviews durchgeführt. Mit unserer qualitativen Methode konnten wir nur eine begrenzte Zahl von Personen untersuchen, so dass unsere Ergebnisse nicht repräsentativ sind, sie vermitteln dafür jedoch einen detaillierten Einblick in die Krippenerziehung in der DDR.

Da wir uns auf Interviews mit ehemaligen Krippenkindern beschränkten, haben wir nur indirekte Aussagen über die elterliche Haltung und die Reaktionen der Mütter auf die Trennung.

Unsere Befunde stützen sich auf 20 in den Jahren 2004 und 2007 durchgeführte Interviews mit Personen zwischen 30 und 40 Jahren, die in der DDR in den ersten drei Lebensjahren in der Krippe aufwuchsen und die selbst Kinder haben, die eine Krippe bzw. einen Kindergarten besuchen. Die Aufnahme in die Krippe hatte zwischen der sechsten Lebenswoche und dem ersten Lebensjahr stattgefunden. Zwei Probanden besuchten eine Wochenkrippe und zwei andere mussten wegen Krippenunfähigkeit vorübergehend aus der Krippe genommen werden.

Der Kontakt zu den ehemaligen Krippenkindern wurde über Aushänge in Krippen oder über persönliche Kontakte der Projektmitarbeiter zu Eltern mit kleinen Kindern hergestellt. Die Motive der Interviewten für die Teilnahme am Projekt gaben uns indirekt Hinweise auf ihre Art der bewussten und unbewussten Bewältigung der Krippenerziehung.

Grundlage der Interviews bildete ein Interviewleitfaden, den wir auf Grund unserer theoretischen Vorarbeiten und der Kenntnisse aus Therapien von Krippenkindern aufgestellt hatten. Das Interview bestand aus einer Anfangsphase, der Kontaktaufnahme und Darstellung unseres Projekts, einer Hauptphase, die sich um die Lebensgeschichte und ihre Beeinflussung durch die Krippenerziehung zentrierte, sowie einer Abschlussphase, die dem Erleben des Interviews am Ende des Gesprächs gewidmet war. Ein zweites kürzeres Interview diente bei einigen Probanden dazu, noch offene Fragen zu klären.

Methodisch handelte es sich um halbstrukturierte Interviews, in denen der Interviewte zuerst die Möglichkeit hatte, sich frei zu seiner Lebensgeschichte zu äußern. Anschließend wurden vom Interviewer gezielt bestimmte Themenbereiche zur Krippenerfahrung, zu den familiären Bedingungen und der Persönlichkeitsentwicklung angesprochen. Nach der Durchführung der Interviews schrieb der Interviewer seine Eindrücke vom Gespräch, insbesondere Gegenübertragungsphänomene und affektive Reaktionen des Interviewten, auf. Bei den analytisch orientierten Interviews ging es uns nicht nur um die bewussten Mitteilungen der Interviewten, sondern auch um die Explorierung latenter Konflikte und Wünsche, die sich aus dem Verhalten der Interviewten und ihren Übertragungsreaktionen ergaben.

Die auf Tonband aufgenommenen und transkribierten Interviews wurden von jedem Mitglied der Forschergruppe zuerst unabhängig beurteilt und dann in einem Konsensrating in der Gruppe diskutiert. Bei Nichtübereinstimmung in einzelnen Punkten wurde versucht, einen Konsens zu erarbeiten, so dass die Gruppe abschließend eine gemeinsame Beurteilung formulieren konnte. Die unterschiedlichen Beurteilungen resultierten u. a. aus den individuellen Erfahrungen der Mitarbeiter in der DDR und in Westdeutschland. Bei der Auswertung war es für uns wichtig, uns nicht auf die bewussten Mitteilungen zu beschränken, sondern die unbewusste Psychodynamik zu erkennen, die wir teilweise aus der Übertragung erschließen konnten.

18 Interviews wurden narrativ zusammengefasst und geben den wesentlichen Gesprächsverlauf wieder, wobei sich eine bestimmte Auswahl der Themen nicht vermeiden ließ. Die zwei übrigen Interviews wurden nicht dargestellt, da ihre Anonymisierung sich als sehr schwierig erwies. Sie fanden jedoch Berücksichtigung bei der Gesamtauswertung.

Teil 2

Lebensgeschichten

Kapitel 4

Zusammenfassungen der Interviews

Agathe Israel, Luise Köhler, Irene Misselwitz, Peter Vogelsänger, Dagmar Völker

Lebensgeschichte Frau A

Frau A ist unsere erste Interviewpartnerin.
Der erste vorgesehene Interview musste zunächst verschoben werden, wäre es doch nur im Beisein ihrer kleinen Tochter möglich gewesen. Auch hätte Frau A bereits nach einer Stunde zu ihrem Baby zurückkehren müssen, um es zu stillen.

Sie hatte diesmal kurz vor dem Interview ihr jüngstes Kind gestillt und zu Bett gebracht, betrat den Interviewraum mit einer großen Wasserflasche in der Hand. Sehr freundlich und interessiert berichtete sie dann hochkonzentriert und mit großem Ernst aus ihrem Leben.

Frau A wurde als drittes Kind einer beruflich immer stark eingespannten Mutter, die bereits Kinder aus einer anderen Beziehung hatte, in einer kleinen Stadt im Süden Brandenburgs geboren. Beide Eltern absolvierten ein Studium. Der Vater hatte eine leitende Position inne, die er später aufgrund seiner Trunksucht verlor. Frau A fühlte sich vom Vater »abgöttisch geliebt«, ihre Mutter hingegen »wollte immer ein Mädchen haben«. Sie »hatte schon zwei Jungs. Aber wenn ich so zurückdenke, hat meine Mutter mich nie geliebt. Also eigentlich wollte sie mich nicht. Sie wollte ein Mädchen haben, zwar zum Anziehen und Schick-Machen, aber sie wollte eigentlich kein drittes Kind mehr haben.« Frau A kam mit acht Wochen in die Krippe. »Es war eine relativ kleine Krippe gewesen. Wir waren sechs Kinder in der Gruppe. Ich fand's ganz toll. Kann mich dran erinnern, dass mir das gut gefallen hat dort.« Sie hätte viel gespielt und hatte eine »ganz tolle Erzieherin. Ich hatte ein sehr gutes Verhältnis zu ihr.« Auch zu den Kindern und anderen Krippenerzieherinnen sei das Verhältnis gut gewesen. »Also, ich hab' mich da wirklich wohl gefühlt.« Manchmal übernachtete sie auch bei einer Erzieherin zu Hause. Der Wechsel in den Kindergarten fiel ihr schwer. »Ich wollte nicht aus der Krippe raus, konnte mich an den Kindergarten nicht gewöhnen.« Alle ihre Freundinnen seien in einen anderen Kindergarten gekommen und nur sie wäre in diesen Betriebskindergarten gewechselt. Schließlich nahm sie die Mutter aus dem Betriebskindergarten und gab sie in einen kommunalen Kindergarten, in dem sie auch den Freundinnen wiederbegegnete. »Der war auch dichter dran, und ich konnte dann, als ich ein bisschen größer war, allein hinlaufen.« Sie wurde von der Mutter »früh morgens, ich war auch ganz früh im Kindergarten gewesen immer, zu um sechs gebracht« und vom Vater, auf den sie sich »immer wie wahnsinnig gefreut« hatte, abgeholt.

Im vierten Lebensjahr der Interviewten trennten sich die Eltern aufgrund der Trunksucht des Vaters. Der Vater lebte vor dem Hintergrund der in der DDR herrschenden Wohnungsnot nach der Trennung noch lange mit im Haus und bewohnte dort das frühere Schlafzimmer der Eltern. Immer wieder musste Frau A gemeinsam mit ihren älteren Geschwistern erleben, wie die Mutter vom betrunkenen Vater geschlagen wurde »und wir Kinder uns immer aufstellen und zugucken mussten, und das war für mich eine ganz schlimme Situation. Das habe ich nicht verstanden, weil ich meinen Papa so geliebt habe und er auch ganz andere Seiten hatte, die ich gar nicht kannte und die mich auch ganz doll erschreckten. Ich hatte wirklich panische Angst. Meine Mutter hat uns eingeschlossen vor lauter Angst. Ich weiß auch, dass wir des Öfteren im Krankenhaus waren wegen der Verletzungen, die mein Vater ihr zugefügt hat.« Das sei »immer unter Alkohol« geschehen. »Also wenn er keinen Alkohol getrunken hatte, war er der liebste Mensch, immer wenn er getrunken hatte, war er völlig unberechenbar, wobei er auch meine Geschwister geschlagen hat, mich aber nie.« Schließlich wurde der Vater, »weil es dann gar nicht mehr ging und meine Mutter so schlimm verletzt ständig war, zwangsweise in eine andere Wohnung umgesiedelt«. Frau A erlebte ihre alleinerziehende Mutter als völlig überfordert. »Ich glaube nicht, dass sie glücklich war.«

Als Kindergartenkind hätte sie, wie schon in der Krippe, auch bei ihrer Erzieherin übernachtet, wenn ihre Mutter und auch die Großeltern keine Zeit hatten. Diese Erzieherin »war eine ganz enge Bezugsperson und die hat mich auch, muss ich ehrlich sagen, immer bevorzugt. Also, ich durfte sehr viel mehr Sachen machen, als die anderen Kinder durften, und hab' dann ab und zu mal was zu naschen von ihr bekommen, hat sie mir was aus der Küche geholt. Warum das so war, weiß ich nicht. Vielleicht hatte sie Mitleid mit mir.« So im Nachhinein könne sie es gar nicht beurteilen. »Also, woran's jetzt lag, weiß ich nicht, aber sie fand mich genauso toll wie ich sie.«

Die Großeltern, die Eltern ihres Vaters, seien wichtige Bezugspersonen und Mittelpunkt einer großen Familie gewesen. »Ich hatte halt ganz viele Cousinen und Cousins, und wir sind die ganzen Ferien über alle zusammen bei unseren Großeltern gewesen. Das war ganz toll.« Die Großeltern waren selbstständig und betrieben eine Landwirtschaft.

Als Kind habe sie, »als ich noch kleiner war, regelmäßig ins Bett gepullert. Das hing wahrscheinlich damit zusammen, dass ich das zu Hause halt sehr schrecklich fand«. Sie sei auch »ziemlich hektisch und so wild« gewesen und habe »auch einen enormen Verbrauch gehabt an Kalorien«. Sie sollte daraufhin »mal zur Kur fahren, um zuzunehmen«, hätte aber da »so ein Theater gemacht« und »so eine Angst vor dieser Kur, dass ich nur noch geweint habe und dann gar nichts mehr gegessen habe, und dann hatten meine Eltern Angst und haben dann gesagt, gut, wenn sie nicht will, muss sie nicht«. Ihr Bruder wurde in dieser Zeit stationär in einer kinderpsychiatrischen Fachlinik behandelt.

Die Mutter ging, »als ich fünf Jahre alt war«, eine neue Partnerschaft ein. Der neue Partner wohnte »zwar bei uns mit«. Frau A musste ihn in den ersten Jahren – »bis ich zwölf war« – immer mit »Sie« anreden. »Und ich durfte nie ›Du‹ sagen. Nur im Urlaub, da mussten wir immer so tun, als ob es mein Vater war.« Sie erlebte das als »eine ganz schlimme Situation, obwohl er ein sehr Netter ist, aber er hat nie eine Vaterrolle übernommen, wollte das auch gar nicht bei uns Kindern. Hatte kein Interesse dran gehabt.«

Auf die Schule hätte sie sich »ganz doll gefreut, da war ich ganz doll gespannt drauf«. Sie fand »das erste Jahr ganz toll, bis dann meine Eltern festgestellt haben, dass ich nicht lesen konnte, weil ich alles auswendig gelernt habe, und dann fing der Stress an«. Sie musste nun »jeden Abend zu Hause sitzen und lesen üben, lesen üben, lesen üben, lesen üben«, fand das »ganz ganz schlimm, weil ich ja lieber draußen spielen wollte«. Neben den Schularbeiten musste sie noch Klavierspielen üben. Auch ging sie regelmäßig zum Training, so dass kaum noch Zeit zum Spielen blieb. Die Mutter hätte »aber drauf bestanden, dass ich das alles mache«. Ihr selbst hatte es »überhaupt nicht gefallen. Die anderen Kinder haben mich schon gehänselt und gelacht«, weil sie gar nicht mehr nach draußen zum Spielen kommen durfte. »Das fand ich gar nicht toll.« Auch war die Schule nicht ganz so, wie sie es sich vorgestellt hatte, gab es doch eine ganz ausgeprägte Hierarchie unter den Kindern, »und irgendwie nur die Großen hatten was zu sagen. Und ich hatte ja das Glück, dass ich zwei Brüder hatte, die auf der gleichen Schule waren.« Auch war der Schultag »wahnsinnig anstrengend, weil ich immer morgens um sechs in der Schule war. Ich war von sechs bis sechs in der Schule. Im Frühhort und im Späthort, für mich war es einfach nur anstrengend gewesen. Ich hab' mich immer auf's Wochenende gefreut, weil ich todmüde war.« Sie hätte sich »fast abgeschoben gefühlt, weil meine Mutter ja keine Zeit hatte für mich und ich ja so viel in der Schule war. Ich war immer das erste Kind in der Schule und ich war auch immer (!) das letzte Kind. Das war für mich ganz schlimm. Wenn das nicht so gewesen wär', hätte ich vielleicht auch mehr Spaß an der Schule gehabt, aber ich bin ja manchmal fast eingeschlafen im Unterricht vor Müdigkeit, weil ich schon wieder tot war. Ich glaub', um halb fünf musste ich aufstehen.«

Sehr oft sei sie als Schulkind »krank gewesen. Ich war ständig erkältet und hatte permanent Mittelohrentzündungen gehabt.« Dann sei sie immer bei den Großeltern gewesen. »Das war nicht weit weg, da konnte man mich in den Bus setzen.«

Mit fünf Jahren begann Frau A mit dem Laufen, später kamen noch andere Disziplinen der Leichtathletik hinzu. Gern hat sie bis zu dem Zeitpunkt des Wechsels auf die Kinder- und Jugendsportschule in der siebten Klasse Sport getrieben und trainiert. »Das Laufen hat ganz einfach Spaß gemacht, weil man da so loslassen kann und einfach rumlaufen.« Sie wollte »nicht auf die Sportschule gehen. Also mir hat Sport Spaß gemacht, aber nur so lange es eben Hobby war. Ich wollte es nicht irgendwie als Leistungsdruck machen.« Ihre Mutter hätte aber darauf bestanden. Sie selbst hätte dann »eine ganz schwere Gürtelrose bekommen, gleichzeitig an drei Stellen. Mir ging's auch gar nicht gut.« Die Interviewte fühlte sich in dieser Zeit massiv überfordert und »wollte das einfach alles nicht, und dann hab' ich halt auch angefangen zu lügen, hab' gesagt, ich bin beim Training und hab' das halt nicht mehr gemacht, weil ich's nicht mehr wollte. Ein halbes Jahr war ich da drauf gewesen, aber wie gesagt, mir ging es nicht gut und ich wollte das nicht. Das war so ein enormer Druck, dass ich das auch so gut wie aus meinem Gedächtnis verbannt habe. Es war einfach nicht meins gewesen, nee. Dieses Ganz-früh-Aufstehen, den ganzen Tag. Zwei Stunden Training vor der Schule, dann Schule, dann Schulung, dann wieder Training, dann wieder Schule. Abends um sechs bin ich einfach eingeschlafen, konnte nicht mehr meine Hausaufgaben machen, ich war einfach tot. Das war nicht das, was ich wollte. Und dann durfte ich nach einem halben Jahr wieder zurück.«

Als ihre Geschwister zu Hause auszogen, hätte sie sich ziemlich allein gefühlt, war nun auch der Wut und dem Jähzorn ihrer Mutter allein ausgesetzt. »Bei uns flogen ständig irgendwelche Gegenstände, Lebensmittel, Gläser durch die Gegend.« Sie hätte »viel Schläge zu Hause bekommen von unserer Mutter, und dann war ich halt ganz alleine und konnte das ganz alleine ausbaden, ihre Aggressionen, und das war für mich ganz schlimm«.

Der Lebensgefährte der Mutter »hat sich völlig rausgehalten. Er hat, wie gesagt, keine Vaterfunktion übernommen. Er wollte das selber auch gar nicht, er wollte einfach seine Ruhe haben. Hat ihn nicht interessiert, glaub' ich. Er hat uns zwar schulisch geholfen, gar keine Frage. Er ist auch immer ruhig geblieben. Unsere Mutter ist ja immer völlig ausgerastet, wenn man irgendwas nicht sofort verstanden hatte.«

Mit 15 hätte ihr der Stiefvater erstmalig das »Du« angeboten. Mit 16 verließ Frau A das Elternhaus, zog zunächst zu einem Bruder und später zu den Eltern ihres Freundes.

Nach dem Schulabschluss begann sie eine Ausbildung, die ihr gar nicht lag. Sie war oft krank und konnte dann aber den Lehrberuf wechseln. Vor dem Abschluss der Lehre verließ sie bereits die DDR. Gleich an ihrem 18. Geburtstag hatte sie einen Ausreiseantrag gestellt, der kurz darauf abgelehnt wurde. Sie hätte sich damals »gesagt, in dem Land möchte ich keine Kinder zur Welt bringen«.

Sie schwamm im Oktober 1989 schwanger durch die Neiße, gelangte von Polen aus in ein Aufnahmelager in der Bundesrepublik und ging dann nach Westberlin. Wenn sie den Fall der Mauer »geahnt hätte, *(lacht)* hätte ich es mir geschenkt, aber zu dem Zeitpunkt war das ja nicht klar«.

Sie genoss die Zeit mit dem Baby, blieb aber nicht mit dem bereits im Westen lebenden Vater zusammen. Später absolvierte sie – zunächst war der Junge, der mit acht Wochen in die Krippe kam, nicht krippenfähig – als alleinerziehende Mutter eine Ausbildung in der öffentlichen Verwaltung. In dieser Zeit genoss sie weiter das Zusammensein mit ihrem Kind. »Um halb drei hab' ich ihn immer abgeholt, und dann hatten wir immer den Nachmittag für uns. Das war sehr schön gewesen.«

Sie lernte nach einem guten Jahr ihren jetzigen, auch in der öffentlichen Verwaltung tätigen Ehemann kennen, unternahm mit ihm und dem Kind viel. Frau A studierte, das Paar bekam weitere drei Kinder, baute sich ein Haus in der Nähe von Berlin und heiratete.

Für Frau A blieb es immer wichtig, arbeiten zu gehen. Sie organisierte für die Kinder eine Betreuung durch eine Tagesmutter, mit deren Arbeit sie sehr zufrieden ist. Fiel es ihr anfänglich noch schwer, ihre Unabhängigkeit aufzugeben und ganz zu vertrauen, erlebte sie die Heirat als sehr glücklichen Moment für das Paar und die Kinder.

»Ich kann mich nicht beschweren. Ich bin einfach glücklich. So wie's ist. Unglücklich bin ich nur, wenn meine Kinder nicht da sind. Dann bin ich wirklich unglücklich, aber ansonsten... hab' ich... wirklich keine Probleme.«

Frau A wirkt im Interviewverlauf mehrfach emotional deutlich berührt, ist aber, auch als Ausdruck der Abwehr, immer um Fassung bemüht.

In der Gegenübertragung ist großer Respekt vor der bisherigen Bewältigung des »Problemfeldes Leben« durch Frau A und vor ihrem Engagement als berufstätige Mutter in einer vielköpfigen Familie spürbar. Darüber hinaus gab es beim Interviewer Gefühle von Traurigkeit, des Bedauerns und der Empörung vor allem bei der Schilderung der Lebenssituation in der Ursprungsfamilie.

Bei Interviewschluss war die beidseitige Erleichterung und Freude, es geschafft zu haben, zu spüren.

Lebensgeschichte Frau B

Frau B war sehr interessiert am Gespräch. Sie brachte auch ihr eigenes Aufnahmegerät mit, falls meins nicht funktionieren würde. Sie stand mir also hilfreich zur Seite, auch beim Finden weiterer Interviewpartner. Ich hatte das Gefühl, dass sie mir sehr viel hilft, während ich ihr gar nichts geben kann. Eine Besonderheit dieses Gesprächs war auch noch, dass es sehr lang wurde und wir uns offensichtlich nur schwer trennen konnten.

Frau B kam als älteste Tochter sehr junger Eltern nach einer Fehlgeburt zur Welt. Die Geburt musste wegen Übertragung von neun Tagen eingeleitet werden, verlief aber dann schnell und komplikationslos. Sie wurde nicht gestillt, »Mutti weiß auch nicht, wieso das nicht gegangen ist... Ich bin dann schnell auf Flaschennahrung umgestiegen. Und es wird halt erzählt, dass ich das nicht mochte... Ich hab' dann relativ zeitig Brot gegessen.«

Da die Mutter gerade ein Fernstudium absolvierte, brachte sie ihre Tochter mit vier Monaten in die Krippe, wo sie den ganzen Tag verbrachte, von morgens 7 Uhr bis abends gegen 16.30 Uhr. Der Vater war anfangs bei der Armee, bei den Grenztruppen. Die junge Familie lebte auf einem Dorf in zwei kleinen, schlecht heizbaren Zimmerchen bei der Oma mütterlicherseits. Als Frau B ein Jahr alt war, zog die Familie in eine Neubauwohnung um.

Frau B hat eigene Erinnerungen aus der späten Krippenzeit, z. B. eine Abschiedsszene von der Mutter, die sie zur Krippe brachte. Frau B wusste schon, dass sie an diesem Tag nicht würde abgeholt werden, denn die Mutter hatte den Krokodillederbeutel bei sich, mit dem sie immer zum Fernstudium fuhr. Dies ist ihre erste Erinnerung überhaupt, verbunden mit einem Trennungsgefühl, »was furchtbar war«. Sie erinnert sich, dass sie sich selbst zu beruhigen versuchte, »du musst dich jetzt nicht verrückt machen«, weil sie schon wusste, dass die Mutter irgendwann wiederkommen würde.

Die Oma arbeitete als Kindergärtnerin in der kombinierten Einrichtung, in der Frau B die ganze Krippen- und Kindergartenzeit verbrachte. Eines Tages fand sie ihre Enkelin im Wagen angebunden vor und machte einen »Riesenaufstand«. Daran kann sie sich jedoch selbst nicht erinnern. Sie erinnert jedoch noch deutlich ihre Lieblingstante, Frau »Wann«, wie die Kinder sie nannten. Sie lud die Kindergruppe einmal zu sich nach Hause ein, wo sie dann in der Hollywoodschaukel sitzen durften. Eine andere Erinnerung sind die Zähne von einem schon etwas älteren Jungen, die sie deutlich vor sich sah, weil er zu ihr ins Bett gestiegen war.

Sie hatte in den ersten Jahren häufig Mittelohrentzündungen und musste in der Kliniksambulanz Spritzen bekommen. Meist blieb die Mutter dann mit ihr zu Hause. Aus der frühen Zeit, vor der Geburt der Schwester, erinnert sie auch schöne Familienurlaube im Spreewald, in Oberhof...

In den Kindergarten ist Frau B meist gern gegangen, nur manchmal wollte sie lieber wieder mit nach Hause gehen. Mit vier Jahren hatte sie eine »ziemlich schlimme Lungenentzündung«, wegen der sie sogar eine Woche stationär behandelt werden musste. Die Mutter war »immer sehr ängstlich mit den Sachen, die wir hatten. Und wir sind dann immer auch gleich zum Arzt gegangen. Und sie hat sich dann viele Sorgen gemacht... Deswegen hatte ich zum Kranksein so ein bisschen ein komisches Verhältnis. Ich weiß, dass ich als Kind schon Ängste hatte. Ich hatte mal Bauchschmerzen, und da hatte ich Angst eine Zeitlang, dass ich operiert werden muss, und habe mir furchtbare Vorstellungen gemacht... Das war in der Zeit, als ich so gewachsen bin, vielleicht so mit neun, zehn... Da hat öfters was weh getan. Also auch Kopfschmerzen, was mich schon immer begleitet... Also einfach, dass ich solche Symptome hatte, die man nicht gleich erklären konnte mit irgendeiner Infektion oder so was.«

Über die Schulzeit berichtet sie wenig, außer dass sie sich wegen ihrer auffallend hohen Körpergröße immer als Außenseiterin gefühlt hatte. Dieses Außenseitergefühl erinnert sie auch in ihrer Familie, »als dann meine Schwester da war und die anderen Cousins und Cousinen... Ich war mit Abstand die Älteste... Da war ich immer so eine Extrakategorie... Ich war ja dann halt auch immer alleine, ich hatte da keinen richtig zum Spielen, während meine Schwester viel mit unserer Cousine zusammen gemacht hat.«

Sie hatte immer gute Schulleistungen und war mit allem von Anfang an sehr selbstständig. »Ich denke, ich habe viele Sachen mit mir selber abgemacht. Ich habe wirklich nur, wenn es ganz extrem war, (meiner Mutter) was gesagt. Also diese extremen Krankheitsängste, die ich selber nicht mehr aushalten konnte, das habe ich dann gesagt. Und das war, glaube ich, auch gut so. Zumindest ist dann irgendetwas gemacht worden, dass es besser wird.«

Sie hatte auch eine beste Freundin, mit der sie bis zur zehnten Klasse zusammen war. Sie erinnert nur ein unangenehmes Erlebnis aus den ersten Schuljahren, als sie von einer Lehrerin zu Unrecht beschuldigt wurde, den Handwagen, mit dem Altstoffe gesammelt wurden, kaputt gemacht zu haben. Ihr Vater reparierte den Handwagen dann einfach, anstatt gegen das Unrecht aufzutreten.

Ihre Hoffnung, dass die Klassenkameraden in den späteren Klassen mehr als sie wachsen würden, erfüllte sich nicht. »Mit der Pubertät waren die halt alle noch kleiner, und das war schon sehr unangenehm.« Etwa um diese Zeit entwickelte sie »so eine Art Waschzwang. Da war ich der Meinung, dass alles schmutzig ist und ich irgendwie sauber machen muss... Das ging so ein oder zwei Jahre.«

Die Mutter ist für sie die wichtigste Bezugsperson in der Familie, während der Vater für sie eher wie ein großer Bruder ist. Sie erinnert ihn erst, als sie schon älter war, als guten Spielkameraden, der mit den Töchtern Schneemann baute, mit der Eisenbahn spielte, gerne mit ihnen herumtobte und bis heute sehr hilfsbereit und handwerklich geschickt ist. Die Eltern der Mutter bezeichnet sie als kriegstraumatisiert. Besonders die Oma wäre »nicht normal«. Sie hat sie aber trotzdem sehr gern und ist auch die einzige Enkelin, die gut mit ihr umgehen könne. Die Mutter habe es mit den eigenen Kindern viel besser hingekriegt als die Oma. Die Mutter ist sehr sozial und hat »so ein Interesse halt auch an anderen Leuten, wie die sind und was die machen, wie man das verstehen kann... Wir sollten z. B. auch immer mit den Kindern spielen, die keiner leiden kann.« Aber, »also bestimmte Sachen zu kritisieren, das ging nicht, das geht nicht; das ist auch heute noch schwer. Bei meiner Mutter kann ich das eigentlich nicht. Aber ich habe trotzdem immer das Gefühl, da ist Wärme, da ist Geborgenheit, und sie ist immer da. Das habe ich auch heute noch... Um die Mutter, da dreht sich alles drum. Wenn die nicht da ist, da läuft das auch nicht richtig. Da hat man das Gefühl, es fehlt irgendetwas ganz Wichtiges. Und das geht allen so, das sagt auch mein Mann, der nun von außen dazu kommt... Auch mein Vater ist dann ganz unruhig und nervös und muss dann immer hin und her tappeln. Das ist schon so, dass sie der Mittelpunkt ist von allem.«

Dies sehen auch die Schwestern so, obwohl, besonders für die mittlere Schwester, auch der Vater eine sehr wichtige Bezugsperson ist. Die jüngste Schwester wurde 20 Jahre nach ihr geboren und geht noch in die Schule. Beide Schwestern wurden gestillt und wurden erst später in die Krippe gegeben. Frau B ist sehr bewusst, dass ihre Schwestern die Mutter in der frühen Zeit viel mehr hatten. Alle drei sind etwas schüchtern und zurückhaltend, wobei die Jüngste nach ihrer Wahrnehmung die größte innere Sicherheit hat.

Frau B machte kurz nach der Wende Abitur und nahm zunächst ein geisteswissenschaftliches Studium auf, wechselte aber bald in die soziale Richtung. Die Wende war für sie und ihre Eltern, die Mutter war in der SED, sehr schwierig. »Wir haben uns dann viel mit dem beschäftigt, was da alles überhaupt passiert ist. Das wussten wir ja gar nicht so, also dass Leute einfach inhaftiert wurden und gefoltert worden sind... Mein Mann war ganz anders sozialisiert. Er hat mir dann auch irgendwann mal gesagt: ›Das, was du hier erzählst, das stimmt einfach nicht...‹ Da haben wir oft schlimme Auseinandersetzungen eine Zeitlang gehabt. Aber ich hab' dann doch langsam so kapiert... Und was denn Demokratie überhaupt bedeutet. Und dass das nicht bedeutet, dass es allen wunderbar geht... Das war ein ziemlich schwerer Lernprozess, aber auch für meine Eltern. Die konnten sich da schwerer von lösen und sind, glaub' ich, auch heute noch nicht so weit wie wir jetzt. Aber sie waren eben auch lange mit dabei.«

Durch ihren Mann und seine Freunde bekam sie eine ganz andere Sicht auf alle Dinge, was ihr bisheriges klares DDR-Weltbild ziemlich durcheinanderbrachte. »Er liest einfach auch viel mehr als ich, und er weiß in vielen Dingen unheimlich mehr Bescheid als ich.

Und er ist toleranter. So eine Toleranz gegenüber allen möglichen Sachen, das kannte ich vorher auch nicht so.«

Ihr Mann ist eigentlich der erste richtige Freund, vorher gab es nur »kleinere Techtelmechtel« und viel Alleinsein, was sie nur schwer ertragen konnte. Sie hatte immer nur wenige intensive Freunde und oft das Gefühl, »mich kann vielleicht auch nicht jeder aushalten: dass das mit mir zu viel ist für manche Leute. Was ich sage, das können die nicht verkraften... ich hab' das Gefühl, ich geh mit meinen Sachen an anderen Leuten so vorbei, mit dem, was ich will oder was ich denen sagen will...« Besonders quälend erinnert sie dies erst im Studium im Zusammensein mit ihren Kommilitonen, »weil ich mich mit denen überhaupt nicht verstanden hab'«. Überhaupt waren die ersten Jahre fern von zu Hause »wirklich ganz furchtbar«. Sie konnte sich am Studienort lange überhaupt nicht einleben. Sie fuhr viel nach Hause und versuchte, ihren Mann in ihre Herkunftsfamilie intensiv zu integrieren, bis er sich mit einem »ganz großen Krach« dagegen wehrte.

Ihr Mann studiert noch, und es ist unklar, ob er mit seiner Studienrichtung jemals wesentlich zum Familienunterhalt beitragen kann. Frau B sagt, sie seien sehr eng zusammen, »enger als es manche andere sind«. Allerdings gibt es »immer noch ein bisschen Knatsch« um die Verteilung der Hausarbeit, »das haben wir nicht fertig ausgehandelt«.

Vor zwei Jahren wurde ein Sohn geboren. Frau B bezeichnet dies als »Schnitt« in ihrem Leben. Nach den zehn Wochen Mutterschutz begann sie wieder zu arbeiten, während ihr Mann den Kleinen versorgte. Bald danach ereilten sie wieder die quälenden Krankheitsbefürchtungen, die bis heute anhalten und ihre Lebensqualität beeinträchtigen: »Also ich hab' schlimme Angst, irgendwie mal krank zu werden oder irgendetwas zu haben, was man nicht behandeln kann. Und das hatte ich schon als Kind und auch als Jugendliche und auch jetzt wieder. Es hat im Prinzip drei Monate nach der Entbindung angefangen, ganz extrem zu werden. Ich habe ganz extreme Todesängste, also dass ich irgendwas habe, was mich umbringt und wo ich dann von der Welt gehen muss und es irgendwie nicht weiter geht.«

Frau B meint, dass das vielleicht mit ihrer eigenen frühen Lebenserfahrung des Weggebenseins zusammenhängt, »gerade so im ersten Lebensjahr, dass vielleicht doch schon so eine Grundstruktur bei mir (da ist)... das kann vielleicht damit zu tun haben... Aber ich habe noch nie mit jemandem darüber gesprochen.«

Mit 13 Monaten kam der Sohn in die Kindertagesstätte: »Ich bin die ersten drei Mal mit ihm hingegangen, wo man noch keine Trennungsversuche machen musste. Das habe ich dann an meinen Mann abgegeben, weil mir das irgendwie zu nahe gegangen ist. Und ich dachte, er hat's auch schwerer, wenn er mit mir da hin muss, weil mir das einfach auch schwerer fällt... Er hat sich gut eingewöhnt, er macht keine Schwierigkeiten früh. Ich bin mir aber immer nicht so sicher, ob das vielleicht zu wenig ist, was ich mit ihm mache...«

»Man lernt eben auch viel dazu, die Mütter, die früh fehlen, die sind dann an allem Schuld, das ist immer ungünstig für die Entwicklung...« Ihre Eltern hätten kein schlechtes Gewissen, sie so früh weggegeben zu haben. Aber sie getraut sich auch nicht, die Mutter genauer zu fragen. »Also insgesamt, die Sorgen, die ich mir jetzt mache, die hat sie, glaub ich, nicht gehabt.«

Ansonsten schätzt Frau B an der Kita sehr, »dass die Kinder viel lernen und selbstständig werden, anders als bei den Eltern, z. B. mit dem Essen, dem Sauberwerden, mit dem Umgang mit anderen Kindern...« Sie meint, dass sie auch durch Krippe und Kindergarten früh selbstständig geworden sei. »Auch in der Schule habe ich, auch in der ersten Klasse schon, mich selber um meinen Kram gekümmert. Es ist mir auch nicht schwer gefallen.«

Während des Interviews werden an mehreren Stellen immer wieder Selbstzweifel deutlich, ob es ihr gelingt, »ein Nest« zu bauen, »ob ich das so gut hinkriege wie meine Mutter, weil ich auch viele Sachen nebenbei mache. Und ich denk' halt immer, ich kümmere mich nicht genug.« Insbesondere wenn sie an ihren Sohn denkt, plagt sie ein »schlechtes Gewissen«. Sie möchte jedoch am liebsten noch weitere Kinder, was jedoch zur Zeit für sie als Alleinverdienerin nicht möglich ist.

Mich hat das Gespräch sehr berührt und es fiel mir schwer, sie einfach so gehen zu lassen.

Lebensgeschichte Frau C

In einem benachbarten Kindergarten hatte ich über die Vermittlung der Leiterin eine junge Frau gefunden, die zum Interview in meine Praxis kam.

Frau C wirkte körperlich massiv, sehr direkt und offen in der Kommunikation; sie kam in männlicher Begleitung zum Interview; betont fröhlich wirkte sie anfangs ein wenig bedrohlich auf mich. Vielleicht verbarg sie ihre eigene Unsicherheit im männlichen Begleitschutz, er ist ein Freund, saß im Hintergrund.

Frau C erzählte, dass sie ein geplantes Kind war. Die Mutter war 18 Jahre, der Vater 28 Jahre alt, von der ersten Ehefrau geschieden.

Über die Zeit des ersten Lebensjahres weiß sie selbst nichts mehr, die erste Erinnerung stammt aus dem zweiten Lebensjahr. Sie beneidete die Nachbarkindereinrichtung, den Stasi-Kindergarten, um den Swimmingpool, den sie von ihrem Garten aus sehen konnte. Die Kinder standen am Zaun und sahen neidisch zu. Sie weiß auch, dass sie unmittelbar nach ihrem ersten Geburtstag in die Krippe kam, innerhalb von vierzehn Tagen musste sie trocken werden und selbstständig essen lernen.

Überhaupt war die Sache mit der Ernährung etwas problematisch. Die Mutter bekam Alete und anderes aus dem Westen. Als Säugling – auf Fotos zu sehen – wurde Frau C so dick, dass der Kinderarzt protestierte und von der Mutter energische Änderungen verlangte. Daraufhin gab es gar nichts Süßes mehr, die Figur wurde wieder normal.

Morgens, wenn die Zeit knapp war, das Kind in die Krippe sollte und trödelte, schrie und tobte die Mutter, zog die Tochter »robust« an, abends gingen sie gemütlich an einem See entlang.

Im Kindergarten konnte sie sich durchsetzen, z. B. nahm sie sich eine Kasperlepuppe von einem anderen Mädchen, haute ihm damit auf den Kopf, sodass es blutete; sie war zufrieden, dass sie ihre Puppe hatte – noch heute ist sie damit zufrieden. Auch mit dem Vater gab es Stress. Er hatte seine Fleischermesser liegengelassen, die Tochter versuchte, mit dem scharfen Messer Brötchen zu schneiden, es ging an die Pulsadern, sie ließ den Arm über die Wanne hängen und das Blut laufen, bevor der Vater es merkte.

Sie hatte öfter Unfälle, in den ersten Schuljahren wurde ihr häufiger schwarz vor Augen, sie musste aus der Schule abgeholt werden. Es waren wohl Migräneanfälle.

Bis zum elften. Lebensjahr verstand sich Frau C als Junge, sie nannte sich Daniel, ärgerte die Mädchen mit Eimern voller Spinnen, tobte und kletterte, zerschnitt weibliche Sachen, machte Flecken auf Weibliches. Am liebsten spielte sie mit Matchbox-Autos und zerschnitt die Gummihopse der Mädchen.

Manchmal verstand sie ihre Eltern nicht: Sie sollte nie mit fremden Menschen mitgehen. Dann plötzlich sollte sie mit dem Weihnachtsmann mitgehen (weil ein Geschenk vor der Tür stand). Da brüllte sie. Ihre eigenen Eltern schickten sie mit fremden Menschen mit! Die Eltern lachten.

Der Vater hatte ein ganz besonderes Verhältnis zu ihr. In einer früheren Beziehung hatte er eine siebenjährige Tochter durch einen Verkehrsunfall verloren. So konnte er seiner Tochter wenig abschlagen, kaufte ihr ein Kaninchen, einen Hund, obwohl er Haustiere nicht leiden konnte. Er verschaffte ihr Tennisunterricht, obwohl die Mutter protestierte. Aus der ersten Ehe des Vaters hatte sie vier Halbgeschwister, Zwillingsmädchen und ein jüngerer Bruder waren manchmal bei ihm, so dass sie ihre drei Halbgeschwister kennt. Die erste Tochter des Vaters war mit sieben Jahren tödlich verunglückt. Die Mutter wollte bei diesen Treffen nicht dabei sein und ging weg. Der Vater war auf Frau C fixiert, meinte, sie sei sein einziges Kind. Die Bemühungen der Kinder aus erster Ehe hörten irgendwann wegen seines Desinteresses auf. Manchmal war der Vater auch grausam – für ein kleines Kind: Er schnitt dem lebenden Aal nach zwei Wochen Familienleben den Kopf ab, die Tochter brüllte.

Lange kaute sie Nägel; die Eltern probierten es mit Pflaster und Senf. Eines Tages war es plötzlich vorbei. Sie wollte schön aussehen.

In der frühen Schulzeit erlebte sie mit, als sie von der Hortnerin mit einem anderen Mädchen nach Hause geschickt wurde, wie die andere über die Straße lief und von der Straßenbahn überfahren wurde. Sie sah, wie der Oberkörper durchtrennt wurde. Der Vater kam in diesem Moment, sah nur den Schulranzen, der so aussah wie der seiner Tochter, weinte. Sie rief ihn, er weinte und hielt sie lange fest. Sie habe das nicht so realisiert als Kind, es ging alles ganz normal weiter. Ein anderes Mal war sie sehr stolz auf ihren Vater: Die Kinder hatten eine Fensterscheibe zerdroschen, mit dem Vater wurde gedroht; der aber fragte einfach nach dem Preis und bezahlte ohne Ärger. Der »coole« Papa.

Sie brachte mal einen Hund mit, den durfte sie nicht behalten, den musste sie wieder wegbringen. Da schleppte der Vater einen Welpen an, der stiftete Unfug, die Mutter war dagegen, schließlich meinte sie: der oder ich. Die Tochter: »Tschüß, Mama«. Der Hund bekam ein neues Zuhause.

Er versuchte auch, die Tochter mit sechs Jahren aufzuklären – anhand eines Fachbuches, die Tochter lachte nur. Später, als sie die Menarche hatte, geriet der Vater in Panik, die Tochter ließ ihn suchen. Sie wusste, was los war, wo die Utensilien lagen; er wusste nicht, was er machen sollte. Sie selbst wollte kein Mädchen sein, schon gar nicht mit elf Jahren die Periode bekommen. Es machte sich so blöd beim Fußballspielen. Erst ein Jahr später entdeckte sie ihre Gefühle für einen Jungen, mit dem sie sich nicht prügeln oder Fußball spielen wollte.

Sie erreichte auch, dass ihr ein Platz in der Essensschlange freigehalten wurde. Sie war völlig überrascht, dass ihr aus Sympathie ein Platz freigehalten wurde. Bis dahin hatte sie geglaubt, sie erreiche nur etwas, wenn sie andere Kinder ihre körperlichen Kräfte spüren lasse.

Einmal schlitzte sie das Sparschwein auf, sie wollte sich endlich selbst was kaufen und legte das Geld in Süßigkeiten an. Der Vater hatte ihr Selbstverteidigung beigebracht.

Mit 14 Jahren erlebte sie die Wende, ein bisschen enttäuscht, dass alles nicht noch schöner war, als sie es vorfand. Sie verkehrte mit zwei ähnlich alten Cousinen.

Frau C sah älter aus, als sie war, fühlte sich auch reif, mit 16 hatte sie den ersten Geschlechtsverkehr, gut aufgeklärt, mit Pille, sie war vorsichtig. Das war auch das Alter, als sie mit dem Vater Probleme bekam, er ließ sie nicht mit Minirock und Stiefeln losgehen – mit 14 Jahren.

Das Schulische war wechselnd, sie lernte manchmal. Sie ging auch zur gymnasialen Oberstufe, folgte dann aber einem Modetrend, ging nach der zehnten Klasse ab und lernte Zahnarzthelferin. Eifrig, mit guten Zensuren, aber danach verschlechterten sich die Bedingungen in diesem Beruf. Damals nannte sie sich Jana, ihren eigenen Namen kannte keiner, den fand sie doof. Sie zog plötzlich aus – ihre Mutter redete danach wochenlang nicht mehr mit ihr, sie lebte beim Freund. Die Eltern des Freundes vermittelten.

Nach der Ausbildung war sie kurz arbeitslos. Dann in einer »Ausbeuterpraxis von morgens halb sieben bis nachts halb zwölf für 600 DM«. Es gab Unstimmigkeiten, da wollte sie nicht mehr.

Sie wurde Kassiererin bei Reichelt, »das war das beste«, wechselte zu einem Center, bis diese Firma Konkurs machte.

Mit 17 Jahren lernte sie ihren jetzigen Mann kennen, mit 18 verlobte sie sich und heiratete mit 21. Mit 19 wollte sie ein Kind, es klappte jedoch nicht. 2003 kam es plötzlich, ungeplant. Solange der Mann bei der Bundeswehr war, fühlten sich beide wohl. Jetzt ist es ein bisschen langweilig, Er könne sich nicht damit abfinden, Verkäufer bei H&M zu sein, was er schon sieben Jahre ist.

Ihre Tochter ist ihr sehr ähnlich, genauso robust, steht auf mit Kratzern und sagt: »Ist nicht so schlimm, Mama.« Ihr Kindergarten ist schon anders als damals, sie gehen auch viel raus, aber die Essgewohnheiten sind anders. Wir mussten sitzenbleiben und aufessen, oder es gab zum Kaffee den Grießbrei noch mal. Heute haben die Kinder viel Auswahl beim Essen, gutes Essen. Die Kinder nehmen sich allein, werden zu nichts gezwungen. Die basteln, die haben eine Sauna, einen Kreativraum. Es ist noch der alte DDR-Bau, aber vieles anders.

Lebensgeschichte Frau D

Frau D konnte zum Termin wegen ihrer kranken Kinder nicht in meine Praxis kommen. Da sie aber sehr interessiert am Interview war, bat sie mich, zu ihr nach Hause zu kommen. Ihr Mann würde dafür sorgen, dass wir ungestört sprechen könnten.

Sie wohnt mit ihrem Mann und ihren beiden Kindern in einem kleinen Fachwerkhaus am Rande der Stadt. Ich erfahre, dass sie es von den Großeltern geerbt hat, den einzigen Menschen, von denen sie sich so, wie sie ist, geliebt gefühlt hat. Die Räume sind recht klein, aber sehr gemütlich und bunt eingerichtet, dass ich mich gleich wohlfühle. Nichts ist perfekt, aber alles wirkt sehr lebendig. Frau D sprach sehr offen mit mir und ließ mich sehr an ihren Sorgen und Nöten Anteil nehmen. Vielleicht liegt das mit daran, dass wir uns ein halbes Jahr vorher schon einmal bei einer öffentlichen Veranstaltung kurz begegnet sind und ins Gespräch gekommen waren.

Frau D begann gleich: »Ich bin ein typisches DDR-Kind. Ich war mit sechs Wochen in der Krippe.« Es war eine sogenannte kombinierte Einrichtung mit Krippe und Kindergarten im gleichen Gebäude, in einem großen Park in einer Thüringer Kleinstadt. Sie hat sogar noch deutliche Erinnerungen, an den Geruch nach gewaschenen Windeln und Essen, an »diese Ausfahrten in diesen großen Wagen«, und auch wie sie die Treppe zur Krippe hochgelaufen ist und froh war, dass sie dorthin konnte, »das war für mich mehr so ein geschützter Raum, und auch die Erzieherinnen fand ich netter in der Krippe«. Es war insgesamt wohl eine kleine Einrichtung. Sie hatte eine Lieblingstante, eine Nachbarin, »das war wahrscheinlich meine Ersatzmama zu der Zeit«. Es gibt »keine irgendwie negativen Erinnerungen mit anderen Kindern oder Erzieherinnen«.

Die Eltern, beide Lehrer, wären nach ihren Erzählungen immer bestrebt gewesen, sie möglichst zeitig, oft schon mittags, abzuholen. Für die Eltern war es selbstverständlich, sie in die Krippe zu bringen, da das damals üblich war.

An den Kindergarten gibt es mehr Erinnerungen, an die Kindergartenleiterin, an andere Kindergärtnerinnen, an die wilden Jungen aus der älteren Gruppe, an Beschäftigungen, an den Mittagsschlaf, bei dem sie mit den anderen Kindern »Quatsch« machte, wenn sie nicht schlafen konnte, z. B. Zimmerpflanzen essen…

Auch eine Freundin hatte sie dort. Sie kann sich nicht daran erinnern, dass sie irgendwann nicht dorthin wollte, wie sie das jetzt bei den eigenen Kindern erlebt. Sie wäre auch nicht so viel krank gewesen wie der vier Jahre ältere Bruder, der eine chronische Bronchitis entwickelte. »Meine Eltern haben gesagt, ich war zwar zart, aber gesundheitlich ziemlich stabil.« Wenn sie einmal krank war, war sie meist bei den Großeltern, wo sie sich immer sehr wohl fühlte.

»Meine Eltern waren sehr glücklich, dass ich als Zweites ein Mädchen war… Ich war sehr willkommen und geliebt von meinen Eltern, den Eindruck hatte ich immer.« Sie wurde kaum gestillt, weil sie ja mit sechs Wochen schon in die Krippe gegeben wurde, ganz anders als sie selbst es dann mit den eigenen Kindern handhabte. »Als Kind habe ich das nicht schlimm empfunden, aber als ich dann selbst Mutter geworden bin… da war ich schon ziemlich geschockt, dass ich mit sechs Wochen jeden Tag in der Einrichtung war. Und hab' dann meine Kinder im Arm gehabt und hab' gedacht, also ne, das kann nicht sein. Da hast du richtig Pech gehabt mit dem Staat...« Wenn sie heute mit den Eltern darüber spricht, was selten vorkommt, rechtfertigt sich die Mutter damit, dass andere Kinder, deren Eltern nicht Lehrer waren, noch viel länger in der Krippe sein mussten. Und der Vater sagt nur: »Na guck doch, was aus dir geworden ist! Ist doch alles okay. Hast doch nichts!«

Sie erinnert noch, dass sie viele Kuscheltiere hatte und viel »gepuppt« hat und »die beste Puppenmutti von...« war. »Ich war zu anderen grantig, die hab' ich da nicht rangelassen. Die konnten nicht einfach meine Puppen nehmen und umgehen damit, wie sie wollten. Das war überhaupt nicht möglich. Das waren meine.«

Bei der Mutter konnte sie Gefühle äußern und sich in ihren Armen ausweinen. Der Vater hat dann nur »gelacht und rumgefrotzelt. Das war, ach, das war unschön. Das war so unfair...«

Die Schulzeit erinnert sie als sehr traumatisch, da sie sich als Lehrerkind von den anderen Kindern ausgegrenzt fühlte, insbesondere auch deshalb, weil beide Eltern in der SED waren und der Vater zudem Staatsbürgerkunde unterrichtete. Die Eltern unterrichteten auch die eigenen Kinder. Zu Hause wurde Westfernsehen gesehen, und am nächsten Tag wetterte der Vater dagegen in der Klasse. Das hätte sie sehr verwirrt und verängstigt. Sie erinnert sich an eine Szene auf dem Schulhof, als die Mädchen aus ihrer Klasse sie nicht in ihren Kreis hereingelassen hätten und der Vater sie dafür vor den anderen beschimpfte, dass sie sich absondern würde. Als ihm die Mutter, der sie von ihrem Kummer erzählt hatte, dann die wahre Situation schilderte, beschimpfte er am nächsten Tag die Klasse dafür, was natürlich ihren Stand in der Klasse auch nicht verbesserte. Sie beschreibt, dass sie sich dann in der Schulzeit angewöhnt habe, die Gefühle abzuschalten, »um zu überleben... Ich hab' auch Momente gehabt in Konflikten mit Mitschülerinnen in der Schule, wo ich dann so eine Spirale hatte, wo ich dann so hoch bin, wo ich dann gedacht habe, wenn du jetzt nicht sofort normal wirst oder dich zurückziehst, drehst du durch.«

Sie litt sehr unter der Strenge des Vaters. Besonders hart war er dem Bruder gegenüber. »Als die kleine Schwester war ich eigentlich noch viel geschützter. Ich hab' mit angesehen, wie mein Vater meinen Bruder gezüchtigt hat, und das hat schon gereicht, dass ich nichts anstelle... Meine Mutter hat aber auch die Meinung vertreten, dass mein Bruder wirklich teilweise so 'nen Blödsinn gemacht hat, dass er das gebraucht hat, diese Schläge. Also, echt, das konnte ich noch nie sehen, dass jemand geschlagen wird, das geht mir durch Mark und Bein. Das akzeptiere ich überhaupt nicht, nie! Meine Mutter eher, die hilft, aber bloß eben in dem Moment nicht... Mein Vater konnte sich dann auch nicht bremsen...«

Zur Verängstigung trug auch bei, dass er seine Kinder auslachte oder »niederbrüllte«, wenn jemand eine Schwäche zeigte oder weinte. »Also meine Mutter war eigentlich immer so im Hintergrund, mein Vater war der dominante Teil der Familie. Und ich merke eben, dass das – ich hab' so ein Gefühl der Einsamkeit in mir (sie weint sehr bei diesen Worten), dass ich mich überhaupt nicht so richtig öffnen kann, dass ich überhaupt keine normale Beziehung eingehen kann... Ich hab' das Gefühl von uneingeschränkter Liebe von meinen Großeltern, den Eltern meiner Mutter, da habe ich das empfangen. Das war angenehm, die haben mich genommen wie ich bin und haben mich auch so lieb gehabt. Und bei meinen Eltern hatte ich den Eindruck nicht...«

Die Ferien verbrachte sie bei den geliebten Großeltern. »Ich hab' wunderschöne Kindheitserinnerungen daran... Die Großmutter war immer zu Hause. Der Großvater ist mit mir rausgegangen, in die Pilze gegangen und hat Violine gespielt, er hatte zwölf Instrumente. Abends hat er in der Küche gesessen und gespielt, und ich hab' das einfach genossen. Das war schön... Das war nicht das immer so das Funktionieren-Müssen... Mein Elternhaus..., ach, es war immer so verschlossen, also es kamen nie Leute groß rein... Meine Eltern haben nicht von mir verlangt, dass ich die Allerbeste bin. Aber ich durfte nicht auffallen. Und das ist ein ganz schöner Druck...«

Mit dem Bruder hat es Zeiten von wunderbarer Verständigung und Zusammenhalt gegeben und dann wieder Zeiten, in der sie »wie Hund und Katze« waren. Er verließ das Elternhaus sehr früh und fuhr schon zur DDR-Zeit zur See. Es bekümmert sie sehr, dass er in den letzten Jahren, wohl unter dem Einfluss seiner Frau, den Kontakt zu ihr und ihrer Familie völlig abgebrochen hat.

Die Pubertätszeit erinnert sie als sehr unglücklich, ohne Freundin, ohne Freund. Sie bezeichnet sich als »absoluten Spätzünder«. Sie wollte »nicht vor dem Vater unrein sein. Mir fiel das Lernen leicht, aber ab der siebten, achten Klasse hatte ich dann schon meine Komplexe. Da hatte ich dann auch Schwierigkeiten mit dem Stoff, da hab' ich's dann auch laufen lassen, und da ging's mir dann gar nicht gut. In der neunten Klasse hatte ich dann auch Suizidgedanken, dass ich dem nicht entspreche und dieses Leben nicht will.«

Doch erinnert sie, »ich war Papas Liebling« und »ich war ein unmöglicher Teenager... Also wenn ich mal eingeschnappt war, dann wirklich... schnell empfindlich, eingeschnappt, ja.«

Nach der zehnten Klasse verließ auch sie das Elternhaus und machte eine Lehre in einer sehr weit entfernten Großstadt. Dort hatte sie dann erstmals eine Freundin, weil ihre Lehrerherkunft dort keine Rolle spielte. Dann holte sie auf der Abendschule das Abitur nach.

Mit 18 Jahren flog sie das erste Mal nach Ungarn in die Ferien, was für sie das Leben nachhaltig veränderte. »Ich musste richtig raus aus dem Land, in eine andere Umgebung, eine andere Sprache, eine andere Mentalität, um irgendwie, ich weiß nicht, um ich zu sein. Ich hab' jetzt auch einen Mann aus Ungarn. Das ging für mich gar nicht anders. Einen Deutschen zu finden fiel mir da ganz schwer...«

»Lehrerkind zu sein bedeutete, jeder wusste, dass die Eltern in der Partei sind, dass sie sauber sein müssen, keine Westkontakte haben. Man gehörte nicht dazu. Ich war ausgegrenzt. Und das war ich eben in Ungarn nicht, und darauf hab' ich mein Leben dann aufgebaut.«

Sehr anziehend war für sie auch der Familienzusammenhalt, den sie dort kennenlernte. Auch die Generationen halten dort nach ihrem Eindruck viel mehr zusammen als hier.

Die Mutter ihres Mannes war auch Lehrerin, aber da er sich gegen Kindereinrichtungen sträubte, durfte er bei seiner Großmutter aufwachsen. Sie fühlt sich dort immer sehr wohl. »Mein Mann hat wirklich das, was ich nicht habe, der hat ein Heimatgefühl, er hat ein Familiengefühl... Das ist das, was ich sagen würde, was ich nicht habe.«

Zur Wendezeit war sie sehr häufig in Ungarn und verfolgte dort die Ereignisse viel intensiver als hier. Ihre Eltern waren sehr verunsichert und verängstigt. Aber sie war froh, dass die Grenzen endlich offen waren, »und ich war neugierig... auf die anderen westlichen Länder mit anderen Sprachen, aber nicht auf den Westen. Ich war nie der Typ, der abhauen wollte. Es gab ja auch gewisse Sicherheiten in der DDR, also man konnte hinkommen, wohin man wollte, egal in welche Stadt, man wusste, mit wem man sich unterhält und wen man eben in Ruhe lässt. Und das war dann schwierig. Im Westen war alles glatt und sauber und oberflächlich, oberflächlich. Und da hatte ich so meine Bedenken. [...] Aber ich war ja immer in Ungarn, und den Ungarn ging es ja viel schlechter... Was viele Ostdeutsche so als Existenzangst empfunden haben, das hat sich bei mir viel schneller relativiert... Also da nerven mich eigentlich schon die Deutschen mit ihrem Gejammere... Wir haben doch immer noch Glück im Vergleich zu osteuropäischen Ländern oder überhaupt anderen Kontinenten, Dritte-Welt-Ländern... Ich war froh, dass ich in der DDR aufgewachsen bin, trotzdem, obwohl ich das Pech hatte, Lehrerkind zu sein. Trotzdem möchte ich diese Erfahrungen nicht missen wegen der Beziehungen, obwohl mir das schwergefallen ist. Da gab es mehr Tiefe... Wenn es einem schlecht geht in einem Regime, dann verbindet einen einfach mehr. Ich kann mich heute mit Leuten mit ostdeutschem Hintergrund viel besser austauschen, weil da viel mehr Gemeinsamkeiten sind. Das kann jemand aus den alten Bundesländern gar nicht nachvollziehen... Ja, das Zwischenmenschliche...«

Sie erlernte nach der Wende noch einen anderen Beruf und ging dann zur Verbesserung ihrer Sprachkenntnisse in ein westliches Ausland. Dort fiel es ihr auch viel leichter als zu Hause, auf andere Menschen zuzugehen und Kontakte zu knüpfen und Selbstbewusstsein zu entwickeln. Sie führt heute, ganz anders als ihre Eltern, ein sehr offenes Haus mit viel Besuch aus aller Welt, was ihr gut gefällt und sie stärkt.

Sie selbst hat zwei Kinder, eine Tochter von sechs und einen Sohn von drei Jahren. Die erste Geburt war sehr schwer und sehr schmerzhaft. Sie empfand, dass die Hebamme völlig hilflos war. Die Schmerzen sind seitdem geblieben und quälen sie je nach körperlicher oder seelischer Belastung unterschiedlich stark. Sie fühlte sich anfangs sehr überfordert, zumal ihr Mann nach 14 Tagen schon wieder auf eine längere Auslandsreise musste. »Da ging es mir sehr schlecht, weil ich mich so allein gefühlt hab'. Und ich hab' dann auch viele Entzündungen gehabt an der Brust, also in der Stillzeit bestimmt siebenmal, ganz schlimm.« Sie war sehr ehrgeizig mit dem Stillen und hat es »mit Zähne-zusammen-Beißen« und mit Hausmitteln und mit Begleitung einer »ganz tollen Hebamme« geschafft. Bei ihren Freundinnen, die kurz vorher entbunden hatten, sah alles leicht und locker aus.

Sie meint heute, nachdem sie viel gelesen hat, dass sie *damals* eigentlich richtig depressiv war, sogar »mit dem Schlimmsten... mit Suizidgedanken«. Auch die Wundheilung verlief sehr langwierig. Sie konnte nur im Bett liegen und sich kaum regen...

Die Eltern hätten auf ihre Hilferufe wie immer reagiert: »Ja da musst du jetzt durch, das musst du jetzt irgendwie schaffen!« Ihre Beziehung zu ihren Eltern ist seit dieser Zeit deutlich schlechter. Sie ist erschrocken darüber, »dass ich kein richtiges Gefühl, kein inneres, zu meinen Eltern habe... diese Kälte... also ich wende mich da ziemlich ab von meinen Eltern, seitdem ich selber Mutter bin«.

»Beim zweiten Kind war das alles ganz anders. Das war dann wirklich wie ein Geschenk Gottes, aber von Anfang an... Es war ein strahlender Frühlingstag, ich bin mit der Hebamme in die Klinik gefahren, ich hab' das alles allein gemacht, und das ging auch schneller...«

Die Älteste hat immer viel geschrien und ist bis heute manchmal sehr fordernd, während der Sohn viel ruhiger ist: »Der nimmt, was er kriegt, ist dankbar und gibt schon viel mehr zurück als das ältere Kind.«

Nach dem ersten Kind war sie ein Jahr zu Hause und nach dem zweiten dann zwei Jahre. »Das wollte ich einfach, weil mir der Abschied von dem ersten Kind nach einem Jahr... unheimlich schwergefallen ist, die mit anderen Leuten zusammenzulassen.«

Als sie zwischen den beiden Kindern wieder arbeitete, war die Tochter sehr viel krank. In dieser Zeit hat die Mutter viel ausgeholfen, da sie gerade in den Ruhestand gegangen war.

Der Arbeitsbeginn nach der zweijährigen Babypause nach dem zweiten Kind fiel ihr sehr schwer. Sie hat oft das Gefühl, dass alles zu viel ist. Andererseits möchte sie auch arbeiten, »ich kann nicht nur ganz zu Hause sein und Mutter sein. Da fehlt es auch finanziell vorne und hinten... Ich möchte auch berufstätig sein. Aber ich weiß nicht... nach einer gewissen Zeit ist mir alles zu viel. Dann schaff ich's zu Hause mit den Kindern nicht mehr, dann schaff ich's im Beruf nicht mehr. Dann läuft da viel schief, weil ich einfach den Kopf nicht frei hab'. Ich kann nicht ein Kind früh abgeben und dann abschalten. Da kommen eben Anrufe aus dem Kindergarten: Fieber, gebrochen, kommen. Oder es sind Termine in der Kinderklinik während der Arbeitszeit... Ja, das sind eigentlich auch gesellschaftliche Bedingungen, unter denen ich leide.« Im Moment hat sie durchgesetzt, dass sie ein halbes Jahr verkürzt arbeiten kann.

Seit der Geburt der Kinder fühlt sie sich nicht gesund und denkt viel über sich nach: »Also wenn ich mit mir alleine bin, dann komme ich so richtig ins Grübeln und weiß gar nicht so richtig, wer ich bin... also ich hab' mein Leben vollgepackt mit Reisen und Bekanntschaften und tollen Sachen, Mutterwerden, aber... wer ich bin und was ich will, das weiß ich bis heute nicht... Ich habe das auch nicht verstanden, wie man das überlebt als Baby, so was. Wenn ich mir meine Kinder angeguckt hab', da haben die noch alle zwei Stunden die Brust gewollt. Die habe ich doch niemandem in den Arm gegeben außer meinem Mann vielleicht...«

Frau D ist sehr an unserem Projekt interessiert und möchte über die Ergebnisse informiert werden. Für sie sind durch die Geburt der Kinder viele Fragen zur eigenen Kindheit aufgebrochen. Sie findet seitdem keine innere Ruhe und leidet daran körperlich und seelisch bis heute.

Lebensgeschichte Frau F

Auf Wunsch meiner Interviewpartnerin, die von dem Projekt über eine Bekannte erfahren hatte, werden wir uns in ihrer Wohnung treffen.

In einem kleinen Dorf im Land Brandenburg suche ich lange nach dem Doppelhaus, in dem die Familie zur Miete wohnt; ich muss mich schließlich telefonisch lotsen lassen. Bei der Begrüßung entschuldigt sich Frau F für die Unordnung, die aber nicht zu sehen ist – das Kinderzimmer werde gerade renoviert –, und führt mich in ein stilvolles und gepflegtes Wohnzimmer.

Sie ist eine zugewandte, aber stille Interviewpartnerin. Oft denkt sie nach, den Blick in die Ferne gerichtet. Auch scheint sie recht berührt von unserem Gespräch zu sein, kann kaum die Tränen zurückhalten. Einen großen Raum nehmen in unserem Gespräch Ängste, Trennungen und Verluste ein, während ich wenig darüber erfahre, was sie interessiert, wonach sie sich sehnt. So gewinnt ihre Person Gestalt entlang ihrer Schwierigkeiten. Immer wieder spüre ich im Laufe unseres Gesprächs ihre unausgesprochene Bitte, sie nicht zu belasten.

Als Frau F als erstes Kind ihrer 19-jährigen Eltern geboren wurde, berichtet sie, »hatten meine Eltern die Hoffnung schon aufgegeben, dass das klappt. Ich glaub, das war früher so, dass man die Kinder zeitiger gekriegt hat im Vergleich zu heute.« Sie vermutet, dass sie sehr ersehnt war.

Die Eltern hatten sich bereits als Teenager kennengelernt. Die junge Familie wohnte anfangs auf dem Dorf im Haus der Großeltern zusammen mit anderen Verwandten, und sie hat nur »schöne« Erinnerungen an diese Zeit in der »Großfamilie«. Die Mutter stillte sie, so vermutet Frau F auf mein Nachfragen, nur in den ersten Wochen, dann ging sie wieder arbeiten. Bereits mit sechs Wochen kam sie in die Krippe, in der die Oma und eine Tante als Erzieherinnen arbeiteten. Obwohl die beiden andere Gruppen betreuten, »war das die Familie dort gewesen, denn auch in der Krippe war es schön«. Erst Anfang des dritten Lebensjahrs begriff sie, »dass dies ein Irrtum war. Ein furchtbar schlimmes Ereignis« öffnete ihr die Augen, ist ihr bis heute »gravierend in Erinnerung. Mein Onkel hat mich kurz in der Krippe besucht und musste dann gehen.« Da weinte sie bitterlich. Bis heute fragt sie sich warum.

Morgens brachte sie die Mutter in die Einrichtung. Abends wurde sie auch mal vom Vater abgeholt. Erinnerungen an die Krippe gibt es kaum. »So erzwungen halt«, war sie schon frühzeitig sauber. Nach dem Mittagessen wurden die Zähne geputzt, Fluortabletten eingenommen und dann kam der Mittagsschlaf. Vage Erinnerungen an andere Kinder tauchen auf, an Erwachsene nicht. Später, als Schulkind, besuchte sie in den Ferien die Oma und durfte in der Krippe mithelfen. Vielleicht, meint Frau F, weiß sie deshalb noch, wie es dort aussah und dass es einen Garten gab.

Zu Hause sei es vermutlich ähnlich wie in der Krippe zugegangen. »Gewisse Dinge mussten eingehalten werden mit einer gewissen Strenge. Vielleicht, weil die Oma auch so Krippenerzieherin war und wir dort mitgelebt haben.«

Das großelterliche Haus wurde dann zu eng. Im dritten Lebensjahr zog die Familie in eine eigene Wohnung, und sie kam in einen Kindergarten, der ihr »überhaupt nicht gefiel, weil die Erzieherinnen sehr streng« waren. Als die Eltern nach wenigen Wochen mit ihr in die Kreisstadt umzogen, fühlte sie sich im neuen Kindergarten richtig wohl. Sie fand Freundinnen, liebte die Kinderfeste und blieb gern länger, denn »das war immer so schön gemütlich, als dann alle abgeholt waren«.

Sie erinnert sich an eine angstvolle Nacht, als die Eltern ausgingen, und an ihre innere Bitte, »geht nicht weg«. Aber die Mutter gab ihr den Auftrag: »Meine Große, du schaffst das schon.« So verschwieg sie ihre Ängste am nächsten Morgen. Sie vermutet rückblickend, sie wäre wohl nicht ernstgenommen worden und habe deshalb geschwiegen, sieht hier den Anfang ihrer Einsamkeitsgefühle und Ängste, die in der Pubertät wieder heftig aufbrachen.

Das Familienleben in der Zwei-Zimmer-Wohnung »war halt so, wie es war. Ich weiß nicht, wie ich es beschreiben soll.« Morgens musste sie zeitig raus. Die Eltern teilten sich die Hausarbeit. Es ging »harmonisch« zu. Am Wochenende durfte sie auch mal etwas länger fernsehen. Der Vater bastelte mit ihr. Sie kuschelten und tobten. Die Mutter spielte mit ihr Puppenwäsche. In der Woche blieb allerdings dafür keine Zeit. Sie schlief bis ins Schulalter im Schlafzimmer der Eltern.

Mit sechs Jahren wurde sie eingeschult. Frau F erzählt wenig über die Schule. Offenbar war sie eine stille, wenig ehrgeizige, aber genaue Schülerin mit mittelmäßigen Leistungen. Über den Beruf des Vaters, er war Angestellter der Staatssicherheit, sollte sie nicht sprechen, sondern sagen, er arbeite bei der NVA (Nationalen Volksarmee). Frau F wird an dieser Stelle wortkarg und vermeidet jegliche Wertung, als gälte das Sprechverbot noch heute. Was der Vater wirklich zu tun hatte, wusste sie nicht. Da er nunmehr in der Großstadt arbeitete, war er nur noch am Wochenende zu Hause. Deshalb zog die Familie ein Jahr später in einen Plattenbau in die Großstadt. »Und ich fand das als Kind furchtbar.« Sie fühlte sich wegen ihres Dialekts, der Entfernung von den Großeltern, der Anonymität der Wohnblocks, wegen fehlender Spielplätze fremd und einsam. Sie versuchte, sich »ganz schnell anzupassen«, und erkannte auch Vorteile. Der Schulweg war kürzer, der Hort ganz nah, und sie durfte allein nach Hause gehen. Wenn sie Kummer hatte, konnte sie bei den Eltern »abladen«, die hörten zu, gaben Ratschläge.

Als sich Frau F erinnern will, wann der Bruder geboren wurde, gerät sie in Verwirrung. War sie nun zehn oder vierzehn Jahre alt? Schließlich wird ihr klar, sie war zehn, denn kurz zuvor waren sie in die Großstadt gezogen. »Ich hatte lange rumgequengelt, dass ich noch unbedingt ein Geschwisterchen möchte.« Aber dann war es doch nicht so einfach für sie, sie musste sich umstellen, musste sich daran gewöhnen, zu teilen, abzugeben, mitzuhelfen. Die Ruhe war dahin. »Trotzdem hatte ich ihn unwahrscheinlich gern.« Frau F kämpft mit den Tränen, »die Mutti hatte wenig Zeit wegen meinem Bruder, und mein Vater hat auch sehr viel gearbeitet«.

Sie war 14 Jahre alt, als die Pubertät begann, und sie fühlte sich sehr einsam. »Das war das schlimmste, dieses Alleinsein. Es hat mich begleitet.« Gegenüber den Eltern verschloss sie sich. Man »schnarrte« sich an. Ihr fehlte eine Freundin. Keiner bemerkte ihre »depressive Stimmung und die Panikattacken, die so von innen entstanden«. Sie hatte Angst, auf die Straße zu gehen, mit Menschen zu sprechen, andererseits fühlte sie sich zu Hause verlassen.

Seltsam leer bleiben die nächsten Jahre. Sie erwähnt weder, wie sie Anschluss an Klassenkameraden oder andere Jugendliche gewann, noch die Wende, deutet nur einige »kurze Beziehungen« mit Jungen an. Sie schloss die Schule mit der Mittleren Reife ab, begann eine Lehre als Verkäuferin und fand wieder eine gute Freundin.

Mit 18 Jahren lernte sie den späteren Vater ihrer Tochter, Automechaniker von Beruf, kennen. Beide waren gleichaltrig. Es war »was richtig Festes«. Aber dann wurde sie schwanger, und der Freund wollte das Kind nicht. Die Beziehung drohte zu zerbrechen. Frau F war entschlossen, das Kind zu bekommen, und gleichzeitig verzweifelt. Sie rauchte stark, ließ sich mit einem anderen Mann ein, wandte sich wieder dem Freund zu, den alle »beknieten«. Sie erkrankte und lag schließlich ab dem siebenten Schwangerschaftsmonat im Krankenhaus. Die Eltern engagierten sich nach dem ersten Schock, renovierten mit dem Freund ein »Loch von Wohnung«.

Die Geburt verlief glatt, aber das Kind war zu klein und musste auf der Intensivstation bleiben. Wieder entsteht im Gespräch eine Verwirrung, weil Frau F zuerst denkt, die Trennung habe zwei bis drei Monate gedauert. Erst das genaue Nachfragen bringt Klarheit: Nach drei Wochen des Hin und Her bestanden ihre Eltern auf die Entlassung des Babys. Anfangs wohnte Frau F in ihrem Kinderzimmer zu Hause. Es war eine schwere Zeit. Sie stillte in den ersten drei Monaten, aber das Kind ließ sich nachts nicht beruhigen. Die jungen Eltern hofften verzweifelt, dass es sich »müde schreit«, weil »alles andere« nicht half. Ganz allmählich stellte sich ein Rhythmus ein, und die junge Familie zog in die eigene kleine Wohnung. Die Nächte wurden etwas ruhiger, weil das Baby nun ein paar Stunden hintereinander schlief.

Aber neue Schwierigkeiten taten sich auf, denn sie wollte ihrem eigenen Anspruch und dem Vorbild der Mutter genügen und »alles ganz ordentlich« halten. Das brachte sie an den Rand der Erschöpfung, obwohl ihr Partner ein »ganz lieber Papa« geworden war. Die beiden zerstritten sich immer mehr. Auch die verbesserten äußeren Bedingungen nach einem weiteren Umzug in eine kleine, warme und ordentliche Neubauwohnung konnten den Zerfall der Beziehung nicht aufhalten. Frau F erinnert sich, dass »alles furchtbar« gewesen wäre. Es kam zum endgültigen Bruch.

Sie band sich fast im fliegenden Wechsel an einen neuen Partner. Die beiden Männer tauschten die Wohnungen. Die Panikattacken wurden so heftig, dass sie eine stationäre Behandlung benötigte. Während dieser Zeit wurde das Baby in der Kinderkrippe und vom Kindesvater betreut. In dem neuen Partner fand sie erstmals als Erwachsene ein Gegenüber, bei dem sie ihre Ängste abladen und über alles sprechen konnte. Sie kündigte ihre Stelle als Verkäuferin, weil sie »ständig irgendeine Begleitung« benötigte, nicht allein sein oder das Haus verlassen konnte. Die kleine Tochter half ihr, die Ängste und die Einsamkeit zu ertragen. Sie konnte sich aber nur schwer dem Kind zuwenden, behandelte es streng, ähnlich wie sie erzogen worden war. Sie spricht von Fehlern, die sie später bereute. Sie begab sich in eine Verhaltenstherapie, die ihre Ängste nur wenig milderte. Dennoch schien das Schlimmste überstanden. Sie verließ nun stundenweise wieder die Wohnung. In der neuen Beziehung fühlte sie sich aufgehoben.

Das Gespräch stockt plötzlich. Frau F schaut sinnend in die Ferne, fährt mit fester Stimme fort, dass sie wieder schwanger wurde und im achten Monat eine Totgeburt hatte, deshalb verzögerte sich alles mit dem zweiten Kind. Mehr will sie nicht preisgeben und überspringt die nächsten Jahre. Erst acht Jahre später wird sie wieder schwanger. Der Sohn schien ihr das Leben zurückzubringen. »Wahrscheinlich weil ich eine Totgeburt vorher hatte, war er für mich so was Schönes, über das ich mich jeden Tag freuen konnte, auf einmal auch keine Angst mehr groß hatte.« Plötzlich sah sie die Erziehung ihrer zehn Jahre älteren Tochter mit kritischen Augen, besonders die Strenge und die Drängelei. Sie beschloss, ihren Sohn so lange zu Hause zu betreuen, wie er es brauchte, bis sie es nicht mehr schaffte, ihn auszufüllen.

Als er knapp drei Jahre alt war, brachte sie ihn für zwei bis drei Stunden täglich in die Kita. Anfangs ging es gut. Sie fühlte sich entlastet. Dann aber wehrte er sich weinend. Sie suchte daraufhin ganz gezielt eine Kita, die nicht nach den »alten Maßstäben und Regeln« arbeitete, denn sie wollte »nichts weitergeben«. Sie wollte ihrem Jungen keine Diskrepanzen zwischen ihrem Erziehungsstil und dem der Kita zumuten, wie zum Beispiel das Sprechverbot beim Essen, das es zu Hause nicht gab. In der neuen Kita gab es damit keine Probleme.

Als der Sohn vier Jahre alt wurde, zog es die Eltern raus aus der Großstadt, und sie mieteten sich in einem Dorf ein. Der Weg des Mannes zur Arbeit verkürzte sich. Da die Kinder die vertraute Schule und Kita weiter besuchen sollten, mussten sie täglich eine längere Strecke gefahren werden. Aber dafür blieb ihnen erspart, worunter Frau F so gelitten hat: Beziehungen aufgeben zu müssen. Sie fühlt sich jetzt besser, obwohl sie noch nicht wieder arbeitet, auch wenig Außenkontakte pflegt. Die Auseinandersetzungen mit ihrer großen Tochter erinnern sie daran, wie »glipschig« sie selbst in diesem Alter war, und sie nimmt die Spannungen gelassen hin.

Im nächsten Jahr, wenn ihr Jüngster die zweite Klasse besucht, will sie wieder arbeiten gehen.

Obwohl sie rückblickend überzeugt ist, dass weder die frühe Trennung, noch der strenge Erziehungsstil der Kita, noch die Zeitnot der Eltern ihr geschadet hätten, versucht sie ganz bewusst, es anders zu machen. Sie denkt, dass je jünger die Kinder zum Beginn der Fremdbetreuung sind, sie diesen Umstand desto »normaler empfinden, denn sie kennen es ja nicht anders«. Es könne dann auch keine Trennungsschmerzen geben. So müsste es auch mit ihr gewesen sein. »Es war eben so. Das Leben ist nun mal so gelaufen.« Sie denkt, je älter die Kinder zum Zeitpunkt der ersten Trennung sind, desto mehr Tränen fließen. Auch denkt sie, es tut einem Kind gut, nicht zu streng erzogen zu werden, obwohl ihre Eltern »für die damalige Zeit« sie schon recht frei, liebevoll und mit wenig Regeln erzogen haben.

Frau F fühlt sich am Ende des Interviews durchgeschwitzt und erschöpft, weil sie ihre »Hemmungen überwinden musste«. Aber sie ist auch zufrieden, dass ihr das gelungen ist.

Äußerlich gesehen ähnelt ihre Biographie dem Leben ihrer Eltern: Wie die Mutter bekommt sie mit 19 Jahren ihr erstes Kind, ist auf die intensive Unterstützung der Großeltern angewiesen, setzt das mütterliche Ordnungsprinzip fort. Tochter und Sohn werden, wie sie und ihr Bruder, im Abstand von zehn Jahren geboren. Der Umzug in eine ländliche Umgebung knüpft an ihre ersten Lebensjahre an. Ihre Sicht auf die Dinge hat sich jedoch durch die Totgeburt gewandelt. Dieses schreckliche Ereignis, das ihr vermutlich ihren toten Selbstanteil sichtbar machte, scheint ihr geholfen zu haben, das Leben zu bejahen, kritischer zu werden, sich in die Bedürfnisse der Kinder besser einzufühlen.

Lebensgeschichte Frau H

Frau H verblüfft mich durch ihre freundliche, souveräne Art, in der sie mit dem Thema, mit der Situation und mit mir umgeht.

Ich bekam ihre Adresse über ihre Schwägerin, eine Patientin von mir. Nach zwei Anläufen klappte die Terminvergabe. Das Gespräch findet in meinen Praxisräumen statt.

Sie ist eine gut proportionierte, lebhafte, rundliche junge Frau mit Pferdeschwanz. Am meisten erstaunt mich ihr Erinnerungsvermögen. Sie ist froh, dass wir über dies Thema sprechen, sie könne es ihrer Mutter nicht erzählen, ohne Rechtfertigungen auszulösen, und ihr Mann kann es sowieso nicht verstehen, beide seien nicht konfliktfähig.

Sie fasst sofort am Anfang zusammen, dass sie »eigentlich gut aufgewachsen« sei. Aber sie würde es niemals so machen, darüber hat sie sich bereits mit Freunden unterhalten, das Thema der Frühtrennung ist ihr präsent! Das habe ich in keinem anderen Interview so klar erlebt. Sie generalisiert auch, dass die Eltern zu ihren Kindern heute ein anderes Verhältnis haben als früher. Die Beziehungen sind wärmer und inniger, körperlicher heute.

Frau H hört sich heute noch gehetzt an, wenn sie erzählt, wie die Kinder morgens in die Krippe gebracht und abends abgeholt wurden. Der Haushalt, die Ordnung war wichtiger als die Kinder. Sie habe schon damals gedacht, dass sie mehr Zeit mit ihren Kindern verbringen will als ihre Mutter.

Sie wurde geboren als ihre Mutter 17 Jahre alt war. 1977, mit vier Monaten, kam sie in die Tageskrippe, mit eineinhalb Jahren in eine andere Einrichtung. Vieles erinnert sie aus ihrer eigenen Krippenzeit, schaut sensibel auf ihren großen Sohn und leidet mit, wenn er Belastendes erlebt.

Sie selbst erlebte Abwertung in der Krippe, wenn sie mittags nicht schlafen konnte. Die Kinder wurden einfach vor die Tür gestellt, gleichgültig ob es warm oder kalt war. Sie hatte Angst, dass die Erzieherin schimpft, dass sie es der Mama erzählt.

Frau H ist empört, dass sich ihre Eltern nicht dagegen gewehrt haben. Diese Tortur ging bis in die Grundschulzeit hinein, das hat sie lange verfolgt, dieses Sich-nicht-Wehren, wenn sie sich ärgerte oder Ungerechtigkeiten stattfanden. Sie denkt nach, wie es ihrer Mutter erging, die sehr jung aus einem sehr strengen Elternhaus kam.

Die mütterliche Großmutter versuchte noch, die Enkel mit russischen Vokabeln zu traktieren! Die Eltern der Mutter waren geschieden. Die Mutter wohnte noch bei den Eltern, als Frau H geboren wurde. Auch der Vater war mit dort, bevor er zur Armee musste. In der Zeit zog die Mutter mit Frau H in eine Hinterhofwohnung, wenig bequem. Frau H war jahrelang wütend auf die Mutter: zu wenig Zeit, zu wenig Anerkennung, Probleme nicht erkannt. Sie fühlte sich als Einzelgängerin, Außenseiterin, ungeschützt.

Im Kindergarten wurde Zwang ausgeübt: z. B. Milch trinken, sie erbrach jedes Mal. Sie rannte raus, erbrach schon auf dem Weg, ihr wurde vorgeworfen, sie mache das mit Absicht. Wenn sie dann weinte: »Du brauchst gar nicht auf die Tränendrüse zu drücken.« Diese Angst begleitete sie die ganze Kindheit. Bis heute verstehen weder die Eltern, Großeltern oder die Erzieher, was Frau H stört: z. B. Haare schneiden ohne vorherige Frage an die Kinder. Sie hatte Angst, sie bekäme Läuse und ihr würden die Haare abgeschnitten. Deshalb wollte sie nie sagen, wenn es sie juckte.

Wenn sie allein war, spielte sie gerne mit Puppen, pflegte hingebungsvoll die Haare, schminkte die Puppen im selbstgebauten Puppenhaus. Sie spielte nicht ihre Familie, sie dachte sich Mama, Papa und einen Bruder aus. Die Puppen durften immer fernsehen, sahen schick aus, hatten Blüschen mit Blümchen, das hatte die andere Oma selbst genäht. »Die hat mich verstanden.«

Frau H hat eine sehr frühe Erinnerung: an das Bild vom Schokoladenmädchen, was im ersten Lebensjahr in der Wohnung hing. Wenn sie es jetzt sieht, wird ihr ganz warm ums Herz. Auch an ein langes Holzbrett mit den Töpfchen in der Krippe erinnert sie sich. »Ob einem kalt oder warm war, ob man musste oder nicht, wir mussten auf diesen Töpfen sitzen, und dass dann geschimpft wurde, wenn wir nicht gemacht haben. Es war kalt, es war langweilig, ich kann mich noch an das kalte Holz erinnern.« Bis ein Jahr vor der Schule nässte und kotete sie ein.

Frau H erinnert sich auch an den Umzug in einen neuen Kindergarten. Dort wurden die Liegen der Kinder, die nicht schlafen konnten, auf dem Schulflur aufgebaut. Sie fühlte sich dort gebrandmarkt... Es war peinlich. Auch heute hat sie noch Wut, wenn sie daran denkt, wie sie als Kind geträumt hat, sie sitzt auf der Toilette... Sie war traurig, es war peinlich, sie war wütend.

Für den Vater war die Zeit schwer während seiner eineinhalbjährigen Wehrpflicht, er sehnte sich nach seiner kleinen Maus, die Mutter arbeitete auf einer Intensivstation, sie war härteres gewöhnt. Sie hatte die Ausbildung als Krankenschwester abbrechen müssen wegen ihrer Tochter. Noch lange Jahre warf sie ihrer Tochter vor, dass sie die Ausbildung wegen ihr abbrechen musste. Erst die Wende brachte der Mutter die ersehnte abgeschlossene Berufsausbildung als Krankenschwester.

Sie unterscheidet ganz klar zwischen den Erlebniswelten ihrer Eltern. Ihr Vater hatte immer ein Herz für die Familie, für sie viel Verständnis; wie auch seine Eltern ermöglichte er ihr viele kleine Wünsche. Die Mutter hatte es in ihrer Herkunftsfamilie schwer. Mit ihrer Schwangerschaft und dem Zusammenleben mit ihrem Mann rebellierte sie gegen ihre Eltern. Sie war unentschlossen, was die Schwangerschaft betraf, der junge Vater wollte das Kind. Ihre Eltern setzten über ihren Kopf hinweg den Hochzeitstermin fest.

Es ging dort hart zu, nach außen musste alles schön sein, innen gab es keine Beschäftigung, gab es nie Zeit, z. B. wurden keine Feste gefeiert, kein Weihnachtsfest. Es wurde viel geputzt. Erst allmählich wurde es von Generation zu Generation mit dem Feiern besser. »Ich fand es als Kind immer schade, dass es keinen Weihnachtsbaum und keinen Adventskranz gab.«

Die mütterlichen Großeltern sind geschieden, geben aber nach wie vor Wertungen ab. Der Vater war nicht genehm, weil er nur Fußballer war, kein Studierter, auch ihr Mann ist deswegen nicht angesehen. Sie habe sich mit der Arroganz der Großeltern abgefunden. Als Kind sei sie oft dort gewesen, bekam dann Fieber, aber die Mama habe nicht reagiert.

Auch in der Schule bekam sie häufiger Fieber, besonders wenn Sport bevorstand. Es half ihr nichts, sie musste trotzdem in der Schule bleiben. Die Oma väterlicherseits hatte Verständnis, wenn sie wieder Fieber hatte. Sie durfte im Bett bleiben, extra angewärmt, der Fernseher wurde ins Zimmer gerückt, sie durfte einfach liegenbleiben.

Sie wurde viel geärgert von anderen Kindern, bis sie sich mal wehrte und ein Mädchen verprügelte, das ihr eine Lederjacke zerrissen hatte. Danach war sie beliebt und anerkannt. Zwischen ihr und der Mutter blieb das Unverständnis, sie verbarg z. B. ein Jahr lang, dass sie Monatsblutungen hatte. Der Vater bot ihr schließlich an, darüber zu reden, aber ihm gegenüber war es ihr peinlich.

Eine Zeit lang, in der Pubertät, habe sie andere verprügelt, aus Wut, sie musste sich behaupten. Russisch wählte sie ab, sobald das ging, Englisch und Spanisch lernte sie gern. Selbstständig ging sie nach der Realschule auf das Gymnasium, verlor nach einiger Zeit die Motivation und suchte deshalb eine Lehrstelle als Bürokauffrau, die sie sofort antrat. Später nahm sie an Lehrgängen für PCs und für Verkaufstraining teil.

Sie habe eine andere Rangordnung als ihre Mutter, die erst Arbeiterfrau, dann Hausfrau, dann Mutter und dann die Ehefrau war. Sie denke erst die Mutter, dann die Ehefrau und dann alles andere. Sie wollte auch eine junge Mutter sein. Das habe sie nicht bewusst geplant. Als sie mit ihrem Partner zusammen eine Wohnung eingerichtet hatte und beide arbeiteten, habe sie die Sehnsucht nach einem Kind verspürt. Das Schwierigste war für sie, wie sie es der Mutter sage.

Frau H grübelte darüber, wie sie es aufnehmen wird. Als sie es ihr schließlich telefonisch nach einem langen Gespräch mitteilte, herrschte am anderen Ende der Leitung Schweigen und schließlich kam die Antwort der 37-jährigen Großmutter in spe: »Darüber muss ich erstmal nachdenken.« Sie war danach glücklich. Sie könne stundenlang mit ihrer Mutter schwatzen, aber nicht zu ihr gehen, wenn sie Probleme habe. Deshalb habe sie es beim zweiten Kind so gemacht, dass sie es allen Verwandten auf einmal erzählt habe.

Ihr Mann habe sich so gefreut, er rief seine Eltern an und sagte: »Ihr dürft jetzt Papa zu mir sagen.« Er war auch bei beiden Entbindungen dabei, die erste erlebte er verkrampft, in den Geburtsvorbereitungsstunden hatte er sich genau eingeprägt, was zu tun sei, z. B. der jungen Mutter auf das Gesicht zu pusten. Das empfand Frau H als störend, beim zweiten Kind konnte er lockerer sein, holte dann den großen Bruder in den Kreißsaal; alle vier genossen die Zeit, innig mit dem Neugeborenen allein zu sein.

Beim ersten Kind war sie vom Ausmaß der Schmerzen überrascht, eine verständnisvolle Hebamme half ihr sehr, beim zweiten Kind fühlte sie sich nicht so gut unterstützt, konnte sich selbst besser einstellen. Bei beiden Kindern schoss die Milch schnell ein, beim zweiten gab sie das Kind nachts ab, um in Ruhe schlafen zu können. Beim ersten Kind habe sie viel geweint, sie glaubte, dass sie nie wieder weggehen könne, sie waren die ersten im Freundeskreis, die ein Kind hatten. Wir können nie mehr ins Kino, die Umstellung war intensiv.

Beim zweiten Kind habe sie die Tage im Krankenhaus genossen: »Lass die ruhig alle ins Krankenhaus kommen, da brauche ich nichts machen, nicht kochen.«

Es hat beim ersten Kind eine Weile gedauert, bis ich mich als Mutter gefühlt habe: Erst als das Kind Mama sagte, dachte ich: Jetzt bist Du eine Mutter. Sie setzte sich durch gegen die Oma, die nach einer durchwachten Nacht von ihr verlangte, den Herd zu putzen. Sie war über ihre Schwangerschaften glücklich, sie akzeptierte die 25 kg Gewichtszunahme, auch jetzt genießt sie es, etwas Schönes zu kochen und mit ihrem Mann abends in Ruhe zu essen.

Sie blieb eineinhalb Jahre zu Hause mit dem Großen, brachte ihn dann in die Kindereinrichtung und war lange Zeit unglücklich, weil es dem Kind nicht gut ging. Sie sprach darüber mit ihrer Schwägerin, sie riet ihr, sich diesen Zustand nicht bieten zu lassen. So beobachtete sie einmal, wie die Erzieherin ihren Sohn vor den anderen Kindern bloßstellte, auslachen ließ. Daraufhin suchte sie eine andere Einrichtung, die dem Jungen gut tat. In der jetzigen Situation arbeitet sie von zu Hause aus, kann es mit dem Haushalt und der Betreuung beider Kinder in Übereinstimmung bringen.

Lebensgeschichte Herr I

Herrn I lernte ich als drittes Glied seiner Familie kennen, seine ältere Schwester ist Krippenleiterin – in Behandlung bei mir – und vermittelte mir für unser Krippenprojekt die Adresse ihres Bruders und seiner Partnerin.

Beide waren sehr bereitwillig und kamen zu mir in die Praxis zum Interview. Mit der Frau hatte ich schon am Vormittag gesprochen, Herr I kam nach der Mittagspause.

Ich freute mich, dass er als Vater Interesse aufbrachte, und überlegte, ob er sich benachteiligt fühlen könnte, weil ich erst mit seiner Partnerin gesprochen hatte. Gleichzeitig hatte ich das Gefühl, ihn gut versorgen zu wollen, ihn beschützen zu müssen.

Nach dem Interview beim Verabschieden – in der Tür – stellte er die ihn bewegende Frage, was mit seinem Vater wäre, den ich nicht kenne. Er war in Sorge um ihn, vermutete eine Demenzerkrankung; das Thema wurde zu dieser Zeit in der Familie beschwiegen.

Herr I wurde 1975 geboren, als seine beiden älteren Schwestern schon 16 und 14 Jahre alt waren. Für die ältere war das die Gelegenheit, sich spielerisch als Mutter zu fühlen.

Er war das geplante Wunschkind der Eltern, die gern nach zwei Mädchen einen Jungen wollten.

Er fühlte sich als Einzelkind, weniger als Nesthäkchen, ist heute mit seinen Schwestern als Erwachsener freundschaftlich verbunden. Es war schwer für ihn, überhaupt über Erinnerungen zu sprechen, er sammelte sich, konzentrierte sich auf sich selbst, wenn er eine Antwort suchte. Es sind Fragen, die er sich selbst bisher nicht gestellt hat. Manchmal, wenn es auf bekanntes Gebiet ging, war er richtig froh. Herr I spricht nicht gern, beschäftigt sich lieber allein. Er hört gern zu; Belangloses soll es nicht sein.

Zur Krippenzeit meinte er, dass diese Zeit für das Leben keine Bedeutung habe, es käme ja so vieles danach! Heutzutage können sich die Eltern mehr Zeit für die Kinder nehmen – darüber freut er sich für seine eigene kleine Familie. Mit etwa sechs Monaten wurde er in eine Krippe gegeben. Früh um sieben wurde er von der Mutter hingebracht, vom Vater nachmittags um vier abgeholt.

Im Kindergarten spielte er am liebsten mit ein oder zwei Kindern, größere Gruppen mochte er nicht; er erinnerte sich, dass er mal beim Laufen in der Gruppe mit dem Kopf aufschlug und blutete. Er fühlte sich auch durch dauernde Fragen nach seinem großen Leberfleck an der rechten Halsseite gestört. Ihm selbst machte es nichts aus, aber das dauernde Auffallen! So entschloss er sich mit 14 Jahren, ihn entfernen zu lassen. Mit Mittelohrvereiterungen hatte er damals viel und auch bis heute zu tun. Oft blieb die Mutter mit ihm dann zu Hause, er konnte sich selbst beschäftigen, das gefiel ihm. Vor allem mit den Holzbauklötzen, die der Vater gemacht hatte. Später heckte er mit seinem ein Jahr jüngeren Cousin gefährliche Tüfteleien aus; der Ofen bebte, weil sie Schwarzpulver in Patronenhülsen füllten. Sie zertrümmerten Kugellager, um an die Kugeln als Murmeln heranzukommen. Er wollte viel ausprobieren, deshalb kam er nicht mit dem Vater zurecht, sie gingen gemeinsam in den Keller, um irgendetwas zusammen zu machen, aber daraus wurde nichts. Der Vater hatte seine Vorstellungen, der Sohn auch. Sie konnten beide nicht darüber sprechen, sie ärgerten sich jeder für sich, es wurde immer seltener.

Die Schule behagte ihm nicht besonders, der Ton der ersten Lehrerin war sehr barsch. Die experimentellen Fächer interessierten ihn, er war froh, als er in der Lehre bei der Telekom seinen Interessen nachgehen konnte.

Die Zeit der Bundeswehr war für ihn mit dem klaren Befehlston kein Problem. Er war nur sehr enttäuscht, dass im Baubataillon keine Reparaturen anfielen, so dass es eine langweilige Zeit war.

Nach kurzer Arbeitslosigkeit fand er eine Firma, bei der er jetzt mehr als sieben Jahre als Kommunikationselektroniker tätig ist.

In der Kindergartenzeit war das Schlafen-Müssen ein Problem. Er weiß nicht, warum er sich auf den Hinterkopf schlug, um einzuschlafen. Er erinnert sich, dass dieser Zwang ihm nicht gefiel. Gerne spielte er Vater-Mutter-Kind, noch heute ist er stolz auf seine Vaterrolle im Spiel und in der Wirklichkeit. Neugierig probierte er sich im Kosmonautenzentrum aus. Schwimmen war schon eher ein Problem, Chlorallergie und die

Mittelohrentzündungen störten. Ein besonderes Hobby entwickelte er nicht, weder Sport noch Musik oder spezielle Basteleien.

Mit 17 Jahren hatte Herr I eine Beziehung, die er nach zwei Jahren beendete. Den Anlass gab die Freundin, als sie bei einer Geburtstagsfeier nach nur einer Stunde mitten im schönsten Beisammensein zum Aufbruch drängte und er noch bei seinen Kumpels bleiben wollte. In der langweiligen Armeezeit verliebte er sich erneut, ein Freund spannte ihm die Freundin aus. In dieser Situation lernte er seine jetzige Partnerin kennen, mit der er neun Jahre schon zusammen lebt (inzwischen haben sie geheiratet). Sie haben zwei Söhne.

Beim ersten Kind war er sehr überrascht, in seinem Freundeskreis war er der erste, der Vater wurde; er bemühte sich, diese Schwangerschaft gut zu meistern. Er ging mit zu den Schwangerschaftskursen, das habe ihm aber nicht viel gebracht.

Die Geburt des ersten Sohnes war schwer, er war stolz, dass das erste Wickeln im Kreißsaal so gut klappte. Er spielt gern mit dem Großen, ist froh, dass es ein Junge ist, weil er mit ihm die Sachen machen kann, die ihn selbst interessieren: Lego bauen, Fußball spielen, am Computer sitzen. Auch das Einfordern von Regeln wie Einhalten der Schlafenszeit ist für ihn selbstverständlich, vieles mache er so, wie er es von seinen Eltern kenne, vieles lockerer oder anders.

Die Kinder einmal zu den Großeltern geben, kommt ihm nicht in den Sinn. Natürlich haben sich die Großeltern gefreut über das Enkelkind.

Der Wunsch nach dem zweiten Kind ging mehr von seiner Frau aus, er habe sich schneller an den Gedanken gewöhnt als beim ersten. Jetzt sei er froh und zufrieden über den zweiten. Der Große sei auch nicht eifersüchtig gewesen, sie haben ihn von Anfang an einbezogen, ihm gesagt: Da kommt noch was.

Herr I selbst findet es interessant, dass man so viel im Gespräch über sich selbst nachdenkt und herausfindet, er spreche mit niemandem über seine Lebensgeschichte, er habe noch nie ein Problem gehabt.

Lebensgeschichte Frau J

Meine Interviewpartnerin meldete sich telefonisch, da der kurze Einladungstext »Lebensanfang und Kinderkrippe«, den sie von Freunden erhalten hatte, sie interessiere. Sie sei Anfang 30 und lebe mit ihrem zweieinhalbjährigen Sohn allein.

Wir vereinbarten einen Termin am späten Nachmittag in einer nahe gelegenen Psychotherapiepraxis. Sie wollten den kleinen Sohn während dieser Zeit in die Obhut ihrer Eltern geben. Zwei Tage vor dem Termin rief sie an, sie könne wegen der Überstunden nun doch nicht kommen. Lange suchten wir nach einer Alternative und einigten uns schließlich darauf, dass ich am verabredeten Tag spät abends in ihre Wohnung komme. Sie erklärte mir genau den Weg und bat, wenn ich vor dem Haus stünde, bei ihr anzurufen. Sie werde mich dann von der Haustür abholen, damit ihr Sohn nicht durch die Klingel aufwache. Es klappte alles wie verabredet. Bereits auf dem Weg zur Wohnung erfuhr ich, dass sie für heute eigentlich hatte absagen wollen, da sie sich »grippig« fühlte, dann aber ein Tablette genommen hätte, und nun ginge es ihr wieder besser.

Die kleine Wohnung war liebevoll und originell eingerichtet. Wir saßen in der Küche. Während sie einige Kerzen anzündete, erklärte sie mir, das gedämpfte Licht habe sie gerne und es sei auch besser für ihren Sohn, der an einer Neurodermitis leide. Sie betonte: »Hier ist alles auf Mutter und Kind eingerichtet.« Sie hatte Jasmintee gekocht und schenkte mir immer wieder nach.

Nebenan schlief der kleine Sohn, zu dem Frau J während unseres Gesprächs immer wieder hinlauschte, um zu prüfen, ob er wach geworden sei. In dem Falle wollte sie gleich zur Stelle sein. Sie schaute mich während unseres Gesprächs intensiv an, suchte regelrecht den Blickkontakt. Sie sprach meist schnell und in energischem Ton. Ihre Hände tasteten dabei gedankenverloren die Knöpfe ihrer Strickjacke ab, die sie ständig öffnete und verschloss. Ich hatte den Eindruck, dass sie mich von Anfang an mit einer dichten Worthülle umgab. Um ihr ein Gegenüber bleiben zu können, musste ich immer wieder um einen inneren Spielraum ringen und mich sammeln.

Frau J eröffnete das Interview mit der Bemerkung, »also ich bin kein Wunschkind, ein Unfall, eine Nachzüglerin nach zwei älteren Geschwistern«. Letztlich sei sie dann doch gewollt gewesen. Nach der Geburt wurde sie – entsprechend dem Reglement der Klinik – 24 Stunden von der Mutter getrennt. Gestillt wurde sie nicht. »Ob es nicht geklappt hat oder gar nicht probiert wurde«, weiß sie nicht. Auch die Geschwister wurden nicht gestillt. »Aber«, meint Frau J mit Nachdruck, »wir alle drei haben Muttermilch von Ammen aus der Milchküche bekommen. Für meine Mutter war es normal.«

Nach der sechsten Lebenswoche kam sie zu einer Tagesmutter, einer Bekannten der Familie. Dort blieb sie täglich sechs Stunden. Die Mutter arbeitete als Horterzieherin und war gerade dabei, sich über ein Fernstudium zur Lehrerin zu qualifizieren. »Wegen des Studiums musste meine Mutter mich auch abgegeben.« Der Vater war Offizier in der Nationalen Volksarmee.

Ab dem sechstem Lebensmonat wurde sie in die Kinderkrippe gebracht. Für die Mutter war das alles normal. »Deshalb hatten wir uns jetzt in den Haaren, denn sie hat nie geglaubt, dass man wirklich ein Kind fünf bis sechs Monate stillen kann.« Frau J kommen die Tränen. Sie hatte es bei ihrem Sohn drei Monate geschafft und vermutet, es hätte auch noch länger geklappt, wenn sie durch ihre Mutter nicht so verunsichert worden wäre. Im Unterbewusstsein hätte immer die Angst vor deren Kritik gesessen.

Die ursprüngliche Absicht, über die eigene Kindheitsgeschichte zu erzählen, gerät völlig in den Hintergrund, denn sie wendet sich nun ganz ihrer eigenen Mutterschaft und den damit verbundenen Auseinandersetzungen mit den Eltern zu. Sie erhielt von ihnen viel Hilfe in der Alltagsbewältigung, aber gleichzeitig hätte sie mit der Mutter »ganz tolle Konflikte« zum ersten Mal in ihrem Leben. Es ging um den Umgang mit dem Kind und das Muttersein. Es werde geschrien, geweint und gestritten, weil sie sich nicht mehr wie bisher den Auffassungen der Eltern anschließe, sich nicht reinreden lasse. »Aber wir sind uns auch sehr nahe gekommen.« Frau J vermutet, es gebe verschiedenen Ursachen, wieso die Mutter so »schwer loslassen« könne. Sie denkt an die Pädagogin, die erziehen möchte, und an den tödlichen Unfall des Bruders vor 18 Jahren.

Nun kehrt sie wieder zur eigenen Biographie zurück. Sie soll ein freundliches, ausgeglichenes Kind gewesen sein. Von der Mutter höre sie, dass ihr Sohn ihr total ähnlich sei: neugierig, immer lachend, offen gegenüber Fremden. Er klammere sich nicht an, so wie sie sich auch nicht angeklammert habe.

Sie war noch ein Baby, als die Eltern sie für ein paar Wochen bei der Großmutter ließen, um allein in den Urlaub zu fahren. Frau J vermutet, dass die Idee vom Vater kam, der seiner Frau mal etwas Gutes tun wollte, so »stressfrei«. Aber bestimmt hätte die Mutter keine Nacht geschlafen, weil das Kind nicht da war. Später bereute die Mutter diese Entscheidung, als einen »Fehler, den sie nicht noch mal machen würde«.

Die Zeit bei der Pflegemutter sei vermutlich ein Art Überbückung gewesen, bis die Krippe sie aufnehmen konnte. In der Krippe, die Teil einer Kinderkombination war, sollen alle Kinder gleich alt gewesen sein, ganz im Gegensatz zur Kitagruppe ihres Sohnes. Sie erinnert sich nicht, wie es dort zuging, wohl aber an den Moment, wenn »ich mit der Mutter nachmittags wieder zu Hause ankam«. Auch für ihre Mutter ist »die erste Zeit versunken«, sie konnte kaum etwas zur Erinnerung beitragen. Sie selbst weiß noch, dass, wenn die Geschwister sie aus der Krippe abholten, sie oft die Schuhe anderer Kinder anhatte. »Vermutlich weil sie mir besser gefielen.« Die beiden älteren Geschwister hätten sie letztlich erzogen. Die acht Jahre ältere Schwester wurde ihre »zweite Mutter«, an die sie sich bis ins Jugendalter vertrauensvoll wandte, z. B. wenn es um die Erlebnisse mit dem ersten Freund ging. Sie war gern mit den Geschwistern zusammen, fand es aufregend. Erst als Erwachsene erfuhr sie, »wie schwer es denen gefallen ist, mich überall hin mitzunehmen«. Die Großmutter und die Mutter haben »alles alleine gemacht«, denn der Vater blieb die Woche über auswärts an seinem Dienstort. Frau J lacht amüsiert auf, »der Familie ging es immer gut, bis auf den Umstand, dass man dem Vater immer hinterherreisen musste. Der war nicht da!« Jetzt hole er das, was er versäumt habe, bei seinem Enkel doppelt nach.

Im fünften Lebensjahr, Frau J besuchte mittlerweile den Kindergarten, zog die Familie in die Großstadt in ein Hochhaus, inmitten eines neu errichteten Wohngebiets. Der Vater war nun auch unter der Woche abends zu Hause.

Die neue Umgebung mit den schlammigen Wegen und den Baggern fand sie interessant. Die Kita lag so nahe, dass sie allein hingehen durfte, was sie mit Stolz erfüllte. Mühelos lebte sie sich ein. Von zwei Jungen ihrer Gruppe wurde sie heiß umworben. Täglich entschied sie, wer ihr »Prinz« sein durfte. Bis heute gibt es eine Verbindung zu einem dieser Spielgefährten, die sie »uralt vertraut wie Familie« empfindet. Im Vorschulalter musste sie wegen einer Mittelohrentzündung ins Krankenhaus. Nur aus der Erzählung weiß sie, dass ihr Trommelfell durchstochen wurde, sie Schmerzen hatte und Besuche verboten waren. In ihrer Erinnerung ist aber der kleine Mäckie geblieben, den sie mitnehmen durfte. Als er aus dem Bett fiel, wollte sie ihn zurückholen und fiel dabei selbst aus dem Bett.

Frau J denkt an ihren kleinen Sohn, der zur Behandlung seiner Neurodermitis und Stirnhöhlenentzündung schon oft im Krankenhaus liegen musste. Sie ließ ihn nie allein und würde sich auch nie dazu zwingen lassen.

»Was Schlimmes« habe es in der Kindheit nie gegeben. Jedes Jahr zeltete die Familie im Sommerurlaub an der Ostsee und badete am FKK-Strand (Freikörperkultur). Ihr gefiel diese freie Atmosphäre.

Mit sechs Jahren kam sie zur Schule. Wie sie sich dort verhielt, wurde sofort an die Mutter, die in der gleichen Einrichtung als Lehrerin unterrichtete, weitergetragen. Sie habe gar kein Hausaufgabenheft gebraucht, die Mutter wusste bereits über alles Bescheid. Da ließ sich kein Eintrag vertuschen. Im Gegenteil, sie »bestrafte sich vorbeugend selbst«, z. B. wusch sie ab oder räumte auf, bevor die Mutter zu Hause eintraf. Eigentlich sei die Mutter aber nicht streng gewesen, habe auch nicht strafen können, sondern nur laut und nervig diskutiert. Auch der Vater war nicht streng, Das Lernen fiel ihr »superleicht«, alles fiel ihr zu. Bis zum Schulabschluss lieferte sie gute Zensuren, und keinem fiel auf, dass sie »nie gelernt hat zu lernen«. Die Eltern ließen es so laufen.

Sie war das »Vaterkind«, die Schwester eher das »Mutterkind«. Dies sei bis heute so. Die Mutter sieht den Grund in der charakterlichen Verwandtschaft von Vater und Tochter. Beide seien »Dickschädel, Sturköpfe«. Der Vater war ziemlich stolz auf sie, weil sie so gut malen konnte. Zu Betriebsfeiern wurde sie »herumgereicht«. Er »wollte mich immer fördern. In jeden Sport musste ich rein.« Sie trainierte deshalb über Jahre in verschiedenen Sportarten.

Im Gegensatz zu ihr litt der Bruder unter der Großstadt. Als Jugendlicher hatte er es schwer, bei den Gleichaltrigen anzukommen, wurde gehänselt wegen seines Dialekts und versuchte deshalb, in der Schule mit »Blödsinn« seine Position zu verbessern. Seine Leistungen sackten ab. Über die Lehrerkollegen kam das alles sofort ans Licht. Obwohl man sie als die Kleine nicht belasten wollte, spürte sie dennoch, dass Vater und Bruder sich »überhaupt nicht verstanden«. Das Verhältnis war gespannt.

Sie »schmuggelte« sich so durch in der Schule. In der Klasse fühlte sie sich nicht unwohl, doch entwickelten sich keine festen Verbindungen. Die Jahre bis zur Pubertät erschienen ihr blass und unwichtig. Mit 14 Jahren gab sie den Leistungssport auf. Ihre körperlichen Veränderungen empfand sie »uninteressant, manchmal auch nervig«. Einmal im Monat fühlte sie sich krank. Äußerlich schloss sie sich dem Jugendleben an, ging auch mal mit zur Disco, »machte so mit«, aber innerlich blieb sie distanziert. Der Mutter wollte sie nichts von den neuen Erlebnissen erzählen, das besprach sie mit der Schwester. Die Mutter war da, wenn es etwas Schlimmes zu beklagen gab. Rückblickend meint Frau J, hätte sie diese Aufteilung vielleicht unternommen, weil sie den Neid der Mutter fürchtete, die in ihrer Jugend nicht so unbefangen wie ihre Tochter war.

Ihre Beziehungen zu Jungen verliefen eher flüchtig, sexuell fühlte sie sich kalt, kannte keinen Liebeskummer. Sie »war noch nicht soweit«. Aber zusammen mit dem großen Bruder ging sie aus. Nach jahrelangem Stress fing es zwischen beiden an, »schön zu werden«. Sie waren sich gerade näher gekommen, als das Unglück geschah. Der Bruder starb bei einem Unfall. Frau J will die näheren Umstände nicht erläutern. Sie war damals 18 Jahre alt, hatte die Mittlere Reife abgeschlossen und erlernte ihren Wunschberuf: Dekorateurin. Bis heute ist sein Tod ein Tabuthema für die Eltern. Plötzlich war er weg, starb, ohne dass sich Vater und Sohn ausgesöhnt hatten.

Unmittelbar nach dem Tod des Bruders, »fast parallel«, verliebte sie sich. Ihr Freund tröstete sie, und sie »hing zum ersten Mal« an einem jungen Mann und durchlitt, als er sich von ihr trennte, zum ersten Mal Liebeskummer. Einen Zusammenhang zwischen diesen beiden Ereignissen stellte sie nicht her.

Ihr Leben änderte sich, obwohl sie weiterhin zu Hause wohnte. Gemeinsame Interessen mit ihren Mitlehrlingen schufen Verbindungen und schließlich Freundschaften. Immer häufiger zog es sie unter Gleichaltrige. Zu Hause fühlte sie sich wohl, weil man sie »in Ruhe ließ«. Aber als sie vorübergehend bei einer Freundin wohnte und »Freiheit schnupperte«, kam mit 22 Jahren in ihr der dringende Wunsch nach einer eigenen Wohnung auf. Mittlerweile war sie auch finanziell selbstständig geworden. Mit der »Wende« hatte sie ausgelernt und arbeitete in ihrem Beruf für eine Verkaufskette. Ihr langjähriger Freund beschaffte eine Wohnung. Aber sie wollte allein wohnen und nicht mit ihm zusammenleben.

Kurz darauf lernte sie den Vater ihres Sohnes kennen, einen »schwierigen Typ«, und verliebt sich heftig. Bald wurde deutlich, dass er eine Partnerin wollte, »die viel toleriert und den Mund hält«, sie dagegen war »offen und ehrlich«. Er suchte in ihr einen Ruhepol für sein unstetes Leben, verschwand jährlich für ein paar Wochen in die Ferne, während sie »immer wieder für ihn da war«. Immer wieder wollten sie sich trennen, immer wieder kamen sie zusammen. Frau J meint, so wäre es wohl ewig weitergegangen, wenn sie nicht ungeplant schwanger geworden wäre. Der Freund wollte das Kind nicht. Nach dem ersten Schock kam in ihr richtige Freude auf. Sie setzte eine Zäsur, wollte erst einmal keinen Kontakt, zumal der Freund andeutete, eine neue Partnerin kennengelernt zu haben. »Ich brauche dich nicht. Ich hab' eine Familie«, war ihre Antwort.

Der kleine Sohn wurde geboren. Sie stellte sich ganz auf ihn ein, erhielt täglich Hilfe von den Eltern, die alles taten, »was sonst ein Partner macht«. Auch der Freundeskreis war und ist ihr »ganz toll wichtig«. Einsam fühlte sie sich mit dem Baby nie. Sie stillte bis zum dritten Monat, dann »ging es nicht mehr«. Sie vermutet, dass der enge Kontakt mit den Eltern sie zu sehr verunsichert habe. Sie war damals ganz von der Angst beherrscht, das Kind könnte schreien. Sie fürchtete die Kritik ihrer Mutter, die das Stillen ablehnte. Erstmals spürte sie, wie stark der elterliche Einfluss ihr bisheriges Leben bestimmt hatte. Das stürzte sie in eine tiefe Krise. Ihr wurde immer deutlicher, dass sie ihren eigenen Weg gehen musste.

Der Vater ihres Sohnes kam regelmäßig zu Besuch, »kümmerte sich sehr stark und ist bis heute sehr lieb zu dem Kind«.

Gern wäre sie länger mit dem Sohn zu Hause geblieben, aber nachdem der Mutterschutz abgelaufen war und sie acht Monate von Sozialhilfe gelebt hatte, musste sie wieder arbeiten. Schweren Herzens gab sie den Sohn in die Kita. Mittags holten ihn die Großeltern ab. Obwohl sie betont, dass »die anderen Kinder ihm gut getan haben«, ist sie noch heute traurig. Sie hätte gern selber mehr Zeit mit ihm verbracht. Mit warmer Stimme spricht sie darüber, dass er jede Nacht in ihr Bett kommt. Deshalb hat sie auch keinen Platz für einen neuen Partner. Sie hat bisher nie mit einem Mann zusammengelebt und findet das auch »gar nicht schlimm«.

Seit einiger Zeit schläft sie schlecht. Zum Glück hat sie Freunde, die sie Tag und Nacht anrufen kann. Der feste Freundeskreis trägt sie. Aber auch auf sie ist Verlass. Das tägliche Pensum schafft sie auch heute nur mit Unterstützung der Eltern. Auseinandersetzungen gibt es immer noch. Aber sie quält sich nicht mehr so, wenn die Mutter ihr »Härte« im Umgang mit dem Kind vorwirft: »Er wird von mir superlieb erzogen, aber mit so kleinen Sachen bin ich sehr konsequent.« Sie möchte ihrem Sohn von klein auf bestimmte Gewohnheiten beibringen, wie zum Beispiel das Zähneputzen am Abend. Er soll nicht wie sie früher mit Schokolade im Bett verschwinden dürfen und später Löcher in den Zähnen haben. »Da hätte man ja mal gucken können.« Auch auf feste Essenszeiten achtet sie. Und wenn er jetzt seinen eigenen Willen zeigt, spricht sie mit ihm. »Und das Schöne ist, er geht darauf ein.« Am Tag ist er sauber, das wurde in der Kita geübt. Nachts trägt er noch Windeln.

Frau J erinnert sich nun, dass ihr Sohn plötzlich eine aggressive Phase in der Kita hatte. Er schupste und schlug die Kinder, so dass die Kitaleiterin auf eine Erziehungsberatung drängte. Als habe er sein Stichwort erhalten, erscheint plötzlich – ganz verschlafen – der kleine Sohn in der Tür. Vielleicht hat ihn die erregte Stimme seiner Mutter geweckt. »Jetzt kannst du noch nicht kommen, erst später«, sagt sie mit energischer Stimme und bringt ihn zurück. Obwohl er sich nicht wieder meldet, hat sich die Atmosphäre verändert: Frau J wirkt beunruhigt, spricht hastig weiter, berichtet, dass sie daraufhin die Kita gewechselt habe. In der neuen Gruppe, in der er nun nicht mehr der Älteste war, verhielt er sich unauffällig. Sie ist überzeugt, dass er unterfordert war und es »nichts mit den Problemen der Eltern zu tun hatte«. »Allerdings«, räumt Frau J ein, »drückt seine Haut Spannungen aus.« Sie wirkt in diesem Moment sehr bedrückt.

Sie und der Kindsvater haben so ihre »eigene Geschichte«. Sie fühlt sich »immer noch emotional verbunden, obwohl er manchmal wirklich nervig ist« und sie vieles schmerzt. Manchmal denkt sie, »ich schaffe es nicht«. Deshalb war sie auch beim Jugendamt und ließ sich von einer Psychologin wegen des Vaters beraten. Den Eltern möchte sie nichts mehr von der schwierigen Beziehung erzählen. Die bekommen dann Angst, sind der Meinung, sie »geht vor die Hunde«.

Frau J wirkt erschöpft, dennoch kommt sie meiner Bitte nach und füllt sorgsam den kleinen Test aus.

Der Abschied verzögert sich. Sie schickt mich auf die Toilette, »denn der Heimweg ist doch weit«. Als ich mich im Flur anziehe, spricht sie weiter von ihren Sorgen. Sie wolle gerne so etwas haben: wöchentlich eine Stunde zum Abladen, und der Kindesvater müsse mit ihr zur Partnerberatung. Ich spüre, wie schwer es ihr fällt, sich zu trennen, ermuntere sie, mich anzurufen, falls sie bei ihrem Wunsch nach einer Therapie bliebe. Gern würde ich ihr dann Adressen von Therapeuten geben. Sie verabschiedete mich dankbar. »Es ist gut für mich gewesen.«

Nachträglich wird mir bewusst, wie ungesehen sich Frau J als Kind gefühlt haben muss. Erst in den Kämpfen mit den Eltern, besonders mit ihrer Mutter nach der Geburt des Sohnes, kann sie ihre Not – Seht genau hin, so bin ich doch – ausdrücken. Sie war eine unerwünschte Nachzüglerin. Nach der Geburt kann sie nicht bei der Mutter sein. Sie wird nicht gestillt, nach sechs Wochen zu einer Bekannten, dann in die Krippe gegeben. Die Geschwister »erziehen« sie. Später bestraft sie sich selbst. Es wurde zu wenig hingeguckt, man ließ alles so laufen. Die Eltern sind ausgefüllt mit ihrem Alltag, den Sorgen um den Problembruder. Sein Tod bleibt in der Familie ein Tabuthema und damit auch für sie ein unbearbeitetes Trauma, das es ihr undenkbar erscheinen lässt, mit einem Mann zusammenzuleben. Bis ins Erwachsenenalter hinein funktionierte bei ihr alles glatt. Nun scheint sie unbewusst an ihrem Sohn wiedergutmachen zu wollen, woran es ihr so mangelte, richtet alles auf »Mutter und Kind« aus. Für einen Partner bleibt kein emotionaler Raum. Aber sie ahnt, dass in der Neurodermitis ihres Sohnes ihr eigenes Ungehaltensein sichtbar wird.

Auch ich soll sie sehen. Mit ihrem intensiven Blickkontakt während unseres Gesprächs und der eindringlichen Stimme konnte sie mich binden und ihre Not in mir unterbringen. Vermutlich fühlte ich mich deshalb so »überfüllt«. Vielleicht stärkte unser Gespräch in ihr die Hoffnung, dass sie gesehen werden kann.

Lebensgeschichte Frau K

Frau K kam gern zum Gespräch. Sie habe die Studie sehr interessant gefunden und wollte ihre guten Erfahrungen mit den Kindereinrichtungen einbringen, zumal sie gerade überlegte, wann sie ihre kleinere Tochter in die Krippe geben wollte. Nach der kurzen Einführung legte sie gleich los und berichtete ihre Erinnerungen und Erläuterungen dazu gern und zunehmend ausführlicher, versuchte, sich genau zu besinnen, Erzähltes von eigenen Eindrücken zu unterscheiden. Dabei war ihr ganz wichtig, Zeugnis davon abzulegen, dass die Betreuung in den Kindereinrichtungen ihr nicht geschadet hätten. (Ich fühlte mich durch die Vehemenz ihrer Bewertungen angespannt und blockiert, für etwaige Infragestellungen vorsichtig eingestimmt, um sie nicht zu verletzen. Es ging ihr offenbar mehr um Bestätigung als um gemeinsame Untersuchung ihres Erlebens, so dass für mich das Bedauern über verpasste Möglichkeiten am Ende des Gesprächs überwog.)

Frau K kam als älteste Tochter ihrer Eltern zur Welt. Die Mutter arbeitete acht Wochen nach der Geburt wieder voll als Sekretärin – »es war ja so üblich in der DDR« – und überließ die Betreuung des Kleinkindes der Großmutter, die nach der Vertreibung aus Schlesien und dem Tod des Großvaters im Zweiten Weltkrieg bei der Familie lebte. Mit zehn oder elf Monaten kam das Kind in die Kinderkrippe. Über ihr erstes Jahr weiß Frau K wenig. Sie kann nicht sagen, ob sie gestillt wurde, wie schwer der Mutter das Wiederaufnehmen der Arbeit fiel, wie es der Großmutter mit ihr erging. Viel später im Interview beschreibt sie die Anspannung der Mutter in ihren frühen Kinderjahren. Diese arbeitete außerhalb, musste morgens um 5 Uhr aufstehen, kam erst um 17 Uhr zurück, hätte die Kinder –

die Patientin und ihren um drei Jahre jüngeren Bruder – morgens und abends versorgt und dann noch bis nachts Obst eingekocht oder Haushalt gemacht. »Sie sei wahrscheinlich gar nicht richtig zum Luftholen gekommen.«

Frau K erinnert sich nicht an konkrete Begebenheiten, an Spiele oder Zärtlichkeiten mit ihr. Sie war nur einfach da und stand für Liebe und Geborgenheit, schützte die Kinder auch vor der Strenge des Vaters und legte sich mit ihm an, wenn er ihrer Meinung nach Unrecht hatte.

Die erste Erinnerung an die Krippe ist für Frau K eine Verkleidung als Frau Holle zum Tag des Kindes am 1. Juni. Sie sei stolz mit entsprechendem Kleid und geschmücktem Stock durch die Straßen gezogen. Zeitlich einordnen könne sie den Umzug, weil sie damals noch eine Klappenbrille getragen habe, die ab dem drittem Lebensjahr in eine normale Brille umgewandelt wurde. Über das Brillentragen redet sie nur auf Nachfragen: Sie sei schon von den anderen Kindern gehänselt worden, die sie »Brillenschlange« genannt hätten. Der Vater habe öfter »Einauge« zu ihr gesagt. Manchmal sei sie deswegen unglücklich gewesen. Ein Mädchen mit schönen blonden Locken in ihrer Gruppe fällt ihr ein – das war die »Schöne« und sie die »Brillenschlange«. Aber insgesamt habe sie ein warmes, wohliges Gefühl, wenn sie an die Krippe denke. Die Erzieherinnen wären liebevoll gewesen, hätten sie ausgefahren in dem Gemeinschaftswagen, und es hätte schöne Feiern gegeben. An die anderen Kinder erinnere sie sich nicht im Einzelnen. Bezüglich der Trennungen von der Mutter habe sie keinerlei negative Assoziationen, das wäre ganz unproblematisch gewesen. Nur der Bruder habe später Trennungsschmerzen gehabt. Manchmal habe der Vater sie mit dem Fahrrad abgeholt, das fand sie toll.

Nach der Geburt des Bruders kam sie in den Kindergarten. Hier erinnert sie sich besonders an das Gebäude: »ein schönes altes Haus mit einem ganz speziellen Geruch, so muffig, modrig – gemischt mit dem Geruch vom Mittagessen – das riecht nach DDR«. Sie hätte sich da sehr wohl gefühlt, besuche ihre alte Kindergärtnerin heute noch, wenn sie dort vorbeikomme. Das zugeklebte Glas ihrer Brille hätte dort einen Wolf als Aufkleber bekommen und wurde dadurch auch für die anderen Kinder attraktiv. Frau K hatte von der Augenärztin das Versprechen, wenn sie die Brille immer trage – auch wenn sie gehänselt werde –, brauche sie die Brille nicht mehr, wenn sie zur Schule kommen werde. Die Augenärztin hielt Wort, und das Mädchen konnte am letzten Tag des Kindergartens nach einer abschließenden Untersuchung die Brille ablegen.

Für den Bruder sei sie von Anfang an die »stolze große Schwester« gewesen. Er sei zarter, ruhiger und anfälliger als sie, sah eher zu ihr auf. Manchmal fühlte sie sich auch genervt durch ihn, aber sie blieben eng verbunden bis heute. Nach Krippe und Kindergarten hätten sie viel mit Nachbarskinder im geschützten Hof hinter dem großen Mietshaus gespielt. Die Atmosphäre in der Familie in diesen Jahren wird sehr liebevoll geschildert, allerdings wäre sie ein rebellisches Kind gewesen, so dass der Vater ihr öfter den Hintern versohlte. Er hätte in der Erziehung das Motto »nicht nur Worte, sondern auch mal eine Hand« gehabt und sei darüber oft in Streit mit Mutter und Großmutter geraten. Frau K betont, dass dies ihr nichts geschadet hätte. Sie hätte die Grenzen gebraucht.

Im ihrem siebenten Lebensjahr begann die Familie ein Haus zu bauen. Die Kinder waren dabei sehr mit einbezogen, es war eine angespannte Zeit. Die Großmutter zog sehr selbstverständlich mit in dieses Haus und lebte dort bis zu ihrem Tod im 15. Lebensjahr von Frau K. Inzwischen war sie in der Schule gut integriert und zu Hause oft aufmüpfig, so dass es Ohrfeigen vom Vater gab und Mutter und Großmutter sich gegen den Vater verbündeten, den sie zu streng fanden. Die Mutter hätte sogar von Scheidung geredet. Aber sie hätten sich doch immer wieder verständigt. Eigentlich sei sie immer der Anlass für die Differenzen gewesen, erzählt sie stolz und verteidigt den Vater, der nur das Beste gewollt habe. Im Urlaub habe er viel mit den beiden Kindern unternommen, aber auch Schulaufgaben geübt, speziell Mathematik. Sie erinnert sich an Bockspringen im Wald, wobei der Vater bei jedem Sprung die Umrechnung von Dezimeter in Zentimeter verlangt habe und Liter in Hektoliter. Bei ihren Schulfreunden war er verschrien, der Harte – »dein Vater, der Sklaventreiber«. Letztlich sei sie ihm dankbar, dass er ihr so auf den Weg geholfen habe. Er sei auch derjenige gewesen, der dafür sorgte, dass die Familie an den Wochenenden und in den Ferien immer etwas unternahm, viele Ausflüge, schöne Urlaube. Die Kinder sollten etwas gezeigt bekommen oder Familienbesuche machen.

In der Schule hätte sie zur »Zickenriege« gehört, hätte sich zu einer Bestimmerin entwickelt. Sie war den ganzen Tag in der Schule, nachmittags im Hort. Die Freundin, die sie sich suchte, himmelte sie an und hätte auch einiges unter ihr zu leiden gehabt. Mit dem Lernen hätte sie keine Probleme gehabt, war »guter Durchschnitt«, zumal der Vater ständig dafür sorgte, dass sie etwas für die Schule tat. In der dritten Klasse begann sie mit einer Tanzschule, blieb jahrelang dabei, bis sie eine Aufnahmeprüfung für eine spezielle Tanzausbildung bestand, die mit dem Übergang in ein Internat in einer anderen Stadt verbunden war. Hier entschieden die Eltern ganz klar für sie, dass dies nicht infrage kam Sie meint, das wäre nicht so schlimm gewesen.

Auf die Oberschule sei sie mit Glück gekommen, obwohl ihre Eltern nicht in der Partei waren. Ihre Klassenlehrerin hatte für sie und andere Klassenkameraden mit der noch verschärfteren Problematik westflüchtiger Familienangehöriger erreicht, dass die Aufnahme wirklich nach den Leistungen ging. Sie wollte dann Choreographie studieren, bestand die Zugangsvoraussetzungen und wurde dann von der Wende eingeholt.

Diesen Umbruch hat sie ganz intensiv erlebt, nahezu überwältigend von der plötzlichen Öffnung, den neuen Kontakten zu den Verwandten, der veränderten Atmosphäre: »… und auf einmal war alles hell erleuchtet und so.« Die Familie hätte nie geplant gehabt, in den Westen auszureisen. Sie hätten sich wohlgefühlt, hatten Westverwandtschaft, die Jeans mitbrachte, ein eigenes Haus, die Eltern wären einmal im Jahr mit den Kindern nach Polen, der Tschechei und Ungarn gefahren, sie hätten sich dort mit der Tante aus München getroffen, Westfernsehen hätten sie auch gehabt – sie hätte nichts richtig vermisst. Der Familie wäre auch nicht übel mitgespielt worden, so dass sie aufbegehrt hätte – aber die Öffnung sei zur rechten Zeit gekommen, gerade als sie aus dem familiären Kokon heraus wollte.

Sie gab den Choreographiestudienplan im Hinblick auf neue Möglichkeiten auf und blieb an ihrer Schule bis zum Abitur. In dieser Zeit gab es auch öfter Auseinandersetzungen mit dem Vater, der ihr weiter enge Grenzen setzte, mit wem und wie lange sie ausgehen durfte. Doch sei sie früh und offen aufgeklärt worden, so dass Sexualität ein offenes Thema war. Sie hätte sich durchaus als hübsches Mädchen gefühlt, auch wenn der Vater sie manchmal »Spiegelaffe« nannte und ihre Kleidung auf Rocklänge kontrollierte. Sie habe trotzdem einen festen Freund ab 16 Jahren haben können, und die Mutter sei mit ihr zum Frauenarzt gegangen, um ihr die Pille verschreiben zu lassen. Es hätte eben alles in einem gewissen Rahmen sein müssen, nicht zu früh und nicht zu offenherzig.

Ihren Studienwunsch habe auch der Vater befördert, der ihr sagte: »Mach Wirtschaft, da hast du etwas Solides, von da aus kannst du unterschiedliche Richtungen einschlagen und dir aussuchen, wie du dann weitergehen willst.« Sie ging mit 18 Jahren in eine andere Stadt zum BWL-Studium und hatte anfangs sehr große Sehnsucht nach Hause. Sie wollte am liebsten zurück, aber der Vater forderte sie auf: »Jetzt heißt's hier durchbeißen!« Allmählich gewöhnte sie sich an das Studentenleben im Wohnheim und begann es zu genießen. Sie studierte kaum, feierte viel, arbeitete nur, um etwas Geld zu verdienen, um es dann wieder ausgeben zu können. Kurz vor den Vordiplomprüfungen begann sie zu lernen, schaffte einige, aber fiel auch durch, so dass der Fortgang des Studiums ernstlich bedroht war. Vor einer sehr angstbesetzten Prüfung hätten die Eltern gesagt: »Egal wie es ausgeht, wir finden schon einen Weg, wie es weitergeht.« Sie schaffte die Prüfung gerade so und empfand mit großer Erleichterung, sie habe noch eine Chance bekommen. Dieses Erleben löste einen »Wendepunkt« in ihr aus, sie wurde sehr fleißig und strebsam, schloss das Studium mit sehr guten Ergebnissen ab und orientierte sich pragmatisch mit einschlägigen Praktika in Deutschland und Amerika auf Möglichkeiten, mit ihrer Ausbildung im Marketing-Bereich großer Firmen zu arbeiten. Sie bekam auch eine anspruchsvolle Arbeitsstelle, in der sie drei Jahre lang blieb, bis sie wegen ihres Partners in eine andere Stadt ging.

Schon im Studium mit 22 Jahren hatte sie ihren späteren, ein Jahr älteren Ehemann kennengelernt. Er hatte auch BWL studiert, sei aber am Studienort geblieben, so dass sie drei Jahre lang eine Wochenendbeziehung führten. Die Beziehung festigte sich über die Zeit, sie wollten dann endlich zusammenziehen und taten das auch, obwohl sie dann diejenige wurde, die täglich in eine andere, aber nähergelegene Stadt zur Arbeit fuhr. Nach drei anstrengenden Jahren entschlossen sich beide, ein Kind zu bekommen. Es klappte auch sofort, und sie genoss es, erst einmal zu Hause zu bleiben mit dem kleinen Sohn.

Nach einem halben Jahr stellte sie fest, dass dieses Leben ihr nicht reiche, dass »sie auch etwas tun wolle für ihren Kopf«. Sie liebe das Kind sehr, aber sie sei nicht der Typ, der zu Hause sitze und sich nur um das Kind kümmert, das erfülle sie nicht. »Nur Mama- und Hausfrausein und Ringel-Ringel-Reihen-Machen« halte sie nicht aus. Zunächst erledigte sie ein paar kleinere Projekte von zu Hause aus, aber dann überlegte sie sich, wie es wäre, wenn sie noch promoviere. Sie schob dieses Vorhaben auch noch an, überlegte dann aber, dass es so mit einem zweiten Kind nichts würde, und entschloss sich mit dem Ehemann zu einer zweiten Schwangerschaft. Sie freute sich über den zweiten Sohn, stillte ihn fünf Monate und hatte dann das Gefühl, sie wolle ihren Körper wiederhaben.

Vier Monate zu stillen hatte sie sich bei beiden Kindern vorgenommen, den ältesten Sohn hatte sie sogar sechs Monate gestillt, und diese schöne Beziehung für den Anfang genossen, aber dann fand sie, es sei genug. Sie sei »nicht so das Muttertier«; ihren Kindern gebe sie viel Liebe, denke aber zugleich, dass sie auch viel selbstständig lernen und machen sollen. Sie sei ganz glücklich, zwei gesunde, gut geratene Kinder zu haben, aber sie möchte sich auch irgendwo selbst noch verwirklichen können, etwas schaffen können, eigenes Geld verdienen, eine gewisse Unabhängigkeit haben. Deshalb habe sie den ersten Sohn mit anderthalb Jahren in die Krippe gegeben, den Jüngsten wolle sie jetzt mit 15 Monaten dort betreuen lassen. Sie habe sich inzwischen selbstständig gemacht mit einer Marketing-Firma und könne von zu Hause aus arbeiten. Der Ehemann bringe sich sehr in die Kinderbetreuung mit ein, verbringe noch abends Zeit mit beiden Kindern, versorge sie mit an den Wochenenden. Beide Eltern hätten zu beiden Kindern ein sehr gutes Verhältnis aufgebaut. Ihr Mann hätte sie auch unterstützt, als sie sich selbstständig gemacht habe, hätte immer gesagt: »Wenn Du's machen musst, dann mach es.« Es sei ein schönes Miteinander in der Ehe, Probleme würden angesprochen, sie hätten in den elf Jahren des Zusammenseins auch schwierige Zeiten während der Wochenendbeziehungen überstanden. Sie sei auch sehr froh, dass sich beide mit den Eltern des jeweils Anderen gut verstünden. Eigentlich sei alles wirklich harmonisch. Sie freuten sich beide und wären glücklich, dass sie zwei gesunde Kinder haben. Sie wären auch sehr dankbar, dass alles so schön sei, weil es auch nicht normal sei, nicht selbstverständlich.

Lebensgeschichte Frau L

Frau L wollte gern an der Studie teilnehmen, weil sie ihre guten Erfahrungen in Krippe und Kindergarten mitteilen möchte und die öffentliche Diskussion über die Krippenerziehung in der DDR einseitig und oberflächlich fand.

Sie ist als jüngstes Kind nach zwei viel älteren Brüdern aus einer anderen Beziehung der Mutter geboren. Über die Beziehung ihrer Mutter zu ihrem Vater kann sie gar nichts sagen. Er sei gleich nach ihrer Geburt weg gewesen. Es war wohl keine lange Beziehung. Sie stellt sich vor, wie geschockt ihre Mutter gewesen sein muss, als sie entdeckte, dass sie schwanger ist. Sie sei deshalb sicher kein gewünschtes Kind, aber dies habe sie eigentlich nie gespürt. Die Mutter war 35 Jahre bei ihrer Geburt, die Brüder waren zwölf und 15 Jahre. Auch mit dem Vater der Brüder habe die Mutter nicht zusammengelebt. Frau L kenne ihn »nur vom Sehen«. Die Familie der Mutter stamme aus Schlesien, sei vertrieben worden. Großmutter und Mutter hätten sehr umherziehen müssen, bis sie an einem Ort ansässig geworden sind. Dann hätten die beiden immer zusammengelebt. Der Großvater kam aus dem Krieg zurück, »aber hatte dann halt eine neue Beziehung, wie das in vielen Familien gewesen ist«. Frau L hat ihn nicht kennengelernt. Ein Mann habe nie bei ihnen gelebt. Die Großmutter half der Mutter bei der Betreuung der beiden Söhne, bis sie nach einem Schlaganfall bettlägerig und pflegebedürftig wurde. Die Mutter betreute sie jahrelang bis zum Tod. Sie starb, als Frau L geboren wurde. Das Wohnungsproblem war in der kleinen Stadt, in der Frau L aufgewachsen ist, ziemlich groß. Sie lebten mit der Großmutter sehr beengt, hatten auch jahrelang Untermieter in der Wohnung. Frau L meint, ihre Mutter »habe sich für die Großmutter aufgeopfert«.

Frau L kam gleich nach den ersten zwölf Wochen Mutterschutz in die Krippe. Die Mutter musste als Ernährerin der Familie sofort wieder voll arbeiten. In der Krippe gab es zunächst keinen Platz für das Kind, aber die Leiterin war eine enge Freundin der Mutter und hätte noch ein zusätzliches Körbchen hineingeschoben. Ob diese Vorzugsposition auch eine besondere Behandlung für sie mit sich brachte, weiß sie nicht. Nur dass diese Krippenleiterin eine Tochter im gleichen Alter hatte, mit der sie sich später befreundete, fällt ihr ein. Eigene Erinnerungen an die Krippenzeit hat sie nicht. Es sei ihrer Mutter wohl schwergefallen, sie abzugeben, weil sie von 6.30 bis 16 Uhr als Sachbearbeiterin arbeiten musste. Frau L sei auch öfter krank gewesen, hätte Infekte und das »acetonämische Erbrechen«, das dann in der Kinderklinik nebenan ambulant behandelt wurde, gehabt.

Ihre Erinnerung setzt mit der Aufnahme in den Kindergarten ein. Das sei »wohl ein bisschen schwierig gewesen«. Sie wäre ein sehr sensibles, zurückhaltendes und ruhiges Kind gewesen. »Das hat sich wohl dann auch in Weinen geäußert, also da wollte ich dann auch nicht so rein, aber das hat sich mit der Zeit auch gelegt. Eingewöhnungsphasen wird es da nicht gegeben haben. Man ist aus der Kinderkrippe raus und am nächsten Tag in den Kindergarten rein. Die Mutter musste ja arbeiten.« Der Übergang aus der wohlbehüteten kleinen Gruppe in die viel größere Gruppe mit 20 Kindern im Kindergarten fiel ihr schwer. Aber »im Großen und Ganzen waren es schöne Erinnerungen an den Kindergarten«. Sie schildert große Räume, in denen gespielt, gegessen und geschlafen wurde. Das Spielzeug musste nicht weggeräumt werden. Ihr fällt ein riesengroßer Brunnen aus Holzbausteinen ein, der stehenbleiben durfte – und Malen an einer großen Tafel. Auch schwierige Erlebnisse, wie der Kampf um die Schaukel, tauchen auf und dass es nicht immer gerecht zuging. Sie erinnert sich an zwei Erzieherinnen, eine barsche und ein »Kuschelerzieherin«, der sie auch später noch ihre Schulzeugnisse gezeigt hätte. Der Kindergarten war ganz in der Nähe ihres Wohnhauses. Dadurch sei es nicht so schlimm gewesen, dass sie schon morgens um 6 Uhr dort hin gebracht wurde. Sie sei auch nicht die Letzte gewesen, die von der Mutter abgeholt wurde, weil ein Teil des Kindergartens ein Wochenheim war, in dem die Kinder von Montag bis Samstag untergebracht wurden. So gab es auch abends immer Kinder zum Spielen. Eigentlich sei sie auch nicht häufig krank gewesen. Infekte und das acetonämische Erbrechen kamen öfter vor, wurden behandelt, das Erbrechen mit einem Tropf – aber sie wäre nicht viel zu Hause gewesen.

Frau L beschreibt ihr Aufwachsen auf engem Raum. »Wir wohnten alle ringsum, es spielte sich alles in einem Umkreis von einem Kilometer ab. Da waren der Kindergarten, die Kinderkrippe, die Kinderklinik, alles so klein und niedlich halt.« Sie erinnert, wie es beim Abholen aus dem Kindergarten zum Bäcker und zum Fleischer ging, wo für die Kinder immer etwas abfiel – da ein Würstchen, dort ein Stück Kuchen. Abends war wenig Zeit, aber am Wochenende hätte die Mutter mit dem jüngeren Bruder und ihr Brettspiele gemacht oder gebastelt. Der ältere Bruder sei mit 19 Jahren schon ausgezogen und hätte gleich geheiratet.

Mit sechs Jahren kam Frau L in die Schule. Mehrere Kinder aus der Kindergartengruppe kamen mit in die Klasse, da sei es ihr nicht so schwergefallen. Allerdings musste sie früh um 6 Uhr in den Frühhort gehen, weil die Mutter dann zur Arbeit ging. Gegen Ende der ersten Klasse bekam sie einen Schlüssel und durfte morgens allein losgehen. Nachmittags ging es bis 16 Uhr in den Hort. Der fand im gleichen Klassenzimmer statt und ist ihr vor allem durch den »Mittagsschlafzwang« in Erinnerung. Sie hätten Tische und Stühle beiseite geschoben und Liegen aufgestellt und mussten bis 14 Uhr still liegen. Sie hätte immer eine blöde Klappliege gehabt, die beim Hinlegen jedes Mal zusammenbrach, und bekam Ärger mit der barschen Hortnerin. Das sei »ein richtiger Gräuel« gewesen, aber »das war halt einfach so«. Im Unterricht war sie fleißig, aber hatte doch einige Schwierigkeiten in Deutsch und Mathematik und bekam »Nachlernstunden« im Hort, während die anderen spielten. Das fand sie »auch nicht ganz so toll, weil sich alles in einem Raum abspielte – man wollte unbedingt spielen und musste da sitzen und eins plus eins üben«. Sie sei eben ein Spätzünder.

Nach dem Unterricht hätte sie mit ihrer Mädchenclique im Wohngebiet, zu Hause oder im Garten gespielt. Die Eltern einer Freundin hätten eine Gaststätte gehabt, da hätten sie öfter in die Küche essen gehen können. Sie hätte es so schön gefunden, dass sie auch die Eltern der Freunde kannte und dass sich alles in so einem engen Umkreis abspielte.

In der fünften Klasse sei sie etwas überfordert gewesen. Sie war oft krank mit Infekten, nahm an Gewicht ab. Es waren viele neue Fächer dazu gekommen, das Lernpensum war ihr zu viel und sie bekam Leistungsprobleme. Deshalb sei sie in der siebenten Klasse zur Kur geschickt worden. Vier Wochen mit völlig fremden Kindern, so lange getrennt von zu Hause, kamen ihr endlos vor. Sie erinnert sich, dass sie zunehmen sollte und ein Mädchen im Zimmer hatte, das abnehmen sollte. Diese hätte immer Süßigkeiten versteckt. Das wäre ihr nie eingefallen.

Auf die Pubertät war sie »nicht wenig vorbereitet«. Die Mutter hätte ihr sicherlich gesagt, dass dann eine Monatsblutung kommt, aber die Beziehung zu Männern etwas distanziert behandelt. Sie hätten alles unter den Freundinnen besprochen. Sie sei ein Spätentwickler, die Regel kam spät, und sie war neidisch auf die anderen Mädchen, die schon Brust hatten und einen BH benutzten. Mit Jungen sei es auch erst später, mit 16 oder 17 Jahren, losgegangen.

Von den Brüdern hätte sie sich auch wenig abgucken können. Bei beiden wären die Ehen auseinandergegangen. Der große Bruder hatte nach der frühen Heirat schnell ein Kind, musste zur Armee, war selten zu Hause. Das hätte diese junge Ehe nicht verkraftet. Der jüngere Bruder sei bis zu seinem 25. Lebensjahr zu Hause geblieben, hätte dann geheiratet. Seine Ehe sei an »Wende-Problemen« gescheitert.

Zur Jugendweihe hätte der Vater von Frau L Kontakt aufgenommen. Sie hätte ihn bis dahin nur einmal mit sechs Jahren gesehen, als er die Ausreise in die BRD beantragt habe. Er habe regelmäßig Unterhalt gezahlt, auch Geburtstags- und Weihnachtskarten geschickt, aber sonst war kein Kontakt da. Jetzt hätte er einen Regenschirm geschickt. Sie war sehr erstaunt, hatte sich bedankt und bekam einen »bitterbösen Brief« von der Frau des Vaters zurück. Sie wollte diesen Kontakt nicht, und daraufhin beschloss Frau L: »Das muss man einfach nicht haben.« Sie hätte auch nicht gewusst, wie sie ihn ansprechen sollte – er wäre für sie wie eine fremde Person. Aber Neugierde wäre schon da. Sie wisse auch, dass er jetzt 75 Jahre alt sei und wohl auch noch lebt. Sie gucke immer mal im Telefonbuch seines Wohnortes nach, er stehe immer noch drin. Sie wisse nicht, ob sie von irgendeiner Seite erfahren würde, wenn er nicht mehr lebt.

Mit 18 Jahren habe Frau L eine erste Partnerbeziehung mit sexuellen Erfahrungen aufgenommen, die nur kurzen Bestand hatte. Sie war sehr enttäuscht und traurig. Es war die Wendezeit, und der Freund sei 1989 über Ungarn nach dem Westen abgehauen. Gleichzeitig sei fast jeden Tag jemand von ihren Freunden und Bekannten in den Westen gegangen, das war sehr schmerzlich für sie. Sie hatte selbst nicht vor, wegzugehen. Nach der Maueröffnung traf sie den Freund noch öfter, aber er war inzwischen in den Schwarzwald gezogen und wollte die neuen Möglichkeiten erst einmal für sich erforschen. Er habe die Beziehung beendet.

Nach dem Abschluss der zehnten Klasse nahm Frau L eine Ausbildung als Krippenerzieherin auf. Es sei ihr Wunschberuf gewesen. Sie habe schon immer gern etwas mit kleinen Kindern gemacht, z. B. im Alter von 13, 14 Jahren auf die Kinder ihrer Lehrerin aufgepasst. Die Ausbildung fand z. T. in ihrer alten Kindereinrichtung statt, in der noch ihre alten Erzieherinnen arbeiteten. Sie sei sofort als »die Kleine« wiedererkannt worden, während sie sich selbst nicht an die einzelnen Personen erinnern konnte. Inzwischen waren diese Kolleginnen viel älter geworden, hätten nicht mehr viel Schwung gezeigt und viel Angst um ihre Arbeitsstellen gehabt. Sie hätte ihren Abschluss als Erzieherin nicht machen können, weil sie noch zu jung gewesen sei, und habe nach einigen Kämpfen dann eine Umschulung als Rechtsanwaltsgehilfin gemacht. Jetzt arbeitet sie schon seit zwölf Jahren im gleichen Büro. Zunächst habe sie den Berufswechsel sehr bedauert, sich dann aber gut hineingefunden. Es mache ihr viel Spaß.

Ihren Ehemann habe sie mit 20 Jahren kennengelernt. Er sei auch aus ihrem Wohnort, und »es habe sich einfach so ergeben«. Er begann, Physik zu studieren an ihrem jetzigen Wohnort, sattelte dann um auf Wirtschaftswissenschaften. Zwischenzeitlich hatte er Arbeit in einer anderen Stadt, und beide führten eine Wochenendbeziehung. Inzwischen hat er eine sehr gute Arbeitsstelle gefunden, in der er sehr anerkannt wäre. Sie hätten sich beide Kinder gewünscht, aber erst abwarten wollen, bis sich ihre äußere Situation gefestigt hätte.

Mit dem ersten Sohn sei sie trotzdem in der Zeit der räumlichen Getrenntheit schwanger geworden. Der Mann habe sofort die Heirat angeregt, und beide hätten sich sehr auf das Kind gefreut. Bei der Geburt war der Ehemann dabei, und Frau L war fast eifersüchtig, dass er sich sofort mit dem Kind befassen konnte. Er habe ihr auch später viel abgenommen, hätte den Jungen gut versorgt. Sie hätte sehr schöne Zeiten erlebt, beim Stillen und in den guten Momenten zu Dritt. Sie hätten sich auch gleich noch ein zweites Kind gewünscht. Nach einem Dreivierteljahr war sie wieder schwanger. Schwangerschaft und Geburt wären wieder unkompliziert und glatt verlaufen. Der Ehemann habe sich wieder ganz aktiv eingebracht und den zweiten Sohn ebenso liebevoll betreut. Eigentlich wünschten sie sich noch ein drittes Kind.

Sie sei froh, eine so junge Mutter zu sein, genieße ihre Kinder sehr. Sie wollte auch unbedingt ein Jahr mit jedem Kind zu Hause sein. Eine längere Auszeit sei nicht unbedingt gut für das Kind, meint sie. Da sei ihre Meinung durch ihre Ausbildung geprägt. Mit einem Jahr wollten die Kinder nicht mehr nur mit sich allein spielen, brauchten andere Kinder, das könnte die Mutter zu Hause nicht bieten. Sie hätte den ersten Sohn deshalb mit einem Jahr in eine Kindereinrichtung gebracht. Damals bekam sie keine Arbeitszeitverkürzung und musste voll arbeiten. Beim zweiten Kind, das auch mit einem Jahr in die Krippe gegeben wurde, bestand sie auf einer verkürzten Stelle und genieße es sehr, noch genügend Zeit für beide Kinder zu haben. Mit dem Ehemann führt sie zur Zeit wieder eine Wochenendbeziehung, ist aber bestrebt, umzuziehen. Sie freut sich besonders auf gemeinsame Gemütlichkeit, in der wieder alle gemeinsam kochen und essen können. Dieses schöne Familienleben sei eigentlich das Wichtigste für sie. Sie ist zuversichtlich, dass sich diese Wünsche verwirklichen lassen.

Lebensgeschichte Frau M

Frau M kam auf meinen Aushang im Kindergarten ihrer beiden Kinder hin zum Interview. Sie interessiere sich für die Forschung über die Krippenerfahrung in der DDR, weil sie nicht glaube, dass die Krippenbetreuung für sie schädlich gewesen sei. Nach anfänglicher Vorsicht kam sie zu ihrem eigenen Erstaunen gut und umfassend in den Fluss des Erzählens, der immer schneller wurde. Leider wurde ein Teil ihrer Erzählung – Pubertät und erste Partnerschaftsversuche – aus technischen Gründen nicht aufgenommen.

Frau M wurde als ungeplantes erstes Kind junger Eltern geboren. Die Mutter war 21, der Vater 24 Jahre alt. Während der Schwangerschaft hatten sie noch schnell geheiratet. Frau M erzählte, dass sie gut zusammengefunden hätten und heute noch verheiratet wären. Beide waren zur Geburt der Tochter noch in der Ausbildung, hatten keine eigene Wohnung und lebten zunächst im ersten Lebensjahr des Kindes in der Wohnung der Großeltern mütterlicherseits in beengten Verhältnissen. Die Großeltern waren noch berufstätig, so dass eigentlich keiner so richtig Zeit für das Kind hatte. Sie wurde deshalb mit sechs Monaten in die Krippe gegeben. Frau M weiß nicht, ob es der Mutter schwerfiel, das Baby in die Kindereinrichtung zu bringen. Sie erzählte gleich von der Belastung der Mutter mit Prüfungen in ihrer Ausbildung, mit Windelnwaschen und viel mehr Haushaltsstress als heute. Der Vater sei nach dem Ende seiner Ausbildung gleich in seinen Beruf eingestiegen und habe wenig helfen können. Frau M hat keine eigenen Erinnerungen an die erste Krippe. Sie blieb nur ein Jahr dort, dann zog die kleine Familie um in das Haus der Großeltern väterlicherseits, die eine Zweizimmerwohnung im Dachgeschoss frei gemacht hatten. Frau M kam in eine andere Krippe. Die Mutter habe ihr erzählt, dass sie bei der Umstellung »doch ein bisschen geweint« habe. Zum Glück habe sie nach der Ausbildung eine Anstellung mit verkürzter Arbeitszeit bekommen. So wurde das Kind morgens erst um 8 Uhr in die Krippe gebracht und meist um 15 Uhr von den Großeltern oder von der Mutter wieder abgeholt. Der Kontakt zu den Großeltern mütterlicherseits wurde intensiv gepflegt. An die Erzieherinnen in der Krippe kann sich Frau M nur noch ganz vage erinnern. Deutlicher ist ihr der große Wagen, in dem die Kinder spazierengefahren wurden. Aber das war auch das einzige Bild, das auftauchte.

In ihrem dritten Lebensjahr wurde der Bruder als gewünschtes Kind nach schwieriger Schwangerschaft geboren. Frau M sei als kleines Kind nie eifersüchtig auf ihn gewesen. Erst als sie Schulkinder waren, hätten sie sich viel gestritten »um die üblichen Geschwisterthemen, wie: wer mehr auf dem Teller hat«. Ihre Position als Ältere sei aber nie verlorengegangen. Sie hätten auch gut und viel miteinander gespielt. Die Eltern hätten sehr über ihre Streitereien geschimpft. Inzwischen kämen beide sehr gut miteinander klar.

Im vierten Lebensjahr von Frau M kam der Bruder auch in die Krippe, und so musste sie noch einmal die Kindereinrichtung wechseln, weil beide Kinder aus praktischen Gründen in derselben »Kinderkombination« betreut werden sollten. Hier setzten deutlich mehr Erinnerungen bei Frau M ein. Sie fand einige Freundinnen in der Gruppe, es gab Malwettbewerbe oder Wettessen mit dem Nachtisch. Der Garten fiel ihr ein mit der großen Elefantenrutsche. Das Rutschen war für die Kinder nicht ohne weiteres erlaubt, so dass Frau M einmal mit einigen Jungen heimlich den Elefanten benutzte und noch weiß, dass sie anschließend mit ihren Gefährten den anderen Kindern zuschauen musste, wie diese mit Erlaubnis der Erzieherinnen rutschen durften. Noch heute stößt Frau M auf, wie »eigenartig« ein solches Verbot war. Den Bruder konnte sie öfter von einem Gang aus sehen. Sie waren viel draußen, gingen an einem See spazieren. Frau M meinte: »Es gab eigentlich keine Probleme bei mir. Im Kindergarten war eigentlich nie etwas gewesen, bis auf irgendwelche Sachen, klar. Aber so war eigentlich alles in Ordnung. Spielzeug war auch genug da, konnte man sich nicht beschweren.«

Ein Problem sei allerdings das Essen gewesen. Sie war immer »ein schlechter Esser« gewesen. Vor allem das Mittagessen mochte sie nicht. Sie wusste nicht mehr, ob sie im Kindergarten immer aufessen musste oder ob »Theater und Tränen« mehr zu Hause auftraten, weil sie auch da Schwierigkeiten mit dem Essen hatte. Krank sei sie nicht häufig gewesen. Sie erinnerte Ziegenpeter und »noch so ein paar Kinderkrankheiten«, Röteln mit drei Jahren, mit denen sie die Mutter in der Schwangerschaft ansteckte – und einen Fahrradunfall mit sechs Jahren mit einer schlimmen Verletzung am Fuß. Sonst sei sie »nicht ständig ausgefallen«. Sie hätte auch nie gewartet, wann sie endlich abgeholt würde. Mutter oder Oma kamen um drei oder halb vier – sie sei nie die Letzte gewesen.

Zu Hause hätten sich beide Eltern um die Kinder gekümmert. Der Vater sei etwas strenger als die Mutter gewesen, wurde auch mal laut, wenn sie sich mit dem Bruder gestritten hätte. Manchmal hätte es Auseinandersetzungen gegeben, wenn sie irgendetwas

Falsches gemacht hätte und der Vater eine Absicht dahinter vermutete. Da war sie schon sehr zerknirscht und hätte schnell geweint. Sie sei eben sehr empfindlich als Kind gewesen.

Die Großeltern spielten im Familienleben eine große Rolle und waren sehr hilfsbereit. Sie hätten ihre Zimmer den größer werdenden Kindern zur Verfügung gestellt und morgens geheizt. In die Erziehung der Kinder hätten sie sich aber wenig eingemischt. Sie hätten bis zu ihrem Tod alle zusammen gelebt, dann wären die Großeltern mütterlicherseits mit ins Haus gezogen, jetzt wohne nur noch die Oma mit den Eltern zusammen dort. Frau M könne sich allerdings nicht vorstellen, später mit den Eltern zusammenzuwohnen. Es gäbe da schon einige schwierige Punkte, z. B. weil sie zu Haus- und Gartenarbeit, zu denen die Eltern sie immer erziehen wollten, eine ganz andere Einstellung habe.

Ein großer Kummer für Frau M als Kind war ihre Zurückstellung von der Einschulung um ein Jahr, weil sie für die Altersgrenze zu spät geboren und außerdem noch sehr klein, ruhig und zurückhaltend war. Sie war sehr enttäuscht, weil alle ihre Freundinnen in die Schule kamen und sie als Älteste in einer neuen Kindergartengruppe zurückblieb. Als sie endlich in die Schule kam, sei es dort »wunderbar« gewesen. Sie hätte eine sehr nette, herzliche Lehrerin gehabt und auch gleich Freunde gefunden. Erst in der fünften Klasse mit den vielen neuen Fächern habe sie Probleme bekommen. Es gab einen anderen Lehrer, und zwei Freundinnen zogen weg. Ihre Zensuren wurden schlechter, und der Vater reagierte mit Vorwürfen. Dadurch fühlte sie sich in der Schule und zu Hause nicht gut, wurde auch immer mal krank. In den späteren Klassen stabilisierte sie sich wieder.

Nach dem Abschluss der zehnten Klasse wusste Frau M nicht, was sie werden wollte. Sie hatte Lust, etwas mit Büchern oder etwas Medizinisches zu machen. Aber ihre Eltern rieten ihr, sie solle etwas suchen, wo sie auch Chancen auf einen Arbeitsplatz habe. Es war gerade die Wendezeit, die die Eltern sehr bejaht hätten, die sie aber auch sehr unsicher gemacht hätte. Ihr wurde dann in einer Beratung der Vorschlag gemacht, Diätassistentin zu werden. Nach einigen Überlegungen stimmte sie zu und begann die Ausbildung. Sie arbeitet heute noch in diesem Beruf und ist sehr kreativ darin.

Ihren Ehemann hat Frau M mit 19 Jahren in einer Disco kennengelernt, nachdem sie vorher bereits einen Freund gehabt hatte. Jetzt war sie im letzten Ausbildungsjahr, und er studierte ebenfalls noch. Anfangs führten sie eine Wochenendbeziehung, bis sie in seiner letzten Ausbildungsphase zu ihm zog. Sie war schon berufstätig und wünschte sich sehr ein Kind – alle gleichaltrigen Freundinnen bekamen damals Kinder –, während er noch etwas zögerte. »Ich habe ihn dann so mehr oder weniger überredet.« Er stimmte dann auch zu, und sie wurde sofort schwanger.

Die erste Tochter ist – von beiden gewünscht – in ihrem 23. Lebensjahr geboren. Bis auf Dreimonatskoliken sei sie in der ersten Zeit pflegeleicht und unkompliziert gewesen. Nach fast zwei Jahren »war es ihr erst mal ausreichend«, und sie gab die Tochter in die Kindereinrichtung, um wieder arbeiten zu können. Frau M konnte ihre Arbeitszeit verkürzen, um alles gut organisieren zu können. Der Ehemann war inzwischen ebenfalls beruflich eingestiegen und hatte weniger Zeit, auch wenn er sich bemühte, sich mit um das Kind zu kümmern. Es fiel ihr nicht leicht, die Tochter in der Einrichtung morgens abzugeben. »In der ersten Zeit hat sie schon immer mal geweint, das tat mir in der Seele weh. Wenn ich dann weg bin, hab' ich sie weinen gehört, und da hab' ich mich auch nicht so wohl gefühlt.« Sie sei »auch ein bisschen eifersüchtig auf die Erzieherinnen gewesen, die jetzt mein Kind hatten«. Eigentlich sei die Erziehungszeit mit der Tochter »mit die schönste Zeit gewesen«. Sie habe sie sehr genossen. Dann habe sie sich an die Vorstellung geklammert, dass sie irgendwann noch mal einen Erziehungsurlaub nehmen werde – mit einem zweiten Kind.

Vier Jahre später sei die zweite Tochter geboren worden. Schwangerschaft und Geburt wären wieder problemlos verlaufen. Der Ehemann hätte sich das zweite Kind am liebsten gleich nach dem ersten gewünscht, aber sie sei froh, dass sie zwischendurch arbeiten gegangen sei, hätte dies als »Auffrischung« empfunden. Obwohl der Ehemann ihr sehr gegönnt hätte, dass sie länger zu Hause geblieben wäre, wollte sie schon nach eineinhalb Jahren wieder arbeiten. Für ihn wäre der Erziehungsurlaub nicht in Frage gekommen, weil er viel mehr eingebunden sei in seine Arbeit und auch mehr Geld verdiene. Die zweite Tochter habe sich leichter an die Kindereinrichtung gewöhnt.

Frau M beschrieb, dass ihr jetziges Leben schon manchmal stressig sei. Sie arbeite zwar verkürzt, mache aber oft Überstunden. Die Organisation von Haushalt, dem Abholen und Hinbringen der Kinder zu deren Terminen wäre schon belastend. Der Ehemann hole schon ab und zu die Kinder mit ab, spiele mit ihnen und bringe sie ins Bett, aber die Hauptverantwortung und -belastung läge sicher bei ihr. Haushaltsdinge wären auch mehr ihr Bereich, außer den Außenaktivitäten und handwerklichen Arbeiten. Eine Reinigungskraft käme noch nicht in Frage, vielleicht dann, wenn sie eine Weiterbildung begänne, die noch aussteht. Die Großeltern kümmerten sich auch sehr um die Enkel, das helfe viel. Inzwischen sei das älteste Kind eingeschult worden. Da hätte sie dieselbe zeitliche Situation vorgefunden wie bei sich selbst – sie habe die Tochter auch ein Jahr später in die Schule kommen lassen, weil sie noch so klein gewesen sei. Es laufe alles gut in der Schule, sie gehe in den Hort, mache dort die Hausaufgaben: »Wir müssen uns eigentlich so gut wie um nichts kümmern.«

»Wir können uns eigentlich nicht beklagen, nicht wahr. Man freut sich, wenn man auch mal ein Wochenende hat, wo mal nichts ist dann, wo mal ein bisschen Ruhe ist, aber dann will man auch mal wieder etwas erleben.«

Lebensgeschichte Frau N

Frau N kam angeregt durch den Aushang im Kindergarten zum Interview. Sie meinte schon bei der Terminvereinbarung, dass sie zwar früh in die Krippe gekommen sei, aber keinen Schaden davongetragen habe. Sie erzählte gern, wollte es auch so genau wie möglich machen und hatte sich noch mit der Mutter über ihre Kindheit unterhalten, um ihre Erinnerungen aufzufrischen. Gleichzeitig war neben diesem Bemühen um Offenheit doch eine gewisse Angst spürbar, neben den Fakten auch die dazugehörigen Gefühle zu zeigen und zu benennen. Dadurch bekam das Interview eine gewisse Sprödigkeit, die es schwer machte, die Bedeutung des Erzählten mit ihr gemeinsam zu untersuchen.

Frau N kam als älteste Tochter sehr junger (beide 21 Jahre), in der Partnerschaft noch ungefestigter Eltern zur Welt. Über ihre Gewünschtheit weiß sie nichts Genaues. Die Eltern lebten zunächst mit den Großeltern mütterlicherseits zusammen in sehr beengten Verhältnissen. Dann starben die Großeltern väterlicherseits und hinterließen dem Vater ein Haus in einer kleineren Stadt, in das dann die ganze Großfamilie zog. Dieses Zusammenleben sei sehr oft spannungsvoll gewesen. Großmutter und Mutter hätten sich gegen den Vater verbündet, und der Großvater »habe auch nicht so funktioniert, wie der Vater es sich vorgestellt habe«. Der Vater »liege ihr heute noch damit in den Ohren, dass alt und jung nicht zusammenpasse«.

Mutter und Großmutter waren beide Kindergärtnerinnen. Die Mutter hätte drei Monate nach der Geburt aus finanziellen Gründen wieder voll arbeiten müssen und habe das Kind der Großmutter zur Betreuung gegeben. Mit einem halben Jahr sei Frau N dann in die Krippe gekommen. Es sei nicht die Einrichtung gewesen, in der die Mutter gearbeitet habe – sie habe sie »benachbart abgegeben«. Selbst habe sie keine Erinnerung mehr daran, aber ihr fällt ein, »dass sie schon immer ein Kind war, das viel Heimweh hatte«. Auf einem Foto aus der Krippenzeit habe sie nicht so glücklich ausgesehen. Sie sei damals sehr viel krank gewesen, hatte Infekte, vor allem Anginen, und sei nach ca. einem halben Jahr wieder aus der Krippe herausgenommen worden, weil sie den Aufenthalt dort nicht vertragen habe. In ihrem dritten Lebensjahr wurden ihr die Mandeln entfernt, und sie kam in den Kindergarten. Heute denkt sie, dass sie zu früh in die Krippe gekommen sei – dass »sie noch nicht Zeit genug gehabt habe, das Immunsystem zu stärken«.

Die Atmosphäre zu Hause sei für sie zwischen den Erwachsenen sehr angenehm gewesen, sie hätte sich überall aufhalten können, bei Eltern und Großeltern, und habe sich damit sehr geborgen gefühlt. Im Nachhinein denke sie aber an diese Zeit mit gemischten Gefühlen, weil ihr Vater wohl viele Probleme mit der frühen Verantwortung für die Familie und das Haus mit den Schwiegereltern und seinen eigenen Wünschen nach »Sich-Ausleben mit Freunden« gehabt hätte. Er hätte »so eine Sturm-und-Drang-Zeit« gehabt, die für alle nicht leicht gewesen sein mochte. Den Gipfel hätten die Spannungen wohl erreicht, als der Bruder von Frau N in ihrem fünften Lebensjahr geboren wurde. Frau N hätte als Kind immer auf Seiten der Mutter gestanden, »wenn sie sich gestoßen hat, habe ich geweint«. Die Mutter sei immer die Nächste gewesen, auch wenn Frau N mit der Großmutter gut ausgekommen sei.

Der Vater war viel abwesend, sie kann sich auch nicht daran erinnern, dass er mit ihr gespielt habe, obwohl sie annehme, dass er stolz auf sie gewesen sei. Auch später habe er ihr nur wenig in Ruhe zeigen können, weil er so perfektionistisch und ihm alles nicht korrekt genug gewesen war, was sie machen konnte. Vielleicht liege es daran, dass er viele verschiedene Berufe ausgeübt habe und handwerklich sehr geschickt war, da konnte er Unvollkommenheiten nicht aushalten.

An den Kindergarten hat Frau N noch genauere Erinnerungen, wie die Räume aussahen, die Stühle, wo die Küche war und die Toiletten. Aber an das Abgegebenwerden und »überhaupt das Menschliche – oder die Beschäftigungen und Spiele« – könnte sie sich nicht erinnern. Die erste Erzieherin kennt sie noch mit Namen und meint, sie habe sie geliebt. Es sei eine kleinere Gruppe von Kindern gewesen, und sie hätte sich mit allen Kindern gut verstanden. Das Essen sei noch vor Ort gekocht worden, sie lobt es sehr. Nach dem Lob fällt ihr die Strenge in der Erziehung dort ein: »Wenn man nicht funktioniert hat – ich weiß noch, dass da mal einem Mädchen eine weiße Strumpfhose über die Augen gebunden wurde. Und mir haben sie mal eine Decke über den Kopf gezogen, weil ich mich mit meinem Nachbarn gekrault habe vor dem Mittagschlaf.« Dies habe aber eine »Nicht-Fachkraft« getan. Die Erzieherinnen wären sonst lieb zu den Kindern und zu ihr gewesen. Sie erinnert sich aber auch noch an eine demütigende Situation, in der sie aus irgendeinem Grund geweint habe, und die Erzieherin habe sie vor allen Kindern ausgelacht und hätte gesagt, dass sie dastehe »wie ein dummer Hase, der seine Pfötchen hält«. Diese Beschämung spüre sie noch heute. Solche negativen Erinnerungen hätten sich bei ihr so ausgewirkt, dass sie nie ein Kind auslachen würde.

Sie erinnert auch, dass für die anderen Kinder oft das Essen eine Qual war, weil sie immer alle aufessen mussten, auch wenn sie erbrochen hatten. Sie sei im Kindergarten nicht so ein schlechter Esser gewesen wie vorher in der Krippe und sei froh, dass sie solche Probleme nicht hatte. Auch sei sie nicht mehr so häufig krank gewesen.

An die Ankunft des Bruders könne sie sich auch nicht mehr genau erinnern. Sie wisse aber noch, dass sie stolz war und dass sie es schön fand, unter dem Stubenwagen zu sitzen, wenn es oben brabbelte. Dann wurde sie aber aus dem Schlafzimmer der Eltern ausquartiert, sollte ein eigenes Zimmer bekommen. Das habe sie nicht verstanden, geheult, die Tapete bemalt und den Spiegel der Großmutter mit Creme beschmiert, sei nachts um das Bettchen des Bruders geschlichen. Es sei wohl nicht einfach für sie gewesen. Aber die Mutter habe Verständnis gezeigt, hätte sie nicht gestraft, sondern immer mit ihr geredet. Mit dem Bruder wäre sie nicht so richtig zurechtgekommen, er hätte nie das gemacht, was sie wollte. Und sie wollte so gern bestimmen. Wenn er der Mutter widersprochen habe, konnte Frau N das nicht aushalten. Manchmal hätten sie zusammen gespielt, aber oft sei sie lieber zu den Nachbarskindern gegangen. Erst als er 18 Jahre alt war, hätten sie sich wohl zusammengerauft.

Als sie etwa zehn Jahre alt war, gab es eine große familiäre Krise. Der Vater habe offenbar während einer Kur eine andere Frau kennengelernt, und die Mutter hatte das herausbekommen, war sehr erschüttert und wollte ihn wegschicken. Frau N erzählt noch sehr betroffen von dieser Zeit, als die Großmutter, der Bruder und sie vor der Tür saßen und den Streit mithörten, Angst hatten und nicht wollten, dass alles auseinandergeht. Die Großmutter stand auch auf der Seite der Mutter, es sei eine riesige Spannung bei allen gewesen. Der Vater wollte nicht gehen, und die andere Frau habe wohl dann eingesehen, dass sie gehen müsse. Frau N denkt, dass dies noch einmal eine Eskalation der »Sturm-und-Drang-Zeit« des Vaters gewesen sein muss. Er hätte die falschen Freunde gehabt und sei auch sehr anfällig für Bewunderung. Er hätte wohl auch ein traumatisches Kindheitserlebnis, über das er nie gesprochen habe. Inzwischen sei er seit drei Jahren berufsunfähig aus psychischen Gründen. Er habe Angstattacken bekommen vor Schmerzen bei Wirbelsäulenbeschwerden und sei dann nicht mehr rausgegangen. Für die Mutter sei sein Zustand ziemlich belastend, da er ziemlich viel Druck mache bei den alltäglichen Dingen. Vermutlich leide er unter der Berufsunfähigkeit.

Über die Schulzeit sagt Frau N viel Erfreuliches. Sie sei gut zurechtgekommen mit den Anforderungen, war leistungsmäßig immer guter Durchschnitt, ohne sich »tot zu machen«. Sie erinnert die ersten Lehrerinnen als sehr freundlich, einen Lehrer mit mehr Distanz. Mit den Mitschülern war sie gern zusammen, zwei Jungen kamen auch aus ihrem Kindergarten. Sie fand eine Freundin, die sie bewunderte, weil diese ein wenig aufmüpfig war. Es ging aber wieder auseinander, weil sie sich zu sehr in deren Schatten fühlte. Konsequentere Lehrer habe sie mehr geschätzt als zu weiche, dann auch mehr gearbeitet. In den späteren Schulklassen habe sie Geräteturnen und Tanz gemacht. Das Turnen war Leistungssport für sie mit viel Training in der Woche und mit Wettkämpfen. Die Eltern hätten das unterstützt. Sie hätte richtig kämpfen müssen, als die Leistungsfähigkeit mit 14 Jahren etwas nachließ, es ihr nicht mehr solchen Spaß bereitete und sie etwas Anderes machen wollte. Sie meint heute noch, »man müsse ein bisschen körperlich gefordert sein, sonst kommt man auf dumme Gedanken«. Mit sieben hätte sie z. B. mal geraucht und wäre dabei erwischt worden. Es war zwar nicht schlimm, aber sie schäme sich heute noch vor ihrer Mutter, wenn diese sie beim Rauchen erwische, fürchte ihre Enttäuschung.

In der Pubertät habe sie wenig mit den Eltern gekämpft. Diese hätten zwar bemängelt, dass sie oft das letzte Wort habe, aber sie wenig eingeengt. Sie hätten sie von der Disco abgeholt, aber sie hätte ihnen auch sagen können: »Könnt ihr nicht weiter hinten parken…« Jungen gegenüber sei sie schüchtern gewesen, habe »wenig Selbstbewusstsein« gehabt. Mit 17 Jahren habe sie das erste Mal mit einem Jungen geschlafen. Der hätte lange um sie geworben. Es wäre dann auch eine lange Beziehung daraus geworden, acht Jahre lang. Dann hätte ein dominanter Typ sie auf seine Seite gezogen, und sie habe den ersten Freund verlassen. Die Eltern hätten ihren ersten Partner über die Jahre auch sehr ins Herz geschlossen gehabt, und die Trennung fiel ihnen schwer.

Sie sei dann mit 25 Jahren aus dem Elternhaus ausgezogen. So habe sie den Eltern damals einiges verheimlicht, um sie zu schonen. Jetzt denke sie, dass diese reine erste Liebe nie wiederkommt, und es würde nie wieder so. Die zweite Beziehung mit einem um neun Jahre älteren Mann hielt vier Jahre. Sie habe ihn bewundert, aber die Beziehung war viel schwieriger als die erste. Er verließ sie, als sie 29 Jahre alt war, und sie suchte sich dann ihren jetzigen Mann nach ganz anderen Kriterien aus: Vertrauen, Geborgenheit, Zuverlässigkeit. Es war ihr wichtig, dass er noch nicht verheiratet gewesen war und kein Kind hatte. Sie wollte die Erste sein. Er arbeite im Großhandel und sei sehr eingespannt. Sie hätten sich aber beide über die Schwangerschaft gefreut.

Kurz vor der Geburt wären sie noch von ihren Eltern weggezogen, obwohl diese ihr sehr nahegelegt hätten, in der Nähe zu bleiben, damit sie immer greifbar wären. Frau N habe aber damals gedacht, sie wolle ihre kleine Familie zusammenhalten, damit der Vater auch mitbekäme, was zum Kinder-Haben dazugehört. Der Ehemann war auch bei der Geburt dabei, hätte ihr sehr geholfen und das Kind gut in Empfang genommen. Es sei ihr anfangs nach der Geburt nicht gut gegangen, sie hätte eine Art »Wochenbettpsychose« gehabt. Schwiegermutter und deren Mutter hätten sie mit Ratschlägen überhäuft, die sie nicht brauchen konnte. Aber der Ehemann hätte sie sehr unterstützt und sich auch um seine Tochter gekümmert.

Beruflich habe sie nach der zehnten Klasse Kinderkrankenschwester gelernt. Sie sollte an der Einrichtung bleiben, als sie – durch die Wende verunsichert – einen sicheren Arbeitsplatz im Westen suchte. Dort hat sie dann drei Jahre lang in einem kleinen Kreiskrankenhaus gearbeitet. Sie habe Erfahrungen in verschiedenen Abteilungen gesammelt. Mit 24 Jahren habe sie sich dann besonnen und Fachabitur gemacht, um doch noch zu studieren. Sie habe angefangen, Gesundheitsförderung zu studieren, bis der zweite Freund gemeint habe, er hätte kein Studium und sie bräuchte auch keines. So brach sie diese Ausbildung ab. Nach der Trennung von diesem Mann habe sie dann ein Fernstudium Pflegemanagement begonnen. Jetzt müsse sie nur noch die Diplomarbeit schreiben, das falle ihr schwer.

Ihre Tochter habe sie fünf Monate gestillt und mit ca. sieben Monaten zu einer Tagesmutter gegeben. Sie fühlte sich isoliert und »in einem Loch«. In dieser Situation musste sie noch für Prüfungen lernen und die Diplomarbeit voranbringen. Es sei sehr gut gegangen mit dieser Betreuerin, die auch die Tochter sehr mochte. Als das Kind ein Jahr und zwei Monaten alt war, hätte sie es dann an die Krippe gewöhnt. Es habe viele Tränen auf beiden Seiten gegeben, viel mehr als bei dem Abgeben bei der Tagesmutter. Frau N sagt darüber: »Ich denke, manchmal machen die Eltern mehr daraus, als eigentlich ist. Das Kind steckt es vielleicht besser weg als man selbst als Eltern, bilde ich mir manchmal ein. Man puscht es manchmal so hoch.«

Lebensgeschichte Frau O

Frau O meldete sich bei mir, nachdem sie den Aushang im Kindergarten gelesen hatte. Es mussten etwa vier Wochen lang viele Mails hin und her gehen, ehe der Termin zustande kam. Instinktiv rief ich kurz vor der vereinbarten Zeit bei ihr zu Hause an und fragte über den Anrufbeantworter an, ob es heute bei unserer Verabredung bliebe, was sich als gut erwies. Sie hatte die genauen Absprachen vergessen. Daraufhin kam sie, eine sehr schmale, sportliche kleine Person, bei irrer Hitze den Berg herauf geradelt.

Sie hatte eine heitere, sehr freundliche Ausstrahlung und berichtete ihre Geschichte bereitwillig und ausführlich. Es wurde ein sehr langes Interview, und wir waren beide dann recht erschöpft.

Frau O hatte im Vorfeld des Interviews ihre Mutter zur Krippenzeit befragt.

Die Mutter war schon 29 Jahre alt, als Frau O geboren wurde, was für DDR-Verhältnisse sehr spät war. Der Vater war drei Jahre jünger. Sie wurde nicht gestillt, weil die Mutter etwas mit der Brust hatte.

Sie wuchs in einem großen Schlossgelände auf. In diesem Schloss waren teils Kliniken teils Wohnungen und soziale Einrichtungen untergebracht. Die Betriebskinderkrippe befand sich in der Nähe des Geländes. Dorthin wurde sie mit drei Monaten gebracht, in der Regel fünf Tage und Nächte in der Woche. Die Mutter war Krankenschwester und arbeitete im Schichtdienst, der Vater war für drei Jahre bei der Armee, also auch nicht verfügbar. So war sie in den ersten drei Lebensjahren ein Wochenkrippenkind. Nur wenn die Mutter nach den Nachtdiensten ein paar Tage frei hatte, blieb sie zu Hause. »Für sich selber tat ihr (der Mutter) das manchmal leid, dass sie mich weggegeben hat. Aber es wurde halt nicht gesellschaftlich geächtet. Das war damals einfach die Normalität.«

Sie selbst kann sich noch dunkel an eine »sehr nette ältere Frau R« erinnern. »Die hat mich sehr gemocht, weil ich ja sehr oft über Nacht geblieben bin. Meine Mutter sagt, es waren sehr viele Kinder, sie schätzt ungefähr 20 Kinder (in einer Gruppe), die dort immer betreut wurden... Also über Nacht blieben weniger Kinder da. Da hatte ich dann mehr Aufmerksamkeit, da war ich dann der Liebling, hat sie erzählt, weil ich halt einfach auch immer lieb war. Also ich hab' da nicht irgendwelches Theater gemacht oder dass ich irgendwie bockig gewesen wäre oder deswegen nicht gegessen hätte oder mäklig oder zickig war.« [...] »Und sonst hat sie (die Mutter) gesagt, war ich immer lieb. Also ich war ein ganz liebes Kind... Sie hat gemerkt, wenn sie mich wieder abgegeben hat, dass ich traurig war. Na ja, wahrscheinlich hab' ich nicht geweint, ich hab' wahrscheinlich einfach traurig geguckt. Ich hab' nicht geklammert, ich hab' das als normal empfunden. Es war halt einfach dieser Abschiedsschmerz. Ich hab' nicht geheult oder geschien – ich war halt einfach traurig.«

Sie war allerdings wohl viel krank. Im ersten Lebensjahr musste sie wegen einer schweren Mittelohrvereiterung operiert werden, und im dritten Lebensjahr wurden ihr wegen gehäufter eitriger Anginen die Mandeln herausgenommen.

Frau O erinnert selbst eine Szene aus der Krippenzeit sehr deutlich: Sie hatte sich abends gerade die geriffelte Strumpfhose ausgezogen, was wohl sehr mühevoll war, als die Mutter plötzlich erschien und sie mit nach Hause nehmen wollte. »Das war also nicht vorgesehen, offensichtlich. Ich war dann ziemlich sauer, und da... war ich sogar traurig in dem Moment und fand das nicht so toll, dass ich gerade diese doofe Strumpfhose wieder anziehen musste. Obwohl ich da natürlich hätte glücklich sein müssen: Meine Mutti holt mich ab. Aber für mich war im Prinzip, die Strumpfhose anziehen, in dem Moment wichtiger...«

Zu den väterlichen Großeltern gab es kaum Kontakt. Die Großmutter mütterlicherseits hatte sich von ihrem Mann getrennt, da »er ein sehr böser und gewalttätiger Mensch« war. Zu dieser Großmutter hatte sie von klein auf ein sehr liebevolles Verhältnis. Auch die Mutter von Frau O hatte zu ihrer Mutter ein sehr nahes Verhältnis und wird ihr im Alter immer ähnlicher.

Mit drei Jahren kam sie dann in einen normalen Kindergarten. Die Mutter musste deshalb ihren Schichtdienst aufgeben. Als sie fünf Jahre alt war, wurde ihr Bruder geboren. Mit ihm blieb die Mutter dann ein Jahr zu Hause. Der Vater studierte inzwischen in einer entfernten Großstadt. Sie erinnert die Kindergartenzeit als eine schöne Zeit. Ihre Erzieherin mochte sie sehr gern. Konflikte oder Schwierigkeiten gab es nicht. Sie aß alles außer fettem Fleisch, war sehr schnell trocken, machte Mittagsschlaf, vertrug sich mit den anderen Kindern: »Ich war immer lieb, ich war überhaupt kein Sorgenkind!«

Die Mutter war für Frau O »die Prägendere.« Der Bruder war Papas Liebling. Die Mutter regelte den gesamten Alltag, während der Vater zwar viel Wissen hatte, aber in praktischen Dingen »so ein bisschen lebenshilflos« und zurückgezogen war und noch heute ist. Auch der Bruder ist »lebenshilflos« und verschlossen. Er lebt arbeitslos und partnerlos wieder zu Hause bei den Eltern. Darüber ist sie sehr besorgt und sieht die nachsichtige verwöhnende Haltung der Eltern ihm gegenüber sehr kritisch. Sie meint, der Vater müsse »ein Machtwort« sprechen, »aber mein Vater scheut diese Konflikte. Das ist auch in unserer Familie, dieses Konfliktscheue, dieses Harmoniebedürfnis, das haben wir alle.«

Aus der frühen Schulzeit berichtet sie, dass sie »immer sehr kasperig und humorvoll« war. »Wenn ich ein Publikum hab', wenn ich merke, das kommt an, das ist auch heute noch so, da fühle ich mich sofort wohl, also wenn ich merke, dass mein Humor verstanden wird… Aber ich habe jetzt nicht etwas vorbestimmt oder so… Ich hab' vielleicht Ideen gehabt, was man spielen kann, aber ich war nicht derjenige, der das Zepter in die Hand genommen hat. Ich war sowieso… als Kind wollte ich eigentlich lieber ein Junge sein!«

Sie war sehr beliebt bei ihren Klassenkameraden, den Lehrern und auch der Hortnerin. Von der zweiten bis vierten Klasse lebte die Familie im Ausland, da der Vater dort einen Arbeitseinsatz hatte. »Da habe ich mich sehr wohl gefühlt. Da hatte ich auch ein schönes Klassenkollektiv.« Die Familie lebte mit anderen DDR-Leuten auf einem wunderschönen umgrenzten Terrain, wo sie sich frei und wohl fühlen konnte. Aber sie hatte auch Heimweh bzw. »Omaweh. Dass ich eben gedacht habe, sie stirbt jetzt bestimmt, wenn ich dort bin.«

Die Rückkehr in die alte Klasse bewältigte sie zunächst ganz gut. Jedoch ein weiterer Umzug vom kleinen Kliniksdorf in die Kreisstadt in eine völlig neue Schule und neue Klasse bereitete ihr Schwierigkeiten. Sie kannte niemanden und fand durch ihre Schüchternheit nur sehr langsam Anschluss an die Gleichaltrigen. Sie war sehr gekränkt, dass man sie mit ihrem Nachnamen hänselte. »Ich war eben nie diejenige, die sich so gewehrt hatte. Das war halt so. Ich konnte da nicht Paroli bieten.« Da sie jedoch immer gute Leistungen hatte, wurde sie nach etwa zwei Jahren akzeptiert. Den Eltern erzählte sie allerdings nie von ihren Kümmernissen.

Die Pubertätszeit war zunächst schwierig für sie, da sie sich eigentlich als »halber Junge« fühlte und die Regel doch recht früh bekam. Eine sehr feminine Freundin aus der Auslandszeit, die sich schon frühzeitig schminkte, machte ihr Mut zu mehr Weiblichkeit. »Wenn ich mit der wahrscheinlich länger zusammengeblieben wäre, da wär's bei mir auch mehr gekommen…«

Ihren ersten richtigen Freund lernte Frau O mit 16 Jahren in der Schule kennen. Die Beziehung hielt siebeneinhalb Jahre. Da er zur Ausbildung in ein anderes Bundesland musste und keine Wochenendbeziehung wollte, beendete er die Beziehung plötzlich. »Das war schlimm. Also das war so mit das schlimmste Erlebnis, das ich im Leben hatte…

Es war gut, dass ich ihn nicht gesehen hab'. Hab' mich selbst therapiert in dieser Hinsicht, dass ich da wirklich viel drüber gesprochen hab', dass ich das alles auseinandergepflückt hab'..., dass ich auch geweint hab', wenn mir danach war, dass ich das alles zugelassen hab', die ganze Trauer. Und dass ich eben Abstand hatte.«

Nach dem Abitur begann sie zunächst auf den Rat einer Lehrerin hin, Pharmazie zu studieren, was ihr jedoch gar nicht gefiel. »Mein Problem war auch schon immer, dass ich nicht wusste, was ich machen will! [...] Es sind einfach so viele Dinge, für die ich mich interessiere und für die ich mich wirklich zeitweise wahnsinnig begeistere, und dann versinkt das wieder.« Sie betrieb auch viele Hobbys, beispielsweise Fechten wie der Vater, Judo, Karate, Reiten, in letzter Zeit Yoga...

Sie wechselte dann nach der Wende zur Medienwissenschaft, als eine Bekannte ihr von diesem Studiengang vorschwärmte.

Die Wende beobachtete die ganze Familie zunächst sehr skeptisch und abwartend, da die Eltern in der SED und sehr systemkonform waren. Sie schätzt sich selbst als unpolitisch ein. Trotzdem war sie zunächst entsetzt und verängstigt, dass jetzt die »Ausbeutergesellschaft zu uns kommen sollte. [...] Für mich war das gut, dass ich also wirklich in dem Alter war, das dann begreifen konnte... was sind jetzt daraus für mich die Vorteile. Eben dass man dann reisen konnte. Mein Leben lang fühlte ich mich nie eingeengt und eingeschränkt, weil ich dann ja reisen konnte. [...] war auch stolz, dass das alles so friedlich abgelaufen ist, so mit diesen Montagsdemos. Da hab' ich jetzt nicht dran teilgenommen, weil ich ja immer so bisschen Befürchtungen hatte, dass das alles schief laufen könnte oder aus der Bahn geraten könnte.«

Ihren zweiten Freund und jetzigen Ehemann kennt sie schon viele Jahre. Sie waren einige Jahre richtig gut befreundet, bis sie dann im Jahr 2000 ein Paar geworden sind. Dann war sie bereit zu Mutterschaft und Ehe, was sie sich vorher nie recht vorstellen konnte. Der Sohn ist jetzt fünf Jahre alt und die Tochter zwei. Es ist fast alles genauso wie bei den Eltern, die auch zunächst in einer WG zusammengewohnt hatten und erst später ein Paar geworden waren.

Auch Frau O war fast 29 Jahre alt, wie die Mutter, als sie das erste Mal Mutter wurde. Sie war sehr glücklich, dass das erste Kind ein Sohn war, »weil ich vielleicht selber schon ein Junge sein wollte«. Nach der Geburt hatte sie »einen Milchstau, das kommt durch die Psyche..., weil man sich Stress macht im Kopf oder wie auch immer..., einfach dass ich dachte, ich schaff das nicht, so meine eigene Erwartungshaltung an mich selbst... Es ist eigentlich gar nichts, was du nicht schaffen kannst, aber trotzdem... Also jetzt nicht bewusst, aber wahrscheinlich unterbewusst. Und deshalb habe ich diesen Milchstau bekommen..., da hat die Hebamme dann ja auch geholfen, dass sie gesagt hat, du musst auch an dich denken, nicht bloß, dass du irgendwas schaffen musst. Du musst dir jetzt auch Ruhe gönnen.« Ihr Mann habe sie sehr unterstützt und sogar die zweite Hälfte der Erziehungszeit genommen, um den Sohn zu betreuen.

Während der zweiten Schwangerschaft fühlte sie sich »hundeelend« und nahm sehr an Gewicht ab, was sie bis heute nicht aufholen konnte. Sie hatte sich sehnlich eine Tochter gewünscht, aber: »Es war wirklich essentiell körperzehrend!« Nach der Geburt der Tochter, wieder mit Hilfe derselben sehr liebevollen und einfühlsamen Hebamme, bekam sie eine Brustdrüsenentzündung, die sie mit großem Einsatz und mit Hausmitteln bekämpfte, um weiter stillen zu können. Es schmerzte sie sehr, dass es in dieser Zeit zu einem »ziemlichen Schnitt« in der Beziehung zu ihrem Sohn kam. Vorher war die Beziehung »sehr innig« gewesen. »Da habe ich dann lange gebraucht – weil er ja wirklich auch böse war, auch wirklich ungezogen –, ihn erst mal dann wieder ins Herz richtig zu schließen.« Mit der Tochter blieb sie dann ein Jahr zu Hause.

Sie schildert die Zeit als sehr anstrengend, besonders die Zeit mit den beiden kleinen Kindern. Bis heute ist sie viel dünner als vor den Kindern und hat seit der zweiten Geburt viel Rücken- und Knieschmerzen. Sie meint, dass sie sich auch psychisch verändert habe, nicht mehr so ausgeglichen und fröhlich wie früher sei. Einerseits empfindet sie es als Weiterentwicklung, dass sie jetzt eben »auch mal zickig und so richtig doof« sein kann, andererseits ist sie unzufrieden mit dieser Veränderung, besonders wenn sie mit ihrem Mann »grantig« ist oder auch wenn sie den Kindern gegenüber ungeduldig und aufbrausend reagiert. Zum Teil schiebt sie es auf ihre berufliche Unzufriedenheit. Sie hat ihre Arbeitsstelle durch die zweite Schwangerschaft verloren und empfindet die Tätigkeit in ihrer Ich-AG als unbefriedigend. Ihr fehlt der Kontakt und der Austausch mit Kollegen sehr, »dazu bin ich zu kommunikativ«. Und »ich will nicht bloß Mutter und Hausfrau sein, ich will halt wieder arbeiten. Nie hätte ich mir vorstellen können, mit jedem Kind drei Jahre zu Hause zu bleiben. Da wäre sowohl dem Kind als auch mir die Decke auf den Kopf gefallen mangels ausreichender Anregung und geistigem Austausch mit der Außenwelt.«

Eine weitere Beunruhigung ist für sie das Verhalten der Tochter: »Die untergräbt alle Autoritätsversuche, das ist so unfassbar. Mein Mann ist geduldiger als ich... Wir haben so verschiedene Strategien versucht, wie wir ihrer Herr werden, weil sie einfach alles untergräbt. Sie lacht einen da einfach an und sagt eben noch ›Nein!‹«

Beide Kinder wurden mit einem Jahr in die Kita gegeben, was Frau O für einen günstigen Zeitpunkt hält, weil die Kinder da »noch nicht so klettig« sind und auch den Kontakt zu anderen Kinder brauchen. »Auch wenn Kinder nicht tatsächlich miteinander spielen in diesem Alter, so ist der Umgang mit ihnen sehr wichtig für das soziale Verhalten, um zu lernen durch Beobachten und Nachahmen. Die Beschäftigungen, die in der Kita geboten werden, kann ich zu Hause nicht bieten...« Sie versucht auch alle Regeln der Kita zu Hause durchzusetzen, damit die Kinder nicht in »zwei verschiedenen Welten« leben.

Sie schätzt den Einfluss der Krippenerziehung für sich selbst als überwiegend positiv ein. »Nicht dass ich irgendwie was verpasst hätte, dort gewesen zu sein. Ich fand's eher schon so, dass ich dadurch ziemlich schnell erst mal auch mit mir alleine klargekommen bin, dass ich mich gut an neue Verhältnisse gewöhnen konnte, dass ich mich schnell umstellen konnte, einstellen konnte. Dass ich aber dadurch, das hängt vielleicht auch mit meinem grundsätzlichen Naturell, dass ich eher eine schüchterne Person war, dass ich also nicht so der dominante, ja der Anführertyp war, sondern dass ich mich eingeordnet habe, dass ich mich eingliedern konnte, dass mir das auch ganz gut immer gelungen ist, dass mir das auch nicht so sehr viel ausmacht… Ich habe schon eine Phase gebraucht sozusagen, um zu werden, was ich jetzt geworden bin… Wenn ich meinen Mann nicht hätte, dass der jetzt eine feste Arbeitsstelle hat… wäre ich jetzt wahrscheinlich auch arbeitslos. […] Ich hab' halt dieses Polster… Im Prinzip, in dieser Hinsicht bin ich meinem Bruder in der Situation jetzt gar nicht so unähnlich…, aber ich bin aktiv und suche und bleibe optimistisch und könnte auch noch sinnvoll länger zu Hause bleiben und das Beste daraus machen, wie es ja schon der Fall ist. Mein Bruder dagegen ist Pessimist, passiv und ohne Motivation, das unterscheidet uns grundlegend.«

Sie macht sich auch Gedanken darüber, wie sich der elterliche Erziehungsstil auf sie ausgewirkt hat: »Das mag zwar widersprüchlich klingen, aber obwohl ich in der Wochenkrippe war und meine Mutter mich nicht gestillt hat, waren ich und mein Bruder doch in mancher Hinsicht vielleicht zu gut behütet, zu sehr von unseren Eltern aufgefangen und wenig zur Selbstständigkeit erzogen, so dass wir in einigen Dingen dem Leben gegenüber hilflos dastehen. Ich habe diese Unselbstständigkeit größtenteils mit Hilfe meiner Person und anderer überwinden können durch mein Bedürfnis, mit Menschen in Kontakt zu treten…«

Am Schluss des Gesprächs resümiert sie lachend: »Ich sag', hab' immer sehr viel Glück gehabt in meinem Leben!«

Sie wirkt sehr erschöpft nach dem Gespräch. Auf meine besorgte Nachfrage, ob es ihr nicht gut geht, bestätigt sie dies: »Ich bin völlig unterzuckert.« Sie möchte jedoch nichts außer Wasser von mir annehmen. In diesem Zustand braucht sie für die Testauswertungen recht lange, und ich kann das Bild, wie sie so blass und schmal und überanstrengt vor den Papieren sitzt, lange nicht vergessen.

Lebensgeschichte Herr P

Herr P hörte von unserem Projekt über einen Freund. Ihn interessiere die Untersuchung, sagte er am Telefon. Ohne Schwierigkeiten konnten wir miteinander einen Termin am späten Vormittag in meiner Praxis vereinbaren.

Zum vereinbarten Termin erschien er nicht. Nachdem ich eine halbe Stunde gewartet hatte, rief ich ihn an. Herr P war ganz bestürzt. Er habe den Termin vergessen, da seine Tochter krank sei. Auf meine Frage, ob er denn einen neuen Termin vereinbaren wolle, reagierte er mit einem entschiedenen Ja. Selbstverständlich wolle er das. Er sei nach wie vor sehr interessiert. So verabredeten wir ein Treffen in zwei Wochen.

Er war pünktlich zur Stelle, betrat schwungvoll die Praxis. Er wirkte recht jugendlich, eher wie ein Student, salopp gekleidet. Sein frisches, glattes Gesicht strahlte Heiterkeit aus. Schwungvoll ließ er sich im Sessel nieder, beugte sich nach vorn, schaute mich erwartungsvoll an, als wollte er mich ermuntern: Na, da wollen wir mal ran an die Sache.

Bald stellte sich heraus, dass wir in erhebliche Schwierigkeiten gerieten, uns abzustimmen. Ein Gesprächsrhythmus wollte sich nicht einstellen. Oft fielen wir uns gegenseitig ins Wort. Mir fiel auf, dass ich ihn zeitweilig zu lenken versuchte, so wie auch er bestrebt war, mich zu bestimmen. Vielleicht hing es damit zusammen, dass er einerseits so viel Wert darauf legte, mich von der »Normalität« seiner Biographie zu überzeugen, als müsse er sich und seine Kindheit verteidigen, andererseits aber Zweifel am »DDR-System« äußerte, die ihm nach der Wende gekommen waren. Die innere Frage: Inwieweit wurde ich geprägt durch das System, hat es mir geschadet? schien ihn sehr zu beschäftigen. Vielleicht spiegelte sich in unserem »Gerangel« diese Ambivalenz wieder.

Herr P eröffnete lachend das Interview mit der Bemerkung, dass er relativ wenig Erinnerungen an seine Kindheit habe. »Das hängt mit der Wende zusammen, weil die Zeit so intensiv war. Vom Gefühl her ist das, was davor war, sehr weit weg.«

Seine ersten Erinnerungen beziehen sich auf das Familienleben, das Elternhaus, den Garten, das Spielen draußen mit den Geschwistern und den Freunden. Fast wie Statements wirkten seine weiteren Ausführungen. »Sie waren eigentlich alle immer da. Also es war eine Kindheit, die ich immer ganz glücklich empfunden habe. Eine ganz normale DDR-Kindheit… Ich glaube, meine Familie war auch ganz normal in Anführungsstrichen… Ich habe so alle Stufen, die man in der DDR zu durchlaufen hatte, eben von Krippe, Kindergarten, Schule, Hort, außerschulischen Tätigkeiten, Musikschule, Sport mitgemacht, ganz gut behütet und normal… Die Fragen in Richtung Schule und Pioniere und dass das alles so automatisch verlief, die kamen im Nachhinein, nicht als Kind… Aber die betreffen auch nicht die ersten drei Jahre… Es geht dann eher um die spätere Zeit, wo man dann ein eigenes Bewusstsein entwickelt, gesellschaftlich, sozial, politisch… Und ich habe nicht das Bedürfnis, irgendwas aufarbeiten zu müssen und meine Eltern, glaub' ich, auch nicht.« Er stelle auch heute die Babykrippe und den Kindergarten nicht in Frage. Er halte dies »eigentlich für einen Weg, den ich auch meinem eigenen Kind zumute«.

Er hatte sich auf unser Gespräch vorbereitet und seine Mutter noch einmal befragt, an was sie sich aus seiner Frühzeit erinnert.

Herr P wurde als drittes Kind, der Bruder war zehn Jahre, die Schwester ein Jahr älter, geboren. Die Familie lebte in einer Kleinstadt im Süden der DDR. Der Vater war Schuldirektor, die Mutter Lehrerin.

Als Jugendlicher habe er sich mal bei der Mutter erkundigt, ob er ein Unfall gewesen sei, so kurz nach der Schwester und weil ja die Abtreibung kurz vor seiner Zeugung in der DDR legalisiert worden sei. Sie habe ihm geantwortet, dass sie kurz daran gedacht habe. »Aber dann, als ich da war, hat sie sich gefragt, wie sie das überhaupt jemals in Betracht ziehen konnte.«

Die Schwangerschaft und seine Geburt seien vermutlich ganz normal verlaufen. »Sonst hätte ich das erfahren.« Er wurde sechs Monate bis zur Aufnahme in die Krippe gestillt. Seine Mutter wollte dann wieder arbeiten gehen. Kinderkrippe und Kindergarten befanden sich in unmittelbarer Nähe ihrer Wohnung. »Ich war wohl sehr lebhaft. Die Leute haben wohl immer gedacht, die Kinderkrippe fällt um, weil ich so gestrampelt habe.«

Leider konnte sich die Mutter nicht mehr so recht daran erinnern, wie er als Baby gewesen war. Die Geschwister seien ihr gegenwärtiger gewesen. Wie er auf die Krippenaufnahme reagierte, hätten die Eltern ihm nicht erzählt. »Ich will da nicht im Nebel rumstochern, kann mir nicht vorstellen, dass es mir sehr schwer gefallen ist. Andererseits war ich lange Bettnässer. Ich weiß aber nicht, ob das damit zusammenhängt.«

Später, mit acht Jahren, da habe er so »Heimwehphasen gehabt. Aber ob ich das in der Krippe auch hatte, das weiß ich nicht.« Vom Kleinkindalter an bis zum elften Lebensjahr begleitete ihn sein Teddy »für alle Lagen«. Er wurde mehrfach geflickt, war schon ganz abgeschabt, als er sich schließlich mit elf Jahren, kurz bevor er »trocken« wurde, von ihm trennte.

An den Kindergarten hatte er nur »schemenhafte« Erinnerungen. Sie bekamen Buttermilch, die er nicht trinken wollte. Er war sich nicht sicher, ob er sie stehenlassen durfte. »Aber so was hat ja jedes Kind erlebt.« Lachend berichtete er: »Ich war bekannt als guter Esser und guter Schläfer. Hab' ich nämlich mal mitgehört, als die Erzieherinnen dachten, ich schlafe…, hab' ich erlauscht… So was hört man gern, wenn man gelobt wird… Dann gibt es so ein paar Bilder, wie wir gespielt haben, auch mal ein bisschen beschäftigt wurden.« An die Kinder, bis auf ein Mädchen, konnte er sich nicht erinnern, aber an »Spielszenen im Hof, auf dem Spielplatz. Geräte waren auch da und eine große Wiese. Also ich fand das alles ganz okay.« Es gab auch heimliche Spiele, wer schielt am längsten oder das Kokeln. Das schien, obwohl streng verboten, faszinierend gewesen zu sein. Herr P war sich nicht mehr sicher, ob er auch mitgemacht hatte. Beim Essen wurde darauf geachtet, dass die Kinder still saßen und die Ellenbogen nicht auf den Tisch setzten. »Da konnte man nicht einfach rumrammeln, wenn man wollte.«

Es gab auch »Sexualaufklärung im Kindergarten«. Herr P erinnert sich amüsiert. »Meine Schwester und ich haben das dann zu Hause in der Badewanne nachspielen wollen. Und meine Mutter ist dann zur Erzieherin gegangen und hat ganz aufgeregt gefragt, was sie denn da machen soll.«

Zwei Erzieherinnen betreuten die Gruppe. An die eine, mit der er gut klar kam, die er »richtig mochte«, konnte er sich noch direkt erinnern. Die andere traf er später wieder in der Musikschule.

Das letzte Jahr vor der Schule verbrachte er in einem anderen Kindergarten, der sich ebenfalls unweit seines Elternhauses befand. »Da war auch so eine Situation, da wurden wir gefragt, wer Erich Honecker ist.« Seine Antwort war ihm entfallen.

Einen Bruch zwischen den Regeln im Kindergarten und zu Hause habe es nicht gegeben. Auch da wurde sehr auf das richtige Benehmen geachtet, und man stellte auch nichts in Frage. Der Vater war »eher strenger«. Man lebte sehr bescheiden. »So wie jeder normale DDR-Bürger. Es gab keine Vorratswirtschaft im Keller. Das Auto war da, als ich in die Schule kam. Aber die Eltern hatten auch acht Jahre gewartet, und es dann ganz normal von der Auslieferung abgeholt. Telefon gab es erst zwei Jahre vor der Wende.« Herr P betonte, dass er »das damals gut fand und im nachhinein auch«. Er habe nie die »gesellschaftliche Strecke« seiner Eltern ausgenutzt.

Mit der Einschulung wurde das Leben für ihn etwas schwieriger. In der Kleinstadt war die Familie bekannt, und alle Lehrer kannten seine Eltern. »Das war mir dann eher unangenehm.« Das Lernen fiel ihm leicht. »Mir ist alles zugefallen, eigentlich bis zum

Schluss.« An Freunden fehlte es ihm nie. »Hab' da schon meine erste Freundin gehabt..., eher ne Kinderfreundschaft..., mich in der zweiten Klasse sogar wegen ihr geprügelt.« Im dritten Schuljahr kam er in eine Spezialklasse mit verstärktem Russischunterricht. Auch dort kam er gut zurecht, fühlte sich nie überfordert, obwohl er »nicht so der sprachliche Typ« war. Die Schwester hatte es dagegen schwerer.

Er besuchte täglich den Schulhort bis gegen 16 Uhr. In der ersten Klasse gab es noch den Mittagsschlaf. Das Schulessen schmeckte ihm nicht so gut, aber er mäkelte nicht so wie die anderen Kinder. »Das war dann von zu Hause her so die Einsicht in die Notwendigkeit, kann ja nicht so sein, wie die Mutter kocht.« Manchmal engagierte sich der Vater bei den »Verantwortlichen für eine bessere Qualität«, wenn Herr P und seine Mitschüler zu sehr klagten. »Er hat das ernst genommen... Die Eltern waren immer Ansprechpartner. Wir haben nach wie vor ein gutes Verhältnis... Sie haben uns auch in die Verantwortung genommen für unser Tun.«

In der Schule gehörte er zu den unbequemen Schülern. Er berichtete von Unsinn-Machen im Unterricht, dass er »vorlaut« gewesen sei, auch dass er sagte, was er wollte und dachte. Er sei nicht sehr angepasst gewesen. Zu Hause bekam er immer Ärger, wenn in Betragen eine Drei auf dem Zeugnis stand. Mit einer Zwei seien die Eltern zufrieden gewesen. »Es gab auch Zeiten, so mit 12, 13 Jahren, da bin ich jede Woche mit einem Strafzettel im Hausaufgabenheft nach Hause gekommen. Dann gab es mal 'ne kleine Strafe, dass dann eine Woche ein Spiel weggestellt wurde... Oder ich musste mich in der Schule selbst entschuldigen.« Herr P meinte lachend, dass er das jetzt auch gut fände, wie die Eltern das gehandhabt hätten, denn »ich komme mit dem Leben jetzt klar«.

Jährlich verbrachte die Familie ihren Urlaub in einer größeren Gemeinschaft. Es war nichts »organisiertes«. Mit diesen Reisen, auf denen sich die Eltern intensiv mit den Kindern beschäftigten, verbanden sich angenehme Erinnerungen. Manchmal nahm ihn der Vater auch zu einem Wochenendbesuch bei einer Verwandten mit. Herr P hob diese Zuwendung offenbar besonders hervor, weil das Zusammenspiel zwischen Vater und Sohn in manchen Dingen nicht so einfach war. »In handwerklichen Dingen, da durfte ich daneben stehen und zugucken. Wenn ich gesagt hab', ich will auch mal, dann hat er mich kurz mal was machen lassen und dann, ach komm gib mal her, ich kann es besser... Da war er nicht so einfach.« Dadurch habe er sich erst später mühselig alles selbst beigebracht. Jetzt könnten sie zusammen arbeiten. Jetzt könne er auch vieles besser.

Wegen des nächtlichen Einnässens wurde er mit acht Jahren zu einer siebenwöchigen Kur geschickt, um das zehnte Lebensjahr mehrmals im Krankenhaus körperlich untersucht mit »Katheter und solchem Kram. Und dann war ich auch mal in psychologischer Behandlung. Aber alles half nichts.« Seine Mutter habe »mal die Vermutung angestellt, dass sie zuviel Druck gemacht hat mit dem Trockenwerden. Und irgendwann war es dann weg.« Er muss so elf Jahre alt gewesen sein. Herr P berichtete von seiner Erleichterung, denn bis dahin konnte er in kein Ferienlager fahren. Und wenn er auf den Klassenfahrten einnässte, war »das natürlich doof. Obwohl die Mitschüler relativ gut reagierten.« Nun konnte er auch am Probenlager des Orchesters teilnehmen.

In der Vorpubertät hatte er immer ein »ganz gutes Standing bei den anderen..., hatte Freunde, mit denen ich spielte, und Einfluss. Ich war nicht der Obercoole oder der Kasper, einfach immer okay.«

Die körperlichen Veränderungen zeigten sich bei ihm im Vergleich mit den anderen Mitschülern recht spät. Er war so 15 Jahre, als er begann »sich ein bisschen Gedanken zu machen«. Er fühlte sich »hauptsächlich allein«. Herr P geriet etwas ins Stocken, suchte nach Worten. Irgendwann habe er dann den körperlich Reifsten angesprochen. Der sei zwar klein von Statur, aber einer der ersten der Klasse gewesen. »Also ich hab' ihm mein Herz ausgeschüttet... Aber der hat mir alle Sorgen genommen. Er meinte, bei dir ist doch alles normal. Ich hatte das zwar ein bisschen früher, aber bei dir ist das ganz normal.« Auch der unverkrampfte Umgang zwischen Jungen und Mädchen in der Klasse hätte ihm sehr geholfen. Auf den Klassenfahrten ging man zusammen nackt baden. Für ihn sei das kein Problem gewesen, nicht zuletzt, weil Nacktheit in der Familie üblich war.

Aus den Jugendcliquen hielt er sich eher raus, »verfolgte« sie eher aus der Distanz. Auch für Mädchen interessierte er sich nicht, aber eher weil er »den Sprung nicht so schaffte. Das war natürlich wegen meiner Eltern. Ich war bekannt wie ein bunter Hund.«

In der Schule warb man ab der siebenten Klasse die männlichen Jugendlichen immer wieder für die Offizierslaufbahn. Sie wurden einzeln für ein Gespräch aus der Klasse geholt. Das fand er damals schon ein »bisschen störend«. Es gab einige, die ganz klar »nein« sagten, die ließ man in Ruhe. Bei anderen, die sich unschlüssig waren und ausweichend reagierten wie »na, ja vielleicht, hab' mir noch keine richtigen Gedanken gemacht, da wurde immer wieder nachgebohrt«. Er gehörte zu dieser Gruppe, weil er vor Augen hatte, was sein Bruder in der normalen Wehrdienstzeit so gemacht hatte. Aber das entsprach nicht der Laufbahn, die »sie sich vorstellten«. Im Wehrkreiskommando fand eine Informationsveranstaltung statt. Man zeigte auch einen Werbefilm der NVA. Er fand es witzig, dass die Jungs, auch er, ihn spannend fanden, während die Eltern einschliefen. Kurz darauf wurden er und sein Vater zum Oberst bestellt. Beide Männer kannten sich aus »Parteizusammenhängen«. Wieder sollte es um den Offiziersberuf gehen. Als der Vater bemerkte, dass sein Sohn nicht so richtig wollte, »da hat er dem Oberst klipp und klar gesagt, er hat den Eindruck, ich will momentan nicht, und darauf sollte man es beruhen lassen. Seitdem wurde ich nicht mehr aus der Klasse rausgeholt.« Herr P rechnete dem Vater diese Hilfe hoch an, die bis heute sein Vertrauensverhältnis bekräftigt. »Obwohl ich die ganze Tragweite natürlich erst im Nachhinein verstanden habe.«

Eine weiterführende Schulbildung war nun nicht mehr so leicht zu arrangieren. Er blieb auf der POS (Polytechnische Oberschule) und plante eine dreijährige Berufsausbildung als Elektromonteur mit Abitur, die im September 1990 beginnen sollte. Seine Schwester hatte den gleichen Bildungsweg begonnen. Aber die Wende kam dazwischen. Er stürzte sich regelrecht in die Ereignisse. »Die haben mich natürlich, weil ich auch relativ überzeugt war, sehr beschäftigt. Ich fand es extrem spannend. Ich fand's nicht negativ. Aber es war schon so, dass ich die DDR als mein Land begriffen hab' und sie auch erhalten wollte.« Er ging überall hin, diskutierte mit über Politik. »Da waren sehr viele Sachen, wo man aus allen Wolken gefallen ist. Wir wussten nichts über das Spitzelsystem von Stalin... Später kam dann das Thema Reglementierung. Ich will nicht sagen Bevormundung, aber Organisation des gesamten Lebensstils fürs Individuum.«

Als ich nachfragte, wie »spannend« zu verstehen sei, stellte sich heraus, dass damit offenbar eine komplizierte Gefühlslage beschrieben werden sollte. »Meine Eltern waren noch viel mehr zerrissen als ich.« Und durch die plötzliche Maueröffnung habe ihm die Welt mehr offengestanden als den Eltern.

Er absolvierte die mittlere Reife und brach auf nach Berlin, weil man »von dort so viel gehört hat«. Gleich zu Beginn der Ausbildung wurden die Schüler damit konfrontiert, dass sie vier Jahre lernen oder abbrechen müssten, »weil es diese Form der Ausbildung in Westdeutschland nicht gibt«. Alle wollten bleiben und stimmten dem zu. »Und nach einem Monat, am 3. Oktober 1990, da hat man uns gesagt, ach jetzt gibt's das nicht mehr.« Herr P lachte, meinte aber, er sei sehr sauer gewesen, denn nun musste er in einer Kleinstadt aufs Gymnasium gehen. Bis heute bedauere er, keinen Beruf erlernt zu haben. Er lebte mit den Mitschülern in einem Wohnheim. Dort fühlte er sich freier. Niemand kannte ihn oder seine Eltern näher.

Seine erste engere Beziehung mit einer älteren Mitschülerin hielt zwei Jahre, bis diese aus der Stadt wegzog.

Nach dem Abitur entschied er sich für den Zivildienst. »Da wollte ich gar nicht mehr zur Armee.« Obwohl er wieder bei den Eltern lebte, gab es nun mehrere Beziehungen mit »reiferen« Frauen, die er in seiner Arbeitsstelle kennenlernte. Mindestens gleichaltrige, aber mehr noch etwas ältere, etwa im Alter seiner Schwester, hätten ihn angezogen.

Mit dem Studienwunsch tat er sich schwer. Erst während des Zivildienstes kam die Entscheidung für das Fach Geschichte. Sein Vater hätte gerne gesehen, wenn er etwas Technisches studiert hätte. Die Mutter ebenso, »nicht so eine brotlose Kunst«. Aber Steine seien ihm nicht in den Weg gelegt worden. Auch als er sich am Studienort für eine Wohnung und nicht wie seine Schwester für ein Wohnheim entschied, sahen die Eltern das nicht so gerne. »Aber die ist auch ein anderer Mensch. Ich bin gerne viel unterwegs.« Die Eltern finanzierten sein Studium. Es dauerte weit über die Regelzeit. In diesen Jahren gewann er unter den Mitstudenten einen neuen Freundeskreis, in dem kritisch über die DDR-Vergangenheit diskutiert wurde. Besonders mit einem Freund, der »sicherlich eine andere Erziehung genossen hatte«, führte er »elend lange Diskussionen, gewann viele Erkenntnisse«. »Ich war nicht sehr zielstrebig.« Er engagierte sich in verschiedenen Projekten, zeitweilig habe er »es schleifen lassen«, war sich seiner Sache auch nicht mehr so sicher, »Selbstzweifel und so weiter« quälten ihn.

Herr P blieb an dieser Stelle etwas vage, fuhr dann lachend fort, »irgendwann« habe er dann die »Kurve gekriegt«. Die Eltern hätten ihn unterstützt bei seinen Lernproblemen. Es sei kein Druck gewesen, eher ein Nachfragen und Mutmachen. Selbst als eine Prüfungsklausur schiefgelaufen war, bleiben sie solidarisch, bauten ihn wieder auf. So habe er am Ende den Abschluss doch geschafft. »Ja, deswegen kann ich über meine Familie fast nur Gutes berichten.«

Seine Freundin und Mutter ihres gemeinsamen Kindes lernte er »eigentlich romantisch« kennen. Anfangs wohnten sie nur nebeneinander. »Es war ein ewiges Hin und Her… Ich konnte mich lange nicht entscheiden. Aber sie ist immer am Ball geblieben… Seit ich mich durchgerungen hatte, dass ich mich in dieser Beziehung drin eigentlich wohl fühle…, sind wir gut drei Jahre zusammen.«

Sie wollten »kein Kind machen«. Aber als sich die Schwangerschaft einstellte, war es für beide »dann kein Thema, dass es da bleibt. Es war ein bisschen hart… In diesem Moment war ich mir sicher, ich will diese Beziehung … Das war dann gut so. Und dass es immer mal schwer ist, das ist, glaub ich, normal.« Zweimal musste die Freundin wegen der Schwangerschaft ihre Prüfungen aufschieben. Mittlerweile habe sie das Studium geschafft. Die Geburt des Sohnes erlebte er mit. Seine Eindrücke schilderte er nicht.

Sein Lebensstil änderte sich nun drastisch. Er konnte nicht mehr so viel unterwegs sein, wurde häuslich. Auf den Sport musste er verzichten, dafür fährt er nun täglich Fahrrad. Die Kontakte im großen Freundeskreis lockerten sich. Enttäuschung klang an, als er davon sprach, dass ein gewisses Unverständnis für seine Situation bestünde.

Wegen des Kindes gibt es Auseinandersetzungen mit der Freundin. Ihre Vorstellungen gingen auseinander. Er mache sich nicht so viele Gedanken um bestimmte Dinge. Aber er glaube, die meisten Sachen richtig zu machen. »Weil ich das Gefühl habe, dass sich mein Sohn mit mir wohlfühlt.« Er hätte es schon früher mit der Kita versucht, aber die Freundin bestand darauf, ihn erst mit einem Jahr dorthin zu bringen, wenn das Kind laufen könne. Sie meinte, »damit er weglaufen kann«.

Das erste Jahr sei sie bei dem Kind geblieben, habe sechs Monate gestillt. Einige Monate, in denen er arbeitslos war, hätten sie auch zu dritt zu Hause verbracht. Die Eingewöhnung verlief »frappierend gut«. Schon nach dem zweiten Tag verlangte ihr Sohn nicht mehr nach Papa oder Mama. Er sei »gleich voll aufgegangen…, hatte einen Bezug zur Erzieherin«. Nur nach längeren Krankheitsphasen weine er bei der Trennung. »Aber sobald er was zu essen in der Hand hatte, war alles vergessen.« Es sei für ihn erstaunlich, wie problemlos das gehe. Der Sohn sei aber auch ein kontaktfreudige Kind, ginge auf die Leute auf der Straße zu, sage Hallo, schäkere mit denen völlig offen.

Seine Halbtagsstelle macht es ihm möglich, den Sohn nach dem Mittagsschlaf abzuholen und mit ihm den restlichen Nachmittag zu verbringen.

Seine Freundin, die voll arbeite, aber zeitweilig viel Schriftliches zu Hause erledigen könne, handhabe das anders. Obwohl sie sich oft beklage, zu wenig Zeit zu haben, hole sie das Kind oft schon vor dem Schlafen ab, weil sie nicht möchte, »dass er ein Kindergartenkind wird… wie die anderen, die dann bis abends dort bleiben müssen«. Aber das könne gar nicht passieren, schade auch nicht, weil er spätestens halb vier dort sei und der Sohn, so wie er, ein guter Schläfer sei.

Nach Herrn Ps Schilderungen, der zunehmend zermürbt wirkt, sind die Eltern bisher zu keinem Konsens gekommen. Auf meins Nachfrage, ob vielleicht unterschiedliche Früherfahrungen der Eltern eine Rolle spielen könnten, geht er nur zögernd ein: »Kann ich mir kaum vorstellen, aber möglich wäre es.«

Aber Übereinstimmung scheint es zu geben, was den Freiraum anbelangt. Der Sohn könne sich in der ganzen Wohnung frei bewegen, so lange es nicht gefährlich sei. Auch früher hätte er kaum im Laufstall gelegen. Nur wenn sie wirklich mal kein Auge auf ihn haben konnten. Mülleimer und Klobürste sind verboten, ansonsten kaum etwas. »Das klappt so leidlich. Je öfter man ›nein‹ sagt, desto faszinierender ist es.« Sie wollten, dass er viel herausfindet. »Er soll seine Erfahrungen selber machen und nicht von oben diktiert bekommen.« Herr P meinte fast verlegen, dass er sich mit Erziehungskonzepten nicht befasse, weil er dies nicht für notwendig halte; er scheint feste Vorstellungen zu haben. »Man hat ja trotzdem einfach seine inneren Prinzipien oder Werte..., es hat da jeder seinen Weg.«

Wieder stießen wir auf Diskrepanzen zwischen den Eltern, als es ums Essen und den Tageablauf ging. Er mache sich Gedanken, dass der Sohn »ziemlich proper« ist. Er esse sehr gerne. Er lasse ihn auch »vernünftig essen, schaffe aber keine Süßigkeiten ran«. Die Freundin habe da überhaupt keine Hemmungen. Auch das regelmäßige Zähneputzen und Tischmanieren sind ein Streitpunkt. Er sei da strenger, wenn der Sohn das Essen auf den Tisch schmiert, so rummanscht. Schimpfe auch mal: »Hier wird nicht gespielt.« Manchmal falle das etwas schärfer als gewollt aus. Das hänge von der momentanen Stimmung ab.

Im Sauber-Werden scheinen sich beide Eltern wieder zu treffen. »Wir haben recht frühzeitig noch vor der Kita angefangen, ihn auf den Topf zu setzen, eigentlich nur, um mal zu gucken, ob er drauf bleibt, kein Muss. Die ersten Male hat er komischer Weise gepullert, einmal auch gekackert.« Dann hätten sie es wegen einer starken Bronchitis wieder aufgegeben.

Herr P klang besorgt, als er auf die langen Krankheitsphasen seines Sohnes zu sprechen kam. Das seien so »sechs, acht Wochen-Zeiträume«, die bis heute, er ist nun zwei Jahre alt, »nach einer Weile Ruhe«, immer wieder aufträten.

Abschließend erkundigte ich mich nach Herrn Ps beruflicher Situation. Die jetzige Arbeit für täglich fünf Stunden scheint ihm Spaß zu machen, auch mit der Arbeitszeit ist er zufrieden. Er sei kein »großer Karrieremensch«, obwohl er Aufgaben, die er übernimmt, gut machen und Erfolg haben wolle. Er beschäftige sich derzeit als Historiker mit DDR-Medien. »Vom Geld her reicht es. Große Sprünge können wir nicht machen.« Davor habe er eine eintönigere Arbeiten gehabt. »Also ich kann mich arrangieren, wenn ich mir mein anderes Leben ringsum einigermaßen interessant gestalte.« Herr P erwähnt »manchmal so kleine Sachen wie Briefe schreiben oder Gedichte zusammenstellen, was Schöpferisches«. Aber auch Wegfahren und Wandern mit Freunden oder Fußballspielen ließen sich gut mit dem Familienleben vereinbaren.

Am Ende unseres Gesprächs fragte ich ihn nach seinem Eindruck. Herr P antwortete, es sei nicht unangenehm gewesen, aber auch nichts klarer geworden. Er habe sich eigentlich schon immer recht viele Gedanken über sein Leben gemacht, auch viel erzählt, mit Freunden gesprochen. »Das hängt mit dieser ganzen politischen und gesellschaftlichen Situation zusammen.«

Deshalb stehe für ihn auch immer noch nicht fest, interessiere ihn immer noch, »ob das gut war. Das kommt eben auch aus dieser Kindheit... Es gibt eine riesengroße Debatte über das Schulsystem hier. Ich finde das DDR-Schulsystem ... von der Grundstruktur besser als das gegenwärtige... Was die Inhalte anging, da habe ich jetzt auch große Bedenken.« Jetzt störe er sich an der knappen Kinderbetreuung, die ein soziales Problem für die Eltern darstelle und besonders an der starken Auslese, wenn die Klassen bereits nach dem vierten oder sechsten Schuljahr getrennt würden. In der DDR blieb man bis zur 10. Klasse zusammen, selbst Spezialklassen waren in die ganz normale Schule integriert.

Kritisch sähe er rückblickend die lebensbestimmende Organisation der Kinder, die Ideologie. »Damit hat sich die DDR tödlich gemacht.« Dann betonte er, wie gut er die vielen Angebote, auch die außerschulischen, fand. »Wie das umgesetzt wurde, ist wieder eine andere Sache.«

So wie es Herr P am Anfang vorausgesagt hatte, gerieten die Wende und die damit verbundenen Brüche seiner bisheriger Lebensvorstellungen und Wertsetzungen in den Mittelpunkt unseres Interviews. Vordergründig befasste er sich mit einem gesellschaftlichen »historischen Ereignis«, hintergründig aber mit ganz persönliche Themen und Konflikten, denen er sich stellen möchte und wovor er sich gleichzeitig zu fürchten scheint.

Lebensgeschichte Frau Q

Das Interview kam über die Vermittlung einer anderen Interviewpartnerin zustande. Diese hatte mir bald nach ihrem eigenen Interview telefonisch mitgeteilt, dass ihre Kollegin Frau Q ebenfalls bereit wäre, mit mir ein Gespräch zu führen. Sie sei allerdings in einer Wochenkrippe gewesen. Da wir zunächst keine ehemaligen Wochenkrippenkinder in die Studie aufnehmen wollten, lehnte ich dankend ab. Ein Jahr später rief ich Frau Q dann selbst an und fragte, ob sie denn noch bereit wäre, da wir uns nun doch auch für ehemalige Wochenkrippenkinder interessierten. Sie war sofort einverstanden.

Zum vereinbarten Termin kam sie etwas verspätet mit ölverschmierten Händen, da ihr unterwegs die Fahrradkette heruntergesprungen war und sie das Rad erst wieder fahrtüchtig machen musste. Sie entschuldigte sich sehr für die Verspätung, und ich versuchte, sie zu entlasten, da ich mir ohnehin den ganzen Vormittag Zeit für das Interview genommen hatte. Der Weg zu meiner Praxis geht recht beschwerlich bergauf. Insgeheim bewunderte ich ihre Anstrengungsbereitschaft und auch, dass sie die Reparatur selbstverständlich gleich erledigt hatte. Auf ihre Bitte hin führte ich sie zu einer Waschgelegenheit und brachte ihr auch noch eine Handbürste, kümmerte mich also mütterlich um sie. Danach begrüßte sie mich mit einem kräftigen Händedruck und beherztem offenem Gesicht. Ich war ganz erschrocken, da ich selbst vergessen hatte, dass wir uns noch nicht die Hand gegeben hatten. In diesen kurzen Minuten vor dem eigentlichen Gespräch hatte ich sie schon mütterlich in mein Herz geschlossen, was sich während des Interviews eher noch vertiefte.

Später habe ich bemerkt, dass diese ganze Eingangszene schon das wichtigste Belastungsmaterial ihrer Lebensgeschichte enthält.

Frau Q wurde 1969 in einer Kleinstadt im Norden der DDR geboren. Ihre Eltern waren Anfang 20 und schon länger verheiratet, aber noch in der Ausbildung. Die Mutter bemerkte die Schwangerschaft erst im fünften Monat, und beide Eltern waren nicht erbaut davon. Sie kam 14 Tage zu spät auf die Welt. Die Geburt dauerte mehrere Tage. Als Grund gab die Mutter an, dass sie als Leistungssportlerin wahrscheinlich zu starke Muskeln gehabt hätte. Sie sah als Neugeborenes »wie ein Eichhörnchen« aus und hatte keinen Hals, was bis heute immer wieder amüsiert erzählt wird. Merkwürdigerweise rief der Vater nach den ersten beiden Tagen, als die Geburt stagnierte, nicht mehr regelmäßig an. Deshalb erfuhr er erst zwei Tage nach der Geburt, dass seine Frau eine Tochter geboren hatte. »Das fand ich ein bisschen seltsam«, meint Frau Q heute dazu.

Die Eltern waren sehr staatsnah eingestellt. Es war für sie selbstverständlich, ihr Kind nach dem achtwöchigen Mutterschutz in eine Wochenkrippe zu geben. Die Freunde in ihrem Umfeld taten dies ebenfalls, um Zeit für Ausbildung und Prüfungen zu haben.

Frau Q hatte in Vorbereitung des Interviews ihre Mutter zur Krippenzeit befragt. Die Mutter sieht bis heute als selbstverständlich an, dass sie ihr Kind mit acht Wochen abgestillt und in die Wochenkrippe gegeben hat. Ihrer Meinung nach taten das alle. »Das war eben so«, ist ein häufiger Kommentar der Mutter, was für Frau Q allerdings schwer annehmbar ist. Nach dem »offiziellen« Interview erfuhr ich von Frau Q, dass ihre Mutter selbst das Ergebnis einer Vergewaltigung, also ein »Russenbastard«, war. Somit ist wahrscheinlich, dass auch die Großmutter mütterlicherseits von Frau Q nicht erbaut von der Schwangerschaft war und sich nur schwer auf die Bedürfnisse ihres unerwünschten Babys einstellen konnte.

Die Mutter hat ihr berichtet, dass sie sehr viel Milch hatte. Das Baby nahm in den ersten acht Wochen zu viel an Gewicht zu, und deshalb riet der Kinderarzt, es nachts schreien zu lassen. Auch als sie morgens in der Krippe abgegeben wurde, schrie sie heftig. Die Mutter weinte auf dem Rückweg. Der Vater weigerte sich deshalb, seine Tochter montags früh in die Krippe zu bringen. Das Abholen am Freitagabend verkraftete er besser.

Es war eine besondere Einrichtung, eigentlich ein Kinderheim mit einigen Plätzen für Wochenkrippenkinder. Eine weitere Besonderheit war, dass diese Kinder beforscht wurden: »... da gab's offensichtlich ein Forschungsprojekt, wo verschiedene Sachen immer getestet wurden, so kognitive Leistungen, Motorik, Gesundheit, Intelligenz, musischer Test – da war ich immer ganz super. Aber beim Sozialverhalten, da habe ich nur eine Vier gekriegt. Das wurde benotet. ›Warum?‹, frage ich (die Mutter). Na immer, wenn Kinder geschien haben, bin ich hingegangen und habe ihnen auf den Kopf gehauen.« Auch als sie Sozialverhalten bei einem weinenden Teddy üben sollte, habe sie diesem ein Bein herausgerissen. »Also ich hatte das asoziale Etikett offensichtlich gekriegt, Sozialverhalten Vier.«

Frau Q ist selbst erschüttert über diesen Bericht und auch darüber, wie wenig einfühlsam ihre Mutter diese Episoden heute berichtet. Sie selbst erinnere sich überhaupt nicht an die Wochenkrippe. Die Mutter durfte niemals den Gruppenraum betreten, noch jemals die anderen Kinder sehen. »Das war halt so.« Es gab regelmäßige Elternabende, in denen die Eltern über die Benotungen informiert wurden.

In der Gruppe kamen wir beim Nachdenken über das Interview zu der Überlegung, dass es vielleicht ein Glück für Frau Q war, innerhalb dieses Forschungsprojekts gewesen zu sein. Möglicherweise bekamen diese Kinder mehr Zuwendung, als es sonst in einer Wochenkrippe möglich gewesen wäre.

Frau Q verblieb auch bei Krankheiten in der Einrichtung. Die Mutter dachte, da die Betreuung ja durch ausgebildete Krankenschwestern erfolgte, wäre ihre Tochter gerade bei Krankheiten dort besser aufgehoben als zu Hause.

Mit eineinhalb Jahren wechselte Frau Q in eine Tageskrippe, da die Mutter ihre Ausbildung beendet hatte. Frau Q kann sich noch an den Weg dorthin erinnern, der lang war und durch einen Park führte. Aus dieser Zeit gibt es nur eine Erinnerung: Sie hatte bei einer Weihnachtsfeier grässliche Angst vor dem Weihnachtsmann und biss ihre Betreuerin, die sie auf den Arm genommen hatte, so heftig in die Schulter, dass diese, nach Aussagen der Mutter, sechs Wochen arbeitsunfähig war. Sie habe schon als Baby im Kinderwagen nicht jeden angelächelt, sondern immer sehr schnell gewusst, wen sie mochte und wen nicht.

Als Besonderheit erzählte die Mutter noch, dass sie erst mit eineinhalb Jahren laufen gelernt habe. Sie könne sich noch daran erinnern, dass sie das Laufen nicht mochte. Das Laufenkönnen fällt offensichtlich mit dem Ende der Wochenkrippenzeit zusammen.

An den Kindergarten gibt es viele Erinnerungen. Er war gleich im Haus nebenan, so dass die Mutter vom Wohnzimmer aus durch die Wand hören konnte, was die Kinder gerade machten. Sie ging sehr gerne und meistens den ganzen Tag dorthin. »Ich geh jetzt in den Kindergarten«, sagte sie zu der noch schlafenden Mutter. »Ich war immer schon eher da als die erste Erzieherin. Da war wenigstens was los, da waren andere Kinder, da war anderes Spielzeug, da waren Bezugspersonen, also das muss gut gewesen sein.«

Sie kam schon etwas vor dem dritten Lebensjahr dorthin und war dadurch anfangs die Jüngste und Kleinste, weshalb ihre Erzieherin, Frau B, sich etwas mehr um sie gekümmert hätte. Ihr habe alles Spaß gemacht. Dies sei in der Schulzeit, im Pionierferienlager und in Trainingslagern dann genauso gewesen. Sie sagt lachend dazu: »Im sozialistischen Kollektiv fühlte ich mich geborgen!«

Eine Episode aus der Zeit des Kindergartenalters erinnert sie noch deutlich: Einmal ging die Mutter mit ihr aus dem Haus. Sie war offenbar, eventuell schon durch Ehekonflikte, gestresst und hatte nicht bemerkt, dass sie die Cremetupfer im Gesicht noch nicht verrieben hatte. Frau Q fand das lustig und dachte an Fasching. Die Mutter nahm ihr sehr übel, dass sie ihr nichts gesagt hatte. Eine fremde Frau machte die Mutter unterwegs erst darauf aufmerksam.

Die kleine Familie hat immer nur für kurze Zeit zusammengelebt. Der Vater kam nach seiner Ausbildung für eineinhalb Jahre zur Armee. Dann arbeitete er in einer anderen Stadt, so dass er nur wenig zu Hause war. Im ersten Lebensjahr konnte er kaum etwas mit der Tochter anfangen. Später nahm er sie zu vielen Unternehmungen mit und bastelte und werkelte mit ihr, was ihr viel Spaß machte. Die Mutter war »in allem viel präsenter, sie war die Hauptbezugsperson«. Sie war »mehr für das Organisatorische« des Alltags zuständig, nicht für Nähe, Kümmernisse und Probleme. An Zärtlichkeit und ruhige Gespräche mit ihr kann sich Frau Q nicht erinnern.

Als Frau Q im ersten Schuljahr war, ließen sich die Eltern scheiden. Vorher hatte der Vater schon längere Zeit seine jüngere Geliebte an den Wochenenden mit nach Hause gebracht, was für die Mutter sehr schwer war. Die Eltern redeten jedoch nie schlecht übereinander, so dass die Tochter bewusst die Scheidung nicht als problematisch empfand. Sie bekam nach Vaters Auszug ein eigenes Zimmer. Jedes zweite Wochenende durfte sie mit ihm und seiner neuen Frau verbringen. Mit der Stiefmutter versteht sie sich bis heute sehr gut. Sie ist für sie eher wie eine große Schwester und bis heute »fürs Emotionale zuständig«. Frau Q fühlte sich immer von beiden verstanden und unterstützt: »Die haben sich unheimlich viel Zeit genommen, wir haben zusammen geredet, und es ging darum, dass ich Mittelpunkt war.«

Es gab »noch eine wichtige Pflegemutter« in ihrer Kindheit. Das war eine Freundin der Mutter und die wohnte in der Nähe. Bei ihr war sie oft auch über Nacht. Mit ihr diskutierte sie über Weltanschauung, Philosophie, Literatur, »sie sorgte also für mein geistiges Wohl«.

Diese Freundin war auch für die Mutter die wichtigste Bezugsperson in den Krisenjahren seit der Scheidung, bis sie ihren zweiten Ehemann kennenlernte. Die Mutter war viele Jahre psychisch instabil und wegen Depressionen mehrfach in stationärer Behandlung. Abends ging sie oft weg, ohne zu sagen wohin. »Ich habe immer gewartet.« Wenn die Angst zu groß wurde, ging sie sie nachts suchen. Wenn sie dann die Mutter lebend in einer Kneipe oder bei Freunden gefunden hatte, war sie beruhigt. Als die Mutter ihr daraufhin den Hausschlüssel wegnahm, sprang sie aus dem Fenster im Erdgeschoss, um sie zu suchen, »bis ich sie wieder hatte«. Dann kam sie ohne Schlüssel natürlich nicht mehr allein zurück in die Wohnung. Frau Q sagt heute dazu, »für mich ist das eine traumatische Kindheitserinnerung« und »also für mich ist Kindheit: warten auf meine Mutter... Warten ist für mich das Schwierigste überhaupt... ich kann bis heute nicht warten, wenn ein Kind von mir mal nicht dann kommt, wann es müsste... Ja, das ist so mein Begriff von psychischer Belastung, warten auf irgendwas... oder eben ein Sehnen.«

An direkte Ängste, dass die Mutter sich das Leben nehmen könnte, kann sie sich nicht erinnern, aber an Befürchtungen wie: »Was wäre denn gewesen, wenn die Mutter tot wäre. Gehe ich zu meiner Oma, gehe ich zu meinem Vater, komme ich ins Heim?« Eine Lehrerin muss etwas bemerkt haben, sie kümmerte sich vermehrt um sie und auch um die Mutter. Frau Q erinnert dies selbst nicht. Ihr wurde kürzlich von einem Klassenkameraden aus dieser Zeit berichtet, dass sie von dieser Lehrerin bevorzugt wurde. Der Klassenkamerad war sehr erschrocken, als sie ihm daraufhin erzählte, dass dies die Zeit um die Scheidung herum war. Das hatte niemand in der Klasse gewusst.

Offensichtlich ist es Frau Q immer gelungen, Ersatzmütter zu finden, so dass sie sich trotz allem ohne größere Krisen und Störungen gut entwickeln konnte.

Aus der Pubertätszeit berichtet Frau Q, dass ihr die Mutter etwa ab dem 14. Lebensjahr immer wieder gesagt habe, mit 18 Jahren würde sie »rausfliegen« und müsse dann mit ihrem Leben allein zurechtkommen. Sie wolle dann mit ihrem neuen Mann endlich allein leben. Dies erinnert Frau Q als sehr belastende Drohung. Heute überlegt sie, dass sich die Mutter offenbar selbst nicht so an ihre Tochter klammern wollte, wie es ihre eigene Mutter, die Großmutter mütterlicherseits, getan hatte. Es kam dann auch fast so, wie von der Mutter schon jahrelang angekündigt. Frau Q musste auf ihren Studienplatz warten und begann in dieser Zeit eine Lehre in einem Großbetrieb, die ihr die Mutter vermittelt hatte. Die Fließbandarbeit hielt sie jedoch nur einige Wochen durch, dann suchte sie sich selbst eine andere Berufsausbildung. Als es die Mutter erfuhr, habe sie gesagt: »Wenn du das tust, bist du nicht mehr meine Tochter!« Es kam zum Bruch. Sieben Jahre lang gab es nur wenige Telefonate, meist nur zu Geburtstagen, und pflichtgemäße Weihnachtsbesuche. Sie hatte mit dem Lehrstellenwechsel zum ersten Mal im Leben »eine Regel gebrochen«, was sofort den Kontaktabbruch von Seiten der Mutter zur Folge hatte. Sonst habe sie nach eigenen Aussagen immer alles gemacht, was von ihr verlangt wurde.

Es gibt auch von beiden Eltern her, allerdings in anderen Orten, Großeltern, Onkel, Tanten, Cousinen und Cousins, bei denen sie die Ferien verbrachte und mit denen sie sich bis heute gut versteht.

Die Wende brachte für die sehr staatstreuen Eltern berufliche Veränderungen, und auch Frau Q wählte nun eine andere Studienrichtung als zur DDR-Zeit geplant. In der Mitte der Studienzeit ging sie nach Brasilien, wo sie ihren jetzigen Ehemann kennen lernte. Nach mehreren Jahren im Ausland leben beide seit etwa zehn Jahren wieder in Deutschland. Unter dem Schutze des Ehemannes hat sie die Wiederannäherung an die Mutter gewagt, was aber bis heute schwierig ist. Sie plant trotzdem, die Mutter und den Stiefvater zu sich zu holen, wenn beide nicht mehr allein leben können, um sich vor Ort mehr kümmern zu können. In der Familie gilt die Regel, dass sich Töchter um ihre Mütter kümmern.

Der leibliche Vater hat sich vor einigen Jahren mit 48 Jahren suizidiert. Er hielt das Leben als Behinderter nach einem schweren Schlaganfall nicht mehr aus. Im Abschiedsbrief steht, »dass er sich auf mich verlassen kann… dass er weiß, dass ich meinen eigenen Weg gehen kann, weil ich sozusagen gut laufen gelernt habe so. Dieser Satz gefällt mir auch, also daran glaub ich auch gern so.« Frau Q weint aber bei dem Gedanken, dass ihm nicht in den Sinn gekommen war, dass sie ihn noch als Großvater für ihre Kinder gebraucht hätte.

Frau Q schildert ihren Mann als sehr zärtlich und fürsorglich. Beide kümmern sich partnerschaftlich um Kinder und Haushalt. Schwangerschaft, Geburt und die Zeit danach mit dem ersten Sohn schildert sie als eine sehr glückliche Zeit. Alles klappte gut. Sie hatte gute Kontakte mit anderen Müttern und fühlte sich sowohl in der Ehe als auch in ihrem ganzen Umfeld sehr unterstützt und geborgen.

Anders beim zweiten Kind, der inzwischen sechsjährigen Tochter. Schon während der Schwangerschaft war eine Missbildung festgestellt worden. Die Geburt habe mit einem Blasensprung begonnen und ebenfalls (wie ihre eigene Geburt) mehrere Tage gedauert. »Das war total anstrengend, also die drei Tage künstliches Einleiten und Kriegen. Es hatte eine Infektion gehabt, es war schon zu spät. Sie kam in den Brutkasten… vier Wochen… die Geburt war nicht schön.« Auch das Wochenbett sei sehr belastend gewesen. Im Grunde fühlt sich Frau Q seit dieser Zeit dauerhaft beschädigt und oft von verschiedenen Beschwerden gequält, ohne je arbeitsunfähig zu sein.

Dies ist die dichteste und erschütterndste Passage des ganzen Interviews. Frau Q weint sehr bei der Schilderung dieser schweren Zeit, und es war für mich nicht möglich, alles genau zu verstehen. Es erschien mir so, als sei in dieser Zeit aller Kummer ihres bisherigen Lebens wieder aufgelebt, die frühe Trennung mit acht Wochen durch die Wochenkrippe, die ständige Sorge um die depressive Mutter in den ersten Schuljahren, das Verstoßenwerden von der Mutter mit 18 Jahren, der Suizid des Vaters, als sie 27 Jahre alt war.

Die Tochter hat sich inzwischen normal entwickelt, ist groß, kräftig und sportlich, obwohl sie unter ständiger ärztlicher Überwachung bleiben muss. Sie sei manchmal etwas in sich gekehrt, weniger interessiert an Freunden als der ältere Bruder.

Nach Krankheiten befragt, erinnert sie lediglich eine hochfieberhafte Lungenentzündung, kurz nachdem sie nach der zweiten Entbindung wieder begonnen hatte, in ihrem Beruf zu arbeiten.

Frau Q schätzt ihre eigenen bewussten Erfahrungen in den Kindereinrichtungen als positiv ein. Anders als ihre Mutter hat sie sich jedoch intensiv mit Reformpädagogik beschäftigt und ihre Kinder in einen Montessori-Kindergarten geschickt: »Mir gefällt das Konzept von Maria Montessori, den Kindern viel zuzutrauen, auch zu akzeptieren, dass es beim Lernen mal schiefgeht. Dadurch, dass man ihnen hilft, viel selber auszuprobieren und zu machen, auch mit gewissen Katastrophen am Anfang, dass sie da Selbstständigkeit und Selbstbewusstsein und stabile Identität bekommen…«

Der Sohn kam mit einem Jahr in die Kindertagesstätte und die Tochter mit eineinhalb Jahren. Beide seien sehr gern dorthin gegangen und die Zeit dort habe beiden Kindern gut getan.

Es gibt viel Zärtlichkeit mit den Kindern und auch zwischen den Kindern, etwas, was Frau Q selbst aus ihrer Kindheit nicht kennt: »Wir kuscheln ganz lange, ganz oft, ganz viel, also bis heute. Oft ist es so, dass ich mich morgens noch mal mit ins Bett lege zur Tochter. Und die lässt mich dann gar nicht los. Da gibt es dann immer ein Spiel, ich versuche zu gehen, und sie hält fest. Also das geht mindestens zehnmal, bevor wir dann gehen können. Und das fordern beide ein.«

Wenn die Kinder krank sind, bleibt sie selbstverständlich zu Hause – »also wenn ein Kind krank ist, ist 200 Prozent Muttersein!« – wieder ganz anders, als sie es selbst erlebt hat.

Am Schluss des Interviews frage ich sie nach ihrer Meinung zu den Auswirkungen der Krippen- und Kindergartenzeit auf ihr Leben, auch wenn sie sich an vieles aus der Frühzeit überhaupt nicht erinnern könne. Sie antwortet darauf spontan und klar: »Also ich denke, ich habe durch diese Zeit irgendwie gelernt, mich unterzuordnen, einzugliedern in Regeln; ich kam auch immer gut klar in solchen Systemen, wo Regeln galten; ich würde gern sagen, dass mir Regeln nicht geschadet haben. Also das ist schon vorsichtiger formuliert, das weiß ich noch nicht so genau; also da habe ich jetzt noch keine bewertende

Aussage dazu... Ich denke, in meiner Erziehung waren schlimmer solche Erfahrungen wie, dass meine Mutter nicht da ist. Ich sehe das größte Defizit in meiner Kindheit darin, dass meine Mutter mich alleingelassen hat. Und das war nichts, was das System vorgegeben hätte, das war ihre private persönliche Entscheidung. Also deswegen, wenn man mich fragt, was mich geprägt hat in meiner Kindheit, und dann sind es auf der Negativseite quasi eher solche Sachen, die durch meine Mutter direkt kamen: also verlassen zu sein, nicht sicher zu sein, wie die Beziehung weiter geht, keine Zärtlichkeit zu bekommen, als also für eine bestimmte Dauer des Tages zu akzeptieren, hier bin ich in der Krippe, und da kann ich nicht irgendwie weglaufen; also ich bin, glaube ich, auch nicht weggelaufen. Das Bedürfnis hatte ich nie, außer wenn ich meine Mutter suchte... Ich kam gut klar mit den Regeln: jetzt essen wir, jetzt spielen wir; also das Ansagen habe ich immer gut und gern gemocht, ich habe da nicht rebelliert... Also es gibt ja Regeln innerhalb von sozialen Gruppen..., die kann ich ganz leicht einhalten; aber andere Regeln, wie wenn ein Oberster sagt, ich müsste etwas tun, das muss ich noch lange nicht einhalten, wenn ich das Gefühl habe, das entspricht nicht meinen ethischen Grundhaltungen. Das sind verschiedene Ebenen, würde ich vielleicht sagen.«

Das Interview war für uns beide sehr bewegend, es gab viele Tränen. Die Mutter war sehr im Mittelpunkt. Frau Q sorgt sich darum, was sie für ein Bild von der Mutter »entworfen« habe und wie sie überhaupt die Beziehung mit ihr heute gestalten soll. Es gibt viel Zorn, insbesondere gegen ihre häufige Rede des »es war halt so«. Bis heute verspürt sie »einen Kloß im Hals«, wenn sie mit ihr zusammen ist. Ich bleibe verwundert zurück, wie sie trotz aller schwer belastenden Umstände ihr Leben bisher gestalten und darüber reflektieren kann.

Lebensgeschichte Frau R

Es dauerte lange, bis das Interview zu Stande kam. Das lag am Zeitplan meiner Interviewpartnerin, die sich nur schwer festlegen konnte, weil die kleine Tochter immer wieder an Infekten erkrankte. Sie hatte über Freunde von unserem Projekt erfahren.

Nach mehren geplatzten Verbredungen stellte sich ein Missverständnis heraus: Frau R war davon ausgegangen, mein Angebot, wann immer sie Zeit habe, beträfe nur die »normale Dienstzeit, so zwischen 8 und 17 Uhr«. Sie hatte einfach nicht damit gerechnet, dass ich mich auf sie einstellen würde und nicht umgekehrt sie sich auf mich einstellen müsste. So fanden wir am frühen Abend einen Termin. Die kleine Tochter blieb währenddessen in der Obhut des Vaters. Wir trafen uns in einer Psychotherapiepraxis.

Gleich zu Beginn unseres Gesprächs meldete sie ihr Interesse an den Ergebnissen unserer Untersuchung an. Sie möchte wissen, »was dann herauskommt und wo es veröffentlicht wird«. Meine Antwort, dass wir noch am Sammeln seien und es bis zu einer Veröffentlichung noch eine Weile dauern würde, veranlasste sie, ihren Wunsch noch einmal zu wiederholen.

Trotz ihrer Zartheit hatte sie eine energische Ausstrahlung. Sie sprach mit neutraler Stimme in knappen Sätzen und bemühte sich um eine sachliche Schilderung. Öfter einmal griff sie korrigierend ein, wenn ich etwas nicht präzise genug zusammenfasste. Dann spürte ich den Impuls, mich entschuldigen zu müssen.

Nach zweijähriger Ehe planten die Eltern, beide waren 20 Jahre alt, ihr erstes Kind. Obwohl sie an verschiedenen Orten studierten und in einer Wochenendbeziehung lebten, wählten beide ganz bewusst diesen Zeitpunkt, »weil sie jung Kinder wollten«. Die Mutter hätte sich das »halt so ausgerechnet«, dass das Kind in die Kinderkippe gehen und sie zu Ende studieren würde. Die Schwangerschaft verlief problemlos. Die Geburt wurde eingeleitet, denn die Mutter bestand darauf, Weihnachten zu Hause zu sein. Frau R vermutete, dass das »zu DDR-Zeiten laxer gehandhabt wurde und meine Mutter, eine energische Person, ihren Willen durchsetzte«. So kam sie ein paar Tage früher zur Welt. Nach acht Wochen brachte sie die Mutter, die sie bis dahin stillte, als Tageskind in der Wochenkrippe eines Großbetriebs unter. Es sei gang und gäbe gewesen, dass die Studentinnen ihre Kinder dort abgegeben und nachmittags oder abends, je nachdem, wie lange die Vorlesungen liefen, abgeholt hätten. Die Mutter mochte die Krippe überhaupt nicht, »weil die Kinder nackt abgegeben werden mussten«. Wie die Wochenkrippenkinder wurden sie gleich morgens gebadet. »Die Eltern mussten sie ausgezogen übergeben, und dann lagen wir da, warteten, bis wir an die Reihe kamen. Meine Mutter fand die Aktion komplett unsinnig und furchtbar, dazu noch war es Winter. Sie regte sich mehrmals darüber auf... aber es gab keine andere Möglichkeit... Das war in der DDR nicht üblich, sehr viel Einfluss zu nehmen... Die einzige Alternative wäre gewesen, die Kinder aus der Krippe zu nehmen.«

Frau R meinte, dass die Mutter weiter studieren musste »oder sie wenigstens dachte, sie müsste weiterstudieren«. Bald stellten sich Schwierigkeiten ein. Aus jedem Schnupfen wurde ein Infekt und dann immer eine Mittelohrentzündung. Die Mutter war gestresst, denn sie musste ihr Studium immer wieder unterbrechen, um ihr Kind zu pflegen. »Zwei Tage in die Krippe rein, dann 14 Tage raus, Antibiotika bekommen und dann wieder zwei Tage rein, 14 Tage raus..., und dann hat meine Mutter den Schlussstrich gezogen.« Der Kinderarzt, der ihr auch nicht weiter helfen konnte, empfahl, das Baby »krippenunfähig« zu schreiben. Frau R vermutet, »die Mutter hat sich geärgert, dass ich ein Kind war, mit dem es nicht klappte«.

Bei ihrer eigenen kleinen Tochter frage sie sich auch oft: »Wieso wird sie immer wieder krank?« Bereits vor der Aufnahme in die Kita neigte ihre Tochter zu Bronchitis und Fieber. Wenn sie krank sei, besonders im Winter, sei es am besten, wenn sie mittags abgeholt werde und zu Hause richtig lang schlafen könne. Wie es damals in der Krippe zugegangen sei, wisse sie nicht, aber sie denkt, sie habe eindeutig darunter gelitten. Die Mutter erinnere sich nur an ein »weinendes Baby, dem das Blut aus den Ohren läuft und diverse Notbehandlungen«.

Sie wurde deshalb von Mutters Eltern, die in einer Kleinstadt lebten, nach acht Monaten Quälerei in der Krippe aufgenommen. An die ersten drei Lebensjahre, die sie bei ihnen verbrachte, konnte sie sich kaum erinnern. Die Oma arbeitete ihretwegen halbtags und wechselte sich mit dem Opa ab. Ganz selten, wenn der Schichtdienst sich nicht verlegen ließ, wurde sie »zu diversen Freunden und Bekannten rumgereicht«. Die Oma war überhaupt nicht streng, der Opa schon eher einmal, wenn es ums Aufräumen ging. Aber er spielte auch viel mit ihr. Am Wochenende kamen die Eltern zu Besuch. Sie erkrankte nie mehr. »Es war dort entspannter.« Die Entwicklung verlief rasant schnell. Bereits mit elf Monaten konnte sie laufen; sie sprach früh. Auf den Topf wurde sie schon ab dem sechsten Lebensmonat gesetzt und wurde bald ein »sauberes Kind«.

Frau R meinte in sachlichem Ton: »Der Drang dazu ist damals viel größer gewesen, weil man sehr viel Arbeit damit hatte. Und jetzt ist das einfacher... Man wusste damals auch noch nicht, ab wann Kinder überhaupt diesen Impuls kontrollieren können. Da sagte man immer, dass man es früh antrainieren kann. Ich hab' viel darüber nachgelesen.« Jetzt sei ihre Mutter ganz entsetzt, dass die Enkeltochter mit eineinhalb Jahren noch nicht trocken ist, und nennt es einen Erziehungsfehler. Aber sie und ihr Partner blieben dabei abzuwarten, bis ihre Tochter sich selber melden könne.

Den Großeltern blieb sie bis ins Erwachsenenalter eng verbunden. Sie war die Lieblingsenkelin.

Nach drei Jahren, die Eltern hatten mittlerweile ihre Ausbildungen beendet und ein zweites Kind war unterwegs, kehrte sie zu ihnen zurück. Die junge Familie lebte auf einem Dorf in der Nähe eines Armeestützpunktes. Der Vater tat dort seinen Dienst als Pilot. Auf die kleine Schwester hatte sie sich sehr gefreut, fand sie anfangs faszinierend, »wie eine Puppe, mit der man was machen konnte«. Sie durfte sie halten, auch mal das Fläschchen geben, denn die Mutter pumpte die Milch ab. Eifersucht kannte sie nicht.

Sie besuchte halbtags den Kindergarten. Es gab viel Ärger mit den Erzieherinnen. Man zwang sie, Milch zu trinken, obwohl sie die nicht mochte und erbrach. Mittags musste sie schlafen und bekam eine Windel über den Kopf. »Die Mutter sprach dann ein Machtwort. Ihr Kind dürfe keine Milch trinken, und mittags solle man es aus der Gruppe nehmen. Und es klappte.« Manche Erzieherinnen mochte sie gar nicht und stöhnte schon morgens bei deren Anblick. Dann halfen ihr die Witzeleien der Kinder untereinander über die komischen Namen der Erwachsenen.

Aber es gab auch gute Momente. Sie erinnert sich an die Ballspiele, Blindenhopse und Märchenaufführungen. Einmal durfte sie die schöne bunte Kuh sein. Im Vorschulalter lernte sie mit Freude schreiben und stäbchenrechnen. Mit fünf Jahren konnte sie lesen. Mit dem Nachbarsjungen spielte sie »Familie, ganz viel Vater-Mutter-Kind, die kleine Schwester war in dem entsprechenden Alter, dass man sie einbeziehen und rumschleppen konnte. Sie war dann das Kind.« Die Mutter trug die Alltagslasten allein.

»In der frühen Kindheit war mein Vater gar nicht da in der Woche. Wenn er nicht in der Luft war, hatte er mit den Flugzeugen zu tun.« Nur an den Wochenenden konnte er sich um die Töchter kümmern. Dann nahm er sie mit zum Fußball, ging mit ihnen ins Schwimmbad oder in den Zoo. Manchmal, sie war schon ein junges Schulkind, durfte sie mit ihm das Auto waschen. »Ich bettelte regelrecht darum. Ich hab' so eine Tube Elsterglanz (ein Putzmittel) und einen Putzlappen bekommen und durfte dann die Stoßstange polieren.

Das hab' ich liebend gerne gemacht. Erst war sie dreckig und dann so schön hell.« Auch auf dem Schoß des Vaters zu sitzen und den Lenker zu halten, fand sie »ganz toll«. Sein Flugplatz befand ganz in der Nähe. Beim Spiel im Freien mit ihren Kameraden konnte sie ihn manchmal am Himmel entdecken. »Wenn ein Flugzeug rüberdonnerte, dann war uns immer klar, das ist Papi! Manchmal wackelte er mit den Flügeln, und alle Kinder freuten sich.« Sie war stolz auf den Vater.

Mit ihrer Einschulung begann die Mutter als Oberstufenlehrerin zu arbeiten. Für das Kind »begann die Langeweile, denn ich konnte schon lesen«. In der ersten Klasse hatte sie »dolle Disziplinschwierigkeiten«, beleidigte die anderen, die noch mühsam buchstabieren mussten, wie dumm sie doch wären. Eine verständnisvolle Lehrerin nahm sie schließlich aus dem Unterricht und gab ihr Sonderaufgaben. Sie sei ein »furchtbar arrogantes Kind« gewesen, das dachte, alles zu können. Aber in anderen Fächern wie Sport oder Mathe oder Werken glänzte sie nicht so und verzweifelte schnell. »Eine Zwei war wie ein Weltuntergang.« Trotz ihrer Sonderstellung hatte sie jederzeit Freunde.

Körperliche Beschwerden zwangen den Vater, den Dienstort zu wechseln. Damit war ein Umzug in eine Kleinstadt verbunden. Frau R war zehn Jahre alt. Die Umstellung fiel ihr nicht schwer, aber mit dem Schultyp gab es Probleme. Die Mutter wollte sie in einer nahen Spezialschule unterbringen. Erst war die Rektorin dagegen, weil die Kenntnisse des Vorjahres fehlten. »Dann hat meine Mutter durchgedrückt, dass ich die Klasse überspringen kann, ausgehandelt, dass sie mit mir lernen wird... Bei mir war das kein Problem. Ich war einfach zu klein, um mich zu wehren.« Und so geschah es dann auch. Der Umstieg in die neue Klasse gelang. Sie trainierte in einer Ballettgruppe, lernte Gitarre spielen.

Sie war zwölf Jahre alt, als die Wende über die Familie hereinbrach. »Für meinen Vater war lange Zeit nicht klar, ob er weitermachen kann und wenn ja, unter welchen Bedingungen. Meine Mutter machte eine Umschulung und wurde mehr oder weniger Hausfrau.« Ihrer Erinnerung nach hätte sich nichts geändert. Es gab keine finanziellen Einschränkungen. Dagegen hätte ihr die Mutter jetzt ganz anderes berichtet. »Ich soll in der Nachwendezeit, kurz danach vollkommen von der Rolle gewesen sein. Da wäre überhaupt nichts mit mir anzufangen gewesen. Ich hätte mich sehr seltsam verhalten. Sie meint, weil eben das ganze Weltbild, das man mit zwölf dank der Pioniernachmittage und allem schon hatte, sich radikal änderte.« Obwohl die Eltern ihre Diskussionen unter sich austrugen, hätte sie damals schon mitbekommen, dass sich die Eltern gar nicht verstanden. »Die Eltern müssen Existenzängste gehabt haben«, vermutete sie im Nachhinein. Der Vater sei »prosozialistisch«, wenn auch nicht »politisch aktiv« gewesen, die Mutter »gar nichts«, trat aus Protest in die Kirche ein. Dennoch liebten sich die Eltern, das spürte sie. »In allen anderen Sachen ging das.«

Jahre später befragte sie die Mutter zu dieser Krise und erfuhr, dass diese mit der sozialistischen Idee prinzipiell keine Probleme habe. Nur die Umsetzung sei schlecht gewesen. Dagegen gälte es sich zu wehren.

Kurz darauf, mit 13 Jahren kam sie in die Pubertät. Entgegen ihrer sonst so klaren Aussprache kann ich Frau R nur schwer verstehen, als sie von ihrem damaligen großen

Unbehagen berichtet. Sie wollte die Veränderungen nicht. »Ich habe mich nicht entsprechend gekleidet. Um Vergleiche mit anderen Mädchen hab' ich mich immer gedrückt, war auch oft unfreundlich, hab' mich mit meiner Mutter gestritten. Jungs interessierten mich nicht, das kam erst ein paar Jahre später.« Sie las ununterbrochen, besonders Indianerbücher, liebte *Lederstrumpf*, Karl May mochte sie weniger.

Die Mutter empfand sie oft als ungerecht, begehrte gegen sie auf. »Nur weil sie es so gesagt hatte, musste es so sein. Dagegen war ich.« Die Kämpfe müssen heftig gewesen sein. Manchmal redeten sie tagelang nicht miteinander, oder die Türen knallten. Es wurde rumgeschrien. Sie weinte. »Aber nach einer Stunde war dann alles wieder gut.« Die jüngere Schwester blieb gelassener, stand auch mal eine schweigende Mahlzeit mit den Eltern durch. »Sie hat ihre Sache gemacht.«

Ihre Mutter war streng, während der Vater öfter mal nachgab und meinte: »Lass das Kind doch machen«, wenn es darum ging, abends wegzugehen, sich zu schminken oder mal bei einer Freundin zu übernachten. Das Balletttraining dreimal in der Woche und die Auftritte am Wochenende wurden ihr zu viel. Auch durfte man keine Ponyfrisur tragen. Sie begann zu schwänzen. »Da habe ich beschlossen: Schluss.« Die Mutter drang auf eine dreimonatige Bedenkzeit. Dann durfte sie ausscheiden. Ohne größere Schwierigkeiten bewältigte sie das Abitur als Klassenbeste. Einen Freund konnte sie nicht gewinnen. »Es gab einige Verliebtheiten. Aber das hat nicht funktioniert.«

Nach dem Abitur studierte sie Jura in Deutschland. Später erhielt sie ein Auslandsstipendium. Während des Studiums entwickelte sich über Jahre eine e-mail-Freundschaft zu einem Mann in Übersee. Mehrmals lebte sie über Monate bei ihm, flog nur zurück, um die Klausuren zu schreiben. Sie geriet in eine völlig neue Erlebniswelt, war fasziniert von seiner Intelligenz, die »war sehr attraktiv«, und seiner sozialen Ungebundenheit. Drogenexperimente, die er und seine Freunde betrieben, lockten sie anfangs an. »Es war teilweise relativ spannend«, was sie unter dem Drogeneinfluss erlebte. Aber dann wurde es gefährlich und unangenehm. »Für mich war es größtenteils erschreckend. Selbstkontrolle find ich wichtig. Das hat nicht funktioniert. Da hab' ich's sein lassen.« Sie fühlte sich nicht mehr sicher und löste die Beziehung.

Endgültig nach Deutschland zurückgekehrt, zog sie nach kurzem Zwischenaufenthalt bei den Eltern in eine Zwei-Personen-WG, die ein Student anbot. Nach einem Jahr »funkte« es. Beide verliebten sich ineinander. Offenbar fiel es ihr schwer, sich auf eine neue Beziehung einzulassen. »Immer wieder wollte ich Schluss machen, immer wieder kamen wir zusammen. Wir hatten uns gerade auf eine ständige Beziehung verständigt und ich hätte gerne noch ein, zwei Jahre zu zweit gehabt, dass man erst mal reift«, da wurde sie »aus Versehen« schwanger. »Ich wollte noch kein Kind, hätte gern erst das Studium beendet.« Dennoch entschloss sich das Paar für das Kind. Die Schwangerschaft verlief ohne Probleme. Die Entbindung war nicht leicht. Die junge Mutter musste geschnitten und genäht werden.

Nach der Geburt wurde sie wiederholt von ihrem Kind getrennt. »Es war so schrecklich. Ich wollte selber bestimmen. Eigentlich war sie gesund. Sie musste zur ITS (Intensivstation) wegen der Vorgeschichte. Dann kam sie wieder zu mir, dann wieder zur ITS, da sie nachts im Schlaf gezuckt hatte. Die Ärzte meinten, eine Untersuchung sei nötig.« Die Mutter wurde entlassen, das Baby blieb im Krankenhaus. Da Frau R das Stillen nicht aufgeben wollte, »schleppte« sie sich drei-, viermal täglich die Treppen rauf zur Station. Ihre Wundheilung verzögerte sich.

Als man sich nach einigen Tagen sicher war, dass dem Neugeborenen nichts fehlte, konnten die Eltern es nach Hause nehmen. »Da hat mein Mann alles gemacht. Der Anfang war furchtbar schwer. Ich sollte noch 14 Tage liegen, war auch körperlich unsicher und so schwach. Erholt habe ich mich erst nach einer ganzen Weile und dann auch gut eingepegelt. Ich hatte psychische Probleme, weil ich einen Ehrgeiz hatte, alles richtig zu machen. Bisher hatte ich das immer so gemacht, und es hatte geklappt, in der Schule und an der Uni. Und dann bin ich furchtbar erschrocken, weil es jetzt nicht so klappte. Jedesmal wenn sie schrie, bin ich zusammengezuckt, hatte Angst, sie hat doch was.«

Frau Rs ängstliche Stimme lässt mich aufhorchen. Auf meine Nachfrage antwortet sie, ja, sie habe auch alles über den Plötzlichen Kindstod nachgelesen. »Manchmal dachte ich auch, sie hat eine Blinddarmentzündung, und hab' den Bauch untersucht.« Als ich mich nach der inneren Quelle für ihre Besorgnis erkundige, meint Frau R: »Ich denke, für sie war es ein Schock. Plötzlich hat man die Wärme nicht mehr, es ist nicht mehr so angenehm. Alles war bei 37 Grad so schön, nicht so laut, man bekam zu essen. Ich denke, deshalb schrie sie so viel in den ersten vier Wochen. Es war vorher so schön. Als ich dann besser gehört hab', was los ist, dann wurde es besser.«

Sie stillte ihr Kind sechs Monate, fütterte ab dem vierten Monat Brei dazu, weil sie dachte, es werde nicht satt. Dann habe sich ihre Tochter »selbst abgestillt«. Jetzt liege sie mit ihren eineinhalb Jahren etwas über dem Normalgewicht. »Das ist eine Schwachstelle, vielleicht gebe ich ihr zuviel. Besonders in Situationen, in denen ich gestresst und genervt bin, gebe ich schnell mal was Süßes. Essen ist die kürzeste Variante. Das ist nicht gut. Besser wäre es, sie mit anderen Sachen zu locken. Zum Beispiel, wenn du dein Zimmer aufräumst, dann können wir schaukeln.« Ihr Mann sei da konsequenter, aber er verbringe auch weniger Zeit mit der Tochter, mache nur die »netten Sachen«. Sie lasse sich nicht gerne anziehen, wenn es morgens zum Kindergarten gehe. »Mich rührt ihr Jammern mehr als ihn.«

Beide Eltern legen Wert auf Selbstbestimmung. Ihre Tochter solle selbst entscheiden, so lange es ihr nicht schadet. Aber die Meinungen darüber gingen auseinander. Dass sie nicht die Tapeten bemalen dürfe, sei klar. Sitzenbleiben am Abendbrottisch halte sie für blödsinnig, ihr Mann nicht. In der Kaufhalle sei er auch strenger. »Wir haben uns vorgenommen: Dispute niemals vor den Kindern. Aber eventuell merkt sie schon sein Stirnrunzeln. Er denkt, ich bin maßlos, deshalb erlaube ich so viel… In der Kita sagen sie, unsere Tochter ist ein extrem selbstbewusstes Kind. Ich denke, dass hat damit zu tun, dass sie so viel erkunden darf. Sie soll alles herausfinden.«

Diskussion um Erziehungsfragen gebe es oft, aber sie bleibt dran, ist »hoffnungsvoll, dass es klappt«.

Sie brauchten mehr Zeit für die Abstimmung, müssten aufpassen, dass der Alltagstress nicht zu stark werde. Und sie »kämpfen beide sehr darum, dass ich nicht mehr so dominant bin, wie meine Mutter«. Sie wollten ja auch noch ein zweites Kind. Derzeit, so hatte sie bereits am Anfang unseres Gesprächs erwähnt, hole der Vater die Tochter nachmittags oft aus der Kita ab. Wenn sie länger krank ist, bliebe sie auch mal für einige Zeit bei ihren Eltern.

Als ich mich nach ihrer beruflichen Situation erkundige, wirkt Frau R sehr klar. Sie sei sehr eingespannt, müsse oft »Stoßarbeit« bewältigen, trage viel Verantwortung, arbeite auch zu Hause. Die Praxis der Rechtssprechung scheint sie überhaupt nicht zu befriedigen. Für viele Menschen hält sie Lebenshelfer oder Anti-Gewalt-Therapieprogramme für sinnvoller als Abstrafen. Dass sie höher qualifiziert als ihr Mann ist und auch mehr verdient, nehmen beide mit Humor auf.

Unser Gespräch neigt sich dem Ende zu. Ich frage sie, wie es ihr erging. »Ach gut«, meint sie, »nur ein bisschen kalt ist es hier im Raum.« Sie sei neugierig gewesen. »In das Projekt passen ja nicht alle rein. Und wenn ich schon reinpasse, dann möchte ich auch mitmachen.«

Während sie kurz auf der Toilette verschwindet, um danach den kleinen Test zu zeichnen, denke ich über ihre Bemerkung zur »Kälte« nach, die mich sehr berührt. Es stimmt, der Raum, in dem wir uns trafen, ist relativ kühl. Geht es nur um die physikalische Qualität der Temperatur oder auch um ihr Gefühl? War ich nicht »warm« genug oder konfrontierte unser Gespräch sie zu sehr mit den »kalten« Momenten ihrer Biographie?

Frau R führte uns in ihrem Bericht ein Baby vor Augen, dass am Lebensanfang der Kälte ausgesetzt und deshalb sehr krank wurde. Dabei ging es nicht nur um den Winter und den kalten Vorraum in der Wochenkrippe, in dem sie als eine von vielen Babys lag. Es ging vermutlich auch um die Beziehungskälte, in der sich das nackte und verlassene Kind befand. Erst bei den Großeltern scheint es »warm« gewesen zu sein. In Frau Rs Vorstellung, dass ihre Tochter nach der Geburt besonders darunter litt, es nicht mehr »so schön warm« zu haben, könnte auch die Sehnsucht nach Verbundenheit und die unbewusste Angst vor dem Getrenntsein enthalten sein. Die körperlichen und seelischen Schmerzen, die sie in den ersten Wochen mit ihrer Tochter erlebte, und das gemeinsame Ringen mit ihrem Partner um einen Konsens machen deutlich, wie viel ihr an »Beziehungswärme« liegt.

Lebensgeschichte Frau S

Es war ein belasteter Anfang: Ich hatte mit einem vorherigen Interview technisch Pech, es war nicht zu verwerten. Die Zeit drängte, es sollte mein letztes Interview in diesem Rahmen werden. Ich atmete tief durch, ging in die Kindergarten-Kinderkrippenkombination neben meiner Praxis und fragte mich zur Leiterin durch. Ich wurde sofort bereitwillig zu ihr geführt.

Die Kindergartenleiterin stand an ihrem Tisch, ich daneben. Kaum hatte ich zwei Sätze gesagt, schlug sie ihre Tochter vor, sie wäre die richtige. Ich war verblüfft, dass sie so schnell einen Vorschlag hatte. Sie erzählte mir – kurz und knapp – alles im Stehen, dass sie sie mit sechs Monaten in die Krippe gebracht hätte; damals waren die Gesetze ja so, erklärte sie bedauernd. Ich fragte, ob sie ihrer Tochter von unserem Projekt erzählen würde. Ja, ja, sie schien sich sehr sicher zu sein, dass die Tochter zustimmen würde, und ich war plötzlich wieder draußen.

Ich war ja froh über die Unterstützung, aber die Gewissheit und die Eile stimmten mich bedenklich. Am nächsten Tag rief ich an, ob sie mir die Telefonnummer ihrer Tochter, Frau S, geben könnte, damit ich selbst mit ihr sprechen könnte. Sie hatte ihr Handy vergessen und deshalb die Nummer der Tochter nicht dabei, erst im Urlaub habe sie Zeit für das Interview, ich solle darauf warten.

Nach drei Tagen klingelte es während der Therapie bei mir, außer Atem teilte mir die Kindergartenleiterin mit, dass die Tochter heute Nachmittag Zeit hätte, weil die Enkelin krank sei und sie deshalb zu Hause. Ob ich könnte. Ja. Ich radelte nachmittags hinaus. Eine schöne Siedlung von Einfamilienhäusern im Grünen am Rande der Großstadt machte einen denkbar günstigen Eindruck, das zweistöckige Haus war modernisiert. Wie besprochen klingelte ich nicht, die Krippenleiterin empfing mich und war enttäuscht, dass sie nicht beim Interview dabei sein sollte, aber sie sprach sich kurz mit der Tochter ab, dass sie auf die Enkelin aufpassen wollte, damit wir in Ruhe das Interview führen konnten.

Wir saßen im weiträumigen, hellen Wohnzimmer von Frau S, gut standardisiert eingerichtet, sie saß wie festgenagelt auf dem Sofa, Wasser wurde eingegossen, aber nicht nachgeschenkt. Ich fühlte mich einerseits wie eine Lehrerin auf Hausbesuch, andererseits wie meine Probandin unter dem Diktat der Mutter und der Forschungsgruppe, ich hatte Sorge, dass die Wiedergabe mit der Kassette klappte. Sie sitzt da wie im Dienst, eine selbstständige 35-jährige Frau, die ihrer Mutter so nebenbei den Gefallen tut, sich zu erinnern, dafür hat sie Verständnis, sie ist ja selbst Mutter.

1971, ihre Mutter war 19 Jahre, bereits Kindergärtnerin, der Vater fertiger Baufacharbeiter, wurde Frau S am 1. September geboren, mit gutem Geburtsgewicht wurde sie in ein Wärmebettchen gelegt, mit der Mutter zusammen aus dem Krankenhaus entlassen und auch gestillt. Sie war ein ungeplantes, aber willkommenes Kind, das erste Enkelkind der Großeltern mütterlicherseits, die als Oberstufenlehrer und als Hortleiterin voll arbeiteten. An die Krippenzeit erinnert sie die Garderobe, die Verbindung mit Abschiedsszenen, an besondere Tage, an denen sie der Vater abholte.

Schlimm war ein Krankenhausaufenthalt, sie sieht die weißen Wände vor sich, Besuch war nicht erlaubt. Eine Hirnhautentzündung. Alle sorgten sich um sie.

Sie lebte mit Mama und Papa in der Laube. Wenn es kalt war, schlief sie bei Oma und Opa gerade gegenüber. Oft war sie dort.

Die Mutter fuhr gern mit ihr aus, der kleinen zarten Puppe, die so gut sprechen konnte, alle staunten. Mit einem Jahr fing sie an zu laufen, auf ihren Wunsch hin wurde auch ein kleiner Teppich untergelegt beim Töpfen, der wurde zum Ritus.

Sie spielte, die Großeltern beschäftigen sich viel mit ihr, Regeln gab es überall, sie spielten *Memory,* sie malte, der Großvater war sehr musikalisch. Ihr Vater hatte wenig Zeit, weil er sich um den Hausbau kümmerte, der Familie ein Nest baute. Sein Argument war, spielen kann man auch im Kindergarten, mit Puppen, mit der Freundin.

Mittags schlafen fiel ihr schwer, dagegen wehrte sie sich, da protestierte sie auch. Ein großes Ereignis für die Kinder war die Hochzeit der Erzieherin.

Als die Mutter sie in eine andere Einrichtung bringen wollte, protestierte Frau S nach dem ersten Tag, die Erzieherin war zu grob; sie durfte wieder in ihre vertraute Einrichtung.

Frau S kam in die Schule, nachdem die Schwester geboren worden war. Ihr Geburtstag fiel immer auf die Einschulung vieler Cousins und Cousinen, so wurde immer eine Schuleinführung an ihrem Geburtstag gefeiert! Das störte sie sehr. Als strahlende gute Schülerin bis zur fünften Klasse mit guten Noten sang sie im Chor, malte gerne. Als Belohnung durfte sie in die Pionierrepublik Werbellinsee, aber dort waren so viele Fahnenappelle und die Familie war so weit weg! Sie spürte Heimweh, hielt aber durch.

Nach dieser Erfahrung wurde Schule zur Nebensache.

Frau S war klein und dünn, es war schwierig, die richtigen Sachen für die Jugendweihe zu finden, die Mutter beriet sie, aber die Geschmäcker waren doch recht verschieden.

Den ersten Freund mit 15 Jahren warf der Vater aus der Wohnung, obwohl die Mutter es gestattet hatte – da ging sie mit! Sie stritt mit dem Vater jahrelang über Ausgehzeiten und Freundschaft. Mit 16 Jahren hatte sie die Menarche und war verblüfft, dass der Vater ihr am 17. Geburtstag erklärte, nun könne sie selbst entscheiden, wie lange sie ausgehen wolle.

Auf ihren Wunsch hin blieb sie an der POS, obwohl sie eine Abiturempfehlung hatte. Sie machte sehr gute Prüfungen und wurde Grundschullehrerin. Nach der Wende wurde es kompliziert mit der Anerkennung dieses Abschlusses in der BRD, so dass sie sich entschloss, die Fachhochschule für öffentliche Verwaltung zu besuchen. Sie lebte mit ihrem ersten Freund seit dem 19. Lebensjahr zusammen, machte viele Reisen nach der Wende. Die Beziehung ging nach sieben Jahren auseinander, da sie mehr Verlässlichkeit brauchte, diese bei ihrem Freund jedoch nicht fand.

Frau S arbeitete, hatte ihre eigene Wohnung und lernte ihren jetzigen Partner kurz danach kennen. Sie entschlossen sich, das Haus zu kaufen, in dem sie jetzt leben. Der Partner bedrängte sie, wollte gerne bald ein erstes Kind, sie zögerte und glaubte es kaum, als ihr die Schwangerschaft bestätigt wurde. Sie hatte in der Frühschwangerschaft Blutungen, das bestärkte ihren Willen zu diesem Kind, sie musste viel liegen. Die Geburt ging gut, die drei Wochen Stillzeit waren für beide schwer, mit der Flasche ging es dann hervorragend. Sie blieb ein Jahr mit dem Sohn zu Hause, arbeitete als Heimarbeiterin nachts. Ab dem neunten Monat wurde er in die Krippe eingewöhnt, in eine Gruppe mit drei Kindern. Er ist schon sehr früh gelaufen. Sprechen konnte er auch sehr früh.

Sie wollte kein Einzelkind, der Sohn wünschte sich eine Schwester, die nach sieben Jahren schließlich geboren wurde. Ihr Partner sträubte sich anfangs, am Ende übernahm er nach fünf Monaten die Babypflege seiner Tochter. Auch diese Schwangerschaft war schwierig, die Tochter kam mit Hilfe eines Kaiserschnitts zur Welt.

Lebensgeschichte Frau T

Der Kontakt zu Frau T konnte über die Kindertagesstätte ihrer Tochter hergestellt werden. Für das Interview schien es mehrere Motive gegeben zu haben, die Interviewte suchte einen Gesprächspartner für die Reflexion ihrer Tätigkeit als Erzieherin, für den Bericht über ihre Erkrankung und deren Folgen wie auch über ihre Rolle als Mutter, sie wirkte sehr interessiert und offen, wünschte sich, über die Ergebnisse der Studie informiert zu werden, vielleicht sogar das geplante Buch zu erhalten.

Sie hatte vorgeschlagen, sich vormittags bei ihr daheim zu treffen, zu einer Zeit, in der ihre Tochter in der Kindertagesstätte betreut wird, und mir den Weg zu ihrem Haus beschrieben.

Der von mir gewählte Weg führte nach einer Abzweigung von der Bundesstraße auf einem schmalen Kopfsteinpflaster- und Schotterweg durch den Wald. In einer Lichtung liegt ein kleines Dorf, in dem ich mich orientieren musste. Ich hatte Mühe, das Haus zu finden, und rief an. Frau T antwortete, wenn das Auto vor ihrem Haus meines sei, dann wäre ich richtig. Sie und ihre Schwiegermutter begrüßten mich. Frau T führte mich in den ersten Stock des Hauses, in dem ihre Familie wohnt. Sie hatte den Couchtisch der gemütlich und kindgerecht eingerichteten Wohnung gedeckt, schenkte Kaffee ein und signalisierte ihre Bereitschaft zum Interview.

Frau T berichtete, als erstes Kind einer jungen Mutter, die zum Zeitpunkt ihrer Geburt erst 16 Jahre alt war, »gut vier Wochen zu früh« geboren worden zu sein. Nach der Entbindung im örtlichen Krankenhaus wurde das Neugeborene auf die Kinderintensivstation »zur Kontrolle« verlegt. Die Mutter konnte den Säugling nicht stillen, »weil ich ja gleich in den Brutkasten gekommen bin«.

Die ebenfalls noch recht junge Großmutter des Mädchens, die damals hart in der Landwirtschaft arbeitete, betreute das Mädchen nach der Klinikentlassung im ersten Lebenshalbjahr »voll«. Der Vater des Kindes »war auf Montage« tätig. Als Säugling kam die Interviewte – »und da blieb uns ja nichts anderes übrig« – ab der achten Lebenswoche in die Krippe. »Und das war eigentlich für meine Eltern eine Entlastung und für meine Oma erst recht.« Die Krippe und der Kindergarten des Dorfes waren unter einem Dach untergebracht. Die Mahlzeiten wurden dort von allen Kindern zusammen eingenommen.

Als Frau T ein Jahr alt war, wurde der Bruder geboren. Die Mutter blieb mit ihm ein Jahr zu Hause, das Mädchen besuchte weiter die Krippe. In dieser Zeit heirateten die Eltern der Interviewten. Die junge Familie lebte mit den Großeltern mütterlicherseits, die Großmutter hatte auch die Vormundschaft über das Mädchen übernommen, auf einem Bauernhof.

Die Mutter der Interviewten arbeitete zunächst in ihrem erlernten Beruf als Laborantin in einem Forschungsinstitut in der nahegelegenen Stadt. Da der Vater des Mädchens weiterhin als Handwerker außerhalb tätig war und die Mutter im Institut Nachtdienste ableisten musste, erlernte sie noch den Beruf einer Verkäuferin und konnte nun in dem Ort, in dem die Familie wohnte, arbeiten. Der Laden lag unmittelbar gegenüber dem

Anwesen der Familie, so dass die Mutter »die Haustür immer im Blick« hatte. Die Kinder besuchten »von früh bis abends« die Kindertagesstätte des Dorfes. »Also ich muss dazu sagen, wir waren immer glücklich im Kindergarten. Wir haben uns immer auf unsere Freunde gefreut. Und es wurde ja immer jeden Tag irgendwas gemacht mit den Kindern.« Die Kinder spielten »nicht immer nur auf dem Hof« der Kindertagesstätte, sondern gingen »einfach raus« ins Dorf, an die »Teiche, wo die Enten waren, raus in den Wald. Man war dann eben halt auch so sicher. Es wurde an der Hand gegangen. Und auf dem Dorf braucht man, denke ich mal, brauchte man auch nicht so spezifisch aufpassen. Na klar, sind alle Erzieher mitgekommen, nicht wahr. Und dann freute man sich eben halt auch wieder auf das Mittagsessen. Es wurde ja dann selber gekocht. Da brauchten ja die Eltern kein Essen mitgeben. Das wurde ja alles im Kindergarten hergerichtet, auch Kaffee. Dann wurde schon früh immer gleich die Köchin gefragt: Was gibt es heute zu Mittag?« Auch kann sich Frau T daran erinnern, dass die Kinder den Speiseplan zusammengestellt haben. »Wir wurden gefragt, und dann hat die Köchin wirklich das gekocht, was wir Kinder uns ausgesucht haben.«

Als Kindergartenkind hätte sie »immer viel geschlafen. Wir hatten ja richtige Holzliegen zum Aufklappen. Und da hat man himmlisch drauf geschlafen. Man hat eine Geschichte vorgelesen gekriegt, bevor man geschlafen hat, was ja heute auch so ist.«

Auf ihren jüngeren Bruder war die Interviewte »als Mädchen sehr eifersüchtig. Ich war nun die Große, also ich fing ja nun an, die Große zu sein. Und ich fand das immer nicht so toll. Mein Bruder lag im Kinderwagen und ich musste laufen.« Es gab zwischen den Geschwistern »ziemliche Zankereien und so. Ich habe sogar meinen Bruder mal vom Tisch geschubst, als er noch klein war. Da hat er heut noch ’ne Narbe. Da war er zwei, ich war drei. Und da war meine Mutter mal kurz nicht aufmerksam, und ich habe ihn vom Tisch geschubst.« Die Eltern haben »viel mit mir geredet. Und sie haben mir auch verständlich gemacht, dass ich jetzt groß bin, ich kann helfen. Ich war ja auch stolz nachher. Und daran kann ich mich noch erinnern. Ich bin immer gerannt und geflitzt und habe das und das für meinen Bruder geholt.« Der Bruder sei oft krank gewesen, litt an Hautproblemen, einer Bronchitis und war sehr schmächtig. »Und da mussten sie sowieso immer Ärzte aufsuchen.« Sie hatte »dann so das Gefühl, dass er mehr Zuwendung kriegt wie ich. Und das war aber nicht so. Meine Eltern haben dann auch immer wieder mit mir gesprochen und (erklärt), dass er ja eben auch so krank ist.«

Die Interviewte selbst sei zwar »fast nie krank gewesen«, hatte mit einem Jahr aber »Probleme mit dem Zahnen. Da habe ich Tabletten nehmen müssen, weil ich Fieberkrämpfe gekriegt habe. Da bin ich bald nicht mehr aufgewacht. Und mein Vater hat mich dann noch gerettet. Gott sei Dank.« Er hatte »mitgekriegt, dass das Kind sich überhaupt nicht meldet« und nur noch schlief. Sie habe »bloß noch geröchelt. Und dann hat er mich ganz schnellstens zum Arzt gebracht. Und dann haben die festgestellt, dass das eben zu starke Medikamente waren.«

Überhaupt sei Frau T ein »Papa-Kind« gewesen. »Also mein Papa hat für mich alles gemacht. Das heißt, wenn ich was gebraucht habe oder was gemacht haben wollte, der ist gehopst und hat gemacht und getan, nicht wahr. Für meinen Bruder hat er es auch gemacht. Aber mein Bruder ist eher zu Mutter gegangen.«

Die Interviewte hielt sich – es lebten ja drei Generationen unter einem Dach – auch viel bei ihrer Großmutter auf. »Also unsere Oma hat ja viel mit uns gespielt, Gesellschaftsspiele und so. Und wir haben uns immer zu meiner Oma zurückgezogen. So gerade zum Abend. Ich habe auch viel bei meiner Oma drüben geschlafen, weil ich das gewöhnt war wahrscheinlich, durch das eine Jahr. So, ich gehe heute noch abends rüber und da spielen wir halt Rommé und so, alles noch so 'n bisschen geblieben.«

Die Schule besuchte Frau T in der nahegelegenen Stadt. Sie wurde mit den anderen Kindern des Dorfes mit dem Schulbus hingebracht. Mal freute sie sich auf die Schule, mal hatte sie auch »keine Lust, in die Schule zu gehen. Also die ersten beiden Klassen waren ja so bisschen lockerer, war dann auch mit Spielen verbunden und Lernen und so. Und ab der dritten wurde ja dann richtig 'ne Stunde durchgezogen. Und das fanden die Kinder ja nicht so schön. Und dann war ja auch nicht mehr die Freizeit, die man ja eigentlich vorher hatte. Und wir mussten ja bis Sonnabend zur Schule gehen, war ja dann auch noch die Zeit. Und das Wochenende war immer viel zu kurz, nicht wahr. Weil man im Kindergarten viel gespielt hat. Und das hat man irgendwo auch vermisst. Da kann ich mich bloß dran erinnern.«

Als jüngeres Schulkind war die Interviewte, ganz im Gegensatz zur Krippen- und Kindergartenzeit, nun häufiger krank, litt an Erkältungen und Angina. In den ersten Schuljahren suchte sie weiter den Kontakt mit ihr bereits vertrauten Mitschülern, da habe sie sich »natürlich an die Freunde geklammert, die man jahrelang im Kindergarten kennengelernt hat. Dort waren ja eine ganze Menge.« Es war aber »auch schön, andere kennenzulernen«.

Frau T besuchte nicht den Schulhort. »Also ich bin dann um halb zwei mit dem Schulbus wieder zurückgefahren und wurde dann von meiner Oma wieder abgeholt vom Schulbus.« Die Mutter und Großmutter stimmten sich dabei zunächst in der nachmittäglichen Betreuung der Kinder ab. Die Mutter »kam dann mal kurz 'rübergeflitzt und guckte nach«.

Später konnte sich die Großmutter als LPG-Mitglied »ihre Zeit auch schon einteilen«, blieb dann mittags zu Hause und fuhr später dann noch mal zur Arbeit. »Und dann hat die noch mal nach mir geguckt und hat Mittag noch mal schnell gekocht. Also meine Oma spielte immer 'ne Rolle.« Mit »zehn Jahren hat meine Mutter mir das zugetraut, allein zu sein. Und da ist auch nie was passiert. Und wir haben's auch gut hingekriegt. Der Laden war so gleich gerade rüber von unserem Haus, und meine Mutter hatte immer so 'n bisschen Blickfeld auf die Haustür.«

Es sei seit dieser Zeit sehr viel Selbstständigkeit von den Kindern gefordert worden. »Wir haben einen Kachelofen gehabt, und da musste ich anheizen.« Mit dem Bruder sprach sie sich ab. »Also es wurde auch ein kleiner Zettel geschrieben, was wir zu machen haben. Wir hatten Kaninchen, Hunde, das musste alles gefüttert werden. Und meine Eltern sind nie vor sechs nach Hause gekommen.« Im Rückblick beschreibt Frau T ihre Eltern zwar auch als streng, immer aber als liebevoll und fair.

Mit dem Wechsel in die sechste Klasse, die Schulklassen wurden zusammengelegt, wurde die Interviewte unsicherer, entwickelt zum Teil auch Ängste. »Es sind ja auch andere Fächer gekommen. Du bist ja immer hin- und hergependelt zwischen den Räumen, und dann war der Zusammenschluss auch von den Klassen.« Das mit der Angst »hat sich dann bis zur zehnten (Klasse) eben halt auch hochgespielt«. Sie war »kein Typ, der mündliche Sachen gemacht hat, der vor der Klasse gestanden hat und da mündlich was vorgetragen hat. Das war nicht mein Ding. Und davor habe ich ganz, ganz große Angst gehabt. Gerade vor den Prüfungen, die ja dann gekommen sind. Wir haben ja nun die Prüfungszeit noch miterlebt.«

Es ging unter den Jugendlichen der Schule nun auch darum, wer das richtige Outfit trägt. »Das war dann auch die Zeit, wer die Sachen nicht hatte, war dann sowieso Außenseiter. Meine Eltern, muss ich ganz ehrlich sagen, hatten nicht das Geld, uns ständig neu einzukleiden.« Die Ängste, die zum Ende der Schulzeit ihren Höhepunkt erreichten, legten sich erst nach Beginn der Ausbildung. Im Heimatdorf traf sich Frau T noch »lange, ich glaube, bis nach der zehnten Klasse« in ihrer Freizeit weiter mit Gleichaltrigen, einen Jugendclub gibt es nicht. Den »haben die Leute nicht zugelassen, und das hat uns 'n bisschen gefehlt, gerade wenn die Witterung nicht so war.« So hielten sich die Jugendlichen des Dorfes an der Bushaltestelle auf. Es wurde geraucht, »aber wir haben keinen Blödsinn gemacht. Na gut, okay, wir haben mal Sturmklingeln oder so gemacht, solche kleinen Gags.«

Sie selbst war in der Pubertät »ein schlimmes Kind. Ich habe meine Eltern, oh, ganz groß massiv gereizt in der Pubertät. Ich ließ mir nichts mehr sagen. Das war auf einmal so ein Abschnitt, dass man dachte, oh jetzt bist du ja Jugend, in der Jugend drin, jetzt kannst du dir mal was erlauben zu sagen, und da bin ich öfters mit meinen Eltern angeeckt. Da habe ich sie wirklich massiv dann bis zum letzten gereizt. Na ja, und dann habe ich meine letzte Ohrfeige gekriegt, weil ich meinem Vater einfach den Fernseher ausgemacht habe, weil ich bestimmen wollte, was geguckt wird. Ich glaube, ich habe das dann irgendwann eingesehen, dass ich meine Eltern nicht so reizen darf.«

Die Interviewte verließ nach Abschluss der Realschule ihr Heimatdorf und ging nach Berlin, um das Fachabitur abzulegen und Erzieherin zu werden. Schon als Kind hatte sie »im Dorfkindergarten ausgeholfen, in meiner Jugendzeit, als Ferienarbeit. Die haben immer irgendwie jemanden gesucht oder da bist du hingegangen und hast gefragt, ob man mal nach Mittag so 'n paar Stunden mit den Kindern spielen kann. Und das blieb bei mir so kleben, dass ich mit Kindern was machen möchte, in meinem alten Kindergarten.« Sie absolvierte dort auch ihr Schülerpraktikum und sagte sich: »Das möchte ich werden. Und das habe ich mir dann auch nicht mehr ausreden lassen.«

Sie nahm sich nun »ein eigenes Zimmer bei fremden Leuten«. Die erste Zeit in Berlin fiel ihr schon schwer. »Also erst mal hatte ich ja diesen Abbruch von meiner Familie. Ich stand ja von einem Monat zum anderen selbstständig auf den Beinen, gerade in Berlin.« Sie musste sich »um alles allein kümmern, was Schreibkram, was bürokratisches Zeug war. Und da hatte ich keine Mutter, wo ich mal schnell anrufen konnte.« Ihre neue Klasse betrat sie zunächst »mit gemischten Gefühlen, habe dann nicht mal einen Tag gebraucht«, um mit den Mitschülern vertraut zu werden. »Dann war es okay. Ich hab' die Leute gesehen. Wir haben uns vorgestellt, und dann wusste man schon, mit wem man sich gut (versteht).« War es zunächst »also erst die Angst: Wie wird das?«, kam später dann die

Gewissheit: »Das schaffe ich, oder das habe ich geschafft. Da hat man auch bisschen ganz tolles Selbstbewusstsein.«

Mit 16 lernte Frau T ihren ersten Freund kennen, durchlebte in dieser Beziehung »Höhen und Tiefen, was man ja so in der Beziehung kennenlernt.«

Als sie nach dem Studium zurückkehrte und in einem Kinderheim in der Nähe des Heimatortes zu arbeiten begann, erklärte sie ihren Eltern, dass sie jetzt auf eigenen Beinen stehen wolle, und zog in eine eigene Wohnung.

Als gerade 22-Jährige hatte sie zu Beginn ihres Berufslebens nun schon 18-jährige Jungen zu betreuen. »Oh, dachte ich, die waren ja nun größer wie ich, dachte ich: Mann, ob du das packst? Aber das war gar kein Problem. Die sind gekommen, die haben ihr Herz ausgeschüttet, die haben Probleme angesprochen. Ich dachte: Na, hast ja einen guten Fang gemacht. Da staune ich ja, dass sie dich so angenommen haben. Und das ist hängen geblieben.« Sie wurde nun in ihrem Beruf mit einem breiten Spektrum von Problemen konfrontiert. »Ich habe alles, ich habe sexuell missbrauchte Mädchen gehabt. Ich habe verwahrloste Kinder gehabt. Ich habe das Milieu von den Kindern miterlebt und habe die Eltern miterlebt. Und das sind ja immer so, du willst den Kindern helfen, und irgendwo sage ich mir, kann man den Kindern nicht mehr helfen, weil dann die Eltern sagen: ›Das ist meins.‹ Und sie möchten sie wieder haben. Wir mussten die Kinder da rausholen, und das waren so Bilder für mich, die ich ja nie verarbeitet habe. Und dann brauchte ich immer noch mal jemanden, der mir auch mal zuhörte.« Mit den ihr anvertrauten Kindern musste sie »auch mal streng sein, man kann nicht immer nur locker sein«. Die Kinder des Heimes »wussten aber auch, dass ich abends mit ihnen am Bett gesessen habe und erzählt habe, wie der Tag war, was sie für Probleme haben, nicht wahr. Und das hat jedes Kind einzeln gemacht. Ich bin zu jedem Kind extra ins Zimmer gegangen und habe gesagt: Was ist los, hast du irgendwelche Sorgen?« Auch war es für Frau T immer »ein ganz großer Trennungsschmerz, wenn die Kinder nach drei Jahren wieder gehen« mussten.

Auf einem Dorffest lernte Frau T ihren heutigen Ehemann kennen. Sie zog, da sie es in der Stadt nicht so gut aushält, mit ihm wieder zurück aufs Land.

Als Schwangere musste sie recht schnell dem Dienst im Kinderheim fernbleiben, da es doch eine starke Verunsicherung der Kinder und Jugendlichen bis hin zu Eifersucht und Drohungen gab. Nach einer unkomplizierten Schwangerschaft erlebte sie eine »Superentbindung. Ich hatte innerhalb von zwei Stunden mein Kind. Und dann war das ein ganz tolles Gefühl, dieses Kind im Arm zu halten, nicht wahr.«

Die ersten drei Monate gestalteten sich aber schwierig, litt die kleine Tochter doch ganz stark an Blähungen. Sie »hat nur geschien. Und man hat gar nicht gewusst, dass das so schlimm sein kann, nicht wahr. Und keiner konnte ihr helfen. Das war das Schlimme.« Auch Frau T »hat nur noch mitgeweint.« Ihr Partner, der früh um vier aufstehen muss, »ist nachts so durch die Gegend gerannt mit meinem Kind, weil ich nicht mehr konnte als Mutter. Ich war irgendwo erschöpft. Und ich war froh, dass er auch wieder da war und dass er's gemacht hat. Manche Väter sagen: ›Weißt du was, ich gehe jetzt woanders schlafen, wo ich meine Ruhe habe.‹ Er ist nie irgendwo hingegangen und hat mich alleingelassen.«

»Und dann war das schlagartig vorbei. Ab dem vierten Lebensmonat war das vorbei, und wir hatten ein liebevolles Kind gehabt.« Schon nach der Entbindung hatte sie für sich gesagt: »Zwei Jahre möchte ich für mein Kind zu Hause bleiben. Was mir leider nicht gelungen ist. Ja, ich bin ab dem neunten Lebensmonat meiner Tochter an einer Tumorkrankheit erkrankt.« Um sich medizinisch behandeln lassen zu können, musste Frau T deshalb ihr Kind »von da an schnellstens in den Kindergarten geben. Mein Mann musste ja arbeiten gehen, um das Geld zu verdienen. Und ich hatte viele Behandlungen vor mir.« Manchmal sage sich Frau T: »Gott sei Dank, dass ich meine Tochter habe.« Ihre Tochter hätte »das schon begriffen, also wo sie dann ein Jahr war: ›Mit Mama stimmt was nicht.‹ Das hat sie gemerkt. Weil ich war ja nicht mehr zu Hause.« Frau T musste ins Krankenhaus, wurde bestrahlt und ging danach zur Rehabilitation. »Und mir ging's ja auch nicht so gut, dass ich jeden Tag die Kraft hatte, immer mit meinem Kind irgendwas zu machen. Und dann habe ich viel gelegen. Und das hat sie dann halt auch mitgekriegt. Sie sagt heute so, wenn's mir halt nicht gut geht, es gibt so Phasen in meinem Leben, dann kommt sie schon und sagt mit zwei Jahren: ›Mama, geht's dir nicht gut, dann schlafe‹, so, nicht wahr.«

Die kleine Tochter fühlt sich im Kindergarten wohl, »hatte nie Anpassungsschwierigkeiten. Sie freut sich auf ihre Freunde, die sie da hat. Also da kommt so bei mir so bisschen die Kindheit hoch, nicht wahr, dass man doch Freude hatte, in die Kita zu gehen. Na klar gibt es auch, wenn man gerade ein Wochenende schön verlebt hat, dass sie dann Montag Schwierigkeiten hat. Dann kommt von ihr der Satz: ›Ach Mama, nicht Kindergarten gehen.‹« Da der Ehemann jetzt »auch auf Montage ist, kommt jetzt genau die Situation, die ich auch als Kind hatte. Jetzt kommen so die Verlustängste bei meiner Tochter hoch. Die zeigt das im Kindergarten, indem sie immer noch nachfragt, bevor ich dann gehe. ›Aber Mama, du holst mich heute ab? Mama, du kommst aber wieder?‹« Das erinnert Frau T »daran, dass ich ja genauso, denke ich mal, meine Kindheit auch verbracht habe. Als mein Vater dann ständig weg war.« Auch hätte sie, obwohl sie doch Erzieherin sei, »nie gedacht, das man es so deutlich auch bei den kleinen Kindern schon merkt. Aber die zeigen es wirklich ganz deutlich, und sie sagen es auch.«

Im Verlauf des Interviews wurde mir das Besondere der Situation deutlich, ist Frau T doch eine Frau, die durch ihre Tumorerkrankung, deren Behandlung und die Behandlungsfolgen zur Zeit berentet ist. Sie musste den Beruf als Erzieherin aufgeben und ihr Kind früher als geplant in die Kindertagesstätte geben. Ihren Mann, den sie eine Woche nach dem Interview heiraten wird und der turnusmäßig jeweils längere Zeit weit entfernt von Frau und Tochter tätig ist, vermisst sie wie früher den Vater.

Am Ende unseres Gesprächs wirkt Frau T irgendwie entlastet, gleichzeitig auch verloren und ratlos. Was wird die nächste Zeit bringen?

Bei der Verabschiedung vor dem Haus bittet mich dann die hinzukommende Schwiegermutter, noch kurz zu warten. Sie holt ein Glas Honig aus eigener Produktion und will es ausdrücklich zum Geschenk machen. Ich danke, schon sehr berührt, für den Honig und Frau T für ihre Bereitschaft, sich so kurz vor der Hochzeit für das Interview zur Verfügung gestellt zu haben.

Tabelle: Die Interviewten

	Interviewte	Geburts-jahrgang	Krippenaufenthalt	Kinder	Weitere bedeutende Beziehungspersonen
1.	Frau A	1970	8. Woche – 3. Lebensjahr	vier Kinder	Großeltern
2.	Frau B	1973	4. Monat – 3. Lebensjahr	ein Kind	Großmutter
3.	Frau C	1975	1. – 3. Lebensjahr	ein Kind	Großmutter
4.	Frau D	1969	6. Woche – 3. Lebensjahr	zwei Kinder	Großeltern
5.	Frau E	1976	6. Monat – 1. Lebensjahr, dann 2½. – 3. Lebensjahr	ein Kind	Großeltern
6.	Frau F	1971	6. Woche – 3. Lebensjahr	zwei Kinder	Großfamilie, Freundin der Mutter
7.	Herr G	1969	8. Woche – 3. Lebensjahr	zwei Kinder	Großfamilie
8.	Frau H	1976	4. Monat – 3. Lebensjahr	zwei Kinder	Großeltern
9.	Herr I	1975	6. Monat – 3. Lebensjahr	zwei Kinder	Verwandte
10.	Frau J	1971	6. Monat – 3. Lebensjahr	ein Kind	Großmutter, Bekannte der Mutter
11.	Frau K	1973	10. Monat – 3. Lebensjahr	zwei Kinder	Großmutter, aber nur bis zum 10. Monat
12.	Frau L	1970	3. Monat – 3. Lebensjahr	zwei Kinder	Nachbarn
13.	Frau M	1974	6. Monat – 3. Lebensjahr	zwei Kinder	Großfamilie
14.	Frau N	1972	1. – 1½. Lebensjahr	ein Kind	Großeltern
15.	Frau O	1973	3. Monat – 3. Lebensjahr Wochenkrippe	zwei Kinder	Großmutter
16.	Herr P	1973	6. Monat – 3. Lebensjahr	ein Kind	Besuche bei Großeltern in den Ferien
17.	Frau Q	1968	8. Woche – 1½. Lebensjahr Wochenkrippe, danach bis 3. Lebensjahr Tageskrippe	zwei Kinder	Freundin der Mutter, Besuche bei Großeltern in den Ferien
18.	Frau R	1977	8. Woche – 3. Lebensjahr	ein Kind	Großeltern, Freundin der Mutter
19.	Frau S	1971	6. Monat – 3. Lebensjahr	zwei Kinder	Großfamilie
20.	Frau T	1975	8. Woche – 3. Lebensjahr	ein Kind	Großmutter

Teil 3

Ergebnisse

Kapitel 5

Motive für die Teilnahme an der Untersuchung und Interaktion mit dem Interviewer: ein erstes Verstehen

Dagmar Völker

In diesem Kapitel sollen zunächst die Motive der Personen erfasst werden, die an unserer Untersuchung teilnehmen wollten. Meist wurden Anlässe und Gründe dafür benannt, waren also den Interviewten sehr bewusst, aber oft kamen verborgene oder widersprüchlich emotional besetzte Wünsche und Anliegen erst im Verlauf des Interviews zum Vorschein und konnten nachträglich formuliert werden. Es ist verständlich, dass die Motivation für das Interview den Grad des Einlassens auf das Erzählen der Lebensgeschichte mit Erinnerungen, Wertungen und aktuellen Problemen sehr mitbestimmt.

Zum Zweiten soll die Interaktion der beiden beteiligten Personen im Sinne des »szenischen Verstehens« (Lorenzer, 1973; Argelander, 1970; Klüwer, 2004) beschrieben werden. In unseren Interviews kommen zwei Menschen mit unterschiedlichen Motiven für dieses gemeinsame Projekt zusammen. In der Art der Beziehungsaufnahme und der Gestaltung des Interviews spiegelt sich etwas von den Beziehungserfahrungen der Interviewten wider, zu denen die frühe Trennung von wichtigen Bezugspersonen und die Betreuung durch die Erzieherinnen gehören. Unsere Aufmerksamkeit galt also diesen unbewussten Mustern der Kontaktaufnahme, der Offenheit und Reflexionsfähigkeit für Erinnerungen und deren gefühlsmäßiger Bedeutung.

Zur Motivation der Teilnehmer

Im Kapitel »Fragestellung und Methode« wurde unser Untersuchungsrahmen kurz beschrieben. Zunächst machten wir sehr unterschiedliche Erfahrungen in der Vermittlung unseres Anliegens und der Verabredung zum Interview: Einige Interviewer hatten Kontakt zu Kindergärten aufgenommen und die Leiterinnen gebeten, einen vorbereiteten Aushang mit unserer Bitte dort anzubringen. Sieben Teilnehmer traten auf diesem Wege mit uns in Verbindung. Neun andere erfuhren durch persönliche Vermittlung von Bekannten, Kollegen oder vorher Interviewten von unserer Studie. Zwei waren Lebenspartner einer interviewten Person und dadurch angeregt, an unserem Projekt teilzunehmen. Bei zwei Personen gab es schon eine vorher bestehende Bekanntschaft mit dem Interviewer.

Zur bewussten Motivation

Die Art der Kontaktaufnahme bestimmte, wie die Interviewten sich für unsere Untersuchung interessierten.

Die Entscheidung vor dem Aushang im Kindergarten war am wenigsten von Bezügen zum Interviewer beeinflusst. Dabei war sehr auffällig, dass fünf Teilnehmer mit Nachdruck formulierten, sie hätten gute Erfahrungen mit der Krippe gemacht, und der Ärger über verallgemeinernde Abwertungen in den Medien motiviere sie, sich einem Interview zur Verfügung zu stellen. »Es hat mir nichts geschadet« war die entsprechende Redewendung. Es ging hier also vordergründig um Rechtfertigung.

Eine andere Gruppierung von Teilnehmern wollte sich entlasten – in dem Sinn: »endlich hört mir jemand zu«. Dabei schwang oft der Wunsch mit, »mehr über sich zu erfahren«. Diese Gelegenheit, über das eigene Erleben mit einem Anderen zu sprechen, suchten ausdrücklich acht Interviewte.

Bei zwei Interviewten stand das Anliegen, jemand Anderem – der Mutter oder dem Interviewer – einen Gefallen zu tun, indem sie sich zur Verfügung stellten, ganz im Vordergrund.

Drei Personen konnten außer einem eher allgemeinen Interesse keinen persönlichen Grund für ihre Teilnahme äußern.

Häufig spielten die Kita-Aufnahme der eigenen Kinder und die Begründung dafür eine große Rolle und ließen einen Beratungsbedarf erkennen.

Natürlich gab es Vermischungen dieser bewussten Motive für die Teilnahme an unserer Studie. Den genannten Anlässen – Rechtfertigung, Entlastung/Neugier und Beratungswunsch – wurden von den Interviewten verschiedene Gewichtungen beigemessen. Sie waren auch gefühlsmäßig mit sehr unterschiedlicher Dringlichkeit besetzt.

Zur unbewussten Motivation

Wir Untersucher bemühten uns, im Verlauf des Interviews außer den bewussten auch die unbewussten Motive für die Bereitschaft, sich unter dem Gesichtspunkt der Krippenbetreuung mit der eigenen Lebensgeschichte auseinanderzusetzen, zu erfassen und zu verstehen. Dabei waren die Diskussionen in unserer Arbeitsgruppe über die Vielschichtigkeit der möglichen Hintergründe der Zusage besonders wichtig, teilten sich doch die Gefühle der Interviewten während der Auswertung den Gruppenteilnehmern mit und konnten hier benannt, ausgetauscht und in ihrer Bedeutung erfasst werden. In der psychoanalytischen Literatur gibt es dafür den Begriff der »Übertragung«, d.h. innere Bilder von frühen Beziehungserfahrungen mit wichtigen Menschen werden in den aktuellen Kontakt mit anderen Menschen mit hineingenommen. Sie lösen eine entsprechende emotionale Gegenübertragung im Gegenüber aus, die wiederum mit dessen inneren Beziehungsbildern korrespondiert. Es ist also wichtig, dass die Interviewer ihre eigenen Motive, diese Untersuchung zu machen, kennen und im Interview das Berührtsein durch die Gefühle der Interviewten von den Gefühlen aus der eigenen Geschichte unterscheiden können.

Zunächst einmal fühlten sich alle Interviewten »angesprochen«. Sie hatten etwas erlebt, was offenbar von allgemeinem Interesse ist, wenn es untersucht werden soll. Dieses Berührtwerden durch unsere Anfrage kam ja – wie beschrieben – auf sehr unterschiedliche Weise zustande und verband sich mit der jeweiligen aktuellen Lebenssituation der Interviewten in ihren Beziehungsgeflechten mit den eigenen Kindern, den Partnern oder anderen Personen und ihrem tatsächlichen oder gewünschten Selbstbild. Es bot eine Gelegenheit mittels eines äußeren Anlasses, sich selbst als Person und die eigene Lebensbewältigung mit allen Erfolgen und Schwierigkeiten sozusagen »in die Welt zu stellen«. Unter den beschriebenen bewussten Motiven für diese Bereitschaft musste es noch andere, weniger zugängliche, vielleicht widersprüchliche Gründe geben, an der Studie teilzunehmen.

Gruppe 1: »Es hat mir nichts geschadet«

Bei den fünf Personen dieser Gruppe ist ein Bedürfnis nach Rechtfertigung zu erkennen, das sich mit einem zunächst unspezifischen Gefühl, dass etwas nicht »recht« gewesen ist, verbindet.

Eine Interviewte stand kurz vor dem Umzug der ganzen Familie in ein westliches Bundesland. Ihre Trennung von vertrauter Umgebung mit bekannten Wertmaßstäben, von der Mutter, von bisheriger Berufstätigkeit forderte sie heraus und verunsicherte sie gleichzeitig. Sie wollte etwas von dem Guten, das ihr widerfahren war, hinterlassen, und vielleicht die Trennung dadurch »wiedergutmachen«, weil vermutlich frühere schmerzhafte Trennungsempfindungen ihres Lebens jetzt wieder aufstiegen.

Eine andere suchte in der Betonung der eigenen Stärke eher einen Ausgleich für ihr Erleben, kein gewünschtes Kind gewesen zu sein. Unbewusste Wut und Enttäuschung könnten bei ihr auch eine Rolle im Umgang mit ihrem Kind spielen, das sie mit neun Monaten zu einer Tagesmutter gab. Sie betont fast überstark ihre eigenen beruflichen Ambitionen.

Eine Dritte zeigte die Erfolge auf ihrem Lebensweg sehr deutlich vor und ließ in der Art ihrer Mitteilungen doch tiefe Zweifel über deren uneingeschränkt positive Bewertung erkennen. Ihre Unsicherheit suchte Rechtfertigung als Gegengewicht.

Bei einer vierten Teilnehmerin, die ebenfalls auf gepackten Koffern saß, ging es unter der Vorgabe ihrer guten Krippenerfahrung um dringende Suche nach Verstehen und Zuwendung in ihrer Situation des Wegzugs, die sie sehr verunsicherte.

Ein anderer Teilnehmer wollte mit der Betonung seiner Unversehrtheit am liebsten die DDR-Vergangenheit abschütteln, die jetzt durch das Problem der Betreuung seines eigenen Kindes wieder präsent wurde.

Gruppe 2: »Endlich hört mir jemand zu« – »Ich will mehr über mich erfahren«

Eine Interviewte dieser Gruppierung war durch eine Depression nach der Geburt ihres ersten Kindes sehr sensibilisiert für das Nachdenken über den eigenen Lebensweg. Sie hatte ein großes Bedürfnis, ihre Auseinandersetzungen mit den Eltern und ihr intensives

Bemühen, die Schwierigkeiten ihres Lebens gut zu bewältigen, zu beschreiben und anerkannt zu bekommen.

Dieser ausdrückliche Wunsch nach Anerkennung des Erlebten fand sich auch bei einer anderen Interviewten, die mit sechs Wochen in die Wochenkrippe gekommen war. Im Interview wurde deutlich, dass ihre Erfahrungen erst eine Sprache finden mussten, um gefühlt werden zu können, um »wirklich« zu sein. Es wurde ein Gegenüber gebraucht, um diesen Vorgang in Gang zu setzten, der allein nicht ausreichend zustande kommt.

Eine Teilnehmerin hatte sehr viel Druck in einem schwierigen Elternhaus erlebt, wohingegen der Krippenaufenthalt zurücktrat. Dieses Erleben voller Wut und Anklage drängte, ihr vorher nicht bewusst, förmlich nach Entladung.

Eine andere Teilnehmerin ließ unter der Menge ihrer distanziert geschilderten Erinnerungen und Erzählungen sehr viel Schmerz und Trauer ahnen, aus denen ein unbewusster Therapiewunsch abzuleiten war.

Eine andere hatte gerade eine schwere körperliche Krankheit hinter sich, die ihr Leben sehr verändert hatte, und tastete ihre neuen Bedingungen zu einer jetzt möglichen Lebensbewältigung aus. Sie versuchte, an ihren Ressourcen anzuknüpfen und mit der tiefen Kränkung durch ihren Zustand fertigzuwerden.

Eine Interviewte verbarg in ihrem Anliegen eine heftige Anklage gegen die Mutter und die Bedingungen, unter denen sie aufgewachsen war. Wut und Schmerz mischten sich mit dem Stolz über ihre erkämpfte Entwicklung.

Ein Mann wollte zwar bewusst mehr über sich erfahren, verhinderte aber sein Nachdenken durch einen ganz engen Bezug auf die Fragen des Interviewers. Es ging ihm vor allem um Anerkennung und Verständnis bei seinem Gegenüber, um seine tiefe Unsicherheit im Gespräch zu überwinden.

Auch bei der letzten Interviewten dieser Gruppe ging es nach anfänglicher Selbstexploration vor allem um Anerkennung und Annahme vom Interviewer mit einem sehr verborgenen und ambivalenten Therapiewunsch.

Gruppe 3: »Ich brauche Rat«

Eine Teilnehmerin war gerade mit den Trennungsängsten ihres Kindes beschäftigt, das sie mit neun Monaten in die Krippe gegeben hatte, und die sich der Empfehlung der Krippenleiterin unterwarf, trotzdem »hart« zu bleiben. Ihre Teilnahme am Interview war sehr ambivalent: Einerseits suchte sie Bestätigung für ihre Zweifel und mögliche Auswege, andererseits fürchtete sie die Verunsicherung durch das Benennen ihrer eigenen Trennungsängste in ihrer Krippenerfahrung.

Bei einer anderen Interviewten standen Differenzen in den Erziehungshaltungen zwischen ihrem ebenfalls interviewten Ehemann und ihr als bewusstes Motiv im Vordergrund. Sie wollte diese Ansichten bestätigt bekommen, aber auch ihre Einschätzung ihres gesamten bisherigen Lebens. Erst im Interview deckte sie den tiefen Groll gegen ihre Mutter wegen des eigenen frühen Abgebens auf, der durch die geplante Veröffentlichung sozusagen wissenschaftliche Berechtigung bekommen sollte.

Gruppe 4: »Ich lasse mich wegen dir/ihnen auf das Interview ein« – »Ich interessiere mich für die Untersuchung«

Eine Frau wurde ausdrücklich von ihrer Mutter – einer Kita-Leiterin – geschickt, die offenbar deutlich machen wollte, wie gut sie mit ihrer Tochter umgegangen sei. Die Interviewte wollte ihr diesen Gefallen auch tun – als ein ihr bewusstes eigenes Motiv, während sich im Interview ihre ganze Ambivalenz zeigte.

Ein anderer Interviewter nahm seiner ebenfalls interviewten Frau zuliebe an unserer Studie teil. Im Verlauf des Interviews wurde sein eigenes Interesse, etwas über sich zu sagen oder zu erfahren, aber sehr deutlich, neben dem unbewussten Motiv, es seiner Frau in der Balance der Partnerschaft gleich zu tun.

Bei drei Teilnehmern blieb die bewusste Motivation unklar, war breit gefächert in einem allgemeinen diffusen Interesse an dem Thema. Umso aufmerksamer waren wir Untersucher in der Gruppenauswertung, die darunterliegenden unbewussten Motive zu entdecken.

Sehr uneins waren wir uns bei einer Interviewten über ihre möglichen Gründe für die Teilnahme. Wollte sie doch etwas über sich erfahren? Brauchte sie dringend Bestätigung über ihre Art der Lebensbewältigung? Hatte sie Fragen zu ihrer sexuellen Identität? Die unbewusste Motivation blieb also offen.

Bei einer anderen Interviewten blieb die Motivation zunächst sehr verborgen, ein Entlastungswunsch in der Abgrenzung zur Mutter wurde sichtbar. Hier waren viel Druck, aber auch große Ambivalenz spürbar. Im Verlauf des Interviews nahm die Bereitschaft, sich zu öffnen und das Interesse für die eigenen Lebensentscheidungen sehr zu.

Bei einer dritten Teilnehmerin wirkte das Zusammensein mit der Interviewerin wichtiger als Erkenntnisse durch eine mögliche Selbstexploration. Es ging offenbar um das Teilen von Gefühlen der Trauer, der Trennung und Ablehnung, weniger um das Erkennen von Entstehungsbedingungen dieser Gefühle. Im Verlauf des Interviews wurde die Interviewte lebendiger und mitteilsamer. Ein unbewusstes Motiv der Suche nach Zuwendung und Annahme schien sich herausbilden zu können.

Zusammenfassend ist festzustellen, dass in Gruppe 1, 2 und 3 Anerkennung des Erlebten, Selbstbestätigung und Bestätigung für eigene Handlungen und Zuwendung eines verständnisvollen Menschen die vorherrschenden unbewussten Motive der Interviewten waren. In der Gruppe 4 waren diese Motive eher abgeschwächt bei der Hälfte der Interviewten erkennbar.

Anklage über Erlebtes findet sich vorwiegend bei Interviewten der Gruppe 3.

Das Bedürfnis nach Entlastung von Wut und Schmerz und Ängsten ist vorwiegend bei den Teilnehmern der Gruppen 2 und 4 zu finden.

Der Wunsch nach Veränderung und Rat ist vor allem in der Gruppe 2 deutlich zu erkennen.

Diskussion

In der Zusammenfassung der unbewussten Motive für die Teilnahme an unserer Untersuchung wird deutlich, dass der Wunsch nach Anerkennung des Erlebten, verbunden mit der Bestätigung der eigenen Person im Denken, Fühlen und Handeln die größte Bedeutung einnimmt. Danach kommt gleich der Wunsch nach Zuwendung und Annahme im Interview. Es ist verständlich, dass die Interviewten jeweils mehrere unbewusste Motive für ihre Teilnahme an der Studie hatten.

Interessant finden wir, dass niemand der Angesprochenen sich ganz ausdrücklich und von vornherein über die Frühbetreuung in der Krippe beklagen wollte. Offenbar hatten sich alle Teilnehmer mehr oder weniger mit dieser Tatsache in ihrem Leben identifiziert oder abgefunden. Dazu trägt die Bilderlosigkeit in den Erinnerungen an die Krippenzeit und die Identifizierungen mit den Lebensläufen der Eltern in der DDR bei, deren Entscheidung für die Krippe ebenfalls in hohem Maße fremdbestimmt war.

Vielleicht verbirgt sich aber im Aufnehmen unseres Themas durch unsere Interviewten viel öfter eine ganz ungeformte, wenig fassbare Infragestellung des eigenen Lebenslaufs, des »es war halt so« – fest eingehüllt in Rechtfertigungen, Rücknahme der eigenen Gefühle zum Beziehungserhalt und dem Wunsch nach Selbstbestätigung.

Zur Kontaktaufnahme und Interaktion im Interview

Der Art der Kontaktaufnahme zwischen beiden beteiligten Personen widmeten wir besonderes Interesse, war es doch eine Begegnung zwischen zwei Unbekannten in verschiedenen Rollen: Die eine Person war aufgefordert, über ihr Leben zu erzählen, die andere blieb mit der eigenen Geschichte im Hintergrund und hatte das im Interview Erlebte und Erzählte aufzunehmen, ihren Gefühlen nachzuspüren und das Aufgenommene kritisch zu verarbeiten. Wir überlegten in den Gruppendiskussionen, ob sich in der Art und Weise der Beziehungsaufnahme und dem weiteren Verlauf des Interviews mit Erinnerungen, Beziehungsbeschreibungen und Bewertungen etwas von dem existentiellen Erleben der Frühtrennung erfassen ließe.

Wie oben beschrieben kamen die Interviews auf vier verschiedene Weisen zustande. Diese Konstellationen wirkten unterschiedlich stark in das Interview hinein und lösten anfängliche Einstimmungen und Phantasien über den Interviewer aus, die sich in der realen Situation des Gesprächs dann veränderten. Auch der Ort des Interviews war verschieden und beeinflusste die Atmosphäre der Zusammenkunft.

1. Kontaktaufnahme über Aushänge im Kindergarten
Bei vier dieser Interviewten fanden die Gespräche in der Praxis des Interviewers statt. Es war also ein neutraler Raum mit einer Atmosphäre, in der andere Menschen zu anderen Zeiten Psychotherapie machten. Das kleine Aufnahmegerät stand auf dem Tisch, Funktion

und Bedienung wurden zu Anfang schnell erklärt. Es wurde Wasser angeboten. Diese vier Interviewten hatten bei ihrer telefonischen Zusage schon erklärt, dass sie keinen Schaden durch die Krippenbetreuung davon getragen hätten.

Eine Frau kam zum verabredeten Termin nicht pünktlich, rief aber von unterwegs an, sie habe sich »rettungslos verfahren«. Die Interviewerin war gespannt, ob sich eine besondere Bedeutung aus diesem Auftakt ergeben würde, und war neugierig auf die Teilnehmerin, die den Raum einschließlich des Aufnahmegerätes dann sehr selbstverständlich in Besitz nahm. Sie legte gleich los, erzählte sehr wortreich und mit Überzeugungskraft. Sie wollte Zeugnis davon ablegen, dass sie nicht beschädigt sei. Die Interviewerin fühlte den Druck und die Spannung in der Einstimmung der Interviewten auf dieses Thema im Interview und vermutete, das »Verfahren« könnte darin begründet sein. Dieser große Druck hielt lange an und löste sich erst ganz am Ende des Interviews auf. Die Interviewerin spürte eine unterschwellige Aufforderung der Teilnehmerin, sie in ihrem Erleben nicht in Frage zu stellen. Sie übernahm dabei eine unbewusste Angst der Interviewten vor der Vertiefung ihres Empfindens. Vielleicht wäre dadurch ihr Stolz auf die Bewältigung schwieriger Situationen in ihrem Leben relativiert worden. Dadurch unterblieben auch Nachfragen wichtiger Bereiche, wie die frühe Beziehung zwischen Mutter und Kind, die Geburt der eigenen Kinder und die frühe Zeit mit ihnen. Die Interviewerin fühlte ein großes Bedauern über verpasste Möglichkeiten im Gespräch, als sei sie der Teilnehmerin etwas schuldig geblieben.

In der Dynamik der Auswertungsgruppe setzte sich dieses Bedauern über die Verwicklung der Interviewerin mit ihrer Interviewten fort. Sie wurde heftig damit konfrontiert, und wir diskutierten, ob sich in diesem Affekt das abgewehrte Lebensthema der Interviewten verbarg: Sie »muss aushalten« in ihrem Leben. Sie wurde nicht einfach mit zehn Monaten in die Krippe gegeben, sondern hätte diese Aufnahme durch eigene Wildheit in der Betreuungszeit bei der Großmutter ausgelöst. Trennungsängste hätte nur ihr Bruder gehabt. Ohnmachtsgefühle und Ängste wurden von ihr kaum wahrgenommen. Das Fehlende in ihrem Erleben wird mit viel Aktion (»rettungslos verfahren«) und Lebhaftigkeit überdeckt.

Eine andere Interviewte kam sehr pünktlich, zeigte sich zurückhaltend, aber sehr zugewandt. Sie brauchte deutlich eine kleine Anwärmphase, in der sie gefragt werden wollte, schöpfte aber bald Vertrauen und erzählte gern. Sie begann damit, dass es »nach den Erzählungen der Mutter wohl keine Probleme gab«. In der Interviewerin entstand eine Vorsicht, verbunden mit der Angst, sie durch Nachfragen und Sichtbarwerden von Problemen möglicherweise zu verletzen. Der Wunsch nach einer harmonischen Beziehungsaufnahme wurde überdeutlich vermittelt. Die Teilnehmerin wiederholte oft die Sätze der Interviewerin, hielt sich sehr an die Fragen, redete kaum von emotionalen Reaktionen, blieb bei der Schilderung der Fakten. Sie entwarf ein idealisiertes Bild einer glücklichen, gut eingebetteten Kindheit ohne große Probleme, lächelte viel und sah die Interviewerin dabei unverwandt an, als ob sie sie nicht ihren eigenen Gedanken überlassen dürfe.

Diese empfand eine dauerhafte Spannung und leicht zunehmende Müdigkeit, die sich an die unausgesprochene Bitte der Teilnehmerin knüpfte, das Bild von der guten Kindheit nicht zu zerstören. Gleichzeitig spürte sie viel Respekt vor dem Bemühen um Entwicklung und auch Trauer über so viel ungelebtes Leben.

Die Interviewte war von der zehnten Woche an den ganzen Tag in der Krippe, hatte sich später vom selbst versorgenden Schlüsselkind zu einer Person entwickelt, die beruflich zunächst andere Kinder versorgte, aber dabei nicht stehenblieb. Sie suchte mit ihrem Mann die ideale Beziehung, nachdem alle anderen Beziehungen in ihrer Familie gescheitert waren.

Die Gruppe teilte die Gefühle der Interviewerin, nahm aber verstärkt eine Besorgnis über den möglichen Fortgang dieses Lebens wahr, wenn die kompensatorischen Fähigkeiten der Interviewten noch weiter gefordert würden. Wir diskutierten die nicht wahrgenommenen Versorgungswünsche der Interviewten, die schon in der Anfangssituation sichtbar geworden waren und deren Erfüllung weiter ausstand.

Die dritte Interviewte dieser Gruppe meinte eher nachdenklich als selbstbehauptend am Telefon, sie sei zwar früh in die Krippe gekommen, aber hätte wohl keinen Schaden davongetragen. Zum Termin erschien sie mit ihrem kranken Kind, das sie gerade aus dem Kindergarten abgeholt hatte. Sie zeigte sich sozusagen sofort im Konflikt zwischen fürsorglicher Mutter und zuverlässiger Gesprächspartnerin. Im Anfang des Gesprächs zum neuen Termin war die Interviewte sehr bemüht, alles richtig zu machen. Gefühlsmäßig war sie aber distanziert, antwortete lieber auf Fragen als frei zu sprechen, redete lieber über allgemeine Werturteile – z. B. über Krippenerziehung – als über ihr eigenes Erleben, das sie darin verbarg. Diese Art der Kontaktaufnahme löste in der Interviewerin Vorsicht und Zurückhaltung aus, um die spröde und empfindsam wirkende Teilnehmerin nicht zu verletzen. Sie bestätigte die Interviewte auch manchmal unnötig oder beschönigte einen schwierigen Eindruck, als ob es bei der Interviewten etwas gut zu machen gäbe. Viele Leerstellen fallen in dem Interview auf: die Atmosphäre zu Hause, bestimmte Erlebnisse und Gefühle in der Kindheit, die ihrer Erzählung Farbe geben könnten. Nichts Unangenehmes soll berührt, nichts vertieft werden. Rechtfertigungen, Idealisierungen und Abwertungen bestimmen das Gesprächsklima. Nur an einer Stelle reagierte die Interviewte irritiert und besonders vorsichtig – hier ging es um eine Erzählung über Konflikte zwischen den Eltern, die sie als »Nestbeschmutzung« empfand. Die Interviewerin schützte sie in dieser Verunsicherung.

Die Interviewte sei ab dem drittem Monat von der Großmutter betreut worden und mit sechs Monaten in die Tageskrippe gekommen. Da sie sehr häufig krank war, wurde sie nach einem Jahr bis zur Kindergartenaufnahme von Mutter und Großmutter abwechselnd zu Hause betreut. Beide waren Krippenerzieherinnen, also »Expertinnen«.

In der Gruppe wurde diskutiert, dass sie selbst auch lieber Expertin sein möchte und in ihrem Bemühen um Sachlichkeit ihre Gefühle nicht ausreichend wahrnimmt. Sie zeigte zunächst ihr krankes Kind im Interview vor und löste in der Interviewerin viel Schützendes, Fürsorgliches aus, das für die unbewussten Wünsche der Interviewten nach Versorgung und Betreuung spricht.

Die vierte Interviewte hatte sich kurz vor ihrem Wegzug gemeldet. Sie wirkte etwas gehetzt und abgespannt, hatte sich nur eine bestimmte Zeit für das Interview freigehalten. Die Interviewerin spürte den Druck und stellte sich darauf ein, was der Suche der Teilnehmerin nach einem »verständnisvollen Menschen« entgegenkam. Diese entspannte sich in dem behutsamen Miteinander, kam in den Fluss des Erzählens, und langsam machte es ihr richtig Spaß. Sie staunte selbst, wie normal ihr alles vorkam und wie eingebettet sie sich in ihrer Großfamilie fühlte. Die Interviewerin hatte den bevorstehenden Wechsel der Umgebung der Interviewten im Gedächtnis, fragte sich: »Ist das alles?« Und: »Möchte sie sich mit diesem Interview beruhigen?« Sie blieb aus einem Schutzbedürfnis für die Teilnehmerin vorsichtig und zurückhaltend in ihren Fragen.

Die Interviewte war mit einem halben Jahr in die Krippe gekommen und hatte drei verschiedene Einrichtungen erlebt, bis sie in den Kindergarten kam. Es hätte »Übergangsschwierigkeiten« gegeben, frühe Gedeihstörungen und große Essprobleme. In ihrer späteren Berufswahl hatte sie viel mit Nahrungsmitteln zu tun.

In der Gruppe diskutierten wir, ob sie die Qualität von Beziehungen nicht darstellen kann oder emotional sehr verschlossen ist und kein schlechtes Licht auf ihre Familie werfen möchte. Einige Mitglieder spürten mehr die abgewehrten Bedürfnisse und Wünsche der Interviewten, andere nahmen eher ihre Bewältigungsstrategien wahr. Sie kann viel leichter handeln als reflektieren. Es war so, als ob wir verschiedene Seiten ihrer Persönlichkeit erfassten und dann zu einem so verschieden zusammengesetzten Eindruck zusammenfügten.

Eine weitere Interviewte gestaltete die Kontaktaufnahme sehr umständlich, es gingen viele E-Mails und Telefonate hin und her. Kurz vor dem Termin rief die Interviewerin die Teilnehmerin an, um sich zu vergewissern, dass es diesmal klappt. Diese sagte ihr, dass sie den Termin gar nicht mehr gewusst hätte und auch vergessen hätte, ihre Mutter zu befragen. Sie wirkte etwas konfus und durcheinander. Das Interview fand ebenfalls in der Praxis der Interviewerin statt, deren Tür die Interviewte nicht gleich fand. Der leichte Ärger der Interviewerin über die ambivalente Motivation noch bei der Begrüßung verschwand unter dem Eindruck des Äußeren der Interviewten. Sie sei sehr dünn gewesen und habe einen verhungerten Eindruck gemacht, der mit ihrem anziehend freundlichen und heiteren Verhalten kontrastierte. Im Gespräch, das sie sehr bereitwillig und ausführlich begann, betonte sie immer wieder, wie »lieb« sie gewesen sei. Die Interviewerin erschrak, als die Interviewte ihr eröffnete, dass sie mit drei Monaten für drei Jahre in die Wochenkrippe gekommen sei: Dadurch passe sie eigentlich gar nicht in unsere Studie. In der Fortführung des Interviews klagte sie nicht, schilderte alles als »problemlos und lieb«. Es entstand zunächst viel Mitgefühl und Sympathie in der Interviewerin, und dann eine diffuse, sprachlose, schwer fassbare Unruhe und Ungeduld, die sich auf offenbar unaussprechliche Gefühle der Interviewten bezog. Nur bei der Beschreibung der Lebensuntüchtigkeit des

Bruders zeigte diese eine ärgerliche Reaktion, ebenso beim aufmüpfigen Verhalten ihres jüngsten Kindes, das ihr unfassbar erscheint. Sie strengte sich im Interview sehr an und bemühte sich sichtlich um die Interviewerin, was diese als »überkooperativ« empfand und sie am Ende mit einem ungeordneten Gefühl zurückließ.

Die Teilnehmerin schilderte ihr Leben als sehr normal und erfolgreich, es schien nichts Problematisches, das sie selbst betrifft, zu geben. Höchstens ein Hang zu Essstörungen und Schwierigkeiten mit der weiblichen Identifikation klangen an. Beim Abgeben in der Krippe hätte sie nicht geklammert, nur traurig geguckt.

Die Gruppe deutete den Auftakt zum Interview als tiefe Unsicherheit, ob sie willkommen ist, und ihre Verweigerung, sich Datum und Uhrzeit zu merken, als Zorn über diese Unsicherheit. Hier wiederholte sich der schwierige Start der Teilnehmerin ins Leben überhaupt.

Bei einer anderen Interviewten dieser Gruppe gestaltete sich das Zustandekommen des Interviews auch problematisch. Beim ersten Gespräch gab es eine Havarie des Aufnahmegerätes, so dass die Teilnehmerin zu einem zweiten Termin gebeten wurde. Diesmal brachte sie einen Mann mit, der als stummer Zeuge im Raum anwesend blieb. Die Interviewte gab nur kurze Antworten auf die Fragen der Interviewerin, die sich sehr um Kontakt bemühte, aber wenig Verbindung herstellen konnte. Es entstand kein Raum zum Nachdenken und Nachfühlen. Die Teilnehmerin verhielt sich einerseits distanziert, andererseits auch etwas anlehnend. Es wirkte, als ob sie die Interviewerin prüfen wollte, wie viel sie aushalte. Sie zeigte ein direktes Verhalten, ohne Neugier. Auf alles hatte sie bereits eine Antwort. Die Interviewerin folgte dem zupackenden und forciert selbstständigen Verhalten der Teilnehmerin immer wieder in dem Versuch, doch noch etwas Gemeinsames zu finden, was ihr nicht gelang.

Die Interviewte war mit einem Jahr in die Krippe gekommen, hätte da schon sauber sein und selbstständig essen müssen. Sie war vermutlich ein Ersatzkind für eine tödlich verunglückte Halbschwester aus der ersten Ehe des Vaters. Sie bewunderte den Vater als coolen Kumpel und fürchtete seine plötzliche Gewalttätigkeit. Sie sei selber eine Wilde, Grobe und Aggressive gewesen und wäre heute noch stolz darauf.

In der Gruppe überlegten wir, ob der mitgebrachte Mann die Interviewte vor der Interviewerin-Mutter schützen sollte, so wie sie in der Kindheit versucht hatte, sich an den Vater zu wenden. In ihrem Verhalten kämpfte die auch körperlich wie gepanzerte Interviewte intensiv darum, nie in die Nähe eines abhängigen, hilflosen Zustandes zu geraten, den sie z. B. bei ihrer Krippenaufnahme geschildert hatte.

2. Kontaktaufnahme durch Vermittlung

Aus dieser Art der Kontaktaufnahme entstanden die meisten Interviews. Die Teilnehmer erfuhren von Bekannten, Kollegen oder Patienten von der Studie und entschieden sich zur Teilnahme. Der Interviewer hatte dabei einen Bonus der Solidität und Vertrauenswürdigkeit, was den Beginn der Interviews oft erleichterte. Hier fanden die Interviews auch öfter an wechselnden Orten statt, z. B. auch in der Wohnung der Interviewten.

Eine Teilnehmerin bat den Interviewer in ihre Wohnung, die nicht so leicht zu finden war. Sie hatte sich gut vorbereitet und ihn gastlich empfangen. Erst während des Gesprächs ging dem Interviewer auf, dass die Teilnehmerin gerade wegen einer Krankheit berentet worden war und ihren geliebten Beruf hatte aufgeben müssen.

Der Interviewer war sehr aufmerksam, berührt und respektvoll in seinem Verhalten und spürte Sympathie und Anerkennung in seiner Gegenübertragung. Es entstand ein nachdenkliches Gesprächsklima, in dem die Interviewte ihren Erinnerungen und Gefühlen nachgehen konnte. Allerdings schien doch eine gewisse Angst vor dem Abbruch im Gesprächsstrom zu bestehen, da er ganz viele kurze Fragen stellte. Die Interviewte ging bereitwillig darauf ein, suchte offenbar ein Gegenüber, das aufnimmt, wie gut sie ihre schwierige Situation gemeistert hat, und brauchte auch Entlastung, dass ihre Krankheit ihrem Kind nicht geschadet habe.

Sie selbst war ein Achtmonatskind einer sehr jungen Mutter und lag ihre ersten zwei Lebensmonate auf einer Kinderintensivstation. Bis zu einem Jahr wurde sie dann von der Oma als Ersatzmutter betreut, kam dann in die Krippe. Sie sei liebevoll betreut in der Großfamilie aufgewachsen und früh selbstständig geworden.

In unserer Untersuchergruppe waren wir sehr beeindruckt von der Bereitschaft und Fähigkeit der Interviewten, sich mit ihren Beeinträchtigungen auseinanderzusetzen und die veränderte Situation zu bewältigen. Wir dachten daran, dass sie schon als Säugling um das Überleben gekämpft hatte, und wie sie die Ressourcen der Familie für sich zu nutzen verstanden hatte. Auch der Interviewer hatte ihr Bestärkung geben wollen und seine Betroffenheit in eine eher fürsorglich-anerkennende Zuwendung fließen lassen. Wir wollten alle gern wissen, wie es ihr weiter ergeht.

Das Zustandekommen des nächsten Interviews war durch mehrfache Terminverschiebungen durch die Teilnehmerin erschwert. Sie kam sozusagen stellvertretend für ihre Freundin, die dem Interviewer abgesagt hatte, und wollte auch über Schwierigkeiten mit ihrer Tochter sprechen. Der Interviewer hatte sie in seine Wohnung gebeten. Die Interviewte ließ sich aufmerksam, aber sehr kontrolliert auf das Gespräch ein. Sie erzählte nichts spontan, antwortete bereitwillig, aber knapp auf seine Fragen, vermied Äußerungen von Gefühlen. Der Interviewer empfand immer mehr Druck, versuchte, die Teilnehmerin zu unterstützen und zu lenken, zeitweise auch anzutreiben. Es entstand ein schnelles Frage-und-Antwort-Spiel. Die Interviewte gab ihr Erleben höchstens in kleinen angefragten Brocken preis, wodurch sich der Druck im Interviewer verstärkte. Manche Einstiegspforten in das Erleben der Teilnehmerin blieben verschlossen. Sie wirkte dann deutlich distanziert. Nur als sie von ihrem Kind und seinen Trennungsproblemen sprach, veränderte sich die Tonlage.

Die Interviewte sei bei der Geburt sehr klein gewesen und von der Mutter nicht gestillt worden, da diese »dazu nicht die Kraft gehabt habe«. Mit sechs Monaten sei sie in die Krippe gekommen, sehr viel krank gewesen, so dass sie viel zu Hause war. Im Kindergarten habe sie immer das zerkaute Fleisch in die Backentaschen gesteckt und später ausgespuckt.

In der Gruppendiskussion vermerkten wir, dass die Art, mit der die Interviewte über ihr Erleben berichtete, diesem Ausspucken ähnelte. Der Interviewer wurde für sie dabei zur verfolgenden Autorität, gegen die sie Protest entwickelte. Ihre abgewehrte Bedürftigkeit, verbunden mit dem Gefühl, zu wenig versorgt und gehalten worden zu sein, zeigte sich sehr deutlich. Beim eigenen Kind wiederholte sie eine Identifikation mit den engen Erziehungsvorstellungen ihrer Erzieher, die sie im Interview aber etwas in Frage stellte.

Eine weitere Interviewte kam durch Vermittlung ihrer Mutter, die selbst Krippenleiterin ist und die Interviewerin kannte, zur Teilnahme an der Studie. Sie ging auf die Terminvorschläge freundlich ein und kam pünktlich in die Praxis der Interviewerin, die sie gastlich empfing und sich um eine gute Atmosphäre bemühte. Die Interviewte bemühte sich ebenfalls und stellte sofort fest, dass sie »eigentlich gut aufgewachsen sei«. Sie betonte, dass sie mit ihren eigenen Kindern aber vieles anders machen wollte, vor allem viel mehr Zeit mit ihren Kindern verbringen möchte. Die Interviewerin hörte die vorsichtig und indirekt anklagende Frage an die Mutter, nahm die Gefühle der Teilnehmerin behutsam auf und verhielt sich so, wie es eine ideale Mutter für die Interviewte tun würde, versorgte sie, holte etwas nach. Dadurch konnte diese junge Frau viele negativ getönte Erinnerungen aufsteigen lassen, für die sie sich bei ihrer Mutter rechtfertigen müsste: den Zwang zum Milchtrinken im Kindergarten, die Tortur auf dem langen Holzbrett mit den Töpfchen, die Kälte dort, Haare schneiden ohne vorherige Anfrage, Mittagsschlafzwang. An dieser Stelle fragte die Interviewerin sie nach der Temperatur im Raum, was die Interviewte sichtlich genoss. Es entstand viel Verständnis zwischen beiden Frauen, während enttäuschte und aggressive Gefühle der Mutter gegenüber, die auch für die Krippe stand, verhalten zur Sprache kamen.

Die Interviewte sei mit sechs Monaten in die Krippe gekommen. Die Mutter habe dazu gesagt: »Es war eben früher so.«

Ein eigenes Anliegen für das Interview war nicht zu erkennen. Vielleicht hatte die Interviewte, in Abwehr aggressiver und ambivalenter Gefühle der Mutter gegenüber, ihr mit der Teilnahme einen Gefallen tun wollen. In der Gruppendiskussion stieg viel DDR-Atmosphäre auf.

Eine Teilnehmerin bat die Interviewerin zum verabredeten Termin zu sich nach Hause, da die Kinder krank wären. Sie waren sich vorher in einem anderen Zusammenhang schon einmal begegnet. Es entstand eine angenehme, gegenseitig zugewandte Atmosphäre, in der die Interviewte sehr offen und reflektierend ihr Erleben schildern und ihre Erinnerungen aufsteigen lassen konnte. Die Interviewerin führte behutsam, fragte wenig und ermöglichte der Teilnehmerin die Entwicklung ihrer Lebensgeschichte mit den dazugehörigen Gefühlen der Betroffenheit und des Zweifels. Als sie sich zu Suizidgedanken in ihrer Kindheit bekannte, »weil sie dieses Leben nicht wollte«, konnte sie ihre Tränen kommen lassen, weil sie sich von der Interviewerin offensichtlich sehr gehalten fühlte. Diese spürte den emotionalen Mangel, den die Interviewte in ihrer Kindheit erfahren hatte, aber auch Zuversicht in ihre Entwicklungsmöglichkeiten.

Die Interviewte war mit sechs Wochen ganz selbstverständlich ganztägig in die Krippe gegeben worden und hatte gute Kontakte zu mütterlichen Erzieherinnen in der kleinen, familiären Krippe entwickelt. Ihr Elternhaus war von einem als dominant und fordernd empfundenen Vater und einer harten, wenig einfühlsamen Mutter geprägt.

Die Auswertungsgruppe stellte fest, dass sie schon als Kleinkind geübt hatte, das Fehlende für sich heranzuholen, und dass ihr das auch im Interview gelang. Wir waren betroffen und auch etwas besorgt über den weiteren Fortgang, da sich die Interviewte oft angespannt und überfordert fühlte.

Eigentlich wollten wir Wochenkrippenkinder nicht in unsere Studie aufnehmen. Deshalb wurde eine Frau, die über eine andere Teilnehmerin von dem Projekt erfahren und ihre Bereitschaft zur Mitarbeit erklärt hatte, abgelehnt. Nach Korrektur unserer Kriterien rief die Interviewerin sie selbst an, um sie um ihre Teilnahme zu bitten. Sie sagte sofort zu und kam mit einer kleinen Verspätung mit beschmutzten Händen nach einer Fahrradreparatur in die Praxis. Es ergab sich dadurch eine kurze Kontaktaufnahme zwischen Händewaschen, fürsorglichen Gesten der Interviewerin, nachholendem festen Händedruck und gegenseitig annehmendem Blick zwischen beiden. Im Interview entwickelte sich eine vertrauensvolle, offene Beziehung der Interviewten zur Interviewerin. Diese setzte ihr Angebot an Annahme und Verstehen aus der Eingangsszene fort, führte das Gespräch zurückhaltend, aber in ihren Äußerungen sehr präsent, behutsam Fragen anschiebend und voller Respekt. Die Interviewte konnte sich an diesen kurzen Fragen entlangbewegen, viel Druck zur Entlastung bringen und am Schluss sogar weinen, als es um die schwierige Geburt des jüngsten Kindes ging, in der sie sich selbst wieder so ausgeliefert fühlte wie in der eigenen Wochenkrippenzeit. Die Interviewerin war sehr berührt durch die reflektierte Schilderung, fühlte sich ein wenig als Ersatzmutter angesprochen und bremste sich dennoch voller Respekt vor den emotionalen Bewältigungsstrategien dieser Frau, ihr Hilfsangebote zu machen.

Die Interviewte sei ein unerwünschtes Kind gewesen und mit acht Wochen in die Wochenkrippe gekommen. Ihre Kindheit durchzieht der Satz der Mutter: »Es war eben so.« Es gab noch mehrere sehr traumatische Ereignisse in ihrem Leben.

Die Auswertungsgruppe war auch voller Betroffenheit und Achtung, versuchte, wesentliche Lebenslinien der Interviewten zu erfassen. Im Auftakt des Interviews kam ein Bild dafür zustande: Sie meldete sich zum unpassenden Zeitpunkt, hatte es schwer, zu Gehör zu kommen, schaffte es trotzdem, war sehr aktiv im Beseitigen von Schwierigkeiten und weckte Sympathie durch ihre direkte, warme Art. Sie lastete der Interviewerin nicht an, dass diese ihr zuerst abgesagt und den Händedruck in der Waschsituation vergessen hatte. Sie half sich selbst.

Diese Interviewte kam durch Vermittlung einer anderen Teilnehmerin zum Gespräch. Sie war pünktlich und begann gleich mit der Mitteilung, dass sie schon mit vier Monaten in die Krippe gekommen sei, statt mit sechs, wie sie es am Telefon gesagt habe. Auch habe sie ein eigenes Aufnahmegerät mitgebracht, falls das der Interviewerin nicht gehen sollte.

Sie könnte vielleicht auch noch andere Interviewpartner auftun. Sie versetzte die Interviewerin in eine Spannung: Was könnte sie ihr geben? Diese Spannung schwächte sich im Interview nicht ab. Die Interviewte sprach mit beschleunigter, straffer Sprache, versuchte, genau zwischen Erzählung, Erinnerung und aktueller Situation zu unterscheiden. Dadurch kam sie in eine sachliche Distanz zu sich selbst und verwehrte sich Gefühle. Sie wollte es so gut wie möglich für die Interviewerin machen, identifizierte sich mit deren Anliegen. Diese spürte die Bedürftigkeit der Interviewten, fühlte sich berührt und achtete gleichzeitig die unmissverständliche Botschaft der Gesprächsteilnehmerin, sie nicht durch Hilfsangebote zu entwerten. Diese schwierige Balance lockerte sich im Verlauf des Interviews, entwickelte sich zu mehr Vertrauen und machte gefühlsmäßig dichte Momente möglich.

Die Interviewerin fühlte sich in die Schilderung vom Ungewünscht- und Ungestillt-Sein und den nachfolgenden Bewältigungsversuchen mit forcierter Selbstversorgung und ausgeprägter Leistungshaltung der Interviewten hineingezogen. Sie überzog am Ende die Zeit und wollte sie nachträglich am liebsten anrufen, um ihr zu vermitteln, dass sie gehört habe, dass die Interviewte auch etwas brauche und es nicht nur beim Geben belassen sollte.

Die Interviewte sei ein ungeplantes Kind gewesen, früh abgegeben und mit langer Abwesenheit von Mutter und Vater konfrontiert worden. Sie habe sich immer pflegeleicht gemacht und ihre Bezugspersonen geschont, indem sie ihre Bedürfnisse zurücknahm.

Die Gruppe stellte fest, dass die Interviewte ihre heftigen Existenzängste bekam, als ihr Kind drei Monate alt wurde – das Alter, in dem sie selbst in die Krippe kam. Ihre große Unsicherheit als Mutter hängt wahrscheinlich mit der frühen Trennung von der eigenen Mutter zusammen. Ihre Bedürfnisse nach Versorgung und Zuwendung drückt sie vor allem durch eigenes Geben aus, was sie in den wichtigen Beziehungen fortsetzt.

Ein anderer Interviewter kam auch über Vermittlung einer Patientin aus der Praxis der Interviewerin. Er möchte gleich mit seiner Partnerin kommen, die ebenfalls im ersten Lebensjahr in die Krippe gekommen sei. Es wurde geklärt, dass die Interviews einzeln aufgenommen werden, und ein Termin vereinbart. Er erschien nicht, sagte auf Nachfrage, er habe den Termin wegen seines kranken Kindes vergessen. Die Interviewerin fragte ihn noch einmal, ob er auch wirklich kommen möchte, er stimmte forsch-fröhlich zu und kam dann auch zum Gespräch. Im Interview stellte er sich als »Glückskind« dar, das eine normale und glückliche DDR-Kindheit gehabt habe, und löste damit erneut die Skepsis der Interviewerin aus, die schon im Auftakt zu spüren war. Es entstand eine kämpferische Stimmung, in der jeder den Anderen bestimmen wollte. Er verteidigte seine Gesundheit und Männlichkeit, und die Interviewerin stellte ihn in seiner Selbstdarstellung immer wieder in Frage, bemühte sich, ihn nachdenklich werden zu lassen. In diesem kontroversen Miteinander wurde viel gelacht: z. B. als er erzählte, dass seine Mutter an Abtreibung gedacht hatte bei ihm und er der Interviewerin darauf sagte: »... aber als sie (seine Mutter) ihn dann gesehen habe, sei sie begeistert gewesen.« Hier lachten beide etwas Irritierendes weg. So gab es mehrere Stellen im Gespräch, bei denen eine subtile Angst des Interviewten zu spüren war, die er durch forcierte Selbstbehauptung wegdrückte. Die Interviewerin bemühte sich sehr um eine gemeinsame Suchhaltung mit ihm, aber er kämpfte weiter, dass ihm das alles nichts ausgemacht habe.

Der Interviewte sei mit sechs Monaten in die Krippe gekommen. Er sei dann bis zum zwölften Lebensjahr Bettnässer gewesen mit aufwendigen Behandlungen und demütigenden Szenen. In der Pubertät bedrückte ihn seine leicht verzögerte männliche Entwicklung, als junger Erwachsener hatte er Probleme mit einem überlangen Studium.

Die Gruppe fragte sich, wovor er Angst hat, was ihn so beunruhigt, dass er die Interviewerin so aufbrachte. Die ambivalente Einstellung seiner Eltern zu ihm, die er an ihrem Verhalten ihm gegenüber aufzeigen konnte, hat ihn in seiner Selbstentwicklung offenbar so verunsichert, dass er gewaltig überkompensiert. Bisher konnte er nur als »Glückskind« sein Selbstgefühl aufrechterhalten.

Das Interview dieser Teilnehmerin wurde durch eine andere Patientin der Interviewerin vermittelt und fand bei ihr zu Hause statt. Sie schickte ihren Mann weg, um ungestörte Zeit mit der Interviewerin zu haben. Es wurde schnell spürbar, dass sie froh war, einmal einen Menschen für sich zu haben. Sie erzählte ohne Suche nach Erkenntnis oder den Wunsch nach Entlastung, geschweige denn Anklage, ließ Bilder von viel Einsamkeit und Sehnsucht nach Zugehörigkeit und Geborgenheit aufsteigen. In der Interviewerin entstand Trauer als vorherrschendes Gefühl bei so viel Alleinsein in der Familie und in Kindergruppen. Sie wollte sie durch ihre Fragen nicht auch noch belasten, verhielt sich sehr zurückhaltend und vorsichtig. Die Erzählung der Interviewten über ihr Leben war eher tastend, ohne Erwartung. Manchmal kamen Tränen. Die Interviewerin nahm sich dann sehr zurück, ließ das Gespräch sich entwickeln, half ihr, wenn sie sich verwirrte und irrte mit Daten und Orten. Sie spürte die Angst ihrer Gesprächspartnerin, die schwierigen Themen zu vertiefen, wollte die Zumutungen von Getrenntheit nicht auch noch im Interview aufkommen lassen, zeigte starke Versorgungsimpulse. Sie hatte die Phantasie, die Interviewte könnte bei genauerem Nachfragen ihrer Gefühle völlig in sich zusammensinken. Als es gegen Ende des Interviews um ihr jüngstes Kind ging, wurde das Gespräch lebhafter, lebendiger. Die Interviewte konnte von ihrer Aufregung sprechen, die ihr das Interview bereitet habe; und die Interviewerin konnte sich nicht trennen, als ob sie noch ein wenig genießen wollte, dass die Interviewte nicht in Trauer und Zurückhaltung steckengeblieben war, sondern dass in diesem Zusammensein am Ende auch etwas Kräftigendes zu spüren war.

Die Interviewte ist in eine Großfamilie hineingeboren, in der mehrere Mitglieder in der Krippe gearbeitet hätten, in die sie mit sechs Wochen gekommen sei. Sie habe deshalb kaum einen Unterschied zwischen ihrem Zuhause und der Krippe wahrnehmen können, war auch täglich sehr lang in der Einrichtung. Es gab dann viele Umzüge und dadurch wenig Kontakt mit Spielgefährten. In der Pubertät hatte sie Panikattacken und wurde depressiv.

Die Gruppe stellte fest, dass die Interviewte wie in einer Festungsfamilie gelebt hätte. Es war alles geregelt. Die Beziehungen zu den Eltern blieben blass und unauffällig.

Sie fand keinen Adressaten für ihre Gefühle von Einsamkeit und Ausgegrenztsein, wollte die Eltern nicht enttäuschen. Auch bei uns war Trauer das Hauptgefühl bei diesem Lebensbericht, obwohl wir aufmerksam hörten, dass sie zu ihrer eigenen Freude in den letzten Jahren ihrem Kind einiges davon geben konnte, was sie selbst nicht bekommen hatte.

Auch eine weitere Interviewte kam durch die Vermittlung einer Patientin der Interviewerin. Bei der Terminvereinbarung gab es zeitliche und örtliche Verlegungen. Schließlich wurde die Interviewerin zu einem Abendtermin in die Wohnung der alleinerziehenden Teilnehmerin gebeten mit genauer Wegbeschreibung und Klingelverbot, damit das Kind nicht aufwache. Zu Beginn teilte sie gleich mit, dass sie eigentlich absagen wollte, weil sie sich nicht so gut fühle. Nachdem beide Platz genommen hatten, der auch noch einmal korrigiert werden sollte, schenkte die Interviewte Tee ein. Eine Bemerkung über die angenehme Atmosphäre der Wohnung wurde sofort zurückgestoßen. Die Interviewerin fühlte sich etwas gegängelt und kritisiert. Erst später ging ihr auf, dass die Interviewte selber wohl immer Kritik und Gängelei erwartet und sich schon im Vorhinein durch Umkehr wehrte. Während des Gesprächs nestelte die Interviewte immer die Knöpfe ihrer Jacke auf und zu und schaute ihr Gegenüber genau, manchmal bohrend-beschwörend an.

Sie sprach schnell und viel, es ging viel Druck von ihr aus, der sehr schwankte zwischen Öffnung und Abweisung. Die Interviewerin fühlte sich oft wie von einem Brei übergossen, als würde die Interviewte ihr Leben in sie hineinkippen, weil sie es selbst nicht halten konnte. Sie versuchte dann, das Gespräch zu strukturieren und dadurch zu halten, bekam aber öfter aggressive Reaktionen. Im Verlauf des Interviews wurde die Teilnehmerin immer bewegter, fast getrieben, manchmal verhedderte sie sich mit Personen und Zeiten. Die Interviewerin wurde dagegen ruhiger und haltender. Als die Interviewte die ambivalente Beziehung zum Kindesvater beschrieb und ihre Strategien, ohne Partner mit dem Kind zurechtzukommen, sah sie die Interviewerin sehr auffordernd an, mit einem dringenden Wunsch nach Anerkennung. Das Interview sei gut für sie gewesen, sie möchte wöchentlich zu Gesprächen kommen. Bei der Verabschiedung forderte sie die Interviewerin auf, vorsichtshalber doch noch die Toilette zu benutzen, der Weg sei weit.

Diese Frau war mit einem Vierteljahr ganztägig zu einer Tagesmutter gekommen und mit einem halben Jahr in die Krippe. Sie sei ein Nachzügler, ein »Unfall«, wurde nicht gestillt. Es gab frühe Abwesenheiten der Eltern, einen Krankenhausaufenthalt. Von der Mutter gab es weniger Zuwendung als Kontrolle. Ein Bruder starb in ihrer Pubertät.

Während der Auswertung in der Gruppe übertrug sich das überschwemmende Breigefühl. Vielleicht hatte sich die Interviewte in ihrer Familie auch oft so unklar gemeint gefühlt. In ihren aggressiv-abwehrenden Reaktionen könnten verborgene Wünsche nach Angenommen- und Geborgensein stecken, die die Interviewte sich nicht eingestehen kann. Das Bedürfnis nach Anerkennung war sehr deutlich gegen Ende des Interviews, aber die Teilnehmerin musste es gleich wieder umkehren, machte die Interviewerin zum Krippenkind, das auf den Topf geschickt wird.

Bei einer anderen Interviewten hatte deren Mutter, eine Krippenerzieherin, die Vermittlung voll übernommen. Sie klingelte bei der Interviewerin, meinte, dass die Tochter heute Zeit hätte, wollte bei dem Gespräch selber dabei sein. Es war nicht ganz einfach für die Interviewerin, hier Grenzen zu ziehen, zumal das Interview in der Wohnung der Interviewten stattfand. Die Interviewte ließ keinen Zweifel daran, dass sie hier der Mutter einen Gefallen tat, eigentlich selber nicht so interessiert sei an dem Thema. Sie saß sehr unbeweglich und starr auf ihrem Sofa, bot Wasser an, aber schenkte nicht nach. Sie tat formal alles, was die Mutter von ihr erwartet hatte, blieb aber distanziert, fast abweisend. Die Interviewerin bemühte sich sehr, einen Kontakt herzustellen, strengte sich richtig an. Im Auftakt des Gesprächs war dieselbe Unterwerfung unter die Fragen der Interviewerin zu spüren wie beim Zugeständnis an die Mutter: Formal nahm sie teil, sie war kein Spielverderber, aber sie erzählte nicht spontan, ließ sich fragen, zeigte sich kaum emotional.

Es ergab sich eine kleine Verwirrung bei der Interviewerin, als die Interviewte von ihrer Erinnerung an den Garderobenraum der Krippe im Zusammenhang von »Hinkommen« sprach und die Interviewerin aber immer nur »Abholen« verstand, als ob sie den damaligen Wunsch des Kindes – auch in Bezug auf die jetzige, erzwungene Situation – intuitiv erfasst hätte. Als die Interviewte dann vom »Abgeholt-Werden« sprach, hatte sie Tränen in den Augen und betonte sofort, dass dies eine normale Situation gewesen sei, die sie nicht emotional bewege.

Der Ton des Interviews war sehr abwiegelnd, schwierige Erlebnisse wurden als »sehr normal« geschildert, aber dann schimmerte doch etwas Stolz durch, wenn sie beschrieb, wie sie sich als Kind der Mutter gegenüber durchgesetzt hatte. Die Interviewerin nahm sich sehr zurück, bewegte sich vorsichtig in ihren Anregungen und Nachfragen. Es gab eine kurze, lebendige Unterbrechung im Interview, als die Schwester der Teilnehmerin hereinkam und etwas absprechen wollte. Hier hellte sich die Situation plötzlich auf und fiel dann wieder in den etwas starren Frage-Antwort-Wechsel zurück.

Am Schluss beantwortete die Interviewte die Frage der Interviewerin, warum sie das Interview gemacht habe mit »der Mutter zuliebe«. Sie habe eigentlich wenig Zeit, und jetzt sei ihr freier Nachmittag weg.

Die Interviewte sei wahrscheinlich mit einem halben Jahr in die Krippe gekommen. Es hätte kaum Unterschiede im Erziehungsstil der Großfamilie und der Krippe gegeben. Sie sei gut beschützt gewesen, geregelt mit festen Pflichten, hätte keine Probleme gehabt. In ihre Lebensentscheidungen – Beruf, Mann, Kind – sei sie mehr hineingeraten, als sie sie selbst getroffen hätte.

In der Gruppe wurde festgestellt, dass die Zurückhaltung und Vorsicht der Interviewerin wahrscheinlich auf Schuldgefühle zurückzuführen seien, weil sie die Interviewte nicht selbst nach ihrem Einverständnis fragen konnte, weil die Mutter ihr zuvorgekommen war. Die Mutter hat die Interviewte zum Gespräch gebracht wie früher in die Krippe, und die Tochter hat sich formal angepasst, nur indirekt protestiert. Erst als die Schwester erschien, erfuhren wir etwas von der Vitalität der Interviewten, die auch noch in ihr steckt.

In der Beziehung der beiden Gesprächspartner war die starre Haltung der Interviewten nicht aufzubrechen, die Interviewerin wurde zum verlängerten Arm der Mutter.

3. Lebenspartner der Interviewten

Diese beiden Personen hatten kein ganz freiwilliges, eigenes Motiv für ihre Teilnahme an unserer Studie. Sie kamen in Absprache mit den vorher interviewten Partnern, die sozusagen mit im Raum standen und auf die sich manche Gesprächsinhalte bezogen.

Eine Lebenspartnerin hatte zunächst zugesagt, eine Terminvereinbarung kam aber schwer zustande und wurde über Monate mehrfach verschoben, weil sie angenommen hatte, dafür stünde nur die normale Arbeitszeit zwischen 8 und 17 Uhr zur Verfügung. Es war ihr undenkbar, dass die Interviewerin sich mit dem Zeitpunkt nach ihr richten würde. Sofort war eine Abwehr gegen das Bestimmtwerden von außen erkennbar, die in sich zusammenfiel, als sie merkte, dass es keinen Widerstand gab.

Die Interviewerin hatte inzwischen sehr an ihrer Motivation gezweifelt. Beide Beteiligten fanden schwer zueinander. Im Interview setzte sich dieser unterschwellige Kampf fort. Die Interviewte erzählte sehr nüchtern von ihrem Erleben, ließ sich fragen, blieb bei knappen Antworten. Sie verführte die Interviewerin zum Nachhaken und ließ sie dann auflaufen. Es entstand eine merkwürdige Spannung auf beiden Seiten in diesem schnellen Frage-und-Antwort-Spiel. Nachdenken und Innehalten konnten sich nicht entwickeln. Die Interviewerin versuchte immer wieder, etwas Verbindendes herzustellen, aber die Interviewte nahm es nicht auf. In der Gegenübertragung entstand Ärger, der die Interviewerin wiederholt etwas vergessen ließ, was die Gesprächspartnerin gesagt hatte, die dies dann einklagte. Die tiefe Unsicherheit der Interviewten wirkte wie verpanzert. Am Ende des Interviews stellte sie fest, dass es im Raum ein bisschen kalt war. Beide hatten sich nicht gut erreicht und Wärme herstellen können.

Die Interviewte sei mit acht Wochen in die Krippe gekommen, in der alle Kinder beim Abgeben nackt ausgezogen wurden. Sie war so viel krank, dass sie nach neun Monaten wieder herausgenommen und den Großeltern zur Betreuung übergeben werden musste. Die Beziehung zur Mutter blieb sehr distanziert, der Vater war wenig erreichbar. Beruflich hatte die entwickelte Leistungshaltung der Interviewten vollen Erfolg gebracht. In der Partnerschaft suchte sie noch die Balance.

In der Gruppe hatte sich bei der Auswertung die ärgerliche Stimmung auf die Mitglieder übertragen. Die Interviewte löste weniger Mitgefühl aus als andere Interviewte. Wir überlegten, dass es daran liegen könnte, dass die Interviewte keine Zuwendung erwartet hatte, sich gar nicht vorstellen konnte, dass die Interviewerin wirklich etwas von ihr wissen wollte. Sie hat offenbar kaum Verstehen erfahren, und das Einlassen auf eine fremde Person heißt vielleicht wieder, nackt ausgezogen zu werden, was sie um jeden Preis vermeiden möchte. Dadurch wird ihr Gegenüber immer zum Eindringling, der sich schlecht fühlt. Ohne die Vermittlung ihres Mannes wäre sie bestimmt nicht zum Interview gekommen.

Ein anderer Interviewter kam nach seiner Frau, die am gleichen Tag interviewt worden war. Seine Schwester ist Krippenleiterin, die die Interviewerin kennt. Das Interview fand in der Praxis der Interviewerin statt. Er kam pünktlich, nahm den Kontakt freundlich und etwas gespannt auf. Die Interviewerin überlegte, ob er Hörprobleme habe, weil er ihr auf eine bestimmte Weise sehr aufmerksam ins Gesicht sah. Aus diesem Eindruck heraus versuchte sie, ihm anfangs ganz deutlich und vorsichtig den Ansatz der Untersuchung zu erklären, betonte die Anonymität, beschrieb die Art der Auswertung, als ob mögliche Zweifel des Interviewten gleich vorweg ausgeräumt werden müssten. Er zweifelte auch sofort daran, dass die Krippenerziehung etwas mit dem späteren Leben zu tun haben könnte. Dann bemühte er sich, sich einzulassen und zu erinnern, quälte sich sehr dabei und traf dann irgendeine Entscheidung, wie z. B. dass er ein gewünschtes Kind gewesen sei.

Die Interviewerin mochte ihn nicht überfordern, fragte sehr behutsam, machte Umwege, z. B. über die Beschreibung von Fotos. Er überlegte lange, als ob viele Gedanken für ihn ganz neu wären, spannte sich an und äußerte kurze Statements wie: »... mit meiner Geburt war alles in Ordnung auf Anhieb.« Ganz vorsichtig fragte die Interviewerin nach der vermuteten Hörminderung, die er bestätigte. Als er an seine Schmerzen bei den Mittelohrentzündungen als Kleinkind dachte, tauchte ein Gefühl im Interview auf, das er gleich zurücknahm. Einen Sprachfehler habe er »eigentlich nicht«, sagte er. Das Einzige sei, er »spreche nicht so gern«.

Die Interviewerin stellte fest, dass er über den Augenkontakt sich ganz auf sein Gegenüber einstellen möchte und seine eigenen Gefühle und Meinungen dabei ganz zurücknehme. Als sie ihn damit konfrontierte, erinnerte er sich an seine Armeezeit, in der er gut zurechtgekommen sei: »... also da muss man einfach nur das machen, was die sagen.«

Am Ende meinte er, es hätte zwar nicht viel gebracht, wäre aber doch interessant gewesen, »mal über sich selber zu reden«.

Er sei mit einem halben Jahr in die Krippe gekommen, viel krank gewesen. Die Mutter war die Hauptbezugsperson, hätte ihn ohne Worte verstanden. Der Vater habe ihn nicht viel ausprobieren lassen. Seine Frau tauchte mehr als die Mutter seiner Kinder, denn als seine Partnerin auf.

In der Nachbesprechung in der Gruppe löste die Auswertung eine Bewegung von Trauer über so viel Ungesagtes, Ungeformtes aus, auch Mitgefühl mit diesem Kind mit Ohrenschmerzen, das als Erwachsener nicht sprechen mag. Seine Unterordnung und Verleugnung von Problemen machten uns ungeduldig, auch etwas ärgerlich. Die Interviewerin wurde wieder zu einer unberechtigt eindringenden Person, zur Täterin. Er sei vermutlich auch nur seiner Frau oder seiner Schwester zuliebe zum Interview gekommen.

4. Kontaktaufnahme durch persönliche Bekanntschaft mit dem Interviewer

Diese beiden Interwiewpartner waren mit dem Interviewer schon im Vorhinein etwas vertraut, ehe sie sich auf die Interviewsituation einließen. Dieser Umstand ging in die Gestaltung des Gesprächs mit ein, erleichterte und erschwerte sie zugleich.

Die erste Interviewpartnerin duzt sich mit dem Interviewer. Er richtete sich mit der Terminvereinbarung nach dem Stillrhythmus ihres jüngsten Kindes. Das Interview fand in ihrer Wohnung statt. Sie war gut darauf eingestellt, es wurde Wasser angeboten, das Gespräch begann sofort, freundlich und konzentriert ging sie auf die Fragen ein und erzählte auch spontan. Vermutlich wollte sie ihm einen Gefallen tun mit ihrer Bereitschaft zum Interview, aber zunehmend wurde deutlich, dass sie auch Entlastung suchte: »... endlich will mal jemand die vielen schwierigen Geschichten hören.«

Sie sei kein gewünschtes Kind gewesen, nicht gestillt worden, und ihre Mutter habe gesagt, »beim dritten Kind hat man keine Milch mehr«. Dem Interviewer fiel sofort auf, dass sie den Termin nach den Stillzeiten des fünften Kindes gerichtet hatte. Sie beschrieb ihre Lebensgeschichte voller Kämpfe, einen Platz für sich zu finden in ihren Beziehungen zu den Eltern und Geschwistern, in der Schule, später in den Partnerschaften. Sie beklagte sich dabei nicht, sondern betonte ihre Ersatzmöglichkeiten für Fehlendes.

Der Interviewer hörte sich die Erzählung beeindruckt an, fragte wenig. Es wirkte, als sei er auf die Zuschauerbank verbannt. Er fühlte Empörung und Trauer über die Bedingungen ihres Aufwachsens, aber auch viel Respekt für ihre Vitalität, mit der sie ihr Leben gestaltet hatte. Wenn er im Interview versuchte, etwas davon durchschimmern zu lassen, wehrte sie das etwas lässig-verlegen ab, wollte die aufsteigenden Gefühle nicht vertiefen. Am Schluss des Gesprächs waren beide froh und erleichtert. Sie sagte: »Es war einfach interessant, sich zu erinnern.«

Die Interviewte ist mit acht Wochen in die Krippe gekommen, fühlte sich wenig angenommen von der Mutter, hing eher am trinkenden Vater, der früh aus der Familie ging, erlebte einen sehr distanzierten Stiefvater, suchte Ersatzmütter in den Kindereinrichtungen, kämpfte sich durch die Sportschule und später mit vielen Kraftanstrengungen durch die Wechselfälle ihres Erwachsenenlebens.

Die Gruppe war auch sehr beeindruckt von der Lebensbewältigung der Interviewten bei ihren schwierigen Voraussetzungen. Wir spürten ihren eher unbewussten Wünschen nach Halt und Geborgenheit nach, die hervorzuheben sie dem Interviewer so geschickt verwehrt hatte. Vielleicht erlebte sie viel davon im Zusammensein mit ihren Kindern, gebe denen etwas davon, was sie selbst nicht bekommen habe, und genieße es mit ihnen. Auch dieser Interviewte war mit dem Interviewer bekannt, wollte ihm einen Gefallen tun, aber auch mehr über sich erfahren. Es gab zwei Termine zu zwei Gesprächen, da es beim ersten Gespräch technische Probleme beim Aufnehmen gab. Die Interviews fanden in der Wohnung des Interviewers in einer ruhigen Atmosphäre statt. Vordergründig wurde die Haltung des Interviewten als offen, anfangs etwas gespannt, aber zunehmend sicherer beschrieben. Demgegenüber gab es in seinem Blick etwas aufmerksam Schauendes, Staunendes, vielleicht Ängstliches, das Zuwendung suchte und fast wichtiger als die verbale Kommunikation zu sein schien.

Das Interview zum ersten Termin entwickelte sich zunächst zu einem Frage-und-Antwort-Spiel, in dem der Interviewte offensichtlich eine Struktur suchte, die ihm hilft, sich in diesem unsicher offenen Feld des Sprechens über sich selbst zurechtzufinden. Er war dabei sehr um Genauigkeit bei der Schilderung von Details und Atmosphäre bemüht. Spontan wagte er sich kaum hervor. Der Interviewer spürte diese Scheu und half durch viele Vorgaben zum Gespräch, die mit dem Druck des Interviewten korrespondierten. Fürchtete er die Bewertung des Interviewers? Er beobachtete ihn, ließ sich nicht auf ihn als Person ein.

In einer Szene bei der Erzählung über die Wende, die er bei der Armee lediglich als Kleiderwechsel erlebte, fragte er den Interviewer, wann eigentlich die DDR aufgelöst wurde. Als er auf seine Familie zu sprechen kam, wurden Gefühle des Stolzes und der Freude spürbar. Dann riss das Tonband, und das Interview konnte erst später fortgesetzt werden.

Im zweiten Gespräch zeigte sich der Interviewte etwas gelöster, konnte über Gefühle zu seinen Kindern sprechen. Hier wirkten die beiden Männer verbunden, der Interviewer schien für den Gesprächsteilnehmer nicht mehr die abständige Autorität zu sein, sondern eben auch ein Vater, der mitfühlt.

Der Interviewte war mit acht Wochen in die Krippe gekommen und meist von der Oma betreut worden. Die Krippe war für ihn ein »erweiterter Familienraum«, weil auch eine Tante dort arbeitete. Er sei als Einzelkind ohne Probleme aufgewachsen, ein Umzug in die Großstadt mit zehn Jahren sei »schon ein bisschen komisch« gewesen. Sonst sei alles glatt gegangen im Beruf und mit der Familie.

In der Nachbesprechung in der Gruppe kamen heftige Gegenübertragungsgefühle zum Vorschein, die ganz im Gegensatz zu dem eher ruhigen Fluss des Interviews standen. Der Interviewer äußerte Anflüge von Neid auf den Interviewten über die Selbstverständlichkeit seines behüteten, durch wenig Brüche, aber eigene Aktivitäten geprägten Lebens. Einzelne Gruppenmitglieder äußerten Distanz und Bedauern zu dem Interviewten, aber auch ohnmächtige Wut auf die hier deutlich durchschimmernde DDR-Atmosphäre mit Plattenbau im Lehmmatsch, Schichtarbeit der Eltern und platten Regeln, die immer noch nachwirken, so dass emotionale Reaktionen des Interviewten nur an zwei Stellen auftauchten, als es um das Übergangsobjekt Kuscheltier ging und das Abgeben seiner Kinder in der Kindereinrichtung. Die engen Regeln, mit denen er aufgewachsen ist, und das Nichtwahrnehmen von Gefühlen scheinen wie ein psychisches Gerüst zu sein, das ihm Stabilität um den Preis von Einschränkungen ermöglicht. Nur sein Blick zeigte etwas von seinen Gefühlen.

Auswertung und Diskussion

Unsere Untersuchung der Interaktionsgestaltung zwischen Interviewer und Interviewtem führte uns zu dem Ergebnis, dass ein spezifisches Verhaltensmuster im Umgang mit sich selbst und dem Anderen, das eine Verallgemeinerung zuließe, für unsere ehemaligen Krippenkinder nicht sichtbar wurde.

Die Auswirkung der biographischen Konstellation »Krippenbetreuung« auf die Entwicklung der Persönlichkeiten der Interviewten ist zwar so verschieden wie die interviewten Personen selbst, denn jede von ihnen hat mit ihren inneren und äußeren Voraussetzungen die frühe Trennung und Fremdbetreuung individuell verarbeitet. Dennoch fielen einige Übereinstimmungen zwischen der Gestaltung der Interaktionsszene und den biographischen Erinnerungen, insbesondere mit erinnerten Beziehungen, auf. In der nachfolgenden Auswertung werden zuerst die verschiedenen Phänomene beschrieben und anschließend dem Lebensalter bei Krippenaufnahme zugeordnet.

Zunächst fragten wir uns, wie die Interviewten mit dem Interviewer umgingen: ob sie ihn idealisierten und sich ihm anpassten, ihn fürchteten, ihn bekämpften oder in Augenhöhe mit ihm kommunizierten? Es ist verständlich, dass sich diese Eindrücke im Verlauf der Interviews auch überlagerten, so dass Idealisierung und Protest in einem Interview vorkamen.

Wir stellten fest, dass etwa acht der ehemaligen Krippenkinder sich im Interview so verhielten, dass sie sich mit dem Interviewer identifizierten, kaum einen Abstand aufkommen ließen. Für diese innere Bewegung der Interviewten ließen sich verschiedene Motive vermuten, vor allem ein Wunsch nach Einssein, aber auch Ängste vor dem Verlust dieser gewünschten Verschmelzung als Ergebnis der Verdrängung aggressiver Gefühle, wenn sie sich durch das Erleben des Interviews angegriffen fühlten.

Weiterhin war eine Anpassung an die vermuteten Erwartungen des Interviewers bzw. von Autoritäten überhaupt – deutlich bei 13 Teilnehmern – zu finden. Diese eher äußerlich erkennbare Bewegung von fragloser Zustimmung oder auch vorauseilender Aufnahme möglicher Anfragen ist der Identifikation sehr nahe, aber nicht so allumfassend wie diese. Hier waren große Übereinstimmungen mit den Einstellungen der Eltern in den Lebensläufen der Interviewten zu finden.

Meist unbewusste Versorgungswünsche bzw. Sehnsucht nach Geborgenheit, die sich in der Gegenübertragung des Interviewers widerspiegelten, hatten zehn Personen. In diesen Biographien finden sich oft besonders schwierige Bedingungen des Aufwachsens in den ersten Jahren und Brüche in der Entwicklung.

Bei zwölf Teilnehmern war ein latenter Protest in der Interviewsituation zu beobachten, der auch mit ihren Lebensbewältigungen korrespondierte, die oft kreative Abweichungen von den vorgelebten Lebensentwürfen aufzeigten.

Wenn wir das Krippenaufnahmealter dazu in Beziehung setzen, ergeben sich folgende Ergebnisse:

In der ersten Gruppe der ehemaligen Krippenkinder, die vom zweiten bis Ende des fünften Lebensmonats in die Krippe aufgenommen worden waren – insgesamt elf Personen –, waren bei mehr als der Hälfte der interviewten Identifikation und Anpassung die absolut vorherrschenden Modi des Verhaltens im Interview. Ebenso zeigte eine knappe Hälfte dieser Interviewten latenten Protest zum Interviewer.

In der zweiten Gruppe der Interviewten, die vom sechsten Lebensmonat bis zu einem Jahr in die Krippe aufgenommen wurden – es waren neun Teilnehmer – waren etwas mehr als ein Drittel im beschriebenen Sinne angepasst. Etwas weniger als die Hälfte dieser Personen zeigten Versorgungswünsche und zwei Drittel von ihnen latenten Protest.

Die in der Auswertung unserer Untersuchungsgruppe aufgenommenen Gegenübertragungsgefühle der Interviewer waren in der ersten Gruppe der früh aufgenommenen ehemaligen Krippenkinder durchweg heftiger: Es gab tiefe Berührung, Trauer und Mitgefühl, angestrengte Spannung und Unruhe bis Angst, auch Ärger, aber kaum Distanz.

In der zweiten Gruppe der mit einem halben Jahr frühestens aufgenommenen ehemaligen Krippenkinder wurden Vorsicht und Zurückhaltung öfter erwähnt, neben Distanz auch Ablehnung, aber auch Betroffenheit und respektvolle Anerkennung. Es herrschte eine Tendenz vor, die Selbstbilder der Interviewten lieber nicht anzutasten, um sie nicht zu verletzen.

Auch wenn unsere Stichprobe keinerlei Anspruch auf statistisch zu belegende Evidenz erhebt, sind doch einige Tendenzen im Verhalten und in der Befindlichkeit der Interviewten zu erkennen: Die bis zum Halbjahr abgegebenen Kinder schienen sich am häufigsten mit dem Interviewer zu identifizieren, während die später abgegebenen Kinder einen etwas geringeren Grad an Identifikation und Anpassung aufwiesen. Versorgungswünsche wurden in der ersten Gruppe ausgeprägter geäußert. In der zweiten Gruppe zeigt sich etwas mehr latenter Protest als bei den früher abgegebenen Krippenkindern.

Der höhere Grad an Identifikation mit dem Interviewer, die Anpassung an seine möglichen Erwartungen und die stärkeren Versorgungswünsche scheinen in der ersten Gruppe stärkere Gegenübertragungsgefühle der Interviewer hervorzurufen. Der etwas stärkere latente Protest in der zweiten Gruppe löste neben den anderen Verhaltensmodi vermutlich eher die beschriebene Zurückhaltung der Interviewer aus.

Der Trennungszeitpunkt in der Früherfahrung unserer Interviewten spielt also eine spürbare Rolle in der Entwicklung der Persönlichkeiten, vor allem dadurch illustriert, dass es in den DDR-Krippen keine Eingewöhnungszeiten gab und der Krippentag sehr lang war. Es ist anzunehmen, dass die Bewältigungsstrategien der Kinder der ersten Gruppe deshalb eher zu Identifikation und Anpassung mit den Autoritäten führten.

Bei den Personen der ersten Gruppe, die ihre Selbstständigkeit besonders betonten, war im Verlauf des Interviews oft eine ausgeprägte Bezogenheit auf die Äußerungen des Interviewers zu bemerken. Dabei war die Handlungssprache manchmal authentischer als der verbale Ausdruck.

In diesen 20 differenzierten Lebensbildern wird deutlich, dass es bei unserer Untersuchung nicht um die Auswirkungen der blanken Tatsache der Fremdbetreuung im ersten Lebensjahr in der DDR ging, sondern um die Qualität der Betreuung der Kinder – in der Krippe und zu Hause. Für manche der ehemaligen Krippenkinder war die Betreuung in der Krippe rettend, weil die Situation zu Hause zu wenig Halt und Geborgenheit bot, für andere war die Trennung von der Mutter verstörend und sehr hemmend. Prägend waren diese Erfahrungen beide auf eine bestimmte Weise.

Sehr eindrucksvoll ist, dass jede und jeder der Interviewten die eigenen Kinder deutlich später in die Krippe gab und gibt, als es ihnen selbst widerfahren war. Sie alle legen Wert auf das frühe Zusammensein im ersten Jahr und die langsame Eingewöhnung der Kinder an die neue Situation, die aber oft positiv bewertet wird.

Die Notwendigkeit der Fremdbetreuung der eigenen Kinder in der Zeit der Berufstätigkeit beider Elternteile wird kaum angezweifelt, aber das Spektrum entsprechender Modalitäten hat sich bei den Interviewten im Gegensatz zum eigenen Erleben sehr erweitert. In unserer Gruppendiskussion über die einzelnen Begegnungen stieg oft etwas von der engen DDR-Atmosphäre auf, die auch jeder von uns anders erlebt hatte und die durch das Gespräch mit unserer westdeutschen Teilnehmerin verschärft wurde. Manchmal waren wir sehr bedrückt, dann wiederum erschien es uns erstaunlich, wie manche der Interviewten ihre Ressourcen entwickelt und zu einer guten Lebensbewältigung gefunden hatten. Es überwog der Respekt vor der inneren Arbeit, mit der die vielen verschiedenen Einflüsse, die die Persönlichkeiten unserer Interviewten geformt hatten, zu denen die frühe Trennung von der Mutter und die Krippenerziehung gehört, koordiniert und integriert wurden.

Kapitel 6

Lebensumstände der Eltern, ihre Gründe für die Abgabe der Kinder in die Krippe und der Umgang mit der Frühtrennung

Ingrid Kerz-Rühling

Für die Entwicklung und das Wohlbefinden der Krippenkinder sind, wie viele Untersuchungen zeigen (Laewen, 1994; Bensel, 1994), nicht nur die Qualität der Krippe bedeutungsvoll, sondern ebenso die familiale Situation und die Zusammenarbeit zwischen Eltern und Erzieherinnen. Wir gingen daher von der Hypothese aus, dass die Elternbeziehung und die Einstellung der Eltern zum Kind Auswirkungen auf die Verarbeitung der Frühtrennung und der Krippenbetreuung hat. Da uns in unserer Untersuchung die Frage beschäftigte, wie ehemalige Krippenkinder als Erwachsene die Wirkung der außerfamilialen Betreuung auf ihre aktuelle Lebenssituation einschätzen, haben wir die Eltern unserer Interview-Partner nicht persönlich interviewt. Fast alle Untersuchten hatten jedoch bereits früher einmal mit den Eltern über den Krippenaufenthalt gesprochen oder befragten die Mütter vor dem Interview. Unsere Ergebnisse stützen sich somit auf die Erinnerungen der Probanden ebenso wie indirekt auf diejenigen ihrer Mütter. Da es sich um nachträgliche Erzählungen handelt, werden die Aussagen durch die gegenwärtige Situation geprägt, die wiederum von den aktuellen Lebenserfahrungen und den Reaktionen auf die Wiedervereinigung bestimmt ist. Bei den Berichten der Interviewten über die Erzählungen der Mütter interessierte uns vor allem, wie diese die Frühtrennung und die Erziehung in der Krippe erlebt hatten und wie sie sie heute beurteilten. Auch die aktuelle Beziehung der ehemaligen Krippenkinder zu ihren Müttern lässt Rückschlüsse auf die frühen Erfahrungen zu.

Merkmale der familialen Rahmenbedingungen

Als wichtige Faktoren für die Entwicklung des Kindes betrachteten wir das Alter und die berufliche Situation der Eltern während der ersten Lebensjahre des Kindes, ihre partnerschaftliche Beziehung und die Einstellung zum Kind sowie vor allem das Vorhandensein von sozialen Ressourcen, d. h. der Unterstützung durch Großeltern, andere Verwandte, Freunde und Nachbarn. Außerdem hatten die Einstellung der Eltern zu den gesellschaftlichen Verhältnissen in der DDR, ihre politische Überzeugung und ihre Bereitschaft zur

Anpassung an die staatlichen Erziehungsmaßnahmen Einfluss auf den Umgang mit den Kindern. Ihre Begründung für die Abgabe in die Krippe, die Reaktion auf den Trennungsschmerz und die häufig auftretenden Erkrankungen der Kinder sowie ihre Beziehung zu den Erzieherinnen sind weitere Aspekte, die ein besseres Verständnis der Kindheitsentwicklung in der DDR ermöglichen.

Soziale Situation der Eltern und Beziehung zum Kind

Das Alter und der Ausbildungsstand spielten eine wichtige Rolle für den Umgang der Eltern mit ihren Kindern. Die Mehrheit der Mütter der von uns Interviewten war bei der Geburt zwischen 19 und 25 Jahre alt. Die frühe Heirat und Elternschaft hatte dem jungen Paar oft ermöglicht, in eine eigene Wohnung zu ziehen und die äußere Abhängigkeit von den Eltern zu lösen. Sieben der Mütter und drei der Väter waren zum Zeitpunkt der Geburt noch in Ausbildung oder studierten. Fünf Väter waren bei der Nationalen Volksarmee (NVA) und standen daher ebenso wie vier Schichtarbeiter für die Versorgung der Kinder kaum zur Verfügung. Obwohl beide Eltern arbeiteten, waren es vor allem die Mütter, die die Kinder in die Krippe brachten und abholten. Die in der DDR angestrebte Gleichberechtigung zwischen Männern und Frauen und die damit verbundene Eingliederung der Frauen ins Berufsleben bedeuteten für die Mütter eine Mehrfachbelastung, da die Väter sich weniger an der Versorgung der Kleinkinder beteiligten und sich meist erst mit ihnen beschäftigten, wenn sie größer waren, so dass sie mit ihnen spielen und Sport treiben oder gemeinsame Arbeiten im Haus und Garten verrichten konnten. Als Erzieher traten sie bei den von uns Untersuchten vor allem in der Pubertät in Erscheinung, wenn es darum ging, die Töchter in ihrem Unabhängigkeitsstreben, dem Wunsch abends auszugehen und sich Freunden zuzuwenden, einzuschränken. Während zu den Müttern in den meisten Fällen ein eher ambivalentes Verhältnis bestand, sie als streng, auf Ordnung achtend und kontrollierend beschrieben wurden, hatten die Interviewten häufig die Tendenz, die Väter zu idealisieren, da sie sich, als die Kinder älter waren, mehr Zeit für gemeinsame Aktivitäten nahmen. Zwar forderten sie gute Leistungen in der Schule und bestanden auf Mitarbeit in Haus und Garten, aber sie waren auch bereit, die Kinder zu unterstützen. Ein Vater, der Lehrer an der Schule war, die sein Sohn besuchte, sorgte dafür, dass die Schulspeisung verbessert wurde, nachdem der Sohn sich über die schlechte Qualität des Essens beschwert hatte. Auch half ihm der Vater dabei, sich der Aufforderung zur Offizierslaufbahn zu entziehen.

Dass die meisten interviewten Frauen die Väter trotz der strengen Maßnahmen in der Pubertät sehr schätzten, wird verständlich durch eine, von uns vermutete, unaufgelöste ödipale Bindung der Töchter. Als eine Folge der Enttäuschung, dass die Mütter in der frühen Kindheit oft nicht als fürsorglich und beschützend erlebt worden waren, erfolgte eine intensive Hinwendung zum Vater als dem in der Phantasie begehrenswerteren Objekt.

Die zwei interviewten Männer schilderten hingegen vor allem Schwierigkeiten, sich gegenüber den Vätern zu behaupten, die sehr kritisch mit den Söhnen umgingen und oft mit ihren Leistungen nicht zufrieden waren. Ein Interviewter berichtete, dass der Vater keine Geduld mit ihm hatte. Wenn sie zusammen etwas bastelten, war er schnell unzufrieden, nahm ihm die Arbeit ab und gab ihm keine Chance, selbst etwas auszuprobieren.

Da die Mütter in den ersten Jahren meist allein oder nur unterstützt durch die Großeltern die Erziehungsaufgabe übernehmen mussten, waren sie froh, die Kinder in die Krippe geben zu können und sich so im Alltag von der Verantwortung zu entlasten. Das ambivalente Verhältnis der Mütter zu den Kindern lässt sich auch darauf zurückführen, dass neun der Untersuchten ungeplante bzw. ungewünschte Kinder waren, für die die Mütter wegen der eigenen Ausbildung wenig Zeit aufbringen konnten. Auch fühlten sie sich durch die Versorgung des Säuglings überfordert, da die Partner sie aufgrund beruflicher Verpflichtungen oder weil sie den Wehrdienst ableisten mussten, nicht unterstützen konnten.

In den Erzählungen der Interviewten über die Beziehung zu den Eltern wurde deutlich, dass in der Familie die Ansprüche der Eltern meist Vorrang vor denen der Kinder hatten. Sowohl Mütter wie Väter forderten von den Kindern, dass sie keine Probleme bereiteten, sondern sich an die Bedürfnisse der Erwachsenen anpassten und ein partnerschaftliches Verhältnis im Sinne der Eltern eingingen. Eine Interviewte berichtete, wie sehr sie sich in die Mutter einfühlte und deren Schmerz teilte. Schon als kleines Kind weinte sie, wenn die Mutter sich gestoßen hatte. Auch konnte sie es nicht aushalten, wenn der Bruder der Mutter widersprach, und versuchte sie zu schützen. Die jungen Eltern, die sich oft noch nicht lange kannten oder des Kindes wegen geheiratet hatten, vertraten den Anspruch, ihre Partnerbeziehung aufzubauen und eigenen Interessen nachzugehen. So ging es in einigen Fällen den Müttern vor allem um ihre Selbstentfaltung, und die Väter zogen sich aus dem sie überfordernden Familienleben zurück.

An die Kinder wurde der Anspruch gestellt, »es sollte immer alles klappen« (wie eine Interviewte es beschreibt), was bei den häufigen Erkrankungen der Kinder in der Krippe jedoch nicht gelang. Inwieweit bei diesen Erkrankungen die Stresssituation in der Krippe oder familiäre Belastungen ausschlaggebend waren, lässt sich nicht sicher aus den Interviews erschließen. Die Krankheit und dadurch bedingte Krippenunfähigkeit der Tochter erlebte eine Mutter als eine Niederlage für sich, was in ihr Aggressionen gegenüber der Tochter weckte. Sie ging sehr distanziert mit ihr um, pflegte sie nicht, wenn sie krank war, sondern gab sie zu den Großeltern. Wie sehr einzelne Mütter ihre Kinder für ihre eigenen Bedürfnisse einsetzten, zeigte sich bei einer anderen Frau, die von der Mutter dazu missbraucht wurde, ihr Selbstbewusstsein zu stärken. Es war der Mutter sehr wichtig, dass ihre Tochter in der Entwicklung schneller war als alle anderen Kinder, schon früh laufen und sprechen konnte, um sie überall vorzuzeigen und Anerkennung zu erhalten.

Eine andere schilderte die großen Erwartungen der Eltern an ihre Selbstständigkeit, sie sollte früh den Bruder betreuen, Tiere versorgen und den Eltern Arbeit abnehmen. Mehrere Eltern reagierten ungeduldig und aggressiv, wenn die Kinder ihren Wünschen nicht entsprachen und statt dessen Forderungen stellten, denen sie aufgrund ihrer Berufstätigkeit nicht nachkommen konnten. Eine Mutter nahm es der Tochter übel, dass sie ihretwegen ihre Ausbildung abbrechen musste.

Die geschilderten Verhaltensweisen der Eltern lassen sich in dem Sinne verstehen, dass sie Selbstvorwürfe wegen der frühen Schwangerschaft und eigene Schuldgefühle, nicht für das Kind zur Verfügung zu stehen, auf die Weise abwehrten, dass sie das Kind anklagten, sich nicht genug in ihre Lebensplanung einzupassen und Probleme zu machen. Insbesondere die häufigen Erkrankungen der Krippenkinder bedeuteten eine große Belastung, da die Krippe dann nicht mehr zur Verfügung stand und die Familie die Pflege übernehmen musste.

Es gab aber auch einige wenige Fälle, in denen Kinder trotz Krankheit abgegeben wurden. Die Mütter konnten diese Situationen nur mit Hilfe von Großeltern oder Freunden bewältigen. Auch fühlten sie sich oft nicht kompetent genug für die Pflege und waren dankbar für die Ratschläge und die Unterstützung der Erzieherinnen.

Partnerschaftliche Beziehung der Eltern

Über die Beziehung der Eltern untereinander wurde in den Interviews wenig berichtet. Die meisten Eltern blieben trotz spannungsreicher Beziehung zusammen, worunter die Kinder zu leiden hatten. In einigen Fällen sahen sich die jungen Mütter durch die Schwangerschaft zur Heirat gedrängt, und ihre Unzufriedenheit mit ihrer Lebenssituation wirkte sich auf die Beziehung zu den Kindern aus, denen sie wenig Liebe und Schutz bieten konnten. Nur in drei Fällen kam es zur Scheidung der Eltern, wobei der Kontakt zum Vater bei zwei Interviewten abbrach. Ein Vater war nach Westdeutschland gegangen, und seine zweite Frau verhinderte die versuchte Kontaktaufnahme der Tochter; ein anderer weigerte sich, die Vaterrolle zu übernehmen. Er hatte die Mutter und älteren Geschwister im Alkoholrausch oft geschlagen und ließ die Familie im Stich, als die Tochter vier Jahre alt war. Für eine junge Frau hingegen war die zweite Frau des Vaters eine Ersatzmutter, und die Trennung der Eltern erwies sich für sie eher als hilfreich, auch wenn die nach der Scheidung aufgetretene Depression der Mutter sie belastete.

Einstellung der Eltern zur Krippenerziehung und den gesellschaftlichen Verhältnissen in der DDR

Die Einstellung der Mutter zur Krippenerziehung war für das Wohlbefinden des Kindes von großer Bedeutung. Die meisten Mütter folgten den Vorschlägen der Erzieherinnen nicht nur in Krankheitsfällen, sondern waren auch sonst bereit, die Erziehungskonzepte der Krippe zu übernehmen (Schmidt-Kolmer, 1984; Zwiener, 1991; Karutz, 2001). Aus Gesprächen mit den Müttern entnahm die Mehrzahl der von uns Interviewten, dass es den Bedürfnissen ihrer Eltern entgegenkam, wenn in der Krippe feste Gewohnheiten beim Schlafen, Essen und eine frühe Sauberkeitserziehung gefordert wurden. Das Erziehungsziel der Beherrschung altersentsprechender Tätigkeiten und Fähigkeiten wurde von den meisten Eltern unterstützt. Auch gegen die Unterordnung unter das Kollektiv und die Weigerung individuelle Bedürfnisse zu befriedigen, d.h. Rücksicht auf Essens- oder

Schlafwünsche des Kindes zu nehmen, hatten die Eltern der Interviewten kaum etwas einzuwenden.

Zu Hause legten sie ebenfalls großen Wert auf das Einhalten von Regeln und hatten strenge Erziehungsmaßstäbe. Einige Familien versuchten, die Vorschriften mit Hilfe von Argumenten durchzusetzen; bei den meisten dienten Strafen dazu, den kindlichen Widerstand zu unterdrücken. Oft war es ein Elternteil, der die Bestrafung vornahm, während der andere toleranter und liebevoller war.

Kritik an den Erziehungsmaßnahmen der Krippenerzieherinnen fand sich selten. In einem Fall beschwerte sich eine Mutter bei der Erzieherin darüber, dass die Tochter zum Essen gezwungen wurde. Das Kind hatte das von ihm verabscheute Essen nicht heruntergeschluckt, sondern in den Backentaschen aufbewahrt und so mit nach Hause gebracht und ausgespuckt. Die Aussprache der Mutter mit der Erzieherin brachte eine gewisse Erleichterung. Aber nicht immer war der selten ausgesprochene Protest der Mütter erfolgreich. In einem anderen Fall wollte die Mutter ihr Kind nicht nackt ausziehen, wenn sie es morgens in der Wochenkrippe abgab, denn es sollte mit den Wochenkrippenkindern gewaschen werden, obwohl es jeden Morgen gebracht wurde. Die Mutter hoffte, die häufigen Erkrankungen zu vermeiden, wenn sie das Kind nicht nackt abgab, aber die Erzieherin nahm darauf keine Rücksicht und gab ihr zu verstehen, dass sie das Kind ja nicht in die Krippe geben müsse.

In allen übrigen Fällen hielten sich die Mütter an die Regeln, wobei im Nachhinein nicht mehr zu beurteilen ist, inwieweit sie über die Probleme der Kinder informiert waren. In Betriebskrippen oder auch in ländlichen Gemeinden kannten die Mütter die Erzieherinnen besser, was für die Kinder von Vorteil war, da die Erwachsenen sich eher absprechen konnten. Auch hatten die Mütter in diesen Krippen eher die Möglichkeit, sich Rat bei den Erzieherinnen zu holen.

Für die Tatsache, dass die Eltern sich kaum gegen die rigiden Erziehungsmaßnahmen beim Essen, der Sauberkeitserziehung und dem erzwungenen Mittagsschlaf zur Wehr setzten, gibt es verschiedene Gründe: Die Mütter, die meist in der Nachkriegszeit zwischen 1945 und 1955 geboren waren, hatten in der Mehrheit selbst eine Erziehung erfahren, die durch die Erwartung von Unterordnung und strenge Regeln gekennzeichnet war. Sowohl in Ost- wie in Westdeutschland hielten die Großeltern an den aus der Zeit des Nationalsozialismus stammenden Erziehungskonzepten fest, bei denen die strikte Einhaltung von Fütterzeiten, Ordnung und Sauberkeit sowie bedingungsloser Gehorsam Ziele der Erziehung waren. Rücksichtnahme auf die individuellen Bedürfnisse des Kindes galt als Verwöhnung, die Kinder sollten abgehärtet werden (Benz, 2001). Auf ihre Klagen und ihr Weinen einzugehen, hätte sie verweichlicht. Während in Westdeutschland ab Ende der 1960er Jahre autoritäre Erziehungsmaßnahmen kritisiert und weitgehend durch liberalere ersetzt wurden, bei denen man weniger Wert auf absoluten Gehorsam und Ordnung legte, hatten diese Erziehungskonzepte kaum Einfluss auf die Krippenerziehung in der DDR. Kinder sollten in den staatlichen Einrichtungen frühzeitig in das gesellschaftliche Leben integriert werden, was durch die kollektive Erziehung und die einheitlichen Erziehungs-

und Bildungspläne am besten zu erreichen war. Die Bereitschaft der Eltern, sich so früh von ihren Kindern zu trennen und sie einer staatlichen Erziehung anzuvertrauen, hatte darüber hinaus weitere Gründe. Die jungen Eltern fühlten sich entlastet, wenn der Staat für sie fürsorgerische Funktionen übernahm, ihnen die oft nicht geplanten oder noch nicht gewünschten Kinder abnahm. Den Frauen ermöglichte er durch das Angebot der Krippen, zu arbeiten, eine größere Selbstständigkeit zu gewinnen und sich von ihren Partnern unabhängig zu fühlen. Die mit der umfassenden Regelung ihres Lebens durch den Staat verbundene Infantilisierung wurde von den Eltern nicht reflektiert, um der Entlastung willen waren sie bereit, sich auch für sie unangenehmen Zwängen zu unterwerfen.

Die politische Einstellung der Eltern in der DDR wurde von elf Interviewten als staatstreu beschrieben. Vier gehörten der SED an, und die übrigen waren mehr oder weniger DDR-konform oder passten sich den gegebenen Verhältnissen an. Sie hatten daher keine Einwände gegen die frühe politische Vereinnahmung der Kinder. Auch hätte die Berufstätigkeit keine andere Entscheidung zugelassen. Dies zeigte sich insbesondere bei der Beschreibung der Gründe für die Aufnahme der Kinder in die Krippe, in die zehn der Befragten bereits zwischen der achten und zwölften Lebenswoche gegeben wurden, sieben mit vier bis sechs Monten und die übrigen mit etwa einem Jahr.

Begründung für die Krippenaufnahme

Bei der Begründung für die Abgabe in die Krippe fällt auf, dass dies selten mit positiven Erwartungen wie dem Erlernen sozialer Kompetenzen in der Gruppe und kognitiver Förderung verbunden war. Vielmehr erzählten die Mütter in späteren Gesprächen, dass sie keine andere Möglichkeiten hatten, da sie in Ausbildung waren oder arbeiten mussten. Sehr oft begründeten sie ihre Entscheidung mit folgenden Aussagen: »es war so üblich«, »dass es damals so war«, »dass die Gesetze damals so waren«, »damals haben es alle gemacht« oder »es war damals Normalität und insofern musste man sich nicht schlecht fühlen«.

Ein Vater rechtfertigte im Gespräch mit der Tochter die Krippenerziehung mit folgendem Argument: »Na guck doch, was aus dir geworden ist. Ist doch alles ok.«

Eine Reflexion über die Bedeutung der Frühtrennung fand sich selten, nur wenige Mütter berichteten später, dass ihnen die Trennung schwergefallen sei, dass sie manchmal weinten, nachdem sie die Kinder abgegeben hatten. Sie waren jedoch dann bereit, sich durch die vernünftigen Argumente der Erzieherinnen, dass das Kind sich bald daran gewöhne, beruhigen zu lassen. Bei einer Interviewten war es dem Vater unmöglich gewesen, das Kind in die Krippe zu bringen, da er das Weinen nicht ertragen konnte. In mehreren Familien blieb die Mutter bei den jüngeren Geschwistern ein Jahr zu Hause, was die Eifersucht der älteren hervorrief. Die Bereitschaft, sich länger um das Kind zu kümmern, war zum einen bedingt durch das 1976 eingeführte Erziehungsjahr, zum anderen durch die schmerzvollen Erfahrungen bei der frühen Abgabe des älteren Kindes.

Nur von drei Mütter, die selbst Erzieherin waren, wurden positive Argumente für die Krippenerziehung genannt. Sie glaubten, dass die Kinder in der Krippe besser gefördert werden konnten als zu Hause.

Die anderen hingegen führten nur die eigene Berufstätigkeit oder die gesellschaftlichen Zwänge als Begründung an. In einigen Fällen betonten die Mütter angesichts der weniger autoritären Erziehung ihrer Enkelkinder, dass sie Ordnung und Anpassung wie zur Zeit der DDR vermissten. Dieses Ergebnis lässt mehrere Interpretationen zu: Entweder waren es nur die äußeren Zwänge und nicht die persönliche Überzeugung der Eltern vom Wert der kollektiven Erziehung, die sie die Kinder früh in die Krippe schicken ließ, oder es fiel ihnen nach der Grenzöffnung 1989 und den Kontakten mit neuen Formen der Kindererziehung schwer, die Erziehungskonzepte der DDR zu verteidigen. Bei den Enkelkindern lernten sie in vielen Fällen eine nicht mehr auf rigidem Gehorsam bestehende Erziehung kennen und sahen, dass ihre Töchter die Kinder später und – wenn möglich – mit einer Eingewöhnungszeit in die Krippe gaben. Für manche Großmütter war es schwer, den neuen Erziehungsstil zu akzeptieren. Sie hätten sich sonst mit dem Leid der eigenen Kinder bei der Frühtrennung auseinandersetzen müssen.

Nur körperliche Erkrankungen führten dazu, dass Kinder aus der Krippe genommen wurden, was teilweise für die Mütter nicht nur eine zusätzliche Belastung, sondern auch eine Kränkung bedeutete. Einige wenige Mütter waren jedoch auch froh, dass sie sich vorübergehend selbst um ihre Kinder kümmern konnten.

Von den 20 interviewten ehemaligen Krippenkindern litten alle bis auf eine unter vielen Infekten, insbesondere Mittelohrentzündungen und Bronchitiden, Essstörungen, Unfällen, Ängsten und in zwei Fällen unter einem langjährigen Einnässen (vgl. Vogelsänger in diesem Band). Sieben der Untersuchten wurden im Krankheitsfall von der Großmutter versorgt, andere kamen ins Krankenhaus, und nur in fünf Fällen blieb die Mutter zu Hause. Zwei mussten wegen Krippenunfähigkeit auf Grund der Erkrankungen aus der Krippe genommen werden. In einem Fall litt die Mutter unter Schuldgefühlen, da sie sich für die Krippenunfähigkeit verantwortlich fühlte. Einige wurden auch bei Krankheit in die Krippe geschickt, da die Mütter sich keine Zeit nehmen konnten und die Erzieherinnen für kompetenter hielten. Dass auch Väter sie gelegentlich in Notfällen ins Krankenhaus brachten und Ärzte sich hilfreich um sie bemühten, wurde von einigen dankbar berichtet.

Durch Krankheiten, Unfälle und Verletzungen waren die Mütter gezwungen, sich den Kindern mehr zuzuwenden. Bis auf wenige erwiesen sie sich als verständnisvoll, besuchten die Kinder im Krankenhaus und schilderten, wie sie darunter litten, wenn sie z. B. die Kinder bei schweren Infekten nur hinter der Glasscheibe sehen konnten. Während das psychische Leid der Kinder in der Krippe weniger wahrgenommen wurde, entzog sich kaum eine Mutter, wenn es um körperliche Krankheiten ging. Aber gerade in Krankheitsfällen kamen die meisten Familien nicht ohne die Unterstützung anderer Personen aus.

Soziale Ressourcen

In allen von uns untersuchten Familien konnten die Mütter auf die Hilfe der Großeltern zurückgreifen oder hatten Nachbarn und Bekannte, die sich der Kinder annahmen, wenn die Eltern dazu nicht in der Lage waren. Einige der jungen Familien wohnten in den ersten Lebensjahren der Kinder noch im Haus der Großeltern oder im selben Ort; die Großmütter konnten dadurch die oft überforderten Mütter entlasten. Hinzu kamen häufig noch weitere Verwandte, so dass sich die Kinder in der Großfamilie geborgen und geschützt fühlten. Diese Ressourcen boten den Eltern auch die Chance, sich mehr Zeit für ihre oft erst kurze Zeit bestehende Beziehung zu nehmen, indem z.B. die Großeltern die Kinder hüteten, wenn die Eltern abends ausgingen oder Freunde trafen. Auch jene Familien, die nicht in der Nähe der Großeltern wohnten, schickten die Kinder in den Ferien regelmäßig zu ihnen oder holten die Großmütter in Notfällen zu Hilfe.

Die Interviewten schilderten, dass sie in den Großeltern meist verständnisvolle Ersatzeltern fanden, die sich mehr Zeit für sie nahmen und weniger streng waren. In einigen Fällen konnte die emotionale Vernachlässigung durch die Mütter auf diese Weise kompensiert werden. Eine Frau beschrieb den Erziehungsstil der Großeltern als kindgerechter und toleranter als jenen der Eltern. Auch wenn die Großmütter teilweise noch arbeiteten, standen sie nicht mehr derart unter Leistungsdruck wie die sich oft noch in Ausbildung befindenden Mütter und hatten mehr Verständnis für die Bedürfnisse der Enkelkinder. Nur in einem Fall fühlte sich die Großmutter, die die ersten zehn Monate für den Säugling gesorgt hatte, überfordert und geriet mit dem Schwiegersohn in Konflikt über Erziehungsfragen, so dass das Kind doch noch in die Krippe gegeben wurde.

Auch wenn die Eltern später eine eigene Wohnung bekamen oder ein Haus bauten, bestand weiterhin ein guter Kontakt zu den Großeltern. Durch diese Lebensform bestand für die Elterngeneration eine weitreichende Abhängigkeit von den eigenen Eltern, und die Kinder wurden oft eher wie jüngere Geschwister behandelt, die sie ganz selbstverständlich der Obhut der Großeltern anvertrauten. Die jungen Eltern waren in einigen Fällen selbst noch von der Fürsorge ihrer Mütter abhängig. Bei einer Frau, die mit 16 Jahren ihr Kind bekam, übernahm die Großmutter sogar die Vormundschaft für das Enkelkind. Ein weiteres Großelternpaar übernahm ebenfalls über drei Jahre die Vollversorgung des Enkelkindes.

Es waren jedoch nicht nur Verwandte, welche die Eltern entlasteten, hinzu kamen noch Nachbarn, Freundinnen der Mütter und auch Erzieherinnen, die als Ersatzmütter zur Verfügung standen. Wenn die Erzieherinnen in Betriebskrippen und kleinen Krippen auf dem Land die familiären Verhältnisse kannten, wandten sich einige den Kindern besonders liebevoll zu, um mangelnde Fürsorge in der Familie auszugleichen. So ließ eine Erzieherin ein Kind gelegentlich bei sich übernachten, da sie Mitleid mit ihm hatte, oder eine andere verwöhnte eines der Krippenkinder, da sie seine schwierige häusliche Situation kannte. Oft bestand noch viele Jahre später ein guter Kontakt zwischen dem früheren Krippenkind und der Erzieherin. Bei einigen der Interviewten fanden wir unter diesen Bedingungen ein »zusammengesetztes Mutterobjekt«, d.h. mehrere Personen übernahmen die mütterlichen

Funktionen, die sich innerlich zu einem Objekt zusammenfügten, was von einer Interviewten sehr eindrucksvoll geschildert wird. Die leibliche Mutter war für das Organisatorische zuständig, die Freundin der Mutter für das Geistige und die zweite Frau des Vaters für das Emotionale. Es scheint keine Konflikte zwischen der Mutter und den übrigen Betreuungspersonen gegeben zu haben, wie sie von Hardin (2008) beobachtet wurden. In seiner Arbeit beschreibt er, wie schwierig es für die Mütter ist, die Liebe des Kindes an jemand anderen zu verlieren. Die Entfremdung von der leiblichen Mutter führte zur Rivalität mit den Pflegepersonen und häufig zur Trennung von der Ersatzmutter. In den von uns untersuchten Familien scheint die außerfamiliäre Betreuung in der Krippe und durch Verwandte und Freunde von den Müttern vor allem als Entlastung und weniger als Verlust erlebt worden zu sein.

Geschwister

Auch von älteren Geschwistern fühlten sich einige Interviewte in der Kindheit beschützt und suchten bei ihnen einen Muttereersatz. Eine Frau beschreibt die Beziehung zur älteren Schwester, die sie immer von der Krippe abholte, mit folgenden Worten: »Meine Geschwister haben mich erzogen.« Die Mutter hatte sie als distanziert, kontrollierend und wenig liebevoll erfahren. Für eine andere war es sehr wichtig, dass sie und die älteren Brüder sich gegen die strengen Eltern verbündeten. Waren die Geschwister jedoch jünger und wurden sie wie in mehreren untersuchten Familien von den Müttern länger zu Hause betreut, so beneideten sie die bevorzugten Jüngeren um das längere Zusammensein mit der Mutter. Die Verpflichtung, jüngere Geschwister zu beaufsichtigen, wurde von ihnen meist als Last empfunden, auch wenn einige versuchten, die Kleineren vor den Angriffen der Eltern zu schützen. In mehreren Familie bot die Geschwistergruppe Sicherheit und Schutz, wenn die Eltern keine Zeit für sie hatten.

Die Betreuung in der Krippe reichte bei den von uns untersuchten Probanden aufgrund der Berufstätigkeit beider Eltern jedoch in keinem Fall für die Versorgung der Kinder aus. Ohne weitere soziale Ressourcen wie Verwandte und Freunde wären die Mütter und Väter nicht in der Lage gewesen, die Kinder großzuziehen. Indem einige der Eltern die Generationengrenze aufhoben und sich auf die Position älterer Geschwister zurückzogen, standen sie für wichtige Funktionen der Kindheitsentwicklung nicht zur Verfügung. Vielmehr erwarteten sie von den Kindern, dass diese ihre Geborgenheitswünsche erfüllten. Sie waren oft nicht in der Lage, den notwendige Aufbau von Vertrauen, das Angebot einer sicheren Bindung und die Einfühlung in die kindlichen Affekte zu gewährleisten. Die Ersatzeltern boten nicht nur Hilfe bei der täglichen Versorgung, sondern in vielen Fällen auch emotionale Zuwendung, Verständnis für die kindlichen Bedürfnisse und konnten bei der seelischen Bewältigung der Trennungserfahrungen hilfreich sein. Eine Interviewte beschreibt die Erfahrung mit den Großeltern als Kontrast zum strengen, uneinfühlsamen Vater und der zurückgezogenen Mutter: »Ich habe so das Gefühl uneingeschränkter Liebe von meinen Großeltern, den Eltern meiner Mutter... Die haben mich genommen wie ich bin. Bei meinen Eltern hatte ich den Eindruck nicht.«

Der Einfluss der Elternbeziehung und der Einstellung zum Kind auf die Verarbeitung der Frühtrennung

Unsere Untersuchung ging u. a. der Frage nach, ob eine harmonische Elternbeziehung und ein liebevoller, einfühlsamer Umgang mit dem Kind die Frühtrennung erleichtern würde. Auch sollte der Einfluss weiterer Faktoren wie die sozialen Ressourcen und die Qualität der Krippe auf die Trennungsbewältigung der Kinder berücksichtigt werden.

Harmonische Eltern-Kind-Beziehungen

In den drei Fällen, in denen die Interviewten das Familienleben als liebevoll und harmonisch beschrieben, fanden sich seltener Trennungsprobleme und Krankheitssymptome bei den Kindern. Aber da sich diese Interviewten auch in der Krippe wohlgefühlt hatten, lässt sich der Einfluss der Familie nicht von dem der Krippenbetreuung abgrenzen, insbesondere nicht bei dem Fall, bei dem Großmutter und Tante dort Erzieherinnen waren. So beschreibt eine Interviewte ihre Familie folgendermaßen: »Ich habe eine sehr liebevolle Familie. Wir haben ein sehr gutes Miteinander«, und zugleich schildert sie die positiven Erfahrungen in der Krippe: »Meine Assoziation mit der Kinderkrippe ist ein warmes wohliges Gefühl.« Diese kleine Gruppe der Interviewten zeigte auch im Erwachsenenleben weniger Erkrankungen und beschrieb sich als sozial gut integriert.

Traumatisierende Eltern-Kind-Beziehungen

Negative Auswirkungen für die Entwicklung der Krippenkinder fanden sich in den fünf Fällen, in denen die Kinder aus einem konfliktreichen Elternhaus auch bei den Krippenerzieherinnen auf ein unzureichendes Beziehungsangebot und wenig Verständnis stießen. Bei uneinfühlsamen Eltern, die die Kinder durch ihre eigenen Konflikte belasteten, traten häufiger Trennungsängste, Erkrankungen und Störungen des Sozialverhaltens in Form von Zurückgezogenheit oder Aggressivität auf. Als unerwünschtes Kind geboren litt eine Interviewte unter der Entwertung und Kälte der Mutter und fühlte sich auch in der Krippe nicht geschützt, sondern strengen Regeln unterworfen. Ihre Reaktion darauf waren massive Trennungsängste bei der Abgabe in der Krippe, häufige Krankheiten und ein sozial auffälliges Verhalten. Die mütterliche Vernachlässigung konnte nur partiell durch die Besuche bei der Großmutter ausgeglichen werden.

Belastete Eltern-Kind-Beziehungen

Bei den übrigen zwölf Untersuchten fanden wir sowohl spannungsreiche familiäre Beziehungen wie auch eine nur begrenzte Rücksichtnahme auf die individuellen Bedürfnisse in der Krippe. Die psychischen Belastungen in der Familie konnten jedoch teilweise durch die Krippenerzieherinnen ausgeglichen werden, und umgekehrt schützten einige Eltern ihre Kinder vor den rigiden Erziehungsmaßnahmen in der Krippe.

Es lässt sich aufgrund unserer Ergebnisse somit kein monokausaler Zusammenhang zwischen der Qualität der elterlichen Beziehung und der Bewältigung der frühen außerfamiliären Betreuung nachweisen. Für das Wohlbefinden und die Persönlichkeitsentwicklung der Kinder erwiesen sich als weitere Faktoren die sozialen Ressourcen, die Beziehung der Mutter zur Krippenerzieherin, die Qualität der Krippe und insbesondere der verständnisvolle Umgang der Betreuerinnen mit den Bedürfnissen der Kinder als bedeutungsvoll.

Die aktuelle Beziehung zu den Eltern

Da sich unsere Ergebnisse über die außerfamiliäre Betreuung auf die Erinnerungen der Interviewten und ihre Berichte über die Erzählungen der Mütter stützen, war es von Bedeutung, wie die aktuelle Beziehung der ehemaligen Krippenkinder zu ihren Müttern aussah. Eine noch bestehende enge Bindung und Abhängigkeit von den Eltern ließ die Vergangenheit in einem anderen Licht erscheinen als eine aggressive Abgrenzung von der elterlichen Familie. Das Verhalten der Untersuchten gegenüber den Interviewern gab uns ebenfalls Hinweise auf die frühen Beziehungserfahrungen. In der Übertragung zu den als Elternobjekten erlebten Untersuchern wiederholten die Interviewten unbewusst Verhaltensweisen der Frühzeit, mit denen sie psychische Bedürfnisse und Belastungen bewältigt hatten. Diese inneren Elternobjekte setzten sich aus den realen Eltern, den Ersatzpersonen und den Erzieherinnen zusammen. Während die Mehrzahl der Interviewten in den Interviews mütterliche Zuwendung und Unterstützung erwartete, verhielten einige sich eher passiv, verweigernd und zeigten damit ihre gegenüber Autoritäten bestehende Ambivalenz. Eine Frau, die sich auf Wunsch der Mutter zum Interview bereit erklärt hatte, gab nur wenig Informationen, berichtete ausschließlich über Fakten, aber nicht über ihre emotionalen Reaktionen. Sie hatte sich zwar dem Wunsch der Mutter gefügt; ihren Protest zeigte sie jedoch in der Übertragung zur Interviewerin, indem sie sich weigerte, sich emotional auf das Gespräch einzulassen aus. Da sie sich sowohl in der Familie wie auch in der Krippe der Autorität der Erwachsenen hatte unterwerfen müssen, konnte sie sich nur auf diese Weise zur Wehr setzen.

Trotz der Kritik an den durch strenge Regeln geprägten Erziehungsmaßnahmen bestand bei den Interviewten die Tendenz, das Verhalten der Eltern zu entschuldigen. Auch wandten sich die meisten in schwierigen Lebenssituationen wieder an diese und baten um Hilfe bei Problemen mit der Ausbildung, dem Studium, der Trennung von einem Partner oder dem Wunsch nach Unterstützung bei der Versorgung eigener Kinder. Konflikte mit den Eltern gab es dann, wenn diese sich in die Erziehung der Enkel einmischten und den liberaleren Erziehungsstil kritisierten. Die meisten der Interviewten zeigten Verständnis für die Belastungen der Eltern und hatten Hemmungen, ihnen wegen der Frühtrennung und der rigiden Erziehung Vorwürfe zu machen. So beklagte sich eine Frau zwar sehr darüber, dass die Mutter in ihrer Kindheit nachts oft ausgegangen war, mehr an ihr eigenes Vergnügen gedacht und sie als Kind alleingelassen hatte, aber zugleich zeigte sie großes Verständnis für das schwere Schicksal der Mutter und fühlte sich verpflichtet, ihr im Alter beizustehen. Auf diese Weise wehrte sie ihren Hass wegen der Vernachlässigung in der Kindheit ab. Indem sie die Mutter liebevoll unterstützte, zeigte sie außerdem, wie sie sich als Kind gewünscht hätte versorgt zu werden. Auch einer Mutter, die sich als Studentin lieblos gegenüber dem Kind verhielt und sie wegen Krippenunfähigkeit zur Großmutter brachte, wurde von der Tochter kein Vorwurf gemacht, sie entschuldigte die Mutter damit, dass sie damals durch das Studium sehr angespannt war und der Vater aus beruflichen Gründen keine Unterstützung bot.

Eine Erklärung für dieses außergewöhnliche Verständnis der ehemaligen Krippenkinder für die Lebenssituation der Eltern ist die frühe Übertragung von Verantwortung auf die Kinder, von denen man erwartete, dass sie funktionierten und sich problemlos anpassten. Auf die Krippenunfähigkeit des Kindes, eine für die Mütter nur schwer zu bewältigende Situation, reagierten diese oft nicht mit Schuldgefühlen, sondern eher mit dem Vorwurf an die Kinder, sie damit zusätzlich zu belasten. Die frühe Erfahrung, als Partner den Eltern keine Sorgen bereiten zu dürfen, wirkt sich unbewusst auf das heutige Verhalten aus, indem sie auch als Erwachsene noch Rücksicht auf die Eltern nehmen.

Auch heute, bald 20 Jahre nach dem Zusammenbruch der DDR, haben sie Verständnis für die Entmündigung der Eltern in ihrer Erziehungsfunktion durch den Staat und sind dankbar dafür, dass sie ihren Kindern eine bessere außerfamiliäre Betreuung bieten können. Dass die Mütter damals nicht optimal auf ihre Bedürfnisse eingehen konnten, lasten sie weniger diesen als den Lebensbedingungen in der DDR an. Einige wenige betonen auch heute noch die positiven Seiten der Krippenerziehung in der DDR und begründen dies damit, dass die Kinder früher mehr Respekt vor den Erwachsenen hatten. Der in einer Untersuchung von Brähler et al. (2000) gefundene Befund, dass das elterliche Erziehungsverhalten von ehemaligen DDR-Bürgern in einer retrospektiven Befragung positiver geschildert wird als von Westdeutschen findet durch unsere Ergebnisse eine Erklärung. Nicht nur die unterschiedlichen Erfahrungen in Familie und Krippe ließ die Familie liebevoller erscheinen als die Institution, sondern auch die Verpflichtung der Kinder, Verständnis für die schwierige Lebenssituation der Eltern aufzubringen, hinderte sie daran, den strengen Erziehungsstil zu kritisieren.

Aus den Berichten über die Erzählungen der Eltern wurde deutlich, dass sie sich auch heute nur wenige Gedanken über die Folgen der Frühtrennung machen. Die von den Frauen geforderte Berufstätigkeit und der Anspruch des Staates, die Kinder so früh wie möglich in den Kinderkrippen einer für alle gleichen kollektiven Erziehung zu unterziehen, zwang die Mütter, sich den damaligen gesellschaftlichen Forderungen zu unterwerfen. Auch fühlten sich einige sehr junge Mütter nicht kompetent genug und überließen die Erziehung lieber ausgebildeten Erzieherinnen. Insbesondere bei den häufig auftretenden Erkrankungen der Kinder, die eine zusätzliche Belastung für die Mütter bedeuteten, reagierten diese sehr unterschiedlich. Während die einen besorgt waren und zum Teil auch froh, die Kinder für einige Zeit selbst pflegen zu können, wehrten andere Schuldgefühle ab, indem sie die Kinder als die Verantwortlichen betrachteten, die sich nicht besser an die Krippensituation anpassen konnten. In der Erzählung der Mütter werden positive Aspekte der Krippenerziehung weniger hervorgehoben als bei den ehemaligen Krippenkindern, von denen sich viele an Spiele, Feste, Freundschaften mit anderen Kindern und freundliche Erzieherinnen erinnern, wenn auch über strenge Maßnahmen bei Essen, dem Nachmittagsschlaf und der kaum vorhandenen Berücksichtigung individueller Bedürfnisse und Fähigkeiten geklagt wird. Von den negativen Erfahrungen ihrer Kinder in der Krippe hatten viele Eltern keine Kenntnis oder wollten sie nicht wahrnehmen, da ihnen keine andere Möglichkeit der Betreuung zur Verfügung stand und der seltene Protest gegen die Behandlung der Kinder kaum zu einer Veränderung führte. Die Frühtrennung erwies sich sowohl für die Eltern wie auch für die Kinder in der ehemaligen DDR als schmerzhafte Erfahrung, da sie nicht mit einer Eingewöhnung in die fremde Situation verbunden war, was sich jedoch die -Eltern auf Grund der Anpassung an die gesellschaftlichen Forderungen und dem Angewiesensein auf die Hilfe staatlicher Institutionen wie Krippe, Kindergarten, Schule und Hort nur selten eingestehen konnten. Ihre Bereitschaft, die staatliche Fürsorge anzunehmen, hinderte sie daran, die Erziehungsmaßnahmen kritisch zu reflektieren und führte dazu, dass sie den eigenen Schmerz und den der Kinder verleugneten.

Kapitel 7

Familiäre und institutionelle Einflüsse auf die Selbstentwicklung

Agathe Israel

In diesem Kapitel wollen wir untersuchen, inwieweit die frühe Aufnahme in die Kinderkrippe und die Krippenerziehung die Selbstentwicklung beeinflusst haben. Als lebendigen Ausdruck des Selbst untersuchten wir deshalb die Entfaltung der reflexiven Funktion.

Einführung

Wie bereits in Kapitel 2 beschrieben, entstehen die Grundlagen für die Fähigkeit sich selbst zu kennen, von sich sagen zu können, so bin ich, das macht mich aus, sehr früh entlang des Dialogs zwischen dem Baby und seinen Bezugspersonen. In der Regel sind das Mutter und Vater, aber im Falle der frühen Fremdbetreuung auch die Erzieherinnen. Dabei ist das Kind darauf angewiesen, dass *denkende Erwachsene* sich über das konkret beobachtbare Verhalten hinaus in das innere Befinden des Kindes einfühlen und es als ein beseeltes eigenständiges Wesen behandeln. Die Beteiligten müssen so miteinander vertraut werden, dass sie selbst kleine Signale verstehen können. Für diesen Prozess benötigen sie ausreichend Zeit und Gelegenheiten. Darüber hinaus müssen sie genügend Feinfühligkeit aufbringen, denn reflexive Funktion und Mentalisierungsfähigkeit (Fühl- und Denkfähigkeit) der frühen Bezugspersonen trägt wesentlich zur Entwicklung der reflexiven Funktion des Kindes und damit zu seiner differenzierten Selbst- und Fremdwahrnehmung bei.

Man könnte sagen, die »Weichen« werden am Lebensanfang gestellt, denn diese ersten Beziehungserfahrungen beeinflussen wiederum die Verarbeitung der nachfolgenden Erfahrungen. Deshalb kann vermutlich von einer Generation zur nächsten eine Fähigkeit weitergegeben oder behindert werden, die weniger mit der genetischen Ausstattung als mit sozialen Erfahrungen zu tun hat.

Wenn Kinder schon sehr früh neben den Eltern täglich von anderen Beziehungspersonen, wie es in unserer Untersuchung der Fall war, betreut werden, muss man davon ausgehen, dass diese ebenso die Entwicklung der reflexiven Funktion beeinflussen. Deshalb standen in den Interviews die frühen prägenden Erfahrungen der ersten Lebensmonate und -jahre, in denen unsere Interviewpartner auf den präverbalen und später verbalen Dialog mit den Eltern und den Beziehungspersonen in der Kinderkrippe angewiesen waren, im Mittelpunkt.

Nun kann man diese frühen Erfahrungen weder einfach abfragen, noch allein an objektiven Fakten, wie zum Beispiel der Erwünschtheit des Kindes oder dem Geburtsverlauf oder dem Zeitpunkt der Krippenaufnahme, festmachen, ebensowenig anhand von Fotos oder Anekdoten rekonstruieren. Es handelt sich um innerlich verarbeitete Umstände und Einflüsse, die zwar den geistig-seelischen Zustand (*mentales Befinden*) und das Verhalten bestimmen, aber dem Bewusstsein nicht (mehr) direkt zugänglich sind.

Wir befassten uns deshalb nicht nur mit den biographischen Inhalten des Interviews, sondern untersuchten auch *die Art und Weise des Erzählens,* also *wie* der Interviewte über sein Leben, seine Erfahrungen mit anderen Menschen und sich selbst nachdenken konnte. Dazu verwendeten wir eine Systematik, die nachfolgend beschrieben wird.

Die Interviews

Themenkreise

Wir suchten die Fragestellungen bzw. Themen in den Interviews auf, deren »Beantwortung« *ausdrücklich und unumgänglich* Reflexivität, also ein Nachdenken und Bedenken abforderten. Wir konzentrierten uns auf sechs Themenkreise, die wir in Anlehnung an das »Manual zur Erfassung der reflexiven Funktion« der Londoner Forschungsgruppe um Fonagy, Target, Steele und Steele (Fonagy, Target, Steele & Steele, 1998) für besonders aussagekräftig hielten.

Thema 1: Wie, *vermutet* der Interviewte, haben sich die Erlebnisse mit seinen Eltern (in mehreren Fällen auch mit seinen Großeltern) auf seine Persönlichkeit als Erwachsener ausgewirkt?

Thema 2: Welche *Vermutungen* hat der Interviewte, warum sich die Eltern in der Art verhielten, wie sie es taten?

Thema 3: Wie, *glaubt* der Interviewte, haben sich seine frühen Erfahrungen in der Kinderkrippe auf seine Persönlichkeit als Erwachsener ausgewirkt?

Thema 4: Welche Beweggründe der Eltern werden vom Interviewten *vermutet,* ihr Baby damals in die Krippe zu geben?

Thema 5: Gibt es insgesamt gesehen irgendetwas an Kindheitserlebnissen, durch das der Interviewte sich in seiner Entwicklung zurückgesetzt oder benachteiligt *fühlt*?

Thema 6: Wie fühlte sich der Interviewte damals und wie haben sich seine Gefühle im Laufe der Zeit *verändert*? Gab es irgendwelche *Veränderungen* in der Beziehung zu den Eltern seit der Kindheit?

Die Kriterien zur Erfassung der reflexiven Funktion im Interview

Die Entfaltung der reflexiven Funktion beurteilten wir nun danach, inwieweit der Interviewte fähig war, über sich selbst und den Anderen nachdenken zu können. Dazu sichteten wir das gesamte in den Interviews gewonnene Material wiederum in Anlehnung an das »Manual zur Erfassung der reflexiven Funktion« nach folgenden Einschätzungskriterien.

– *Wird mentales Befinden speziell erwähnt?*
  Darunter fällt die Beschreibung eines inneren Zustandes und der damit verbundenen Gefühle. *Zum Beispiel*: Ich erinnere mich an den Eingang der Kita mit den hohen Stufen, die fürchtete ich, weil danach gleich der Abschied von meiner Mutter kam. Davor hatte ich immer wieder Angst.
– *Kann sich der Interviewte in die Charakteristika mentalen Befindens einfühlen?*
  Damit sind verschiedene innere Zustände gemeint, die nicht nur körperliches Befinden oder unmittelbare Sinneseindrücke beschreiben.
  Zum Beispiel: Ich war ein sehr schmächtiges Kind, kleiner als die anderen. Oft dachte ich, denen bin ich nicht gewachsen. Deshalb war ich wohl oft aggressiv und habe nicht gerne etwas abgegeben.
– *Kann sich der Interviewte in die Komplexizität, Vielfalt und Unterschiedlichkeit mentalen Befindens einfühlen?*
  Zum Beispiel: Der Papa ist für meine Tochter ihr ein und alles. Seit er auf Montage ist, sagt sie am Telefon: »Papa sofort nach Hause.« Sie macht mir seitdem auch wieder in die Hose. Ich denke, dass hat damit zu tun, dass der Papa nicht da ist und sie ihn vermisst. Sie kannte es ja, zwei Eltern zu Hause zu haben... Das erinnert mich an meine Kindheit. Ich hätte nie gedacht, dass man es so deutlich bei kleinen Kindern merkt.
- *Wird im Gespräch eine spezielle Bemühung deutlich, beobachtbares Verhalten an sich selbst oder an anderen mit mentalen Zuständen zu verknüpfen?*
  Zum Beispiel: Also man sieht das bei den eigenen Kindern, die freuen sich, wenn sie abgeholt werden. Sie können sich zwar im ersten Moment schwer vom Spiel losreißen, wenn sie gut beschäftigt sind, aber sie freuen sich trotzdem, mich wieder zu sehen.
– *Wird vom Interviewten anerkannt, dass es möglich ist, dass sich mentale Zustände und damit auch das entsprechende Verhalten ändern können?*
  Zum Beispiel: Ich war eifersüchtig, als mein Bruder kam. Ich war nun die Große, musste laufen und er lag im Wagen. Ja, es gab viele Zankereien. Ich hatte so das Gefühl, dass er mehr Zuwendung bekam. Das haben meine Eltern gemerkt, immer wieder mit mir geredet, dass er ja eben auch so krank ist und ich helfen kann. Da war ich dann *stolz nachher* und bin gerne gerannt für ihn.

Auswertung und Ergebnisse

In jedem transkribierten Interview wurde genau geprüft, *wie* die Interviewten im Gespräch entlang der oben genannten *Kriterien* auf diese sechs *Themenkreise* eingegangen waren. Dem vorausgegangen waren eine, von jedem Mitglied der Forschergruppe unabhängig ausgeführte Gesamtbeurteilung des Interviews und ein mehrstündiges Konsensrating. Oft erweiterte und vertiefte die Gruppenarbeit, in der wir unsere Perspektiven diskutierten, die Auswertung. Ein Gruppenprotokoll fasste schließlich die Gesamtbeurteilung nochmals zusammen.

Zur Einstufung der reflexiven Funktion bildeten wir drei Untergruppen:

1. Niedrige reflexive Funktion (NRF)
   Der Interviewte äußert sich weder spontan noch auf Nachfragen über mentales Befinden. Er schildert – bezogen auf alle obengenannten Themenkreise – äußere Ereignisse, Verhalten, Sinneseindrücke oder körperliches Befinden, *ohne* einen Zusammenhang zu innerem Erleben herzustellen oder sich darum zu bemühen. Prototypische Einstellung: »Das war und ist eben so. Mehr gibt es nicht zu sagen.« Elf Interviewte gehören zu dieser Gruppe.
2. Mäßig reflexive Funktion (MRF)
   Der Interviewte äußert sich selten spontan, aber auf Nachfragen über mentales Befinden. Es finden sich Ansätze und Bemühungen, äußere Zustände und Ereignisse mit innerem Erleben zu verknüpfen. D. h., es deuten sich Einsichten an, dass Verhalten durch innere Zustände bestimmt wird. Aber es überwiegt die Tendenz, Verhalten bei sich und dem Anderen eher zu beschreiben als nach dem (tieferen) Sinn zu fragen. Einige Themen können reflektiert, andere wiederum nur klischeehaft behandelt werden. Prototypische Einstellung: »Auf bestimmte Umstände, die mir oder Anderen wiederfuhren, reagierten ich oder Andere in bestimmter Weise.« Sieben Interviewte gehören zu dieser Gruppe.
3. Gute reflexive Funktion (GRF)
   Der Interviewte spricht spontan über mentales Befinden in sich selbst und anderen Personen und kann differenziert verschiedene innere Zustände beschreiben. Er kann kritisch reflektieren, äußere Veränderungen mit innerlichen Veränderungen in Verbindung bringen und sich in Andere einfühlen. Prototypische Einstellung: »Bestimmte Umstände verursachten in mir oder Anderen innere Zustände und Gefühle, die – so denke ich – das Verhalten beeinflussten oder bestimmten.« Zwei Interviewte gehören zu dieser Gruppe.

Beurteilung

Über eine »Normalverteilung« in der Bevölkerung oder über Personengruppen, die keine frühe Krippenaufnahme erlebten, liegen uns keine Ergebnisse vor, so dass wir keine Vergleiche ziehen können. Das war auch nicht die primäre Absicht unserer Untersuchung und wäre auch angesichts der 20 Interviews nicht sinnvoll. Uns lag daran, möglichst genau die Selbstentwicklung unserer Interviewten zu erfassen und zu ergründen, welche Umstände was für einen Einfluss genommen haben könnten.

Nach unserer Einschätzung verfügte mehr als die Hälfte (elf) unserer Interviewten über eine niedrige reflexive Funktion, nur zwei Personen wiesen eine gute reflexive Funktion auf. Zur Untergruppe mit mittelgradig ausgeprägter reflexiver Funktion zählten sieben Personen.

Die berufliche Ausrichtung der Interviewten galt in der Hälfte der Fälle sozialen Bereichen. Knapp zwei Drittel der Interviewten mit niedriger reflexiver Funktion übten einen Beruf aus, der ihnen professionelle soziale Kompetenz abverlangte.

Wie wirkten sich bestimmte Lebensereignisse und Lebensumstände auf die Entfaltung der reflexiven Funktion aus?

Zeitpunkt der Krippenaufnahme

Von den elf Personen mit *niedriger reflexiver Funktion* (NRF) wurden zwei Personen in der achten Lebenswoche und zwei Personen in der 13. Lebenswoche in die Krippe aufgenommen, wobei es sich bei letzteren in einem Fall um eine Wochenkrippe (Montag bis Freitag) handelte. Im sechsten Lebensmonat kamen vier Personen in die Krippe und im zehnten bzw. zwölften Monat drei Personen. Das bedeutet, dass der überwiegende Teil der von uns interviewten Personen, die ab dem sechten Lebensmonat in die Krippe kamen, über eine niedrige reflexive Funktion (NRF) verfügt.

Von den sieben Personen, die über eine *mäßig ausgeprägte reflexive Funktion* (MRF) verfügen, wurden drei in der achten Lebenswoche und jeweils zwei Personen im vierten bzw. sechsten Lebensmonat in die Krippe aufgenommen, während die zwei Personen mit *guter reflexiver Funktion* (GRF) bereits in der sechsten bzw. achten Lebenswoche in die Krippe kamen; dabei handelte es sich in einem Fall sogar um eine Wochenkrippe. Das bedeutet, von den sieben Personen, die in den ersten sechs bis acht Lebenswochen in die Gruppe kamen, verfügen fünf über eine gute bis mäßig gute reflexive Funktion.

Beurteilung

Auch wenn die untersuchte Gesamtgruppe sehr klein ist, zeigt uns diese Verteilung, dass die Annahme, je früher ein Kind in die Krippe kommt, desto geringer entfaltet sich die reflexive Funktion, nicht bestätigt werden kann.

Erst wenn wir die Qualität der frühen Eltern-Kind-Beziehung und die familiären Rahmenbedingungen sowie die Qualität der Krippenbetreuung in unsere Überlegungen einbeziehen, können wir genauer verstehen, welche Dynamiken die Selbstentwicklung beeinflussten.

Die Qualität der Krippenerziehung

Eine direkte Beurteilung der Qualität der Krippenerziehung aus dem vorliegenden Material war nicht möglich, da sich unsere Interviewten nur bruchstückhaft bzw. gar nicht an diese Zeit erinnern oder nur Erzählungen ihrer Eltern wiedergeben konnten. Indirekt lassen sich jedoch Aussagen über die Qualität der Krippenerziehung an Hand der Rahmenbedingungen, die für alle Krippen zutrafen, gewinnen.

Wir müssen davon ausgehen, dass das »Erziehungsprogramm« (siehe Kapitel 1), das im Laufe der Jahre im Zusammenhang mit dem Ausbau des Krippennetzes immer akribischer ausgearbeitet wurde, zu gravierenden Veränderungen des Krippenalltags führte und sowohl die Individualität der Erzieherin als auch die des Kindes in den Hintergrund drängte.

Nach einer Erprobungsphase Ende der 1960er Jahre kam 1971 das »Programm der erzieherisch-pflegerischen Arbeit« zur Anwendung. 1974 hatte das Programm in seiner fünften Auflage eine minutiöse Ausformung erreicht und galt nun als verbindliche Arbeitsgrundlage in der Praxis, deren Einhaltung von Fachberaterinnen überwacht wurde. Diese Vorgaben beeinflussten die Erzieherin-Kind-Beziehung insofern, als unter der führenden Rolle der Erzieherin das Kind normgerechte Fähigkeiten und Leistungen zu erreichen hatte, die regelmäßig kontrolliert wurden, während der kindlichen (individuellen) Befindlichkeit lediglich eine sekundäre Bedeutung beigemessen wurde. Dies muss zur Verarmung des emotionalen Austausches und damit zu einer Behinderung der Selbstentwicklung geführt haben. »Eine 1974 erhobene Praxisanalyse machte auf die Mängel nicht nur im Praxisfeld, sondern auch in der Konzeption des Materials aufmerksam und bestätigte die Notwendigkeit, ein neues Erziehungsprogramm völlig anders zu konzipieren.« (Weber, 1996, S. 198) Dies geschah aber erst 1985 in einer »Flucht nach vorn« (Weber, 1996, S. 208). Das deutlich liberalere Programm, das die kindliche Befindlichkeit und den Dialog in den Mittelpunkt rückte, sich ausdrücklich gegen Gängelei und Reglementierung, mustergetreue Wiedergabe verwahrte, stieß aber bei der Mehrheit der Erzieherinnen auf Widerstände. Sie waren völlig überfordert von diesen neuen Ansprüchen an ihre emotionale Resonanzfähigkeit.

Als wir nun die Geburtsjahre unserer Interviewten den Umsetzungsetappen des »Erziehungsprogramms« zuordneten, stellte sich heraus, dass mit zunehmender Etablierung des Programms die reflexive Funktion abnahm. In einem weiteren Schritt bezogen wir auch das Lebensalter bei Krippenaufnahme ein. Die Tendenz wurde dadurch noch deutlicher sichtbar.

Beurteilung

Obwohl zwischen 1968 und 1970 alle Interviewten (sechs) vor dem sechsten Lebensmonat in die Krippe aufgenommen worden waren, trafen wir in dieser Gruppe häufiger auf gute und mittlere reflexive Funktionen (vier) als nach 1975. In der Einführungsphase des Programms zwischen 1971 und 1975 kamen die meisten Kinder (acht) zwar später in die Krippe, erreichten aber nur in der Hälfte der Fälle eine mittlere reflexive Funktion. Nach 1975 wurden die Kinder (sieben) überwiegend erst nach dem sechsten Lebensmonat aufgenommen, verfügten jedoch am häufigsten über eine niedrige reflexive Funktion. Mit aller Zurückhaltung ließe sich daraus schließen, dass weniger das Lebensalter bei Krippenaufnahme, als das Geburtsjahr und damit die Wirksamkeit des Programms die Entfaltung der reflexiven Funktion beeinflusst haben wird

So erklärt sich vielleicht auch, dass alle drei Interviewten, die zwischen 1968 und 1969 bereits in den ersten Lebenswochen in die Krippe kamen, trotz dieses frühen Eingriffs in den Mutter-Kind-Dialog über eine gute bzw. mittelgradig ausgeprägte reflexive Funktion verfügten. Mit höchster Wahrscheinlichkeit war für diese Kinder die Qualität der Betreuung ohne die beziehungsbeeinträchtigende Einwirkung des Programm besser als für diejenigen, die ab Mitte der 1970er Jahre in die Krippe kamen. Letztere waren zum größten Teil bei der Krippenaufnahme deutlich älter und verfügten dennoch deutlich häufiger nur über eine niedrige reflexive Funktion.

Familiäre Ressourcen und Risiken

1. Helfende Angehörige

Eine wesentliche Ressource für junge Familien lag in der praktischen Hilfe durch Angehörige, insbesondere die Großeltern und Freunde. Wie bereits in Kapitel 6 beschrieben, erhielten die Eltern unserer Interviewten in den meisten Fällen eine weitgehende und über die ersten Wochen anhaltende Unterstützung. Für drei Interviewte übernahmen die Großeltern ab der achten Lebenswoche sogar völlig die Pflege und damit *Elternaufgaben.* So erlebten diese Kinder zweimal eine Frühtrennung. Zum einen von der Mutter, zum anderen von den Großeltern, die sie in die Krippe gaben. Diese drei Interviewten verfügten über eine niedrige reflexive Funktion.

Soweit es die Erinnerungen unserer Interviewten zuließen, müssen wir von fünf Fällen ausgehen, bei denen wenig Unterstützung bestand.

Die Kinder dieser *»alleingelassenen Eltern«,* also unsere Interviewten, wurden bis auf einen Fall alle nach dem dritten Monat in der Krippe aufgenommen. Sie verfügten in drei Fällen über eine NRF, einmal über eine MRF und einmal über eine GRF. D.h. alle drei Entfaltungsstufen waren vertreten. Diese Untergruppe ist zu klein, um die heterogene Verteilung weiter untersuchen zu können.

2. Die Mutter

Der Versuch, die Beziehung zur Mutter als erste und bedeutendste Beziehungsperson in unsere Auswertung einzubeziehen, scheiterte. Das Beziehungsbild, das die Interviewten entwarfen, wich zum Teil erheblich von unserem Eindruck ab, den wir in der gemeinsamen Auswertung des Materials gewannen. Oft stießen wir auf Idealisierungen, nicht selten auf »blasse«, undifferenzierte Schilderungen. Obwohl die Mutter in fast allen Fällen als die wichtigste Bezugsperson angesehen wurde, gaben sich die Interviewten wenig Zeit und Raum, die Kindheitsbeziehung zu ihr genau zu schildern. Vertiefendes Fragen, um die Beziehung zur Mutter sichtbarer werden zu lassen, hätte den Charakter des Interviews als freie Erzählung zu sehr verändert. Mit Bedauern mussten wir hinnehmen, dass damit die Grenzen solcherart vergleichender Auswertung erreicht waren.

Wir schätzten deshalb anhand des Materials in der Gruppendiskussion die Beziehung zur Mutter ein und bildeten Untergruppen:

aggressiv-feindliche oder ambivalente Beziehung: neun Personen
überwiegend positiv-positiv: sieben Personen
unklar-blass: vier Personen

Von den *elf Interviewten mit NRF* schilderten fünf eine aggressiv-feindliche bzw. ambivalente Beziehung zur Mutter, drei konnten keine differenzierte Beziehungsschreibung geben, und drei Personen schilderten sie eher positiv.

Von den *sieben Interviewten mit MRF* schilderten zwei Personen eine feindlich-aggressive bzw. ambivalente Beziehung, eine Person konnte keine differenzierte Beschreibung geben – sie wuchs in der Großfamilie auf –, und vier Personen schilderten die Beziehung zur Mutter eher positiv getönt.

Beide *Interviewte mit GRF* empfanden die Beziehung zu ihrer Mutter eher feindlich-aggressiv.

Wir treffen also in allen Untergruppen auf eine ganz heterogene Verteilung.

Da wir vermuteten, dass die Erwünschtheit des Kindes, sein Alter bei der Trennung oder die Abwesenheit des Vaters im ersten Lebensjahr indirekt die Beziehung zur Mutter beeinflusst haben könnten, untersuchten wir in einem zweiten Schritt, ob diese Lebensumstände sowohl als Einzelereignis als auch in verschiedenen Kombinationen die Beziehung zur Mutter beeinflusst haben könnten. Es ergaben sich keine eindeutigen Zusammenhänge. Auch in den drei Untergruppen der reflexiven Funktionen (NRF, MRF, GRF) konnten wir keine aussagekräftigen Schwerpunkte finden.

Beurteilung
Diese Ergebnisse verdeutlichen zum einen, dass ein eindeutiger Zusammenhang zwischen der Entfaltung der reflexiven Funktion und der Beziehung zur Mutter bei unseren Interviewten nicht nachweisbar war, zum anderen wurde deutlich, dass sich die Beziehung zur Mutter an Hand »historischer« äußerer Fakten nicht festmachen lässt, weil deren innere Bearbeitung im Kind dabei unberücksichtigt bleibt. Wir kommen deshalb der individuellen »Wahrheit« näher, wenn wir von statistischen Aussagen ablassen und uns den Einzelschicksalen zuwenden, wie sie in den Lebensgeschichten erlebbar wurden.

3. Der Vater
Der Vater stabilisiert die Mutter-Kind-Dyade wesentlich, wenn das Elternpaar seine Position als Dritter zu nutzen versteht. Er kann sowohl der Mutter emotional beistehen, als auch in der Pflege des Kindes praktisch mitwirken und damit von Anfang an eine eigene Beziehung zum Kind aufbauen. Das väterliche Engagement stellt also eine wesentliche Ressource dar.

Die meisten unserer Interviewten erinnerten, dass ihr Vater sich in der ersten Zeit wenig engagierte, zum Teil gar keine Rolle im Familienleben spielte. Bei der Beschreibung des Vaters stießen wir auf ähnliche Schwierigkeiten und Diskrepanzen wie bei der Untersuchung der Mutterbeziehung.

So mussten wir uns darauf beschränken, lediglich die Auswirkungen der Abwesenheit des Vaters in den ersten Lebensjahren zu untersuchen. Bei neun Interviewten war der Vater mindestens im ersten Lebensjahr gar nicht oder weitestgehend nicht anwesend, weil er den Grundwehrdienst in der NVA ableistete, studierte oder auswärts arbeitete bzw. die Mutter alleine lebte.

Die reflexiven Funktionen in dieser Untergruppe verteilten sich auf alle drei Entfaltungsstufen. Jeweils in vier Fällen bestand eine mittlere bzw. niedrige reflexive Funktion und in einem Fall eine gute reflexive Funktion.

Aber zu denken gibt, dass alle Interviewten, deren *Väter abwesend* waren, eine belastete bzw. traumatisierende Eltern-Kind-Beziehung erinnerten.

4. Die Qualität der Eltern-Kind–Beziehung

Als vierte Größe untersuchten wir die im Kapitel 6 ausführlicher beschriebene Eltern-Kind-Beziehung. Hierzu konnten wir in den Interviews klarere Aussagen sammeln und eine Qualitätseinstufung zusammenstellen.

Ein eindeutiger Zusammenhang zwischen der Entfaltung der reflexiven Funktion und der erinnerten Eltern-Kind-Beziehung lässt sich an Hand des Interviewmaterials nicht erkennen. Selbst wenn die Abwesenheit des Vaters in den ersten Lebensjahren – was bei neun Interviewten der Fall war – als belastender Umstand einbezogen wurde, blieb die Verteilung heterogen. Aber eine *Tendenz* ist erkennbar: Von den zwölf Interviewten mit belasteten bzw. überwiegend belasteten Beziehungen verfügten sieben über eine niedrige reflexive Funktion.

Wenn man die Interviewten mit traumatisierenden Beziehungen einbezieht, wird diese Tendenz noch etwas deutlicher, da es sich dann um 17 Personen handelt, von denen zehn eine niedrige reflexive Funktion aufwiesen. Bedenkenswert ist, dass die beiden Interviewten mit GRF eine belastete bzw. traumatisierende Beziehung erinnerten.

Wir untersuchten in einem weiteren Schritt, ob ein Zusammenhang zwischen der Qualität der Eltern-Kind-Beziehung und dem Alter bei Krippenaufnahme bestehen könnte. Wir fanden keinerlei Häufungen. Die Einstufungen verteilten sich auf alle Alterstufen.

Beurteilung

Es ergeben sich deutliche Hinweise, dass eine traumatisierende bzw. belastete oder überwiegend belastete Eltern-Kind-Beziehung die Entfaltung der reflexiven Funktion beeinträchtigt, wobei sich in der Abwesenheit des Vaters ein zusätzliches Risiko andeutet. Anders gesagt: Fast alle Interviewten mit niedriger reflexiver Funktion (zehn von zwölf) gaben solcherart Beziehungen an.

Eine weitere Untergruppenbildung lässt die kleine Gesamtzahl nicht zu.

Das Alter bei Krippenaufnahme nahm keinen Einfluss auf die erinnerte Eltern-Kind-Beziehung.

5. Belastende Lebensereignisse

Wichtige Lebensereignisse in den ersten Lebensjahren wie mehrfache Trennungen von den Eltern, Betreuerwechsel, langanhaltende Erkrankungen, Scheidung, Abwesenheit des Vaters, Umzüge gelten als Risikofaktoren für die kindliche Entwicklung (Brisch, 1999). Sie können die Entfaltung der reflexiven Funktion nachhaltig beeinträchtigen. Ein wesentlicher Schutzfaktor gegen solcherart belastende äußere Einflüsse stellt die Feinfühligkeit der Eltern (und Erzieher) dar, auf die Signale des Babys bzw. Kindes einzugehen. Wir erfassten die belastenden Lebensumstände in den ersten sechs Lebensjahren und gruppierten sie in fünf Kategorien. Auf eine Bewertungshierarchie mussten wir angesichts der kleinen Gesamtzahl verzichten:

1. *Trennungen:* Krankenhausaufenthalte, Betreuerwechsel von Eltern zu Großeltern oder zu weiteren Pflegepersonen
2. *Krankheiten:* Erkrankungen, die lange anhielten bzw. wiederholt und intensiv auftraten und zu erheblicher Beeinträchtigungen des Lebensgefühls führten
3. *Ortswechsel:* Umzüge mit Umgebungswechsel, Krippen- oder Kitawechsel (die zur damaligen Zeit ohne Eingewöhnungsphase erfolgten)
4. *Scheidung der Eltern*
5. *Abwesenheit des Vaters:* ohne Vater aufgewachsen bzw. mindestens während der Woche lebte der Vater in den ersten Lebensjahren nicht in der Familie

Der belastende Lebensumstand »Krankheiten« bedarf einer Erläuterung. Wenn ein Säugling oder Kleinkind wiederholt oder lang anhaltend erkrankt, dann kann das bereits eine psychosomatische »Antwort« auf Lebensumstände sein, die derartig ängstigend und stresserzeugend wirken, dass die Anpassungsfähigkeit nicht mehr ausreicht. Insofern wären »Krankheiten« auch als Ausdruck eines gestörten Selbstbefindens zu verstehen und nicht primär als ein äußeres Ereignis wie z. B. ein Umzug zu behandeln. (Im Kapitel 8 wird dieser Zusammenhang differenziert beschrieben.) Wir bezogen deshalb nur solche »Krankheiten« mit in die Auswertung ein, die gravierende Belastungen wie Krankhausaufenthalte ohne die Eltern, Operationen, Ablehnung des erkrankten Kindes, Betreuerwechsel u. ä. m. nach sich zogen.

In der Gruppe der Interviewten mit *niedriger reflexiver Funktion* (NRF) konnten wir bei neun Personen drei bzw. vier belastende Lebensumstände finden. Bei zwei Personen fanden wir nur zwei belastende Lebensumstände, aber es handelte sich in beiden Fällen um chronifizierte, schmerzhafte Erkrankungen (verbunden mit Operationen bzw. Krankenhausaufenthalten ohne Begleitung der Eltern), die vermutlich gravierend das Lebensgefühl beeinflussten.

In der Gruppe der Interviewten mit *mittelgradig ausgeprägter reflexiver Funktion* (MRF) konnten wir bei zwei Personen nur einen belastenden Lebensumstand finden. Drei Personen waren zwei belastenden Lebensumständen ausgesetzt und eine Person sogar fünf belastenden Lebensumständen. Bei letzterer traten die meisten Belastungen aber erst in der Vorschulzeit, also zwischen dem fünften und sechsten Lebensjahr, auf.

In der Gruppe der Interviewten mit *guter reflexiver Funktion* (GRF) trafen wir bei der einen Person auf einen belastenden Lebensumstand, bei einer Person auf zwei belastende Lebensumstände (davon war eine Belastung – die Scheidung der Eltern – erst imsiebten Lebensjahr eingetreten).

Wir bezogen nun die Qualität der Eltern-Kind-Beziehung in die Auswertung ein und stellten fest, dass bei denjenigen Interviewten, die drei und mehr belastende Lebensereignisse im Kontext einer belasteten bzw. überwiegend belasteten oder traumatisierenden Eltern-Kind-Beziehung zu bewältigen hatten, die Entfaltung der reflexiven Funktion deutlich beeinträchtigt worden war (acht Personen mit NRF).

Daraus lässt sich schließen, dass eine geringe haltende Schutzfunktion der Eltern belastende Lebensereignisse zu entwicklungsbehindernden Umständen werden lässt.

Beurteilung

Je mehr belastenden Lebensumständen unsere Interviewten in den ersten sechs Lebensjahren ausgesetzt waren, desto geringer konnte sich ihre reflexive Funktion entfalten. Je belasteter, also unzureichender die Eltern-Kind-Beziehung i. S. eines Schutzfaktors war, desto stärker wirkten sich belastende Lebensereignisse auf die Selbstentwicklung ihrer Kinder aus.

Auswirkungen der reflexiven Funktion auf die Erziehung der eigenen Kinder

1. Die Erziehung der eigenen Kinder

Uns interessierte, inwieweit die reflexive Funktion unserer Interviewten ihre Erziehungspraxis als Eltern beeinflusste. Den Umgang mit ihren Kindern beschrieben unsere Interviewten in den meisten Fällen sehr ausführlich. Sie schilderten, wie der Alltag mit den Kindern verlief, welche Forderungen nach Gehorsam und Respekt bestanden, wie sie mit kindlicher Autonomie umgingen, wie sie die Sauberkeitserziehung praktizierten, wie sie sich verhielten, wenn ihre Kinder krank waren, ob und wie sie mit ihren Kindern spielten, wie sie die Bedeutung von Trennungen beurteilten sowie ab welchem Lebensalter sie ihre Kinder in die Krippe brachten.

Wir bildeten aus diesen Beschreibungen Kategorien:

1. *Forderung von Gehorsam*:
   - strikte Forderung
   - Toleranz, Zugestehen von Autonomie
   - wechselhafter Umgang
2. *Umgang mit kindlichen Bedürfnissen und Berücksichtigung der Eigenarten des Kindes*:
   - viel Rücksichtnahme
   - mittelgradige Rücksichtnahme
   - geringe Rücksichtnahme
   - unklare Haltung

Die Gruppe mit niedriger reflexiver Funktion (elf Personen)
Es verlangten vier Interviewte strikten Gehorsam. Drei von ihnen waren in den ersten drei Lebensmonaten in die Krippe gekommen.

Ambivalent im Umgang mit der Gehorsamsforderung gingen sieben Interviewte um, von diesen waren fünf Personen nach dem sechsten Lebensmonat in die Krippe gekommen.

Toleranz im Bezug auf Gehorsam zeigte kein Interviewter mit niedriger reflexiver Funktion.

Auf kindliche Bedürfnisse und die Eigenarten des Kindes konnten sich drei Interviewte nur wenig einstellen. Alle wurden nach dem sechsten Lebensmonat in die Krippe aufgenommen.

Drei Interviewte konnten sich mittelgradig gut einstellen. Zwei von ihnen besuchten ab der achten Lebenswoche, einer ab dem sechsten Lebensmonat die Krippe.

Bei vier Personen blieb die Einstellung unklar.

Kein Interviewter mit niedriger reflexiver Funktion konnte sich gut (viel) auf die Bedürfnisse seiner Kinder einstellen.

Die Gruppe mit mittlerer reflexiver Funktion (sieben Personen)
Von den sieben Interviewten mit mittlerer reflexiver Funktion verlangten zwei Personen strikten Gehorsam. Beide waren mit der achten Lebenswoche in die Krippe gekommen.

Ambivalent im Umgang mit Gehorsam gingen drei Interviewte um. Von ihnen besuchten zwei Personen ab dem sechsten Monat und eine Person ab dem vierten Monat die Krippe.

Toleranz im Bezug auf Gehorsam und Autonomie zeigten zwei Personen, davon war eine in der achten Woche und eine im vierten Monat in die Krippe gekommen.

Auf kindliche Bedürfnisse und Eigenarten konnten sich fünf Interviewte mittelgradig gut einstellen. Zwei davon waren mit der achten Woche und drei zwischen dem vierten und sechsten Monat in die Krippe gekommen. Eine Interviewte konnte sich gut auf die Bedürfnisse einstellen. Sie besuchte ab dem vierten Monat die Krippe.

Unklar blieb die Einstellung bei einer Interviewten.

Die Gruppe mit guter reflexiver Funktion (zwei Personen)
Die beiden Interviewten mit guter reflexiver Funktion zeigten Toleranz im Bezug auf Gehorsam und Autonomie und stellten sich viel auf die kindlichen Bedürfnisse und Eigenheiten ein. Sie waren in der sechsten bzw. achten Woche in die Krippe gekommen.

Beurteilung
Es wird deutlich, dass eine niedrige reflexive Funktion eher mit Verlangen nach striktem Gehorsam und geringer Einstellung auf kindliche Bedürfnisse und Eigenheiten bzw. einer unklaren Haltung einherging, während Toleranz und Förderung der Autonomie gänzlich fehlten.

Interviewte mit mittlerer reflexiver Funktion forderten deutlich seltener strikten Gehorsam und gingen deutlich häufiger auf kindliche Bedürfnisse und Eigenheiten ein.

Die beiden Personen mit GRF konnten sich sowohl tolerant und autonomiefördernd verhalten als auch gut (viel) auf die Bedürfnisse ihres Kindes einstellen.

Toleranz, Förderung der Autonomie und die Berücksichtigung kindlicher Bedürfnisse und Eigenheiten können als Ausdruck sozialer Kompetenz betrachtet werden. Diese fanden wir deutlich häufiger bei Personen mit mittelgradig ausgeprägter bzw. guter reflexiver Funktion, ohne dass sich ein gleichzeitiger Zusammenhang zum Alter bei Krippenaufnahme herstellen ließ.

Auswirkungen der Erziehungspraxis in der Kinderkrippe auf die Erziehungsvorstellungen

Auch die Erziehungspraxis in der Krippe dient neben der elterlichen Erziehung als Modell für die Erziehung der eigenen Kinder. Uns fiel auf, dass selbst der bewusste Vorsatz einiger Interviewter – ich werde mein Kinder ganz anders erziehen, als ich in der Krippe erzogen wurde – sie nicht davor schützte, unbewusst die selbst erfahrene Erziehung zu wiederholen. Das dem »Erziehungsprogramm« implizite Erziehungsmodell sah die Forderung nach striktem Gehorsam und Regeleinhaltung vor und ging, wie bereits mehrfach erläutert, wenig auf die individuellen Bedürfnisse des Kindes ein. Da eine direkte Beurteilung der Qualität der Krippenerziehung aus dem Material nicht abzuleiten war, beschränkten wir uns wieder darauf, den Zusammenhang zwischen der Erziehungspraxis unserer Interviewten und der Etablierung des »Erziehungsprogramms« in den drei Zeiträumen zu erfassen:

1968–1970: Vorbereitungsphase des Erziehungsprogramms
1971–1974: Einführungsphase des Erziehungsprogramms
1975–1977: Ausbauphase des Erziehungsprogramms.

Wir bezogen in einem weiteren Schritt die Qualität der Eltern-Kind-Beziehung der drei Jahrgangsgruppen in die Auswertung ein, um zu prüfen, ob sich bestimmte Konstellationen ergaben. Wir konnten aber keine Zusammenhänge finden.

Beurteilung
Es stellte sich heraus, dass tolerante und rücksichtsvolle Einstellungen überwiegend bei denjenigen Interviewten bestanden, die während der Vorbereitungsphase des »Erziehungsprogramms« die Krippe besucht hatten, während eine intolerante und weniger einfühlsame Einstellung häufiger bei den Interviewten auftrat, die nach 1974 in die Krippe gekommen waren. Die Qualität der Eltern-Kind-Beziehung beeinflusste diese Tendenz nicht.

Selbstwertgefühl und reflexive Funktion

Das Selbstwertgefühl beurteilten wir in einem gemeinsamen Rating anhand der Selbstbeschreibung sowie der geschilderten Lebensbewältigung unserer Interviewten, zum anderen entlang der Interaktionen zwischen Interviewten und Interviewer. Auf diese Weise hofften wir, sowohl die bewussten wie die unbewussten Aspekte des Selbstwertgefühls weitestgehend erfassen zu können. Wir nahmen vier Einstufungen vor:

1. *Geringes* Selbstwertgefühl (g): überwiegende Unsicherheit und Selbstzweifel in allen Lebensbereichen sowie geringe soziale Integration bei zehn Personen.
2. *Mäßig ausgeprägtes* Selbstwertgefühl (m): Unsicherheit und Selbstzweifel in einigen Lebensbereichen sowie mäßige soziale Integration bei sechs Personen.
3. *Gutes* Selbstwertgefühl (gut): Selbstakzeptanz und Selbstsicherheit in den meisten Lebensbereichen sowie gute soziale Integration bei zwei Personen.
4. Die Beurteilung blieb *unklar* (unkl) bei zwei Personen.

Diese Einstufungen setzten wir sowohl mit dem Alter bei Krippenaufnahme als mit der reflexiven Funktion in Beziehung: Das Selbstwertgefühl war bei denjenigen Interviewten, die im ersten Lebenshalbjahr in die Krippe kamen, überwiegend gering. Besonders häufig traf das für diejenigen zu, die eine niedrige reflexive Funktion aufwiesen. Bei den Interviewten, die nach dem sechsten Lebensmonat in die Krippe kamen, war das Selbstwertgefühl überwiegend mäßig bis gut ausgeprägt.

Beurteilung
Es ist anzunehmen, dass eine frühe Krippenaufnahme das Selbstwertgefühl eher minderte. Bedenkenswert erscheint, dass bei den Interviewten, die im ersten Lebenshalbjahr in die Krippe kamen, ein geringes Selbstwertgefühl relativ häufig mit einer niedrigen reflexiven Funktion einherging. Bemerkenswert ist auch, dass die beiden Interviewten mit GRF ein geringes Selbstwertgefühl hatten.

Zusammenfassung

In diesem Kapitel untersuchten wir die Entfaltung der reflexiven Funktion der ehemaligen Krippenkinder. Wir gingen davon aus, dass die reflexive Funktion, also die Fähigkeit, sich und den Anderen als selbstständiges Wesen in Gedanken, Gefühlen, Absichten und Wünschen wahrzunehmen, am deutlichsten die Selbstentwicklung widerspiegelt und Auskunft über die Selbst- und Fremdwahrnehmung gibt. Da sich diese Fähigkeit *am Lebensanfang* entlang dem Dialog zwischen dem Kind und seinen Beziehungspersonen entwickelt, untersuchten wir die frühen Lebensumstände, die Beziehungen zu den Eltern und die Krippenerfahrungen.

Grundlage unserer Analyse waren nicht die Inhalte der Interviews, sondern *wie* differenziert der Interviewte über sein Leben, seine Erfahrungen mit anderen Menschen und über sich selbst nachdenken konnte. Wir wählten sechs Themenkreise, die ein reflektierendes Nachdenken unumgänglich erforderten, bewerteten die Aussagen zu diesen Themenkreisen nach bestimmten Kriterien und bündelten die Ergebnisse in den drei genannten Untergruppen.

Diese Untergruppen unterzogen wir verschiedenen Fragestellungen, die sich sowohl auf Entstehungsbedingungen im Dort und Damals, als auch auf Auswirkungen im gegenwärtigen Leben bezogen.

Selbstverständlich kann angesichts der niedrigen Personenzahl (n = 20) und einer fehlenden Vergleichsgruppe die Auswertung der Ergebnisse nur mit größter Zurückhaltung erfolgen.

Lebensalter bei Krippenaufnahme

Ein direkter Zusammenhang zwischen dem Alter bei Krippenaufnahme und der Entfaltung der reflexiven Funktion konnte nicht nachgewiesen werden.

Auch wenn die untersuchte Gesamtgruppe sehr klein ist, zeigt die heterogene Verteilung der drei Entfaltungsgrade (NRF, MRF, GRF) über das Altersspektrum, dass sich die Vermutung, je früher ein Kind in die Krippe komme, sich die reflexive Funktion desto geringer entfalten werde, nicht bestätigt.

Qualität der Krippenerziehung

Obwohl zwischen 1968 und 1970 alle Interviewten (sechs) vor dem sechsten Lebensmonat in die Krippe aufgenommen worden waren, trafen wir in dieser Gruppe häufiger auf gute bis mittlere reflexive Funktionen (vier) als bei denjenigen, die Mitte der 1970er Jahre in die Krippe kamen.

Wir müssen daraus schließen, dass weniger das Lebensalter bei Krippenaufnahme als das Geburtsjahr und damit die Wirksamkeit des »Erziehungsprogramms«, das 1971 flächendeckend eingeführt und zunehmend ausgebaut wurde, die Entfaltung der reflexiven Funktion beeinflusst haben wird. So erklärt sich vielleicht auch, dass alle drei Interviewten, die zwischen 1968 und 1969 bereits während der ersten Lebenswochen in die Krippe kamen, eine gute bzw. mittelgradig ausgeprägte reflexive Funktion aufwiesen. Mit höchster Wahrscheinlichkeit war für diese Kinder die Qualität der Betreuung ohne die beziehungsbeeinträchtigende Einwirkung des Programm besser als für die in den späten 1970er Jahren Geborenen, die zum größten Teil bei Krippenaufnahme deutlich älter waren, aber deutlich häufiger eine niedrige reflexive Funktion aufwiesen.

Beziehung zur Mutter

Einen eindeutigen Zusammenhang zwischen der Entfaltung der reflexiven Funktion und der Beziehung zur Mutter konnten wir bei den Interviewten nicht nachweisen.

Die Beziehung zur Mutter ließ sich anhand »historischer« äußerer Fakten (wie Erwünschtheit des Kindes, frühe Trennung) nicht präzisieren, vermutlich weil deren innere Bearbeitung im Kind dabei unberücksichtigt bleibt. Wir kommen deshalb der individuellen »Wahrheit« näher, wenn wir von statistischen Aussagen ablassen und uns den Einzelschicksalen zuwenden, wie sie in den Lebensgeschichten erlebbar wurden.

Beziehung zum Vater

Es konnte nur untersucht werden, wie sich die Abwesenheit des Vaters während der ersten Lebensjahre auswirkte. Dies war bei neun Interviewten der Fall. Die reflexiven Funktionen in dieser Untergruppe verteilten sich auf alle drei Entfaltungsstufen. Zu denken gibt, dass alle Interviewten, deren *Väter abwesend* waren, eine belastete bzw. traumatisierende Eltern-Kind-Beziehung erinnerten.

Qualität der Eltern-Kind-Beziehung

Eine traumatisierende bzw. belastete oder überwiegend belastete Eltern-Kind-Beziehung beeinträchtigte die Entfaltung der reflexiven Funktion, wobei sich in der Abwesenheit des Vaters ein zusätzliches Risiko andeutet. Fast alle Interviewten mit niedriger reflexiver Funktion (zehn von elf) gaben solcherart Beziehungen an.

Einfluss belastender Lebensereignisse

Je mehr belastenden Lebensereignissen die Interviewten in den ersten sechs Lebensjahren ausgesetzt waren, desto geringer konnte sich ihre reflexive Funktion entfalten.

Erziehungspraxis im Umgang mit den eigenen Kindern

Eine niedrige reflexive Funktion ging eher mit Verlangen nach striktem Gehorsam und geringer Einstellung auf kindliche Bedürfnisse und Eigenheiten bzw. einer unklaren Haltung einher, während Toleranz und Förderung der Autonomie gänzlich fehlten.

Toleranz, Förderung der Autonomie und die Berücksichtigung kindlicher Bedürfnisse und Eigenheiten können als Ausdruck sozialer Kompetenz betrachtet werden. Diese fanden wir deutlich häufiger bei Personen mit mittlerer bzw. guter reflexiver Funktion, ohne dass sich ein eindeutiger Zusammenhang zum Alter bei Krippenaufnahme herstellen ließ.

Erziehungspraxis und Qualität der Krippenerziehung

Tolerante und rücksichtsvolle Einstellungen bestanden überwiegend bei Interviewten, die während der Vorbereitungsphase des »Erziehungsprogramms« die Krippe besuchten, während eine intolerante und weniger einfühlsame Einstellung häufiger von den Interviewten vertreten wurde, die nach 1974 in die Krippe gekommen waren.

Selbstwertgefühl

Eine frühe Krippenaufnahme minderte das *Selbstwertgefühl*. Bedenkenswert erscheint, dass bei denjenigen Interviewten, die im ersten Lebenshalbjahr in die Krippe kamen, ein geringes Selbstwertgefühl relativ häufig mit einer niedrigen reflexiven Funktion einherging. Erfolgte die Krippenaufnahme erst nach dem sechsten Lebensmonat, war das Selbstwertgefühl mäßig bis gut.

Diskussion

Die Bindungsforschung hat im Laufe der letzten Jahrzehnte zwar differenzierte Aussagen über Bindungstypen, deren Entstehungsbedingungen und mögliche Veränderungen getroffen, aber es stellte sich gleichzeitig heraus, dass sich anhand des Bindungstyps die Selbstentwicklung bzw. soziale Kompetenz nur begrenzt abbilden lassen. Unser Ansatz fasst die reflexive Funktion als gelebten Ausdruck des Selbst auf. Wir verstehen sie als zentrale Voraussetzung, sich und den Anderen als eigenständige Wesen und die Realität angemessen zu erfassen. Ob die Beziehungen und Umstände, die ein kleines Kind erfährt, seine reflexive Funktion fördern oder behindern, sollte deshalb bei der Betrachtung der kindliche Lebenswelt u. E. im Mittelpunkt stehen.

Unter »früher« Fremdbetreuung versteht man derzeit eine Krippenaufnahme ab dem zwölften Lebensmonat, selten vor dem sechsten Lebensmonat, so dass sich die anschließenden Überlegungen auf ein Lebensalter beziehen, das deutlich über dem unserer Interviewten lag.

Dass frühe Fremdbetreuung zunehmend selbstverständlich zum Leben gehört, geht primär nicht von den Kleinkindern aus. Diesen Umstand muss man sich unbedingt vergegenwärtigen, um seine »Normalität« angemessen beleuchten zu können.

Die Entscheidung, wie viel Zeit eine Gesellschaft den Kindern gewährt, sich so an ihre Eltern zu binden, dass sie im Dialog mit ihnen sich selbst und die Welt kennenlernen, wird bestimmt durch die kulturellen Maßstäbe und den Lebensstandard. Der Kontext für das Großziehen von Kindern ist die Bindung an diejenigen, die für das Kind verantwortlich sind. Das ist so selbstverständlich wie ein Naturgesetz. Wenn staatlich ausgebildete Professionelle und Institutionen maßgeblich in das Großziehen von Babys und Kleinkindern einbezogen sind, wird dieser Kontext verlassen. Da im postindustriellen Zeitalter die Fremdbetreuung so selbstverständlich geworden ist, denken wir kaum darüber nach. Besonders in der DDR-Kinderkrippe der 1970er Jahre mit ihrem »mageren« individuellen Beziehungsangebot ersetzten vermutlich Gleichaltrige den emotionalen Dialog im Leben des Kindes.

Selbst wenn wir jetzt deutlich günstigere Bedingungen wie die elternbegleitete Eingewöhnung und eine mehr kindzentrierte Betreuung vorfinden, müssen wir uns darüber im Klaren sein, dass sich die Kinder aus der Bindung zu ihren Eltern etwas zurückziehen, also ihre Eltern etwas weniger »besetzen«, um die Realität zu bewältigen. Dieses Phänomen sollte man weiter untersuchen.

Angesichts der kleinen Gruppe war es gewagt, quantitative Auswertungen vorzunehmen. Doch sahen wir keinen geeigneteren Weg, die Fragen, die uns im Zusammenhang mit der Entfaltung der reflexiven Funktion interessierten, zu bearbeiten. Wir beabsichtigten damit nicht, »statistisch gesicherte« Ergebnisse zu liefern, sondern wollten Tendenzen, die wir in der Untersuchung der einzelnen Interviews zu erkennen glaubten, möglichst nachvollziehbar verdeutlichen.

Mehr als die Hälfte unserer Interviewten (elf) wies eine niedrige (NRF) und nur ein minimaler Teil (zwei) eine gute reflexive Funktion (GRF) auf. Die dritte Untergruppe mit mittelgradig ausgeprägter reflexiver Funktion (MRF) umfasste sieben Personen. Ob allein der Umstand frühe Fremdbetreuung oder häusliche Betreuung die Entfaltung der reflexiven Funktion unterschiedlich prägt, kann unsere Untersuchung nicht beantworten, da wir nur ehemalige Krippenkinder interviewten. Allerdings gibt uns die große Gruppe mit niedriger reflexiver Funktion zu denken.

Auffällig war, dass knapp zwei Drittel der Interviewten mit NRF einen Beruf ausübten, der ihnen professionelle soziale Kompetenz abverlangte. Vielleicht handelte es sich bei dieser Berufswahl um einen mehr oder weniger unbewussten Reparaturversuch der eigenen Biographie. Sollten im beruflichen Umgang mit anderen Menschen Sehnsüchte nach Versorgung und Verstehen gestillt werden? Vielleicht verband sich mit der Berufwahl auch ein Selbstbeweis bzw. ein Vorwurf: Ich kann besser mit Menschen umgehen, als mit mir umgegangen wurde? Die Vermutung, es könne sich um solcherart Motive handeln, wird dadurch bekräftigt, dass von den Interviewten mit MRF und GRF (insgesamt neun) nur in zwei Fällen Berufe mit sozialer Ausrichtung ausgeübt wurden.

Die weiteren Ergebnisse unserer Untersuchung sollen entlang folgender Hypothesen diskutiert werden:

Hypothese 1: *Je früher ein Kind in die Krippe kommt, desto weniger kann sich seine reflexive Funktion entfalten.*

Diese Hypothese konnte *nicht* bestätigt werden. Es stellte sich heraus, dass ein direkter Zusammenhang zwischen dem Alter bei Krippenaufnahme und der Entfaltung der reflexiven Funktion nicht nachgewiesen werden konnte. Letztlich ist eine solche Verknappung, die wesentliche Faktoren wie die Eltern-Kind-Beziehung, die Qualität der Krippenbetreuung und belastende Lebensumstände außer Acht lässt, auch völlig unzureichend.

Dies galt es nun im Einzelnen zu prüfen.

Hypothese 2: *Die Entfaltung der reflexiven Funktion kann durch eine frühe Krippenbetreuung dann beeinträchtigt werden, wenn keine feinfühligen Bindungsbeziehungen seitens der Eltern und Erzieher bestehen.*

Wir fanden uns dahingehend bestätigt, dass eine traumatisierende bzw. belastete oder überwiegend belastete Eltern-Kind-Beziehung die Entfaltung der reflexiven Funktion beeinträchtigte, wobei sich in der Abwesenheit des Vaters mindestens während des ersten Lebensjahres ein zusätzliches Risiko andeutete. Fast alle Interviewten mit niedriger reflexiver Funktion (zehn von elf) gaben solcherart Beziehungen an. Auf den Schutz der Eltern-Kind-Beziehung wurde in der DDR formal sehr viel Wert gelegt. Aber der vollzog und vollzieht sich auch heute noch überwiegend entlang von Kontrollen und weniger über den weitaus schwierigeren Weg der Entwicklungshilfe für Eltern.

Auch hinsichtlich der Qualität der Krippenerziehung bestätigte sich unsere Annahme. Der zunehmende Einfluss des restriktiven »Erziehungsprogramms«, das die individuelle Beziehungsgestaltung zwischen Erzieherin und Kind immer weiter in den Hintergrund drängte, führte tendenziell zu einer Abnahme der reflexiven Funktion. Dieser Einfluss war so stark, dass selbst Babys, die ganz früh, also vor dem ersten Lebenshalbjahr, aber noch in der Phase der »unprogrammierten« Betreuung vor 1971 in die Krippe gekommen waren, eine bessere reflexive Funktion entwickelt hatten als diejenigen, die Mitte der 1970er Jahre eine Krippe besuchten, obwohl ihr Lebensalter bei der Krippenaufnahme einige Monate höher lag.

Nun könnte man fragen: Ist das »Erziehungsprogramm« dafür verantwortlich zu machen oder eine unzureichend feinfühlige Bindungsbeziehung der Eltern, der die älteren Kinder länger als die ganz früh aufgenommen »ausgesetzt« waren? Da kein Zusammenhang zwischen der Qualität der erinnerten Eltern-Kind-Beziehung und dem Alter bei Krippenaufnahme nachgewiesen werden konnte, müssen wir uns auf das »Erziehungsprogramm« und die damit verbundenen Rahmenbedingungen, wie sie bereits in Kapitel 1 beschrieben wurden, konzentrieren.

Das ist insofern von Bedeutung, als die gegenwärtige »Krippendiskussion« das Aufnahmealter der Kinder einseitig in den Mittelpunkt rückt und die Notwendigkeit eines hohen Betreuerschlüssels sowie die persönliche Eignung, Sensitivität und pädagogische Bildung der Betreuerinnen weniger beachtet. Auch mangelt es an Überlegungen, wie die Zeitressourcen der Eltern erweitert werden könnten.

Fast alle Interviewten litten als Kind unter dem Zeitmangel ihrer Eltern. Sie fühlten sich oft angetrieben oder allein gelassen, sehnten sich nach mehr Kontakt mit den Eltern. Dieses Problem besteht mehr oder weniger ausgeprägt auch heute. »Das Zeitproblem kann keine noch so gute Kinderbetreuung aus der Welt schaffen, denn sie findet ihre Grenze in den Kindern selbst. Acht bis zehn Stunden bei der Tagesmutter oder in der Krippe, mag es dort noch so schön sein, reichen aus, das fitteste Kind zu erledigen.« (Gaschke, 2006)

Hypothese 3: *Die Entfaltung der reflexiven Funktion kann durch eine frühe Krippenbetreuung beeinträchtigt werden, wenn keine feinfühligen Bindungsbeziehungen bestehen und wenn das Kind zusätzlich belastenden äußeren Lebensumständen ausgesetzt ist.*

Unsere dritte Annahme bestätigte sich ebenfalls. Je mehr belastenden Lebensereignissen die Interviewten in den ersten sechs Lebensjahren ausgesetzt waren, desto geringer konnte sich ihre reflexive Funktion entfalten. Viel zu gering wurde und wird die Stabilität der äußeren Umwelt als Schutzfaktor kindlicher Entwicklung bewertet. Es war und ist immer noch verbreitet, Babys und Kleinkindern Trennungen und Umzüge u. ä. m. zuzumuten, angeblich »weil sie es noch nicht so mitbekommen« bzw. weil »Abhängigkeit« als negativ und »Unabhängigkeit« als erstrebenswert angesehen werden.

Hypothese 4: *Je besser ihre reflexive Funktion entfaltet ist, desto einfühlsamer können Eltern mit ihren Kindern umgehen und müssen desto weniger das Erziehungsmodell der Kinderkippe unbewusst an ihre Kinder weitergeben.*

Diese Hypothese bezog sich auf die Erziehungspraxis, die unsere Interviewten bei den eigenen Kindern ausübten. Auch diese Annahme bestätigte sich: Eine niedrige reflexive Funktion ging eher mit Verlangen nach striktem Gehorsam und geringer Einstellung auf kindliche Bedürfnisse und Eigenheiten bzw. einer unklaren Haltung einher, während Toleranz und Förderung der Autonomie gänzlich fehlten.

Toleranz, Förderung der Autonomie und die Berücksichtigung kindlicher Bedürfnisse und Eigenheiten können als Ausdruck sozialer Kompetenz betrachtet werden. Diese fanden wir deutlich häufiger bei Personen mit mittlerer bzw. guter reflexiver Funktion, ohne dass sich ein eindeutiger Zusammenhang zum Alter bei Krippenaufnahme herstellen ließ. Aber wir fanden tolerante und rücksichtsvolle Einstellungen überwiegend bei denjenigen Interviewten, die vor der Einführung des »Erziehungsprogramms« die Krippe besuchten, während eine intolerante und weniger einfühlsame Einstellung häufiger von Interviewten vertreten wurde, die nach 1974 in die Krippe gekommen waren.

Hypothese 5: *Je früher ein Kind in die Krippe kam, desto geringer entwickelte sich sein Selbstwertgefühl, da ihm sowohl die frühe Trennung von der Mutter ein Gefühl der Wertlosigkeit vermittelte, als auch die Früherfahrung der Ein- und Unterordnung in die Gruppe seine Subjektivität einschränkte.*

Diese Hypothese bezog sich auf das aktuelle Selbstwertgefühl unserer Interviewten. Unsere Annahme bestätigte sich. Eine frühe Krippenaufnahme minderte das *Selbstwertgefühl.* Bedenkenswert erscheint, dass bei denjenigen Interviewten, die im ersten Lebenshalbjahr in die Krippe kamen, ein geringes Selbstwertgefühl relativ häufig mit einer niedrigen reflexiven Funktion einherging. Erfolgte die Krippenaufnahme erst nach dem sechsten Lebensmonat, war das Selbstwertgefühl mäßig bis gut.

Hypothese 6: *Die Entfaltung der reflexiven Funktion ist ein mehrfach determinierter Prozesses, dessen Verlauf neben der individuellen »Prädisposition« des Kindes insbesondere von Risiko- und Schutzfaktoren in der frühen Kindheit entscheidend beeinflusst wird. Die Qualität der Krippenbetreuung spielt dabei für früh fremdbetreute Kinder, eine führende Rolle.*

Diese Vermutung entwickelten wir aus der Zusammenschau der vorangegangen Hypothesen. Über die »Prädispositionen« unserer Interviewten, besonders über ihre unterschiedlichen Fähigkeiten, die sie mit auf die Welt brachten, sich vom Lebensanfang an mitteilen und einen Anderen für sich gewinnen zu können, erfuhren wir viel aus den Lebensgeschichten, aber auch entlang der Interaktionsszene, die sich zwischen Interviewer und Interviewten entfaltete.

Die Prädispositionen stellen eine individuelle Ressource dar, die sich nicht nur angesichts der kleinen Gesamtgruppe schwer in eine Systematik einordnen lässt. Das beste

Beispiel geben die beiden Interviewten, die eine gute reflexive Funktion entwickelten. Sie erinnerten eine eher aggressiv-feindliche Beziehung zu ihren Eltern und gehörten zu den ganz früh in die Krippe aufgenommenen Kindern. Sie verhielten sich gegenüber ihren Kindern tolerant und feinfühlig und gaben sie erst nach dem ersten Lebensjahr in die Krippe. Ihre Biographien sprachen dafür, dass sie sich mit schmerzlichen Erfahrungen aktiv auseinandersetzten und die Früherfahrungen nicht wiederholten. Andererseits erlebten sie in der Krippe noch die »unprogrammierte« Erziehung.

So müssen wir uns an dieser Stelle darauf beschränken, die Selbstentwicklung der Kinder mit früher Fremdbetreuung im Lichte der Risiko- und Schutzfaktoren zu betrachten.

Als *Schutzfaktoren* stellten sich in unserer Untersuchung eine harmonische Eltern-Kind-Beziehung und der Krippenaufenthalt vor Einführung der »programmierten« Erziehung heraus. *Risikofaktoren* stellten die belastete bzw. überwiegend belastete oder traumatisierende Eltern-Kind-Beziehung, die Abwesenheit des Vaters im ersten Lebensjahr, belastende Lebensumständen während der ersten sechs Lebensjahre und die »programmierte« Erziehung in der Krippe dar.

Eine *transgenerationale Weitergabe* von entwicklungsbehinderndem elterlichen Verhalten und entwicklungsbehindernder institutioneller Betreuung deutet sich an.

Im Wesentlichen decken sich unsere Ergebnisse mit Studien aus der Bindungsforschung (Brisch, 1999) und mit den Grundideen des Mentalisierungskonzepts, das sich mit der Entfaltung der reflexiven Funktion befasst (Fonagy & Target, 2003).

Kapitel 8

Wie wirken sich frühe Trennungserfahrungen auf die körperliche und psychische Gesundheit aus?

Peter Vogelsänger

Und irgendwann hat dann meine Mutter den Schlussstrich gezogen...
(aus einem Interview)

Diesem Kapitel liegen spontan berichtete und eher sporadisch erfragte Schilderungen zugrunde, in denen die Interviewten über ihre damalige und heutige gesundheitliche Situation sprechen.

Da die von uns gewählte Interviewtechnik gerade die Subjektivität und Individualität der Berichte sicherstellen sollte, entzog sich das mit unserer Methodik gewonnene Textmaterial verlässlichen statistischen Aussagen über gesundheitliche Auswirkungen früher Trennung und Fremdbetreuung.

Die von uns untersuchten Texte sollen daher weniger im Sinne einer stringenten Beweisführung, sondern eher als Orientierung und Anregung für weitergehende Untersuchungen zur Diskussion gestellt werden.

Bei unserer Untersuchung gingen wir zunächst von Erkenntnissen der Forschung aus, dass eine frühe Trennung und Fremdbetreuung sehr kleiner Kinder mit Stresserfahrungen (Spitz, 1996; Bowlby, 1975, 1976, 1983; Bowlby, Robertson & Rosenbluth, 1952; Robertson & Robertson, 1975) verbunden sein kann, Phänomene, die gerade auch durch aktuelle Forschungsergebnisse aus dem Bereich der Epigenetik, auf die wir in der Diskussion verweisen werden, in neuem Licht erscheinen. Diese frühkindliche und möglicherweise epigenetisch fortgeschriebene Stressbelastung müsste sich auch unmittelbar auf die damalige gesundheitliche Situation der von uns interviewten ehemaligen Krippenkinder und auf deren weitere körperliche und psychische Entwicklung (u.a. Felitti, 2002; Egle et al., 2002) ausgewirkt haben, wobei Schutz- und Risikofaktoren (u.a. Egle et al., 2002) diese Stresserfahrung und deren Auswirkungen modulieren konnten.

Ausgehend von diesen Hypothesen müssten sich in unserem Interviewmaterial, also schon im Krippen- und Kindergartenalter der Interviewten, gehäufte oder gravierende gesundheitliche Störungen zeigen und diese auch im weiteren Verlauf der Entwicklung als Schulkinder und Jugendliche körperliche und psychische Auffälligkeiten aufweisen. Darüber könnten einige der von uns interviewten (oft noch jüngeren) Erwachsenen bereits gesundheitliche Störungen als Ausdruck der Langzeitfolgen früher Trennung und Fremdbetreuung zeigen, wobei diese gesundheitlichen Probleme vermutlich aber noch nicht so gravierend und chronifiziert sein würden wie es zum Beispiel Felitti (2002) für eine Gruppe von erwachsenen Patienten mit Kindheitsbelastungen beschrieb, deren Durchschnittsalter bereits mehr als 50 Jahre betrug.

Wir richteten bei der nach Altersgruppen getrennt geführten Auswertung der Interviews unser Augenmerk auf mögliche Zusammenhänge zwischen der gesundheitlichen Situation und dem Zeitpunkt der Krippenaufnahme. Wir untersuchten die in den Texten enthaltenen Schilderungen unserer Interviewpartner über deren gesundheitliche Situation im Zusammenhang mit eigener Mutter- oder Vaterschaft und der aktuellen körperlichen und psychischen Gesundheit. Wir schätzten den durch die Eltern der Interviewten praktizierten Umgangsstil ein, erfassten auch besondere familiäre Belastungen und die Möglichkeit der Eltern, auf Großeltern und andere wichtige unterstützende Personen zurückgreifen zu können.

Ergebnisse

Um die möglichen Auswirkungen des Zeitpunkts der Krippenaufnahme untersuchen zu können, nahmen wir zunächst eine Gruppeneinteilung unserer Interviewpartner vor. Bei den elf Interviewten der Gruppe I erfolgte die Krippenaufnahme vor dem sechsten Lebensmonat (achte Lebenswoche bis vierter Lebensmonat). Drei Kinder aus dieser Gruppe waren darüber hinaus einer besonderen familiären Belastung ausgesetzt. Drei Kinder aus der Gruppe I wurden in einer Wochenkrippe, eines hierbei als sogenanntes Tageskind, betreut.

Die der Gruppe II zugeordneten neun Kinder wurden frühestens mit sechs Monaten (sechster Monat bis ein Jahr alt) aufgenommen. Drei Interviewte, sie stammen aus beiden Gruppen, wurden bald nach der Aufnahme in eine Betreuungseinrichtung als krippenunfähig eingeschätzt und dann zum Teil von anderen Bezugspersonen, z. B. den Großeltern, betreut. Bei zwei der von uns Interviewten gab es Hinweise für eine Unreife in der Neugeborenenzeit bzw. für Anpassungsstörungen in der Neugeborenen- und Säuglingszeit, deren Einfluss auf die weitere gesundheitliche Entwicklung unter Krippenbedingungen mit zu berücksichtigen ist. Nachfolgend zitierte Berichtspassagen wurden – zur besseren Lesbarkeit zum Teil leicht bearbeitet – den Interviewtexten und den in der Gruppendiskussion entstandenen Protokollen entnommen.

> Also mit ungefähr sieben Wochen, acht Wochen, bin ich in die Wochenkrippe gekommen. Und das war eigentlich, das habe ich wirklich auch erst jetzt erfahren, ein Kinderheim. Ich war also so anderthalb Jahre in der Wochenkrippe. Ich hatte die normalen Kinderkrankheiten, aber meine Mutter sagte, meistens konnte sie mich in der Wochenkrippe lassen, denn das waren ausgebildete Säuglingsschwestern, die sich auch um kranke Kinder kümmern konnten. Also krank sein war kein Grund, nicht in die Krippe zu gehen. Also das war ja sozusagen dann sogar der bessere Platz, im Sinne von krank sein, Krankenhaus, Institution, ausgebildetes Personal.

Hierbei ist anzumerken, dass die dem Gesundheitswesen der DDR zugeordneten Kinderkrippen und -heime, in denen die gesunden Kinder von Säuglingsschwestern und anderen Mitarbeitern nach medizinischen Kriterien betreut wurden, nicht selten auch erkrankte Kinder, die dann in der jeweiligen Einrichtung blieben und nicht von den Eltern zu Hause betreut wurden, versorgten, was aufgrund des oft herrschenden Arbeitskräftemangels und der fehlenden Produktivität vieler DDR-Betriebe volkswirtschaftlich gewünscht war und von den Eltern oft wenig problematisiert wurde. Zwischen den Kindern beider Gruppen fanden wir deutliche Unterschiede in Bezug auf deren gesundheitliche Entwicklung in allen nachfolgend aufgeführten Lebensabschnitten.

Krippenalter

So berichteten sieben der elf Interviewten, zu ihnen gehörten auch die Wochenkrippenkinder und zwei Kinder mit besonderer familiärer Belastung der Gruppe I, aber nur drei der neun Interviewten der Gruppe II, an gehäuften oder schwerwiegenden Erkrankungen im Krippenalter, wie chronischen Atemwegsinfekten (zwei Interviewte) – oft begleitet von Mittelohrentzündungen (vier) –, sowie Ernährungs- und Gedeihstörungen (fünf) gelitten zu haben. Ein Kind erkrankte im Krippenalter an einer Hirnhautentzündung, ein anderes Kind erlitt Fieberkrämpfe. Sechs Kinder, vier gehören zur Gruppe I und zwei zur Gruppe II, mussten stationär behandelt werden. Auch hier sollen die Interviewten zitiert werden:

> Ich war schon viel krank, hatte viel Mittelohrentzündungen, die sich häufig wiederholt haben. Ich muss da auch Spritzen bekommen haben, wahrscheinlich Antibiotika, wird aber auch erzählt, dass wir oft im Krankenhaus waren.

Oder auch:

> Ich war viel krank, zwei Wochen gesund, drei Wochen krank. Ich war immer sehr dürre, meine Lippen waren immer total entzündet, hatte große Augenringe.

Die Interviewten sprechen bereits aus ihrer Sicht mögliche Zusammenhänge zwischen der Art, Intensität und Häufigkeit der Erkrankungen und ihrer frühen Krippenbetreuung an: »Klar, ich kann mich nur daran erinnern, dass ich oft krank war. Und dass dadurch eigentlich wenig Krippenaufenthalt zustande kam, mehr sporadisch, und meine Mutter mir gesagt hat, weil ich sie nun gefragt hab', dass sie eigentlich auch damit aufhören musste zu arbeiten, nach einer gewissen Zeit, weil es gesundheitlich von meiner Seite her einfach nicht mehr ging.« Die Interviewte glaubt, dass dieses abrupte Herausreißen aus der Familie »damals vielleicht so 'n bisschen krass war«. Schließlich wurde sie nach einem halben Jahr wieder aus der Krippe genommen, »wurde die Familie reorganisiert, weil ich viel krank war. Ich hatte immer Angina. Und dann wurde ich auch mit drei Jahren operiert. Ich war ein schlechter Esser, aber im Kindergarten dann nicht mehr.«

Die häufigen Erkrankungen der Kinder und die hiermit oft verbundene und attestierte sogenannte Krippenunfähigkeit zogen nicht selten Konsequenzen für die Kinder und ihre Familien nach sich, die auch in unseren Interviews Beschreibung finden. Die oft sehr jungen Mütter, die nicht selten einem starken gesellschaftlichen Erwartungsdruck ausgesetzt waren, unterbrachen ihr Studium oder gaben die Kinder in die Betreuung von Großeltern. Einige der Interviewten sollen hier zitiert werden:

»Aber nach einem Dreivierteljahr zeichnete es sich ab, dass es nach beiden Seiten nicht zu machen war. Das häufigste (waren) wohl Mittelohrentzündungen. Meine Mutter sagte immer, dass aus jedem Schnupfen eine Mittelohrentzündung geworden ist. Ja, sie meinte, immer ein Infekt zum Anfang und dann ist immer eine Mittelohrentzündung draus geworden. Nun, sie hat erzählt, größtenteils zwei Tage in die Krippe rein und dann 14 Tage raus und Antibiotikum bekommen und dann wieder zwei Tage Krippe und 14 Tage raus. Sie meint, sie könne sich nicht daran erinnern, dass ich einmal eine Woche am Stück in der Kinderkrippe war, ohne krank zu werden. Und irgendwann hat dann meine Mutter den Schlussstrich gezogen.« Sie fragte den Arzt, ob es nicht irgend etwas gäbe, das die gesundheitliche Situation ihres Kindes bessern könne.

»Der Arzt hat gesagt, es gibt nichts, außer dass er will mich sowieso kindergartenunfähig schreiben. Und meine Mutter hat mit meinen Großeltern ausgemacht, dass meine Oma halbtags arbeitet und ich zu meiner Oma gehe. Die Zeit, die ich effektiv im Kindergarten verbracht habe, war also derartig kurz.« Die Mutter der Interviewten »erinnert sich halt bloß noch an ein weinendes Baby, dem Blut aus den Ohren läuft. Das war direkt schlimm. Sie hat gemeint, es hat nichts gebracht. Sie selber konnte nicht studieren, weil sie ja fast immer zu Hause war. Und ich habe eindeutig darunter gelitten. Und auch der Kinderarzt meinte irgendwann, dass es nicht richtig gut wäre, wenn das Kind so oft ein Antibiotikum bekommen würde. Ich bin gar nicht mehr in die Krippe gegangen, gar nicht mehr. Ja, ich bin danach nicht mehr krank geworden. Meine Mutter meint, das war ganz eindeutig.«

»Ich war ständig krank, bin eine Woche oder zwei Wochen in die Krippe gegangen und war drei Wochen krank. Das ging eine ganze Weile, bis es dann so weit war, dass die von der Krippe aus gesagt haben, (die Eltern) möchten doch erst mal ausprobieren, das Kind zu Hause zu behalten.«

Die Problematik der erhöhten Infektanfälligkeit und hiermit verbundenen Krippenuntauglichkeit dieser chronisch-wiederholt erkrankten Kinder war letztlich auch ein wesentlicher Faktor, in der DDR 1986 ein bezahltes Elternerziehungsjahr (»Babyjahr«) einzuführen, von dem die von uns Interviewten aber noch nicht profitieren konnten.

Kindergarten- und Vorschulalter

Interviewte aus der Gruppe I berichteten, als Kindergartenkinder noch an gehäuften Infekten oder Mandelentzündungen (drei), die der Gruppe II an Mittelohrentzündungen (zwei) gelitten zu haben. Die Interviewten beider Gruppen schilderten oft langwierige Ess- und Gedeihstörungen (drei).

Eine der Befragten schildert, sie habe »im Kindergarten nicht gegessen, musste aber essen (!), war eben nicht so ein guter Esser. Meine Mutti sagt auch, sie hat das ganze Fleisch aus den Backen rausgeholt. Ich hab's nur den ganzen Tag hier drin gebunkert. Ich musste es aufessen und habe es aber kleingekaut und wenn meine Mutti mich abgeholt hat, hat sie erst mal das ganze Fleisch rausgeholt.«

Der von den Interviewten beschriebene Charakter und die Qualität der Kindergärten wies eine große Spannbreite auf. Sie erinnern sich an familiäre und Geborgenheit vermittelnde Kindereinrichtungen, aber auch an Kindergärten, in denen es eine Rigidität bei der Umsetzung von Regeln und Zwangsmaßnahmen einzelner Erzieherinnen sowie formal und starr praktizierte Rituale gab. Einige der Kinder trafen mit ihrer Problematik und ihren Nöten auf verständnisvolle Eltern oder Großeltern, die auch auf personellen Konsequenzen bis hin zur Ablösung von Erzieherinnen bestanden, andere Kinder erlebten den Kindergarten als Fortsetzung häuslich praktizierter Härte und Rigididät im Umgang mit dem Kind.

Aus der Vorschulzeit berichteten unsere Interviewpartner, neben den für dieses Alter typischen Unfällen (zwei), nun sicher auch im Zusammenhang mit der bevorstehenden Einschulung, zunehmend über psychische und psychosomatische Auffälligkeiten wie (Trennungs-)Ängste (drei), Nägelkauen, Einnässen (drei) und Einkoten, welche mit häuslichen Schwierigkeiten und Belastungen (drei), aber auch der Situation im Kindergarten in Zusammenhang zu stehen schienen.

Auffällig ist, dass vier der Kinder aus der Gruppe I, davon die drei Kinder, die zusätzlich eine besondere familiärere Belastung aufwiesen, deutliche psychische und psychosomatische Beschwerden schilderten, während in der Gruppe II mit Sicherheit nur das Nägelkauen und möglicherweise die Ess- und Gedeihstörungen sowie partiell das über das zehnte Lebensjahr hinausreichende Einnässen jeweils eines Kindes diesem Beschwerdespektrum zugeordnet werden kann.

Eine Interviewte der Gruppe I berichtete: »Meine ganze Kindheit hat mich Angst begleitet. Alle Kinder mussten immer zur gleichen Zeit auf den Töpfchen sitzen, furchtbar.« Sie habe bis zur Vorschulzeit »eingepullert und auch eingekotet. Es wurde geschimpft, immer geschimpft, meine gesamte Kindergartenzeit, alles negativ, alles durchweg.« Es sei aber nicht nur Härte und Ungerechtigkeit in der Kindereinrichtung gewesen, auch die Mutter, die selbst eine sehr harte Kindheit durchmachte, sei »ein harter Mensch« gewesen. »Auf den Hinterkopf, mit dem Bügel gab es auch schon mal. Meine Mutter hatte das mal drauf.« Sie hätte im Kindergarten »oft Fieber bekommen, hatte viel Angina, dann wurden mir die Mandeln rausgenommen, aber ich habe mich dann irgendwann abgewendet, habe dann irgendwann so eine Mauer um mich herum aufgebaut zum Schutz«.

Auch eine als notwendig erachtete stationäre Kur konnte ein erneutes sehr belastendes Trennungsereignis für diese Kindergarten- oder Vorschulkinder darstellen.

> Weil ich noch dieses Gewicht noch nicht hatte. Da haben die Ärzte gesagt: »Okay, wir versuchen's mit 'ner Kur.« Und das waren, glaub ich, zehn Wochen, die ich weg war. Da musste ich immer in diesen Extraraum gehen. Da stand immer so ein schöner Papierkorb mit Papier drin. Das habe ich dann immer aufgefaltet und das Essen rein.

Schulzeit

Die Schulzeit der von uns Interviewten war durch ein breites Spektrum von körperlichen, psychosomatischen und psychischen Auffälligkeiten geprägt, deren Auslöser die Interviewten oft in der damals bestehenden Stressbelastung in Schule, Hort und Familie sehen.

Hierzu gehören gehäuft auftretende Atemwegsinfekte (zwei), Mandel- und Mittelohrentzündungen, ein Herpes zoster (Gürtelrose), aber auch Bauchschmerzen, Migränekopfschmerz, ein Fortbestehen des nächtlichen Einnässens sowie Schwächeanfälle und Erschöpfungszustände. Es wurden psychische Auffälligkeiten, wie Ängste vor einer Operation und ein Waschzwang oder Ängste in Bezug auf die Schule (zwei) berichtet. Auch hier fällt die größere Häufung von gesundheitlichen Problemen (sechs) in der Gruppe I der bereits vor dem sechsten Lebensmonat aufgenommenen Kinder, bei zweien von ihnen lag zusätzlich auch eine familiäre Belastung vor, im Vergleich mit der Gruppe II (drei) auf, wobei gerade die psychischen Auffälligkeiten in der Gruppe I von Bedeutung sind.

Eine Befragte hatte »oft Bauchschmerzen, Angst, dass ich operiert werden muss. Mit neun, zehn, bin da nicht so gewachsen, da hatte ich dann eine Zeit lang wie so eine Art Waschzwang (sechste/siebente Klasse) entwickelt. Das ging von alleine wieder weg, hat sich irgendwann gegeben. Das ging so ein Jahr oder zwei Jahre.«

Weiter wurde berichtet: »Von der ersten bis zur fünften Klasse, in der Grundschule war das gewesen, da musste meine Mutter mich regelmäßig abholen, weil mir schwarz vor den Augen geworden ist und ich vom Stuhl gefallen bin. Und da hat ein Arzt auch mal rausgefunden, dass das Migräneanfälle sind.«

Oder: »Mit dem Erbrechen war das dann nicht mehr. Das hatte sich dann in dem Alter gelegt, bis zur Pubertät.« Sie litt jedoch weiter an Infekten, »sehr häufig Erkältungskrankheiten, die mit Fieber einhergehen. Da war ich eben auch ein zartes Persönchen. Also man hat mich dann zur Kur (siebente Klasse) geschickt, zum Zunehmen. Ich war halt einfach zu zart.«

Oder auch: »Ich bin ja dann auch mal oft krank gewesen, wegen Bronchitis oder so. Na, auch so mit sieben, acht Jahren.« Sie hätte viele Mandelentzündungen und Erkältungen gehabt. »Dann hat man schon Ängste gehabt vor den Großen. Ich meine, wir waren fünfte Klasse und ab der sechsten wurde man dann rüber in die andere Schule (geschickt). Der vor der Klasse gestanden hat und da mündlich was vorgetragen hat. Das war nicht mein Ding. Und davor habe ich ganz, ganz große Angst gehabt. Gerade vor den Prüfungen, die ja dann gekommen sind. Wir haben ja nun die Prüfungszeit noch miterlebt.«

Adoleszenz

Mit Beginn der Adoleszenz häufen sich die Berichte über psychische Auffälligkeiten. Hierzu gehören unter anderem Zeichen einer depressiven Symptomatik (drei) begleitet von Suizidgedanken, soziale Phobien, Agoraphobien und Panikattacken, Trennungs-, Verlust- und Prüfungsängste beim Wechsel auf eine weiterführende Schule, Verhaltensauffällligkeiten, verbunden mit starker Wut und körperlichen Auseinandersetzungen, sowie Probleme in Bezug auf das Körperbild und die Identität (zwei). Die Interviewten aus der Gruppe I der bereits vor dem sechsten Lebensmonat in die Krippe aufgenommenen Kinder weisen auch hier einen deutlich größeren Anteil (fünf) vor allem an psychischen Auffälligkeiten verglichen mit der Gruppe II (eins) auf.

> Wegen Krankheit gab es keine Probleme so, fürs erste. Das kam bei mir in der Schulzeit. Sonntagabend kam das ungute Gefühl, am Montag in die Schule zu müssen.

Ab dem 15. Lebensjahr war die Interviewte »immer mal sehr niedergeschlagen« und (laut Fragebogen) in dieser Zeit auch suizidal.

Psychische und/oder physische Beschwerden im Zusammenhang mit der Mutter- oder Vaterschaft

Eine ausführliche Erörterung dieser Thematik findet in diesem Buch im von Irene Misselwitz verfassten Kapitel 10 statt. Wir nahmen eine Einteilung in die Schweregrade »keine« (sieben), »deutliche« (sechs) bzw. »schwere« (sieben) psychische und/oder physische Beschwerden unserer Interviewpartner im Zusammenhang mit Mutter- oder Vaterschaft, d. h. Schwangerschaft, Geburt, Wochenbett und nachfolgender Betreuungszeit sowie der Krippenaufnahme der eigenen Kinder, vor. Auch hier fällt auf, dass sechs der sieben Interviewten, deren Beschwerden als »schwer« eingeschätzt wurden, zur Gruppe I der bereits vor dem sechsten Lebensmonat aufgenommenen ehemaligen Krippenkinder gehörten, wobei eine Interviewte als Wochenkrippenkind noch einer zusätzlichen familiären Belastung ausgesetzt war.

Die Interviewten, die »keine« wesentlichen Beschwerden aufwiesen, gehörten sowohl zur Gruppe I (drei) wie auch zur Gruppe II (vier).

Aktuelle gesundheitliche Situation

Einige der Interviewten leiden oder litten auch als Erwachsene unter verschiedenen körperlichen, psychosomatischen und psychischen Problemen. Hierzu gehören Adipositas, Gicht und Thrombose, Allergien, gehäufte Infekte seit Geburt des Kindes, ein hochfieberhafter Lungeninfekt bald nach Wiederaufnahme der Berufstätigkeit, chronische Schmerzsyndrome (zwei), ausgeprägte Gesundheits- und Todesängste wie auch eine seit sechs Jahren wechselnde depressive Symptomatik mit Suizidgedanken. Bei einer unserer Interviewpartnerinnen wurde bald nach Geburt ihres Kindes eine Tumorerkrankung diagnostiziert und behandelt. Sie ist zur Zeit berentet.

Verglichen mit der Gruppe II (zwei), berichteten mehr Interviewte aus der Gruppe I (fünf) von aktuellen gesundheitlichen Störungen, zu ihnen gehören zwei mit erhöhter familiärer Belastung, wobei eine Interviewte auch eine Wochenkrippe besuchte. Einige Interviewte verwiesen auch auf mögliche Zusammenhänge zwischen Symptomatik und aktueller Situation oder skizzierten aktive Bewältigungsstrategien:

»Wenn ich Stress habe, wenn ich Kummer habe, dann sind die (Schmerzen) einfach ganz schlimm.«

»Deshalb muss ich versuchen, mit Gymnastik das auszugleichen.«

Aktueller Gesundheitszustand und Aufnahmezeitpunkt in die Krippe

Auf der Grundlage unserer Gruppendiskussion der einzelnen Interviews erfolgte eine Einteilung unserer Interviewten in die Kategorien »gesund, mäßig bzw. krank« und die jeweilige Zuordung zur Gruppe I (Krippenaufnahme vor dem sechsten Lebensmonat) bzw. II (Krippenaufnahme ab dem sechsten Lebensmonat). Dabei wurde die aktuelle Gesundheit nur bei zwei Mitgliedern der Gruppe I, aber bei vier Interviewten der Gruppe II als »gesund« bewertet. Als »mäßig« wurde die aktuelle Gesundheit von drei Interviewten der Gruppe I und fünf der Gruppe II eingeschätzt.

Alle von uns aktuell als »krank« eingestuften sechs Interviewten gehörten der Gruppe I an, wurden also bereits vor dem sechstem Lebensmonat in eine Krippe aufgenommen. Zu ihnen gehörten auch die beiden Wochenkrippenkinder.

Umgangsstil wichtiger Bezugspersonen und heutige Gesundheit

Um den Zusammenhang zwischen der Art, wie die Eltern und andere wichtige Bezugspersonen mit dem Kind umgingen, und der heutigen Gesundheit unserer Interviewten untersuchen zu können, nahmen wir eine Einteilung in die Kategorien »einfühlsam«, »eher gleichgültig/nicht ablehnend« und »hart/ablehnend/rücksichtslos« vor. In der Gruppe der sechs von uns aktuell als »krank« eingeschätzten Interviewpartner fanden wir jeweils zwei mit einem Umgangsstil ihrer wichtigen Bezugspersonen vor, der von uns als »einfühlsam«, »eher gleichgültig/nicht ablehnend« bzw. »hart/ablehnend/rücksichtslos« charakterisiert wurde.

Bei allen von uns heute als »gesund« eingeschätzten früheren Krippenkinder wurden der damals mit ihnen praktizierten Umgang als »einfühlsam« (zwei) bzw. zumindestens als »nicht ablehnend« kategorisiert (vier) beschrieben.

Betreuungsform und heutige gesundheitliche Situation

Beide ehemalige Wochenkrippenkinder wurden von uns als aktuell »krank« eingeschätzt, wobei bei einer Interviewten noch eine besondere familiäre Belastung vorlag.

Da aufgrund der Datenlage bei der Einschätzung der Betreuungsqualität der Kindereinrichtungen und deren Charakter, geprägt von sehr unterschiedlichen Betreuungspersonen, sehr differieren konnte sowie bei der Paarbeziehung der Eltern oder der Erwünschtheit der Kinder doch zu viele Aspekte offen blieben, wurde deren möglicher Einfluss auf die gesundheitliche Situation hier nicht systematisierend untersucht.

Die Eltern unserer Interviewten konnten bei der Betreuung ihrer Kinder, in jedoch unterschiedlichem Maß und unterschiedlicher Qualität, auf soziale Ressourcen wie Großeltern, die Großfamilie, Freunde oder Nachbarn zurückgreifen.

Ein besondere Möglichkeit bot unsere Studie in Bezug auf die Längsschnitterfassung von Symptomen und Krankheitsverläufen, wobei nicht nur Aspekte der frühen Trennung und frühen Fremdbetreuung, sondern auch familiäre Belastungen und deren Erleben sowie Belastungen und Konflikte späterer Lebensabschnitte erfasst werden konnten. Vieles spiegelt sich in den von uns aufgezeichneten Lebensgeschichten wider, auf drei dieser Geschichten wird hier noch einmal exemplarisch verwiesen.

Frau A besucht von der achten Lebenswoche bis zum Wechsel in den Kindergarten (mit drei Jahren) die Krippe, in der sie in einer kleinen Grupppe betreut wird. Hier, wie auch im Kindergarten, gibt es jeweils eine Betreuerin, die sich ihr speziell zuwendet und sich um sie kümmert. Frau A ist über Jahre mit einer hochkonfikthaften häuslichen Situation, zu der unter anderem die Trunksucht des Vaters, Gewalt gegen die Mutter und Kinder sowie die Trennung der Eltern gehört, konfrontiert. Sie erinnert sich an lange Betreuungszeiten im Kindergarten und Schulhort sowie den Leistungsdruck der Eltern: »Im Frühhort und im Späthort, für mich war es halt einfach nur anstrengend gewesen. Ich hatte mich fast abgeschoben gefühlt, weil meine Mutter ja keine Zeit für mich hatte. Ja, ich war immer das erste Kind in der Schule und war auch immer das letzte Kind. Das war für mich ganz schlimm, war sehr oft krank gewesen. Ich war ständig erkältet und hatte permanent Mittelohrentzündung gehabt. Und dann bin ich auf die Sportschule gekommen, in der siebenten Klasse, und dann ging es mir gar nicht mehr gut. Ich wollte das halt einfach auch nicht, wollte auch nicht auf die Sportschule gehen. Also mir hat Sport Spaß gemacht, aber solange es eben Hobby war. Ich wollte es nicht irgendwie als Leistungsdruck machen. Da meine Mutter aber drauf bestanden hat, da hab' ich eine ganz schwere Gürtelrose bekommen, gleichzeitig an drei Stellen. Mir ging es auch gar nicht gut.«

Frau B wird als Säugling nicht gestillt, mag auch Flaschennahrung nicht und soll relativ zeitig Brot gegessen haben. Sie kommt im vierten Lebensmonat in die Krippe.

Ihre Mutter, der Vater leistet seinen Wehrdienst ab, kann auf die Unterstützung der Großmutter zurückgreifen. Sie ist als Krippenkind häufig an Mittelohrentzündungen erkrankt und muss antibiotisch behandelt werden, erleidet mit vier Jahren eine Lungenentzündung, die eine stationäre Behandlung erfordert. Als Schulkind entwickelt sie Ängste vor Operationen und leidet unter Kopfschmerzen. Bald nach Geburt ihres Kindes treten wieder verstärkte Ängste, an einer unheilbaren Erkrankung zu leiden und sterben zu müssen, auf.

Frau H besucht ab dem viertem Lebensmonat die Krippe. Sie ist in dieser Zeit häufig krank und gedeiht schlecht. Als Kindergartenkind – sie schildert eine gleichfalls rigide und harte häusliche Atmosphäre – ekelt sie sich, »Milch mit Pelle« trinken zu müssen, wird aber hierzu von den Erzieherinnen gezwungen. Sie erbricht »regelmäßig«, kotet und nässt bis zur Vorschulzeit ein. Sie erkrankt häufig an einer Angina und muss sich die Mandeln entfernen lassen. Irgendwann baut sie »zum Schutz so eine Mauer« um sich herum auf. Sie durchlebt in der Adoleszenz »eine Phase der Wut«, in der sie »viele verprügelt«, das Gymnasium abbricht und sich selbst eine Lehrstelle sucht. Als erwachsene Frau entwickelt sie eine Adipositas und zeigt Anzeichen für das Vorliegen einer larvierten Depression.

Zur Schilderung der damaligen und heutigen gesundheitlichen Situation durch die Interviewpartner

Bei der Auswertung der uns vorliegenden Texte fielen uns bei der Analyse der Schilderung der damaligen und heutigen gesundheitlichen Situation durch unsere Interviewpartner verschiedene Aspekte auf, welche hier zunächst dargestellt und dann in der Diskussion erörtert werden. Hierzu gehören zunächst sehr widersprüchlich erscheinende Berichte oder Kommentare, die in einer Zusammenfassung noch einmal zitiert werden:

> »War immer eigentlich kerngesund… ständig erkältet und permanent Mittelohrentzündung.«
> »Als Kind öfter krank, acetonämisches Erbrechen, sehr sehr unangenehm. Ich habe auch immer einen Tropf bekommen. Das hatte ich auch später, also nicht nur im Kindergarten, sondern auch im Schulalter. Aber eigentlich war ich nicht viel krank.«

Andere Schilderungen der von uns interviewten ehemaligen Krippenkinder wirken eher fatalistisch oder bagatellisierend:

> »Gesund, ach, ich habe eigentlich immer irgendwas gehabt. Von Gicht bis Thrombose, alles mögliche. Habe nichts ausgelassen.«
> »Husten, Schnupfen, Heiserkeit, und dann kommt halt ein bisschen Fieber dazu. Das will ich jetzt nicht so bewerten, als dass das häufig gewesen ist, also meiner Erinnerung nach.«

Zum Teil findet auch eine eher sachlich-nüchterne Aufzählung durch unsere Interviewpartner statt:

»Ich war ständig krank. Bin eine Woche oder zwei Wochen in die Krippe gegangen und war drei Wochen krank. Das ging eine ganze Weile, bis es dann so weit war, dass die von der Krippe aus gesagt haben, möchten doch erst mal ausprobieren, das Kind zu Hause zu behalten. Immer wieder so Mittelohrentzündungen.«
»Viel krank, zwei Wochen gesund, drei Wochen krank.«

Zum Teil suchen die Interviewpartner auch Erklärungen für ihren Gesundheitszustand zu geben:

»So sehr häufig Erkältungskrankheiten, die mit Fieber einhergehen. Da war ich eben auch ein zartes Persönchen. Also man hat mich dann zur Kur geschickt zum Zunehmen. Ich war halt einfach zu zart.«
»Ich hatte im ersten Jahr, deshalb liegen meine Ohren auch unterschiedlich an, eine Mittelohrentzündung, eine vereiterte, und bin im ersten Lebensjahr operiert worden. Das war eitrig, und deshalb musste das da raus. Ja, aber ob das jetzt mit der Kinderkrippe zusammenhing, das kann man nicht sagen. Infekte hatte ich, eigentlich, hat sie gesagt, zweimal im Jahr. Also bis ich drei Jahre alt wurde, wurden mir die Mandeln rausgenommen, hatte ich immer vereiterte Angina, weil ich auch sehr große Mandeln hatte.«

Immer wieder beziehen sich die Interviewpartner bei ihren sachlich-nüchternen, widersprüchlichen oder auch bagatellisierend wirkenden Schilderungen auch auf Berichte wichtiger Bezugspersonen, wobei vor allem die Mütter zitiert werden:

»Und das hatte ich halt wirklich regelmäßig, zweimal im Jahr. Ansonsten war ich eigentlich nicht krank, also dass ich jetzt besonders anfällig für andere Sachen gewesen wäre. Dieses Dreitagefieber hatte ich auch mal. Das haben meine auch im ersten Jahr durchgemacht. Und sonst wüsste meine Mutter jetzt nichts, was ich da, also…«
»Ich hatte die normalen Kinderkrankheiten, aber meine Mutter sagte, meistens konnte sie mich in der Wochenkrippe lassen, denn das waren ausgebildete Säuglingsschwestern, die sich auch um kranke Kinder kümmern konnten. Also krank sein war kein Grund, nicht in die Krippe zu gehen. Also das war ja sozusagen dann sogar der bessere Platz, im Sinne von krank sein, Krankenhaus, Institution, ausgebildetes Personal.«
»Nun sie (die Mutter) hat erzählt, größtenteils zwei Tage in die Krippe rein und dann 14 Tage raus und Antibiotikum bekommen und dann wieder zwei Tage Krippe und 14 Tage raus. Sie meint, sie könne sich nicht daran erinnern, dass ich einmal eine Woche am Stück in der Kinderkrippe war, ohne krank zu werden.«
»Sie (die Mutter) erinnert sich halt bloß noch an ein weinendes Baby, dem Blut aus den Ohren läuft. Das war direkt schlimm.«

Zum Teil scheint sich noch in den heutigen Schilderungen, die damals auch dem Kind zugewiesene Verantwortung für dessen Gesundheitszustand widerzuspiegeln:

»Die Zeit, die ich effektiv im Kindergarten verbracht habe, war also derartig kurz, Ach so, wenn ich krank war, teils zu Hause, teils zu den Großeltern gebracht, teils zu 'ner Freundin. Aber nach einem Dreivierteljahr zeichnete es sich ab, dass es nach beiden Seiten nicht zu machen war.«

Diskussion

Obwohl sich das wertvolle Interviewmaterial aufgrund der Subjektivität und Individualität der Berichte einer dezidierten statistischen Auswertung entziehen musste, gewährten uns die Texte wichtige Einblicke in die Problematik möglicher gesundheitlicher Auswirkungen von früher Trennung und Fremdbetreuung.

Zunächst fiel uns bei der Untersuchung und Gruppendiskussion der vorliegenden Texte auf, dass die Berichte unsere Interviewpartner über ihre damalige und heutige gesundheitliche Situation oft nüchtern-sachlich, wenig empathisch, widersprüchlich oder auch bagatellisierend wirkten und nicht selten mit einem Verweis auf die Schilderungen oder Bewertungen wichtiger Bezugspersonen, vor allem der Mütter, verbunden waren. Dieses Phänomen könnte, neben der Tatsache, dass gerade Berichte über die frühe Kindheit durch wichtige Bezugspersonen vermittelt werden, aus unserer Sicht auch ein wichtiger Hinweis auf das Vorliegen und Wirken einer gemeinsamen psychischen Abwehr, verbunden mit Mechanismen der Affektisolierung, Verdrängung und Verleugnung, Identifizierung oder des Ungeschehenmachens, sein, welche die ehemaligen Krippenkinder, ihre Eltern und sicher oft auch ihre professionellen Betreuer damals und heute vor der Wahrnehmung der möglicherweise gerade mit der Frühtrennung und den Erkrankungen einhergehenden schwer erträglichen Momente des Erlebens von Getrenntsein, Hilflosigkeit und Schmerz bewahren sollten.

Bei der Analyse der uns vorliegenden Texte war somit zunächst immer auch ein abwehrbedingtes Fehlen oder eine gewisse Wahrnehmungsverzerrung in den Berichten über die frühere und heutige gesundheitliche Situation der von uns interviewten ehemaligen Krippenkinder zu berücksichtigen.

Darüber hinaus gab es noch weitere methodische Schwierigkeiten beim Versuch, mögliche Zusammenhänge zwischen der früheren und heutigen gesundheitlichen Situation der von uns interviewten ehemaligen Krippenkinder und dem Aspekt ihrer frühen Trennung und Fremdbetreuung zu untersuchen. Hierzu gehörte zunächst die mit 20 Interviewten recht kleine Zahl untersuchter Personen. Die Interviewpartner gehörten darüber hinaus keiner ganz homogenen Altersgruppe (Geburtsjahr 1968 bis 1977) an und waren zum Zeitpunkt der Interviews noch recht junge Erwachsene, womit ihre gesundheitlichen Probleme nicht immer mit Studienergebnissen zu Auswirkungen von Kindheitsbelastungen auf die Gesundheit im Erwachsenenalter (z. B. Felitti, 2002; Egle et al., 2002) verglichen werden konnten,

Zu erwähnen sind auch die in den Interviews zum Ausdruck kommenden Unterschiede in der Qualität (hinsichtlich Art, Dauer und Stabilität) und der Zeitdauer täglicher Fremdbetreuung der früheren Krippenkinder, aber auch der familiären Situation, welche die Heterogenität der untersuchten Personengruppe verstärkte. Dennoch soll das von unseren Interviewpartnern nicht nur für das Krippenalter, sondern auch für spätere Lebensabschnitte beschriebene breite Spektrum oft rezidivierender bzw. hartnäckiger Erkrankungen vor dem Hintergrund (früher) Stresserfahrung infolge von Trennung und Fremdbetreuung diskutiert werden. Dabei scheinen die Ergebnisse unserer kleinen Studie auf die mit einer frühen Trennung und Fremdbetreuung verbundenen frühkindlichen Belastungen und damit verbundenen Folgen für die körperliche und psychische Gesundheit dieser Kinder zu verweisen, wobei nicht selten auch familiäre Belastungen, die in den von uns aufgezeichneten Lebensgeschichten nachlesbar sind, hinzukommen.

Zu den Folgen dieser Belastungen gehört das von unseren Interviewpartnern beschriebene breite Spektrum von Erkrankungen, welche, wie von uns dargestellt, in der Säuglings- und Kleinkindzeit vor allem durch körperliche Symptome geprägt waren, während, einhergehend mit einer weiteren psychischen Differenzierung im Verlauf der Individualentwicklung, bei Vorschul- und Schulkindern wie auch Jugendlichen zunehmend nun auch psychische Auffälligkeiten zum Tragen kamen. Hierbei lassen unsere Ergebnisse, die eine höhere gesundheitliche Belastung für die Kinder zu belegen scheinen, die bereits vor dem sechstem Lebensmonat in eine Krippe aufgenommen wurden, vor allem auch den Schluss zu, dass gerade sehr kleine Kinder bei temporärem Verlust der primären Bezugsperson und Konfrontation mit einer zumindestens damals auch häufig wechselnden Fremdbetreuung einer hohen Stressbelastung und einem höherem Risiko in Bezug auf die weitere gesundheitliche Entwicklung ausgesetzt werden.

Unsere Ergebnisse verweisen auch darauf, dass die Betreuung in der Wochenkrippe wie auch eine besondere familiäre Belastung die bereits mit der frühen Krippenaufnahme verbundenen Schwierigkeiten noch nachhaltig verstärken konnten und möglicherweise als zusätzliche oder auch als eigenständige Faktoren zu den beschriebenen gesundheitlichen Störungen beitrugen.

Auch unsere in einer sehr kleinen Gruppe von 20 Interviewpartnern gewonnen Daten legen die Schlussfolgerung nahe, dass ein von uns als »einfühlsam«, zumindestens aber als »nicht ablehnend« beschriebener Umgang mit dem Kind positive Auswirkungen auf dessen gesundheitliche Entwicklung haben kann, wenngleich dieser Umgangsstil auch von den heute als »krank« eingeschätzten ehemaligen Krippenkinder erinnert wurde, deren jeweilige individuelle, mit der Frühtrennung verbundene gesundheitseinschränkende Belastung aber nur sehr schwer zu quantifizieren war.

Auch dieses Ergebnis korrespondiert gut mit unserem Wissen um die Bedeutung kompensatorischer Schutzfaktoren, zu denen unter anderem eine dauerhafte gute Beziehungen zu mindestens einer primären Bezugsperson, das Vorhandensein einer verläßlichen Großfamilie bzw. kompensatorischer Elternbeziehungen wie auch verläßlich-unterstützender Personen im Erwachsenenalter (Übersicht auch hier bei Egle et al., 2002) gehören.

Auf die möglichen Mechanismen und Folgen früher Trennung, Fremdbetreuung und hiermit verbundener Stresserfahrung verweisen eine Vielzahl klinischer bzw. experimenteller Arbeiten (z. B. Spitz, 1996; Bowlby, 1975, 1976, 1983; Bowlby, Robertson & Rosenbluth, 1952; Robertson & Robertson, 1975). Sie erfahren aktuell durch Forschungsergebnisse der Epigenetik, Psychoneuroimmunologie sowie durch epidemiologischen Studien wichtige Ergänzungen und Bestätigung.

So zeigen tierexperimentelle epigenetische Studien, dass zum Beispiel die Genexpression des hippocampalen Glukokortikoidrezeptors (Liu et al., 1997) wie auch des NGF (Nervenwachstumsfaktor) induzierbaren Protein A (Weaver et al., 2004) durch mütterliche Fürsorge reguliert wird. Hierbei kann sich eine beeinträchtigte mütterliche Fürsorge auf die Funktion der (HPA-)»Stressachse« im Sinne einer anhaltenden Sensibilisierung (Bauer, 2004) wie auch auf die weitere kognitive und emotionale Entwicklung auswirken (Fish et al., 2004).

Eine Frühtrennung (im Tierexperiment) war dabei von unmittelbarer und nachhaltiger Wirkung auf das Nervensystem und Verhalten begleitet. Es führte unter anderem zu Zellschäden im Hippocampus und zur Beeinträchtigung des hippocampal vermittelten Lernens bei erwachsenen Tieren (Kosten et al., 2007). Auch vermittelt wohl die Möglichkeit, tierexperimentell durch zellulären oxydativen Stress Dysfunktionen des Insulinsystems im Gehirn zu induzieren (Grünblatt et al., 2007), und das Wissen um die Bedeutung der Galaktosezufuhr als Energielieferant und Stimulanz für neuronales Wachstum (Mosetter & Reutter, 2007) eine ganz neue Sicht auf die ontogenetische Funktion des Stillens gerade in Momenten erhöhter Adaptationsanforderungen und Stressbelastung. So bietet das Stillen dem Säugling eine insulinunabhängige Möglichkeit der Energiezufuhr über Galaktose auch bei stressbedingter Beeinträchtigung des Insulinrezeptors im Rahmen früher Interaktionserfahrung.

Durch eine frühe Trennung und Fremdbetreuung ist der Säugling in besonderem Maße stressinduzierenden Eindrücken aus der Außenwelt und seinem Inneren ausgesetzt. Er muss aber gerade dann gleichzeitig auf sein primäres Objekt, das als Bindungsperson (Bowlby, 1975) und das Selbst regulierender Anderer (Stern, 1992) dient und in besonderem Maße durch Oxytocin vermittelt die biologischen Stresssysteme des Kindes beruhigen kann (Bauer, 2006), verzichten.

Frühkindliche Erfahrungen haben auch Langzeitsauswirkungen auf das Verhalten und die Stressantwort im Erwachsenenalter (Übersicht z. B. bei Bauer, 2004). Sie führen zu einer stabilen epigenetischen Programmierung der Genexpression des Glukortokoidrezeptors im Hippocampus und wirken sich nachhaltig auf das stressvermittelte Verhalten aus, das jedoch im Erwachsenenalter potentiell reversibel sein kann (Weaver, Meany und Szyf, 2006). Dabei scheint in Bezug auf die Prägung der »Stressachse« vor allem die Adoleszenz die Zeit nachhaltiger Veränderungsmöglichkeiten in Bezug auf Struktur und Funktion (Romeo und McEwen, 2006; Compas, 2006) zu sein, was wir speziell auch im Kapitel 9 über das Erleben der Adoleszenz und der Wendeereignisse diskutiert haben. Unsere Ergebnisse legen dabei auch die Vermutung nahe, dass Jugendliche, die als Säuglinge sehr früh in die Krippe aufgenommen wurden und somit früh einer höheren Stressbelastung ausgesetzt waren, möglicherweise aufgrund einer bereits stärkeren stressbedingten

Beeinträchtigung von Coping- und Selbstregulationsmechanismen die in der Adoleszenz gebotene neurobiologische und epigenetische »zweite Chance« nur eingeschränkt nutzen können.

Die aktuellen vor allem im Tierexperiment gewonnen Ergebnisse korrespondieren auch gut mit unserem Wissen um Risikofaktoren mit potentiellen Langzeitfolgen für die Gesundheit. Zu diesen gehören unter anderen die mütterliche Berufstätigkeit im ersten Lebensjahr (Übersicht bei Egle et al., 2002) und die mit ihr oft verbundene frühe Trennung und Fremdbetreuung.

Obwohl die von uns interviewten ehemaligen Krippenkinder, die alle bereits vor dem ersten Lebensjahr eine Krippe besuchten, über Gedeihstörungen, Infekte und Unfälle, aber auch über psychosomatische und psychische Störungen berichteten, fehlten uns doch Hinweise auf Schrei- und Schlafstörungen als möglicher weiterer Ausdruck einer zu erwartenden frühen Regulationsstörung dieser Kinder. Das könnte aus unserer Sicht darauf zurückzuführen sein, dass die Interviewten körperliche Symptome oder spätere Verhaltensauffälligkeiten leichter als die vor allem das frühe Alltagsbefinden und die Interaktionen prägenden Störungen von Schlaf, Stimulation, Beruhigung oder Sättigung erinnern konnten.

Der Zugang zu dieser Thematik, wie auch zu den gleichfalls von uns nicht erfassten frühen Abwehren, wäre methodisch wohl eher durch Interviews mit damals wichtigen Bezugspersonen – Eltern, Großeltern oder Krippenerzieherinnen – möglich gewesen, eine Überlegung, die in weiterführenden Untersuchungen aufgegriffen und verfolgt werden sollte.

Die in unseren Interviewtexten erfassten häufigen respiratorischen Infekte, einschließlich der Mittelohrentzündungen in der Säuglings- und Kleinkindzeit, die in der Kindergartenzeit fortbestehenden Ess- und Gedeihstörungen sowie die psychosomatischen und emotionalen Störungen vor allem der dann schon älteren Kinder, könnten unseres Erachtens schon in einem Zusammenhang mit den aus früher Trennungserfahrung und Fremdbetreuung resultierenden emotionalen und physischen Belastungen dieser Kinder stehen. Bei einigen Interviewten kommt dann sicher noch die Belastung durch sehr ungünstige familiäre Faktoren hinzu. Als Ursache der Häufung und Hartnäckigkeit respiratorischer Infekte sind neben der mit einer Frühtrennung und Fremdbetreuung verbundenen Stressbelastung vielfach auch die multiplen Infektions- und Reinfektionsmöglichkeiten bei der Betreuung von Gruppen erkrankter Säuglinge und Kleinkinder sowie die noch in der Entwicklung befindliche Immunität kleiner Kinder diskutiert worden, Faktoren, welche sicher auch bei den von uns Interviewten von Bedeutung waren.

Nicht zuletzt aus gesundheitspolitischen und volkswirtschaftlichen Gründen wurde in der DDR aufgrund der als zunehmend problematisch wahrgenommenen erhöhten Infektanfälligkeit von Krippenkindern der Thematik der altersabhängigen Reaktivität des Immunsystems besondere wissenschaftliche Aufmerksamkeit geschenkt. Dabei verwiesen einige Autoren auf die im ersten Lebensjahr noch mangelhafte Immunglobulinsynthese und eine erst allmähliche Zunahme des humoralen Immunpotentials als Erklärungsmöglichkeit für die Altersabhängigkeit vieler Erkrankungen des Säuglings- und Kleinkindalters (Blau, 1982; Köditz et al., 1986) wie auch auf eine mögliche Beeinträchtigung der zellulären Immunantwort in den ersten 18 Lebensmonaten (unter anderem Schmidt & Vogelsänger, 1988; Vogelsänger, 1988). Dabei müssen aus unserer heutigen Sicht gerade das Hinzukommen der emotionalen Belastung und die hiermit verbundene Stressantwort, welche mit der Frühtrennung und einer frühen, vor allem inadäquaten Fremdbetreuung (Spitz, 1996; Bowlby, 1976; Robertson & Robertson, 1975; Ahnert, 1998; Brisch, 1999) einhergehen kann, als zusätzliche verstärkende Faktoren diskutiert werden, welche die Immunantwort und Infektabwehr beeinträchtigen können. Hier sei auch auf Arbeiten aus dem Bereich der Psychoneuroimmunologie (z.B. Schedlowski & Tewes, 1996) verwiesen, in denen unter anderem die Auswirkungen psychischer Belastungen auf das lokale Immunsystem der oberen Luftwege (Kugler, 1996) Beschreibung finden. Dazu gehört sicher auch die Frage, ob frühere respiratorische Infekte die Manifestation späterer Infektionen erleichtern konnten, ob schulische und häusliche Konflikte bei den ehemaligen Krippenkindern leichter zu physio-psychischer Überforderung und Resomatisierungen (Schur, 1955) führen konnten.

Die Konzepte der psychoanalytischen Neurosenlehre und Psychosomatik wie auch die Ergebnisse der analytischen Entwicklungspsychologie eignen sich besonders, um die bereits aus der Vor- und Grundschulzeit der Interviewten berichteten psychischen und psychosomatischen Störungen, welche im Verlauf der Adoleszenz oft noch eine Verstärkung erfuhren, aber auch den Symptomwandel von körperlichen hin zu psychischen Störungen wie auch die aktuelle gesundheitliche Situation unserer Interviewpartner verstehen zu können. So galt, analog zum Selbstverständnis der psychoanalytischen Psychosomatik, auch für unseren Untersuchungsansatz, dass das »Individuum als Person nicht reduzierbar« und »nicht der objektive Befund des äußeren Ereignisses, sondern das subjektive Erleben« (von Rad, 1993) der von uns Interviewten von Bedeutung ist, wobei vor dem Hintergrund der einzelnen von uns aufgeführten Lebensgeschichten gerade die individuelle gesundheitliche Entwicklung der Interviewten nachvollzogen werden konnte. Dabei ließen die von uns aufgezeigten und für die einzelnen Lebensabschnitte beschreibbaren Verläufe unter anderem mögliche Einflüsse erkennen, die durch den Beginn der frühen Trennung und Fremdbetreuung, die Qualität des Umgangsstils der wichtigen Bezugspersonen, aber auch zusätzliche familiäre Belastungen gegeben waren, wobei hier speziell auch auf das Kapitel 6 zu familiären Rahmenbedingungen von Ingrid Kerz-Rühling verwiesen wird.

Die gesundheitliche Entwicklung unserer Interviewpartner war dabei durch das uns aus der psychoanalytischen Neurosenlehre vertraute und »nicht seltene Phänomen des Symptom- und Syndromwechsels« (Mentzos, 1993) geprägt, wie wir es für die einzelnen Lebensabschnitte bzw. Verläufe im Ergebnisteil dokumentieren konnten. Hier kann im Wissen um die möglichen Auswirkungen früher Trennungserfahrung, wie sie unter anderem von Spitz (1996), Bowlby (1975, 1976, 1983) oder den Robertsons (1975) beschrieben wurden, und den Erkenntnissen der Säuglings- und Kleinkindforschung, hier sei speziell auf den Beitrag von Stern (1992) zur Selbstkonfiguration und zur besonderen

Bedeutung des das Selbst regulierenden Anderen verwiesen, schon mit erheblichen Auswirkungen einer frühen Trennung und Fremdbetreuung auf die Herausbildung eines flexiblen und tragfähigen Selbst gerechnet werden. Hierbei könnte sowohl die tägliche Belastung der Kinder, die gerade bei einer Fremdbetreuung mit häufig wechselnden oder rigide handelnden Betreuern oder bei langen Betreuungszeiten gegeben war, wie auch die Bewältigung von Schwellensituationen, wie sie der Wechsel in den Kindergarten oder in die Schule darstellten, für diese Kinder mit einer Anforderung verbunden gewesen sein, denen ihr Selbst wie auch die psychische und physische Abwehr nicht immer gewachsen war. Hierbei zeigten sich vor allem bei den jüngsten Kindern Phänomene der Re-Somatisierung (Schur, 1955), die unter anderem bei den gehäuften Infekten, den Gedeihstörungen, aber auch dem Einnässen oder Einkoten von Bedeutung waren, während im weiteren Verlauf bei den älteren Kinder und Jugendlichen zunehmend die Entwicklung von Angst, phobischer Vermeidung oder einer depressiven Symptomatik eine Rolle spielte.

Unberücksichtigt blieb in unserer Untersuchung die systematische Analyse von Faktoren, welche zum Beispiel in großen Längsschnittstudien wie der »NICHD Study of Early Child Care and Youth Development« (2005), dort speziell in Bezug auf die kognitiv-sprachliche und sozioemotionale Entwicklung, Beschreibung fanden. Hierzu gehören auch Unterschiede in der Qualität der Fremdbetreuung (hinsichtlich Art, Dauer und Stabilität), die Länge täglicher Fremdbetreuung wie auch die mütterliche Sensibilität (vgl. Textor, 2007), welche auch innerhalb der von uns untersuchten Gruppe erheblich variierten. Sie wurden zum Teil von den Interviewten thematisiert und lassen sich anhand der aufgezeichneten Lebensgeschichten nachvollziehen.

Kapitel 9

Das Erleben der Adoleszenz und der politischen Wende in der DDR

Peter Vogelsänger

Dieses Land drückt wie zu enge Schuhe –
man kann sich nicht bewegen, nur träumen.
(Tagebucheintrag von Micha Ehrenreich im Film *Sonnenallee*)

Verschiedene Annahmen über die neurobiologischen, psychologischen und kulturellen Funktionen der Adoleszenz (u.a. Erdheim, 1988; Romeo & McEwen, 2006; Compas, 2006) sowie die von Israel (2001) für die Wendesituation in der DDR und die Nachwendegesellschaft verwendete Metapher der »gesellschaftlichen Pubertätsphase« dienten uns als Grundlage für die Untersuchung der Textpassagen, in denen unsere Interviewpartner das Erleben der Adoleszenz und politischen Wendezeit in der DDR zur Sprache brachten.

Nach Erdheim (1988) hat die Adoleszenz zwei Funktionen. Sie kann zum einen »als zweite Chance in Bezug auf die außerordentlich störanfällige, aber die Plastizität des Menschen ermöglichende frühe Kindheit« und zum anderen »in Bezug auf die Kulturgeschichte, als Voraussetzung, dass der Mensch Geschichte macht«, dienen.

So scheint die Adoleszenz auf Grund der bestehenden neuronalen Plastizität, eng verknüpft mit der Prägung der »Stressachse«, eine Zeit nachhaltiger Veränderungsmöglichkeiten in Bezug auf die psychische Struktur und Funktion (Romeo & McEwen, 2006; Compas, 2006) zu sein, was von uns gerade im Kapitel über mögliche gesundheitliche Auswirkungen von Frühtrennung und früher Fremdbetreuung diskutiert wurde. Das bietet aus Sicht dieser Forschung (Romeo & McEwen, 2006) besondere Möglichkeiten für Interventionen und ermöglicht es auch, negative Folgen lebensgeschichtlich früherer Entwicklungen abzumildern. Andererseits kann es infolge frühkindlicher Belastungen auch zu stressbedingter Funktionsbeeinträchtigung von Coping- und Selbstregulationsmechanismen (Compas, 2006) kommen, welche die in der Adoleszenz gebotenen Möglichkeiten der »zweiten Chance« wiederum einschränken können.

Aus der Sicht Israels durchliefen die aus der früheren DDR stammenden Jugendlichen, zu denen auch unsere Interviewpartner gehörten, in der Wendesituation und Nachwendezeit ihre Adoleszenz »in einer Gesellschaft, die sich selbst in einem quasi pubertärem Übergangsraum« befand (Israel, 2001), waren somit also in doppelter Hinsicht einem starken Veränderungsdruck und Unsicherheiten ausgesetzt.

Ausgehend von diesen Überlegungen und unserem bereits in Kapitel 8 über mögliche gesundheitliche Auswirkungen diskutierten Wissen um die mit der Frühtrennung und frühen Fremdbetreuung verbundenen besonderen Belastungen und Adaptationsanforderungen, galt es bei der Betrachtung der Adoleszenz verschiedene Aspekte zu berücksichtigen: Das war zunächst die Tatsache, dass vor allem für die jüngeren Interviewpartner die Adoleszenz nahezu parallel zu den Wendeereignissen stattfand. Damit war unsere Aufmerksamkeit auch auf den mit den Wendeereignissen verbundenen Hintergrund einer »gesellschaftlichen Pubertätsphase«, der den Jugendlichen sowohl zusätzliche Belastungen auferlegen als auch neue Chancen bieten konnte, zu richten. Wir erwarteten, dass in den Interviews nicht nur der Aspekt der Frühtrennung und frühen Fremdbetreuung, sondern auch der Einfluss der Peergroups und der damals aktuellen gesellschaftlichen Situation auf den jeweils individuellen Verlauf der Adoleszenz erkennbar sein würde.

In Bezug auf die Funktion der »zweiten Chance« rechneten wir mit einem breiten Spektrum von individuellen Möglichkeiten und Risiken, welche sich auch in unseren Interviews wiederfinden sollten. Bei der Analyse der Interviewtexte richteten wir unser Augenmerk auf Zeichen einer höheren Stressbelastung und die Wirkung spezifischer intrapsychischer oder interpersoneller Abwehrmechanismen.

Bei der Untersuchung und Diskussion der vorliegenden Interviewtexte war das unterschiedliche Alter der Interviewten zum Zeitpunkt der politischen Wende in der DDR zu berücksichtigen. Besuchten die Jüngsten als zwölf- oder 13-Jährige noch die Schule, hatten die Älteren als junge Erwachsene bereits die Ausbildung abgeschlossen oder standen am Beginn des Studiums. Wir nahmen deshalb eine Einteilung in die drei folgenden Gruppen vor:

Geburtsjahr 1968–1970: zur Wende 19 bis 21 Jahre (vier Interviews)
Geburtsjahr 1971–1973: 16 bis 18 Jahre (neun Interviews)
Geburtsjahr 1974–1977: 12 bis 15 Jahre (sieben Interviews).

Wir führen die Schilderungen der Adoleszenz für alle drei Altersgruppen getrennt auf. Die Auswahl der zur besseren Lesbarkeit leicht überarbeiteten Interviewpassagen sollen dem Leser einen Einblick in die erinnerte Welt der damals Heranwachsenden geben. Den Interview- und Protokollpassagen folgt eine Diskussion der spezifischen Bedingungen der Adoleszenz in der DDR und möglicher Auswirkungen früher Krippenbetreuung. Ein besonderes Augenmerk richteten wir mit unserer Untersuchung auf das Erleben und die Bewältigung der Wendeereignisse ab Herbst 1989 durch die von uns interviewten früheren Krippenkinder. Die Interviewpassagen werden zunächst vorgestellt und im Anschluss diskutiert.

Betrachten wir zunächst die Textpassagen der Interviews, die wir mit ehemaligen Jugendlichen der Jahrgänge 1968 bis 1970 führten. Diese hatten schon vor der Wende eine Ausbildung absolviert oder waren bereits berufstätig und gehören alle zur Gruppe derjenigen, die bereits vor dem sechsten Lebensmonat in der Krippe betreut wurden. Bei ihnen fällt ein breites Spektrum erinnerter Erlebnisse und Verhaltensweisen für die Zeit der Adoleszenz und politischen Wende auf.

Eine Interviewte schilderte, in der ersten ungewollten Ausbildung »nur krank gewesen« zu sein. »Ich wollte das nicht. Die Ausbildungsleiterin hatte dann Nachsicht mit mir, durfte dann Wirtschaftskaufmann für Industrie lernen.« In der Zwischenzeit wäre sie »auch ausgezogen. Es gab nur noch Streitigkeiten zu Hause.« Ihren ersten Freund hatte sie »mit 14, war auch halt vom Regen in die Traufe geraten«. Im Oktober 1989 schwamm sie mit 19 schwanger durch die Neiße. »Ich hab' dann gesagt, in dem Land möchtest Du keine Kinder bekommen, hab' einen Ausreiseantrag (am 18. Geburtstag!) gestellt, der ist abgelehnt worden, und dann bin ich durch die Neiße geschwommen.«

Eine andere Interviewpartnerin berichtete: »Ich war 19, ein absoluter Spätzünder. Ich habe geraucht wie ein Schlot und Alkohol getrunken im Jugendklub mit den Jungs, die drei Jahre älter waren als ich. Eine andere Chance hatte ich da nicht dazuzugehören. Ich musste irgendwas tun, was nicht erlaubt war.« Sie ist wenig zu Hause gewesen, lebte halboffiziell in einer Wohngemeinschaft und reiste mit Freunden nach Osteuropa. Als 18-Jährige fühlte sie sich »dort so frei« und lernte ihren späteren Mann kennen. Im Wendejahr 1989 hörte sie auch auf zu arbeiten und war »dann ein halbes Jahr arbeitslos in der DDR. Das ging gar nicht, aber das hat keiner gemerkt.« Den Sommer 1989 verbrachte sie in Osteuropa, zu einer Zeit als »viele Leute in Ungarn blieben. Aber in den Westen, da wollte ich nie hin. Das war für mich 'ne kalte Welt. Das hat mich nie gereizt.« Sie findet osteuropäische Länder »viel schöner, viel intensiver«. Auch habe sie »die Revolution (dort) eigentlich viel intensiver erlebt als unsere. Meine Eltern waren unheimlich verunsichert, die hatten Angst. Ich hatte ja nichts. Für mich konnte da nicht viel passieren. Ich war froh, dass endlich die Grenzen offen waren.« Sie sei neugierig gewesen, aber »nie der Typ, der abhauen wollte. Es gab ja auch gewisse Sicherheiten in der DDR. Also man konnte hinkommen, wohin man wollte, egal in welche Stadt. Man wusste, mit wem man sich unterhält und wen man eben in Ruhe lässt. Im Westen war alles glatt und sauber und oberflächlich.«

Der Sohn eines kleineren Funktionsträgers beschrieb sich hingegen eher als »recht braver Junge«. Als Teenager war er nach dem Umzug der Familie aus einer kleineren Stadt in die Hauptstadt der DDR vom Flair Ost-Berlins und dem Verhalten seiner neuen Mitschüler schon fasziniert. Er fand seine Lehrzeit interessant und akzeptierte die Strenge seiner Lehrmeister. Im Sommer 1989 bekam er in Budapest nichts von der Fluchtbewegung mit, fand den Fall der Mauer jedoch »sehr aufregend« und konnte »alles nicht glauben«. Er schaute sich »nach Feierabend mit Kollegen« in West-Berlin um, ging »das erste Mal zum Ku'damm in die Kaufhäuser rein, mit Kollegen zur Disco«. Bald darauf wurde er mit Kurzarbeit konfrontiert, orientierte sich beruflich neu und absolvierte später eine berufsbegleitende Ausbildung zum Handwerksmeister.

Eine unserer Interviewpartnerinnen gab ihre erste Lehrstelle gegen die Intention ihrer Mutter auf. Die Mutter »hatte was organisiert, sie hatte für mich einen Weg geplant, den wollte ich aber nicht mehr gehen. Ich hatte wirklich Angst, ich verblöde dort, hatte mir selber was organisiert.« Sie arbeitete in einer Bibliothek, zog in eine besetzte Wohnung und entdeckte, vermittelt über eine Kollegin, ihr spezielles Interesse an der Psychologie.

Die Interviewten der Jahrgänge 1971 bis 1973 absolvierten in der Vorwendezeit noch die Schule oder eine Ausbildung und waren zu Beginn der politischen Wende zwischen 16 und 18 Jahre alt. Vier von ihnen gehörten zu den bereits vor dem sechsten Lebensmonat in der Krippe Betreuten. Ihre Schilderungen sollen zuerst zitiert werden.

Von ihnen erinnerte sich eine der Interviewten, dass sie sich als Jugendliche »immer sehr einsam gefühlt habe. Das war, glaub ich, das Schlimmste. Ja, das hat mich eigentlich in der Pubertät immer begleitet, dieses Alleinsein, eher so eine depressive Stimmung. Ich hab's so als Traurigkeit empfunden. Da fingen solche Panikattacken an. Ja, dass ich dann Angst hatte, mich mit Menschen zu unterhalten, also das wurde dann letzten Endes so eine Sozialphobie. Also ich war zu Hause gewesen. Ich weiß noch, es waren Ferien und ich hatte das Gefühl, ich muss einfach rausgehen. Da war es wieder, es war immer so ein komisches Wechselspiel gewesen. War ich jetzt alleine, war es furchtbar, und irgendwann hab' ich mich auch nicht mehr getraut, rauszugehen.«

Eine andere junge Frau wäre in der Pubertät »am liebsten manchmal in der Versenkung verschwunden«. Sie »wollte einfach nicht so als weibliches Wesen betrachtet werden«, war »dann gleich wieder verschreckt, wenn sich vielleicht jemand interessiert hat«. Ihre erste sexuelle Erfahrung machte sie während eines Ernteeinsatzes im Sommer. Da sei sie »sehr naiv und unvorsichtig gewesen«. Als Teenager fand sie es »doch irgendwie komisch, dass ich nicht große Reibungspunkte habe«. Dennoch gab »es einfach so dieses Wissen darum, dass man da ja eigentlich mal rebellieren, aufbegehren muss«. Obwohl sie »nicht mehr die Brave, Liebe« und »dann auch mal frech oder so« gewesen sei, habe es nie eine wirkliche Konfrontation mit den Eltern gegeben. Dennoch »waren meine Eltern auch völlig, bisschen hilflos, damit«. Die Interviewte war in der Wendezeit 16 und berichtete, dass in der Schule »alles ein bisschen drunter und drüber« gegangen sei. Im Unterricht sei bei vielen Themen wieder »in der Ur-Zeit angefangen« worden. Man habe »Lehrer abgewählt, abwählen können«. Auch wurden ihre »Pläne über den Haufen geworfen«. Schon immer verunsicherbar, habe sie damals nicht gewusst, »was ich machen will. Aber ich weiß, dass ich damals meiner (Brief-)Freundin geschrieben hab', dass der Kapitalismus schlecht ist. Ich war sehr überzeugt, und Erich Honecker war für mich ein lieber alter Opa. Ich hatte keine Einschränkungen und hab' ihr geschrieben, wie schlimm das dort ist bei ihnen. Ich hab' geschrieben: Bei euch gibt's ja Bettler und Arbeitslose. Und bei uns muss keiner unter der Brücke schlafen. Und ich war wirklich richtig überzeugt, dass wir das bessere System sind. Ich bin nach wie vor immer noch davon überzeugt, dass der Sozialismus das bessere System ist. Aber der Sozialismus funktioniert eben einfach nicht (*lacht).«* Sie habe auch »gestaunt, dass die Leute rüber wollten«. In der Wendezeit hatte sie »einfach Angst davor, dass der Westen zu uns kommt«, aber auch »dass das irgendwie schlimm bei uns werden könnte, also dass dann auch Leute unter der Straße, unter der Brücke schlafen müssen«. An den »Montagsdemos« habe sie »nicht dran teilgenommen, weil ich ja immer so bisschen Befürchtungen hatte, dass das alles schieflaufen könnte oder aus der Bahn geraten könnte«. Aber als es dann »alles gut gelaufen war, da habe ich dann schon gedacht: So das ist ja prima und jetzt können wir uns ja wirklich mal besuchen, meine Freundin und ich.«

Die Eltern einer Interviewten waren »nicht besonders froh« über die Wende. Sie war es »eigentlich auch nicht. Hab' sehr lang gedacht, dass das nicht das Richtige ist.« Es sei ein ziemlich schwerer Lernprozess für die Interviewte und ihre Eltern gewesen. Später habe sie sich in der Evangelischen Studentengemeinde, »da bin ich auch reingeraten«, engagiert.

Eine andere Interviewte erlebte die Wendezeit schon als einen »großen Umbruch. Also das war schon, da hat man halt gehört, dass jeden Tag irgendjemand über die Grenze abgehauen ist. Das war dann irgendwo deprimierend. Und mein damaliger Freund, der ist da auch über Ungarn im Sommer abgehauen, und da war für mich auch erst mal eine Welt zusammengebrochen. Er war ein bisschen älter als ich. Er hatte auch einen Ausreiseantrag. Es wäre früher oder später sowieso passiert, aber da war er halt einfach weg. Meine Freundin ist da damals auch weg, das war wirklich deprimierend. Jede Woche hörte man, der und der kommt nicht mehr wieder, und der ist weg. Ich denke mal, an Sexualität hat man in dem Augenblick gar nicht gedacht *(lacht)*. Man hatte da ganz andere Probleme. Man hat das im Fernsehen gesehen, wie das auf diesen Botschaften zuging. Aus meinem damaligen Freundeskreis sind sehr sehr viele über die grüne Grenze. Ich hab' mir gesagt, ich stehe hier noch mitten in meiner Berufsausbildung und mach das nicht, mach das erst noch zu Ende, und – diese neue Welt da halt erst einmal erforschen und ergründen halt. Ich meine, es war ja alles offen, man konnte reisen, man konnte alles machen. Und das wollte er (der frühere Freund der Interviewten – Anm. der A.) dann einfach auch.«

Die anderen fünf zur Wendezeit 16- bis 18-jährigen Jugendlichen wurden erst ab dem sechsten Lebensmonat in die Krippe aufgenommen. Aus ihren Interviews soll jetzt ausführlicher zitiert werden:

Bei einer Interviewten ließ mit 14 »das Interesse für Schule und Sport nach«. Sie war »nun mehr an Jungs interessiert«. Es gab verschiedene Beziehungen. Trennungen habe sie »so hingenommen. Also das hat mich kalt gelassen.« Erst nach dem Tod des Bruders, sie war 18, hätte sie an Jemandem gehangen, der sie »getröstet, aber auch irgendwann verlassen hat«.

Eine andere Interviewpartnerin wurde »früher als Kind sehr gehänselt«, was sie bis hinein in die Jugendzeit sehr geprägt habe. Sie habe mit der Partnersuche ein »bisschen spät angefangen, weil ich ja nicht so viel Selbstbewusstsein hatte. Hab' immer gedacht, ich bin 'n Spätentwickler. Ja, das hat mich so geprägt im Kindergarten und so, nicht wahr. Der (erste Partner) hat drei Jahre geworben. Ja, der hat zeitig angefangen. Ich hab' natürlich Angst gehabt, mich zu öffnen. Und auch seelisch, nicht wahr. Ich konnte damit einfach nicht umgehen. Und dann mit 17, dann hab' ich gesagt: ›Ach ja, gewährt.‹ Und dann kam auch einer, der war so dominant, der hat mich mit seiner dominanten Art überwältigt.« Sie war zur Wende 17, wurde Kinderkrankenschwester und verließ, »da es nicht sicher war, ob wir bleiben, ob wir verkleinert werden, ob das alles anders strukturiert wird«, ihren Heimatort und ging einen Monat nach dem Ende der Ausbildung in ein Krankenhaus nach Westdeutschland.

Einer unserer Interviewten »war einfach jemand, der gern Unsinn gemacht hat und auch nicht drüber nachgedacht hat«. Aus Cliquen, die sich seit der neunten Klasse bildeten, habe er sich »eher rausgehalten. Mit 16 habe ich mal gefragt, ob ich ein Unfall war *(lacht)*. Und da meinte meine Mutter erst ›Nein‹ und dann hat sie gesagt: ›Aber na ja, eigentlich doch.‹ Aber sie hat mir das auch nicht übel genommen.« Ihn hätten die Wendeereignisse »natürlich schon sehr beschäftigt. Ich fand es extrem spannend. Ich fand's nicht negativ, das nicht. Aber es war schon so, dass ich die DDR als mein Land begriffen hab' und sie auch erhalten wollte. Würde ich sagen.« Er habe sich »sehr in Diskussionen eingemischt«, sei »überall hingegangen, habe mit diskutiert, über Politik. Weil ich nicht gleich so euphorisch war und da zur Grenze gegangen (bin). Da waren sehr viel kritische Sachen, wo man ja auch aus allen Wolken gefallen ist zum Teil. Was wir nicht wussten. Na, die Tatsache eben des Spitzelsystems von Stalin. Und dann, das kam aber eher noch später, wenn wir bei dem Thema bleiben, mit Kindergarten und so weiter, das System der Reglementierung *(Pause)*. Ich will nicht sagen Bevormundung, aber der Organisation des gesamten Lebensstils fürs Individuum. Aber das kam eher noch später dann, diese Erkenntnisse sozusagen. Waren aber auch schwere Erkenntnisse.« Seine Eltern seien noch viel mehr zerrissen gewesen als er. »Plötzlich war die Mauer offen. Für mich stand die Welt da mehr offen als für meine Eltern. Ja, will ich auch im Nachhinein überhaupt nicht beklagen.« Er lernte in der elften Klasse seine erste Partnerin kennen, studierte später »nicht sehr zielstrebig. Hab' zwischendurch auch bisschen andere Sachen gemacht. Na, ich hab' mal ein halbes Jahr Theater gespielt. Dann hab' ich bisschen Hochschulpolitik gemacht, dann hab' ich's ja bisschen schleifen lassen, dann war ich mir eine Zeit lang meiner Sache nicht mehr sicher, Selbstzweifel und so weiter. Aber irgendwann habe ich dann die Kurve gekriegt.«

Die Eltern einer anderen von uns interviewten jungen Frau hätten »immer gesagt: ›Mensch, sind wir hier die Letzten, die das Licht ausmachen?‹ *(lacht)* Aber es war nie ein Thema, in den Westen zu gehen. Wir haben uns wohlgefühlt. Wir hatten Westverwandtschaft, das heißt, wir haben viel auch bekommen. Ich wollte schon gern mal reisen. Und vielleicht, wenn ich älter gewesen wäre, hätte es mich schon bestimmt genervt. Aber zu dem Zeitpunkt war es für mich, als hatte man so einen familiären Kokon, man hatte die Schule so weit geschafft. Da hatte ich eigentlich ein behütetes Leben und hab' trotzdem viel machen können auch auf Grund der Aktivitäten meiner Eltern und hab' kein Defizit verspürt. Ich habe da nichts in dem Sinne vermisst, und unserer Familie wurde auch nicht übel mitgespielt, dass man da vielleicht aufbegehrt hätte. Denn wie gesagt: EOS, dann Abitur machen können, und dann sich aussuchen können, was man macht. Und damit hatte man ja sozusagen Freiheiten.« Sie berichtete von ihrem Erleben nach ersten Besuchen im Westen, lernte dort das Leben ihrer Cousins und Cousinen kennen. »Und da muss ich allerdings sagen, da hab' ich den Flash gekriegt. Also da habe ich irgendwie, glaube ich, die Welt nicht mehr so richtig verstanden. Und da kam ich dann zurück. Das war irgendwie zu viel, da hab' ich dann auch geweint. Da bin ich dann auch nach zwei Stunden Schule nach Hause gegangen. Ich weiß gar nicht, ob ich das meinen Eltern erzählt habe, aber da hab' ich so gesagt: ›Ich will hier nicht mehr sein.‹ Das musste ich erst einmal verarbeiten, das war so eine Überflutung, so von Eindrücken einfach. Ich fand das so toll, was man alles machen kann.« Sie hat dann nach dem Abitur »zwei Jahre nichts gemacht, erst mal das Leben genossen, ohne die Reglementierung von den Eltern«. Dabei hat es bei aller Reglementierung, vor allem durch den Vater, in der Adoleszenz aber auch eine offene Kommunikation mit beiden Eltern, die sie »wirklich gut aufgeklärt« hätten, gegeben.

Eine unserer Interviewpartnerinnen hatte mit ihrem in der Wendezeit erworbenen Abschluss als Grundschullehrerin »keine Chancen. Da war dann absoluter Einstellungsstopp.« Sie wechselte nach einem halben Jahr von der Universität an eine Fachhochschule für Öffentliche Verwaltung und absolvierte ein Vollzeitstudium. »Wir haben Geld bekommen, wir waren schon verbeamtet zu der Zeit, was natürlich auch eine große Motivation war, sich am Ende dafür zu entscheiden. Und ich hatte zu der Zeit schon einen festen Freund, der extra wegen mir nachzog.« Die Maueröffnung fand sie »gar nicht spannend. Nein, ich weiß auch nicht.« Sie gehörte zu den wenigen Studenten, die an diesem Tag eine Lehrveranstaltung besuchten. »Weil ich nicht gleich so euphorisch war und da zur Grenze gegangen (bin). Ich dachte, wenn die Grenze offen ist, wird sie auch offen bleiben. Ich wollte mich da nicht anstellen. Ich fand's zwar beeindruckend alles. Ich habe es mir auch im Fernsehen angeschaut. Aber ich war nicht der Mensch, der jetzt dabei sein wollte, in dem Gedränge. Und so wichtig war's mir nicht.« Die Wende bereitete ihr »keine Probleme«. Sie fand die Ereignisse »auch nicht besonders. Aber wahrscheinlich war ich auch jung genug dafür. Ich habe das Leben als Erwachsener zu DDR-Zeiten nicht geführt. Ich war immer noch im Elternhaus vorher beschützt. Und als ich dann schon anfing, so bisschen auf eigenen Beinen zu stehen, war ja schon die Wende.«

Die Interviewten der Jahrgänge 1974 bis 1977 waren zur Wendezeit zwischen zwölf und 15 Jahre alt. Drei von ihnen besuchten bereits vor dem sechsten Monat eine Krippe, sie kommen zuerst zu Wort:

Bei einer Interviewten habe es zwischen dem 14. und 16. Lebensjahr eine Phase der Wut gegeben, wo sie viele verprügelt hätte. »Das war das rebellische Alter, so ganz viel.« Sie »habe immer versucht, es allen zu beweisen, das Gymnasium abgebrochen, weil ich nicht glücklich wurde, mir selbst eine Lehrstelle gesucht, wollte auch eine junge Mutter sein«.

Eine andere Interviewpartnerin aus dieser Gruppe berichtete über ihre Zeit beim Ballett: »Da galten strenge Regeln, wie man auszusehen hatte. Das heißt, die Haare mussten lang sein. Man durfte keinen Pony haben. Man durfte sich nicht schminken. Und ich wollte einen Pony haben, ich wollte mich schminken und ich wollte auch nicht mehr dreimal die Woche zum Training gehen und an den Wochenenden nur Auftritte haben.« Da habe Sie beschlossen, mit dem Training Schluss zu machen. Ihre Mutter berichtete, dass die Interviewte »in der Nachwendezeit, kurz danach, vollkommen von der Rolle gewesen« sei. Es sei überhaupt nichts mehr irgendwie mit ihr anzufangen gewesen. Sie selbst »habe keine Erinnerung, dass es irgendwie anders gewesen wäre«. Für ihren Vater habe beruflich »eine Zeit lang alles sehr auf der Kippe gestanden. Er war relativ hoch in der Volksarmee, und da war es eine Zeit lang überhaupt nicht klar, ob er weiter machen kann und, wenn ja, unter welchen Bedingungen. Und meine Mutter hat 'ne Umschulung angefangen. Aber ich hab', ich sage immer selber, ich habe in der Erinnerung, dass sich nichts geändert hat. Sie müssen Existenzängste gehabt haben. Der Vater war der einzige Verdiener in der Familie. Meine Mutter war ja Hausfrau geworden, hat Gelegenheitssachen gearbeitet.«

Eine weitere Interviewte war 13, 14 im Wendejahr«. Die Wende habe sie »nicht so gravierend als schlecht empfunden«. In ihrer Familie habe sich »generell nichts geändert«. Da ihre Familie »dann selber ein Haus gebaut« habe, gehörte sie für »viele Leute im Dorf« zu denen, die »ein bisschen Geld« hatten«. Ihre Erinnerungen an die Adoleszenz kreisten vor allem um die Wende- und Nachwendezeit. Sie sei als ein Teenager, der »die Klamotten, die Sachen nicht hatte, dann sowieso Außenseiter« gewesen. Ihre »Clique blieb lange, ich glaube bis nach der zehnten Klasse. Wir haben uns immer am Wochenende getroffen. Großer Treff war immer an den Bushaltestellen. Aber dass wir jetzt irgendwas angestellt, na gut, okay, wir haben mal Sturmklingeln oder so gemacht, solche kleinen Gags, aber wir haben nicht, also so wie heute mit Graffiti und alles und gesoffen – das kannten wir gar nicht.« Sie selbst sei »ein schlimmes Kind in der Pubertät« gewesen. »Ich ließ mir nichts mehr sagen. Das war auf einmal so ein Abschnitt, dass man dachte: Jetzt kannst du dir mal was erlauben zu sagen. Und da bin ich öfters mit meinen Eltern angeeckt, wo ich dann auch meine letzte Ohrfeige gekriegt habe. Da habe ich sie wirklich massiv dann bis zum Letzten gereizt, weil ich meinem Vater einfach den Fernseher ausgemacht habe, weil ich bestimmen wollte, was geguckt wird.« Die Interviewte berichtet auch von soziophobischen Ängsten, die sich erst legten, »als ich zum Studium gegangen bin. Das war ganz stark, weil du da wusstest, du stehst ganz ganz allein auf eigenen Füßen. Meine Eltern sind ja nicht mitgekommen. Ich musste mir eine eigene Wohnung nehmen, musste mich um alles allein kümmern. Und da hatte ich keine Mutter, wo ich mal schnell anrufen konnte.«

Die vier anderen Interviewpartner aus der Gruppe der damals zwölf- bis 15-Jährigen besuchten frühestens ab dem sechsten Lebensmonat die Krippe. Aus den mit ihnen geführten Interviews entnahmen wir die folgenden Passagen:

Eine der jungen Frauen berichtete, »eigentlich sehr gut aufgeklärt gewesen« zu sein. »Jedenfalls war ich nicht so dusslig wie die Mädchen heute.« Die Strenge ihres Vaters hätte ihr eigentlich auch nicht geschadet, sie wurde vom Vater von der Disco abgeholt und habe mit 16 die Pille genommen. Sie war 14 »als die Wende kam. Da hat mich das alles noch nicht so tangiert. Eigentlich nur, dass ich dann endlich meine Verwandten kennengelernt hab', meine Cousinen, die ungefähr in meinem Alter waren. Dass man da drüben die Disco kennengelernt hat und dass es da viele Ausländer gibt, viele Franzosen, Türken. Man wusste ja nicht, was das ist.«

Eine andere Interviewte wäre »kein typisches Mädchen gewesen. Ich wollte immer so wie mein Bruder sein, mit Fußball spielen. Wir waren ständig draußen. Da war man 14, meine Freundin fing schon an mit Jungs, mit Händchenhalten und so. Ja, dann hat man mal 'ne Zigarette probiert, wie das so ist. Dann fing es so an mit der Cliquenbildung, mit Jungs so. Aber ich hab' mich immer so ein bisschen rausgehalten.« Zum Zeitpunkt der Maueröffnung im November 1989 ist sie »damals schon 14. Bin nach Hause gekommen, habe mich gewundert, dass meine Eltern auf der Couch sitzen und sagen: ›Los, komm anziehen, wir fahren mal los.‹ Es waren viel zu viel Menschen. Es war ein Gedrängel. Ich hatte Angst, hatte Angst, meine Eltern zu verlieren, meinen Bruder zu verlieren. Natürlich stand man mit leuchtenden Augen da: ›Boah, jetzt kann man.‹ Ja, es war schon ein komisches Gefühl.« Sie erlebte die Zeit nach dem Schulwechsel mit vertrauten Leuten und die anschließende Ausbildung als eine schöne Zeit. »War 'ne sehr schöne Firma, liebe Firma, ein Familienbetrieb. Bin nie aufgefallen, hab' immer gemacht, was die gesagt haben, hab' mich nie erwischen lassen. Ärger habe ich dann immer zu Hause abgelassen. Ich habe immer alles geschluckt, geschluckt, geschluckt und (einen) roten Kopf bekommen, immer mehr, immer mehr, und zu Hause dann den Frust abgelassen.«

Einer unserer interviewten Männer hatte seine erste Paarbeziehung in der Nachwendezeit »zwischen 17 und 19. Er wollte sich »dann nicht binden« und beendete die Beziehung, da sie zuviel Einschnitt in die Freiheit bedeutet hätte.

Eine andere Interviewpartnerin hatte Interesse am Beruf der Buchhändlerin oder Bibliothekarin, die Eltern rieten ab und äußerten Zweifel, »ob es da mal später gut aussieht mit Arbeitsplätzen«. Sie solle stattdessen »Krankenschwester oder Diätassistentin (irgendwas Komisches)« werden.

Diskussion

Die Berichte der Interviewten aus der Zeit ihrer Adoleszenz sind oft sehr detailliert und sollten in Kenntnis der von Anna Freud publizierten Arbeit »Probleme der Pubertät« (1960) dennoch mit gewissen kritischen Einschränkungen gelesen werden. Auf Grund ihrer in der psychoanalytischen Arbeit mit Erwachsenen gewonnenen Erfahrung sind für Anna Freud »Erinnerungen an die Pubertätsvorgänge gewöhnlich bewusst und werden in der Analyse ohne viel Schwierigkeiten berichtet«. Diese Erinnerungen bezögen sich aber »gewöhnlich nur auf Tatsachen an sich, nicht auf die sie begleitenden Affekte«. Aus unserer Sicht können die Textabschnitte, in denen die Adoleszenz der Interviewten und das Erleben der politischen Wende thematisiert wurden, mit der eben beschriebenen Einschränkung als wertvolle subjektive Zeugnisse gelesen werden. In ihnen werden nicht nur Trauer und Objektverlust, bezogen auf die Familie und wichtige Bezugspersonen der Kindheit, sondern auch der Verlust vertrauter gesellschaftlicher Strukturen und das Entstehen einer neuen gesellschaftlichen Realität erkennbar.

Dass sich »Adoleszenz im Spannungsfeld zwischen Familie und Kultur« (Erdheim, 1988) auch in der DDR am Ideal der Stabilität reiben musste, sie eine »Infragestellung etablierter Werte und Lebensformen bedeutete« (Erdheim, 1988), ist zunächst nicht nur ein für die DDR spezifisches Phänomen, wurde es doch auch für demokratische Gemeinwesen wie die alte Bundesrepublik oder die Schweiz beschrieben (Erdheim, 1988). Dennoch unterscheiden sich laut Israel (2001) Pubertät und Adoleszenz in den letzten Jahrzehnten der DDR deutlich vom Leben Jugendlicher im westlichen Europa und der alten

Bundesrepublik, in denen sich das Jugendalter als Lebensphase zunehmend entstrukturierte und individualisierte (Ferchhoff, 1993).

»Jugendliche unterlagen in der DDR ausgeprägten Altersnormierungen und waren sozial und institutionell streng eingebunden. Von einer freiheitsbezogenen Gestaltung dieser Lebensphase und freier Wahl der Lebensstile wie im Westen Deutschlands konnte kaum die Rede sein. Das öffentliche Jugendalter umfasste einen verhältnismäßig kurzen Zeitraum, der mit dem Initiationsritual – Jugendweihe – im 14./15. Lebensjahr begann, strukturierte sich straff über eine gelenkte Berufswahl im 16./17. Lebensjahr bzw. 18./19. Lebensjahr für Abiturienten (Hoch- und Fachschulbildung) und endete mit der meist frühzeitigen Familiengründung, für junge Frauen eher noch als für die Männer um das 22. Lebensjahr, um schließlich in eine gesicherte, aber auch festgelegte berufliche Laufbahn einzumünden. Dieser Felsmonolith, der freilich in den 1980er Jahren auch schon erste Risse aufwies, zerfiel plötzlich im Herbst 1989 und wurde überspült von der Brandung der westlichen Jugendkulturen.« (Israel, 2001)

Der Leser findet nach der Lektüre der Interviewpassagen zunächst sicher Parallelen und Gemeinsamkeiten mit Gleichaltrigen, die ihre Jugend in der alten Bundesrepublik verbrachten. Auch unsere Interviewpartner durchlebten als Jugendliche die mit dem pubertären Entwicklungsschub verbundenen Schwierigkeiten. Sie erlebten sich als »Spätzünder« und Spätentwickler oder »nicht als typisches Mädchen«, fanden die Regel »nervig« oder fühlten sich durch diese »total gestört«. Sie beschrieben Einsamkeit, depressive Stimmungen und Panikattacken, erlebten sich als zu dick und wären »am liebsten manchmal in der Versenkung verschwunden«.

Ihre Eltern schilderten die Interviewten in Bezug auf die Sexualität (Aufklärung, Pille) als oft recht offen, zum Teil auch als ungeschickt oder unsicher. Sie erlebten elterliche Strenge bis hin zu Rigidität, Ängste und Überfürsorglichkeit bis hin zu Einengung und Beschränkung, aber auch Desinteresse oder die Drohung: »Wenn du 18 bist, fliegst du zu Hause raus. Dann lebst du dein eigenes Leben.« Nicht selten wurde die Fürsorge der Eltern als peinlich oder lästig empfunden. Zum Teil kam es zu einer Identifizierung mit der Strenge des Vaters, die »eigentlich auch nicht geschadet« hatte, oder mit der der Lehrausbilder.

Neben einer Vielzahl in Ost und West gleichermaßen anzutreffender Äußerungen der Adoleszenz scheint es auch Spezifika zu geben, die für das Erleben der Adoleszenz in der DDR stehen, wobei der Aspekt der Frühtrennung und frühen kollektiven Fremdbetreuung noch verstärkend hinzukommt. Hierzu gehört der in den Interviews beschriebene, eher milde Protest gegen Eltern und Institutionen, wofür verschiedene Faktoren von Bedeutung sein könnten. Zu ihnen zählte sicher die repressive Atmosphäre des DDR-Staates mit mannigfaltigen Strafandrohungen, zu denen die Einweisung in einen Jugendwerkhof, der Verlust des Studienplatzes, aber auch eine Gefährdung der Eltern gehören konnten, eine letztlich bedrohliche und beklemmende Atmosphäre, in der Jugendliche schnell an ihre Grenzen stoßen konnten. Andererseits wurde den Jugendlichen bei Wohlverhalten und gesellschaftlichem Engagement durch den DDR-Staat und dessen Institutionen viele

Chancen und Möglichkeiten der beruflichen Entwicklung offeriert. Hierdurch wurden möglicherweise bei ihnen, auch aus einer Identifizierung mit dem DDR-Staat resultierend, Zweifel genährt, ob überhaupt eine Berechtigung zum Protest bestehe, zum Teil wurde dieser auch überhaupt erst gar nicht in Erwägung gezogen.

Dennoch beschrieben auch unsere Interviewpartner verschiedene Formen der Artikulation jugendlichen Protestes und von Autonomiestrebungen, von denen viele wiederum nicht unbedingt DDR-spezifisch zu sein schienen, einige aber auch im Sinne eines für die DDR-Punkbewegung ironisch beschriebenen »Too much future« (Fiebeler et al., 2006) verständlich werden. Hierzu gehören das Rauchen »wie ein Schlot und Alkoholtrinken« im Jugendclub, die Mitgliedschaft in einer »Clique«, der frühe Auszug aus dem Elternhaus, der Abbruch oder der Wechsel einer Ausbildung oder einer außerschulischen Aktivität (Sport, Ballett). Zu den DDR-spezifischen Besonderheiten gehört sicher die unten beschriebene Flucht aus der DDR oder auch das Erleben einer größeren Freiheit in anderen von DDR-Bürgern bereisbaren osteuropäischen Ländern. In den letzten Jahren vor den Wendeereignissen 1989/90 gehörte auch das Wohnen in einer Wohngemeinschaft oder besetzten Wohnung wie auch eine Zeit der Arbeitslosigkeit zu den neu praktizierten Lebensformen Heranwachsender, in denen Alternativen ausgelotet und Konfrontationen mit der Autorität der Erwachsenen bzw. des Staates ausgehalten oder sogar gesucht wurden.

Schwieriger als das Herausarbeiten DDR-spezifischer Besonderheiten der Adoleszenz unserer Interviewten ist sicherlich das Herstellen von Bezügen zwischen dem Erleben der Adoleszenz und früher Trennung und Fremdbetreuung wie auch zum Zeitpunkt der Krippenaufnahme. Möglicherweise besteht ein Zusammenhang zwischen früher Krippenbetreuung speziell vor dem sechsten Lebensmonat der von uns Interviewten und einer Reihe von Phänomenen, die sie aus ihrer Adoleszenz und der Zeit der politischen Wende berichteten.

Hierzu könnte bei einer zur Wendezeit schon älteren Jugendlichen das häufige Kranksein beim Absolvieren einer ungeliebten Ausbildung im Sinne einer erneuten Manifestation einer Re-Somatisierung (Schur, 1955) gehören. Auch könnten exzessives Rauchen und Trinken als Ausdruck oraler Regression und eine starke Anpassungsbereitschaft mit dem Faktum früher Trennung und Fremdbetreuung in Zusammenhang stehen. Ist das »Bravsein« des Heranwachsenden und die Akzeptanz der Strenge des Lehrmeisters, die »eigentlich auch nicht geschadet« hätte, hierbei ein Ausdruck psychischer Abwehr im Sinne der Identifizierung und Fortschreibung eines schon in der Kindereinrichtung hochwillkommenen Sozialverhaltens oder spielen hier familiäre Faktoren die entscheidendere Rolle?

Auch die Berichte der zur Wende 16- bis 18-jährigen Interviewpartner, die bereits vor dem sechsten Lebensmonat eine Krippe besuchten, wurden von uns mit Blick auf spezifische Äußerungen der Adoleszenz untersucht, wobei viele auch nachfolgend aufgeführte Fragen unbeantwortet bleiben müssen.

Sind die von einer Interviewten beschriebenen Gefühle des Alleinseins, ihre depressive Stimmung, Ängste und Panikattacken vor dem Hintergrund eines hoch sensitiven und schneller aktivierbaren Stresssystems Ausdruck und Folge früher Trennung und Fremdbetreuung oder gehören sie nicht eher zum Spezifischen adoleszenten Erlebens, zur »Angst vor der Wirklichkeit, diese(r) sinn- und gegenstandslose(n), leere(n) Angst, vor deren blindem Blick alles Nichts wird« (Arendt, 1925)? Verstärkt die frühe Trennungserfahrung vor allem von Kindern, die schon vor dem sechsten Lebensmonat in einer Krippe betreut wurden, die mit den Wendeereignissen verbundenen Ängste vor Veränderungen, von denen eine Reihe der Interviewten, oft auch identifiziert mit den Eltern, berichteten? Hierfür spricht, dass die von uns interviewten ehemaligen Krippenkinder, die frühestens ab dem sechsten Monat in einer Krippe betreut wurden, die Wende »eher spannend« fanden, sich schneller entschieden, aus beruflichen Gründen in den Westen zu gehen, die neuen Möglichkeiten eher ausloteten, auch mal »nichts machten« oder die Wende und die mit ihr verbundenen Möglichkeiten mit einer gewissen Gelassenheit zur Kenntnis nahmen.

Von besonderem Interesse war für uns auch das Erleben und Verhalten der damals Jüngsten, die zur Wendezeit als zwölf- oder 13-Jährige noch die Schule besuchten. Lässt sich bei ihnen, deren Adoleszenz sich in einer Gesellschaft vollzog, die sich selbst in einem quasi pubertärem Übergangsraum« (Israel, 2001) befand, die somit also in doppelter Hinsicht einem starken Veränderungsdruck und Unsicherheiten ausgesetzt waren, ein spezifisches Erleben und Verhalten finden, das möglicherweise auch in Bezug zu früher Trennung und Fremdbetreuung gesetzt werden kann? Bei der Untersuchung der Interviewtexte der drei Interviewpartner, die zu der Gruppe der Jüngsten gehören und darüber hinaus bereits vor dem sechsten Monat in die Krippe kamen, fällt die Heftigkeit der Äußerungen ihrer Adoleszenz auf. Sie könnte schon als akzentuierter Ausdruck von Autonomieimpulsen und der nun mit der Adoleszenz verbundenen »zweiten Chance« auch vor dem Hintergrund sich rasant verändernder gesellschaftlicher Gegebenheiten gewertet werden. Hierzu gehören bei einer Interviewten eine Phase der Wut, in der sie viele verprügelte. Sie war rebellisch, versuchte, es allen zu beweisen, brach das Gymnasium ab, suchte sich selbst eine Lehrstelle. Eine andere Interviewpartnerin war in der Nachwendezeit »vollkommen von der Rolle« und brach aus Protest das Training ab. Eine andere junge Frau beschrieb sich selbst als »schlimmes Kind in der Pubertät«. Sie provozierte ihre Eltern, überwand aber auch eigene Ängste und ging zum Studium in das entfernte Berlin. Ein weiterer Zusammenhang könnte auch zwischen den großen Schwierigkeiten einer der jüngsten Interviewten in der Kindereinrichtung, in der sie gezwungen wurde zu essen, und dem späteren Verhalten in der Lehrzeit bestehen: »Bin nie aufgefallen, hab' immer gemacht, was die gesagt haben, hab' mich nie erwischen lassen. Ärger habe ich dann immer zu Hause abgelassen. Ich habe immer alles geschluckt, geschluckt, geschluckt und (einen) roten Kopf bekommen, immer mehr, immer mehr, und zu Hause dann den Frust abgelassen.«

In vielen Interviews wurde ein damals für die Interviewten bestehendes Spannungsfeld zwischen dem Kennenlernen des so lange verschlossen gebliebenen »Westens«, seiner zum Teil stark idealisierten Menschen und Umstände, und der neuen, sich etablierenden Ordnung in den neuen Bundesländern artikuliert. Zur Sprache kamen die Verunsicherung und das Verlusterleben (auch der Angehörigen) durch die Auflösung vertrauter Umstände und den Weggang vertrauter Menschen, aber auch durch die Konfrontation mit Neuem und Unvertrautem, eine Situation die möglicherweise auch als Folge früher Trennung und Fremdbetreuung von unseren Interviewpartnern intensiver und krisenhafter erlebt wurde. Die Interviewten erlebten, zum Teil mit diesen identifiziert, die Reaktionen ihrer oft hilflosen Eltern auf die Wendeereignisse, was mit den Forschungsergebnissen zum Verhalten von Lehrern in der Wendezeit (Kerz-Rühling et al., 2000) korrespondiert. So sind Eltern »da nicht besonders froh darüber und ich eigentlich auch nicht. Hab' sehr lang gedacht, dass das nicht das Richtige ist.« Die Interviewten berichteten von den Ängsten und Verunsicherungen ihrer Eltern, die oft konträr zu eigenem Erleben standen. »Meine Eltern waren unheimlich verunsichert, die hatten Angst. Ich hatte ja nichts, für mich konnte da nicht viel passieren. Ich war froh, dass endlich die Grenzen offen waren.«

In der Erinnerung wurde aber auch das Vertraute der bisherigen Heimat DDR verteidigt und der Verlust »zuverlässiger, gruppenbezogener Strukturen, auf die man jederzeit zurückgreifen konnte« (Israel, 1990), beklagt. »Ich war nie der Typ, der abhauen wollte. Es gab ja auch gewisse Sicherheiten in der DDR, also man konnte hinkommen, wohin man wollte, egal in welche Stadt, man wusste, mit wem man sich unterhält und wen man eben in Ruhe lässt. Im Westen war alles glatt und sauber und oberflächlich.«

In mehreren Interviews wurden die verschiedenen Anforderungen bis hin zur Überforderung deutlich, mit denen die Interviewten zurecht kommen mussten. Hierbei scheinen eine Reihe der von uns Interviewten die mit der Wende verbundenen zusätzlichen Anforderungen in Folge der Frühtrennung und frühen Fremdbetreuung eher mit eingeschränkter psychischer Belastbarkeit und verminderte Umstellungsfähigkeit, einige aber auch mit einer hohen Anpassungsbereitschaft an die neuen Forderungen und Gegebenheiten bewältigt zu haben. Die von den Interviewten geschilderten Schwierigkeiten in der Wendezeit, wie zum Beispiel Trennungs- und Verlustängste oder auch die Überflutung durch Reize und neue Eindrücke sollten hierbei auch unter dem Aspekt der Frühtrennung und früher Fremdbetreuung gesehen werden.

Einige Interviewte fanden sehr eigenständige Lösungsansätze bei der Bewältigung der mit der Adoleszenz zur Wendezeit verbundenen Probleme. Mehrfach wurden in den Interviews die Chancen der politischen Wende und die mit ihr verbundene Freiheit gerade für die Heranwachsenden betont, was mit den Überlegungen zur Funktion der Adoleszenz von Erdheim und mit Israels Metapher vom »pubertären Übergangsraum« korrespondiert, wenngleich die autonomen Intentionen und Handlungen unserer Interviewpartner eher mit den Offerten der neuen Gesellschaft einhergingen und nicht in neuem bzw. fortgeschriebenem Protestpotential wie dem Rechtsextremismus (z. B. Jugendgewalt in Hoyerswerda) oder der Punkbewegung ihren Ausdruck fanden. Nicht selten wurde, zum Teil auch durch die Eltern initiiert, meist aber durch die Umstände bedingt, eine berufliche Neuorientierung der Interviewten erforderlich, welche von einigen Interviewten auch als Chance und Alternative begriffen wurde.

Kapitel 10

Reaktualisierung früher Lebenserfahrungen bei Geburt und Krippenaufnahme eigener Kinder

Irene Misselwitz

In diesem Kapitel soll der Frage nachgegangen werden, ob und in welcher Weise es durch die Erfahrung von Elternschaft bei unseren Interviewten zur Reaktualisierung eigener Früherfahrungen in der Familie und der öffentlichen Früherziehung kommt. Mutterschaft und Vaterschaft sind existentielle Neuerfahrungen, die frühere existentielle Erfahrungen mobilisieren, insbesondere die der eigenen frühen Lebenszeit. Es ist eine charakteristische Schwellensituation, in der Umstellungsschwierigkeiten natürlicherweise mehr oder weniger zu erwarten sind. Junge Eltern sind in komplexer Weise gefordert. Sie müssen für ein hilfloses, abhängiges Baby sorgen und sind damit besonders zu Beginn rund um die Uhr eingespannt. Außerdem kommen sie mit ihrem eigenen inneren Baby in Berührung, mit eigener Hilflosigkeit, Abhängigkeit und Bedürftigkeit, meist ohne dies bewusst einordnen zu können. Somit müssen sie also eine komplexe Doppelaufgabe leisten. Das Gelingen dieser komplexen Anforderung hängt von der Qualität der eigenen Früherfahrungen als auch von der Qualität der Partnerschaft und der Effizienz des sozialen Umfeldes ab. Es wird jedoch nicht nur das innere abhängige und bedürftige Baby wiederbelebt, sondern auch das gesunde und vitale. Dies hilft Eltern, sich in die Welt ihres Babys einzufühlen und Unglaubliches zu leisten (Kapfhammer & Mayer, 1996; Freiberger, 2007; Scheerer, 2008).

Die Mitteilungen unserer Interviewten zu eigenen Schwangerschaften, den Geburten, dem Wochenbett und der Zeit danach sowie dem Krippeneintritt ihrer Kinder erwiesen sich als sehr wertvoll und aufschlussreich. Diese Ereignisse lagen meist nur kurz oder wenige Jahre zurück und waren dem Bewusstsein gut zugänglich. Wir bezogen sowohl die bewussten Erziehungsvorstellungen der Interviewten als auch ihre Reflexionen zur eigenen Kindheit und der der eigenen Kinder mit in die Auswertung ein. Außerdem waren die Mitteilungen zum Verhalten der eigenen Kinder in der Frühzeit und beim Krippeneintritt aufschlussreich.

Ergebnisse

Zur besseren Veranschaulichung des vielfältigen Interviewmaterials habe ich unsere 20 Interviewten in drei Gruppen eingeteilt. Das Kriterium für die Gruppenbildung war das Ausmaß der angegebenen psychischen und oder physischen Beschwerden, also das subjektive Leiden im Zusammenhang mit der Elternschaft und dem Krippeneintritt der eigenen Kinder.

Gruppe 1 (sieben Personen): Keine *wesentlichen* psychischen oder physischen Beschwerden im Zusammenhang mit Elternschaft und Krippeneintritt der Kinder

Gruppe 2 (sechs Personen): Deutliche physische und/oder psychische Symptome, die zum Teil bis in die Gegenwart anhalten

Gruppe 3 (sieben Personen): Schwere krankheitswertige physische und oder psychische Störungen mit anhaltenden und zum Teil irreversiblen Auswirkungen auf die ganze Familie

Gruppe 1 mit keinen wesentlichen psychischen und oder physischen Beschwerden

Eigene Kindheit

Unter diesen Interviewten fanden sich beide männlichen Interviewpartner. Das Krippeneintrittsalter war bei vier Interviewten sehr früh (sechste bis zwölfte Lebenswoche) und bei drei Interviewten der sechste Lebensmonat. Eine Interviewte war krippenunfähig. In dieser Gruppe fällt die hohe Krankheitsanfälligkeit in der Frühzeit auf: Vier Interviewte waren zu dünn, drei litten unter rezidivierenden Otitiden, z.T. sogar mit bleibender Schwerhörigkeit. Nur in dieser Gruppe wurde auch zweimal von Enuresis berichtet.

Drei Interviewte wussten, dass sie unerwünschte Kinder waren.

Dreimal wurden die Krippen als kleine familiäre Einrichtungen mit einem geschützten überschaubaren Umfeld geschildert und in allen drei Fällen konnten diese Krippen korrigierende emotionale Erfahrungen in schwierigem familiärem Umfeld bereitstellen. Eine Interviewte berichtete von massiven, bis in die Pubertät anhaltenden psychosomatischen Symptomen seit dem Übergang von einer kleinen familiären Krippe in einen großen Kindergarten.

Erleben mit den eigenen Kindern

Von Schwangerschaft und Geburt der eigenen Kinder wurde in dieser Gruppe kaum etwas berichtet. Die Frühzeit mit den eigenen Kindern erlebten diese Interviewten eher wenig einfühlsam. Trennungsängste der Kinder bei deren Krippeneintritt wurden nur von zwei Interviewten deutlich wahrgenommen. In beiden Fällen reagierten die Interviewten mit ihren Kindern aber eher hart (»strenge Regeln sind wichtig, damit man gut durchs Leben kommt«, »Kind will Eltern durch Weinen erpressen«). Zwei Interviewte wollten ihre Kinder ebenso früh, wie sie selbst in die Krippe gegeben wurden, in eine Kita geben. In einem Fall verhinderte dies die Partnerin, im anderen Fall verhinderte dies das Kind selbst, indem es mit schwerer Krankheit reagierte. Nur in einem Fall sprangen die Eltern der Interviewten massiv ein, so dass das innere Baby der Interviewten sich etwas Nachbemutterung holen konnte, z. T. leisteten dies auch die Ehepartner.

In diesen Interviews gewannen wir deutlich den Eindruck, dass die Abwehr gegen eine Überflutung mit unerträglichen Gefühlen aus der eigenen Frühzeit besonders stark war. Andererseits war die Somatisierung in der Kindheit bei diesen Personen besonders auffällig. In zwei Fällen gelang die Stabilisierung durch Arbeit (»Ich will nicht nur Mama sein, Hausfrau und Ringelreihen machen«, »Ich will meinen Kopf und meinen Körper wiederhaben«). In vier Fällen stellten wir eine geringe Reflexionsfähigkeit fest, und die Interviews wirkten emotional flach. Es erscheint uns deutlich, dass eine familiäre, kleine DDR-Krippe für Kinder aus schwierigen Elternhäusern zwar einen gewissen Schutz und Geborgenheit geben konnte, jedoch z. B. eine Mentalisierungsstörung, die individuelles Eingehen auf das Kleinkind erfordert, nicht unbedingt ausgleichen konnte. Individuelles Eingehen auf das kleine Kind entsprach nicht den damaligen pädagogischen Vorstellungen.

Es handelt sich bei dieser Gruppe also um Personen, die zwar symptomfrei waren, aber eine starke emotionale Abwehr zeigten. In den meisten Fällen vermuteten wir, dass die eigenen leidvollen Früherfahrungen zumindest teilweise weitergegeben werden.

Gedanken über die eigene Krippenzeit, Erziehungsvorstellungen

Die Erziehungsvorstellungen sind jedoch nur in zwei Fällen völlig identisch mit denen der Eltern und der öffentlichen Früherziehungseinrichtungen während der eigenen Kindheit. Bei den anderen sind die Erziehungsvorstellungen liberaler, obwohl die Krippenerziehung von fast allen als positiv eingeschätzt wird.

Gruppe 2 mit deutlichen physischen und/oder psychischen Symptomen, zum Teil anhaltend

Eigene Kindheit

Zu dieser Gruppe gehörte ein ehemaliges Wochenkrippenkind. Das Krippeneintrittsalter war in zwei Fällen relativ früh (dritter und vierter Monat), in den anderen Fällen sechs Monate und ein Jahr, insgesamt also deutlich später als bei den Interviewten der Gruppe 1 (und auch der Gruppe 3). Eine Interviewte musste in den ersten vier Lebensjahren viermal die Einrichtung wechseln.

Auch in dieser Gruppe war die Erkrankungshäufigkeit in den ersten drei Jahren sehr hoch: Vier Interviewte waren in der Frühzeit zu dünn, zwei Interviewte wurden aus diesem Grunde sogar später eingeschult, was in der DDR selten vorkam. In fünf Fällen wurden gehäufte Infekte wie rezidivierende Otitiden, Anginen, einmal sogar Meningitis angegeben. Zwei Interviewte berichteten zusätzlich von vielen Unfällen in der Kindheit, insbesondere in Schwellensituationen.

Die Erfahrungen dieser ehemaligen Krippenkinder in den Herkunftsfamilien waren in vier Fällen deutlich belastend, z. B. sehr junge Eltern, Unerwünschtheit, schwierige Patchworkfamilie, Todesfall eines Geschwisterkindes. Bei allen entstand der Eindruck von nur geringer individueller Zuwendung im Elternhaus. Drei Interviewte erlebten sich als geborgen und behütet in der Großfamilie. Die aus unserer Sicht fehlende individuelle Zuwendung wurde von ihnen nicht wahrgenommen.

Vier Interviewte erinnerten sich bewusst an schmerzhafte Abschiedsszenen in der Frühzeit, wobei die Festlegung des genauen Alters schwierig war. Eine immer wieder typische Interviewsituation, nicht nur in dieser Gruppe, war, dass beim Thema Trennung und Abschied nonverbale Signale auf eine stärkere innere Beteiligung hinwiesen, z. B. Tränen in den Augen, veränderte Stimmlage oder unvollständige, abgehackte Sprache. Eine Vertiefung wurde jedoch entweder durch die Interviewer (Schutzimpulse) oder durch die Interviewten selbst durch Verleugnung, Bagatellisierung oder Themenwechsel vermieden.

Erleben mit den eigenen Kindern

Im Zusammenhang mit der eigenen Mutterschaft wurden in dieser Gruppe eine Vielzahl von Symptomen angegeben: Zwei Interviewte schilderten hoch komplizierte gefährdete Schwangerschaften und Geburten wie Hormonstörungen, Gestose, Übertragung, heftiges Schreien bei der Geburt, Kaiserschnitt, Ablehnung des Kindes unmittelbar nach der Geburt. Eine Interviewte wiederholte ihr eigenes Schicksal als unerwünschtes Kind mit ihrer ungeplanten und ungewollten Schwangerschaft.

Die Hälfte der Interviewten der Gruppe 2 schilderte ein sehr leidvolles, anstrengendes und komplikationsreiches Wochenbett: »Milchstau – das war wegen der Psyche«, wiederholte Brustdrüsenentzündungen, Erschöpfung (»essentiell kräftezehrend«), Gewichtsabnahme, Angst, Panikattacken, viel Weinen, Unsicherheit, starke Selbstzweifel (»eine ganz schwere Zeit«, »echt schlimm«), Versiegen der Milch.

In einem Fall schilderte die Mutter weniger ihre Symptomatik als die ausgeprägte Neurodermitis ihres Babys, die sie sehr belastete.

Eine Interviewte, die auch schon in der Kindheit massive Verhaltensstörungen zeigte, erlebte nach ihren komplizierten Schwangerschaften die Zeit danach als »langweilig«. Sie blieb zwar mit ihren Kindern ein Jahr zu Hause, konnte aber, ähnlich wie ihre Mutter, wenig mit ihnen anfangen. Sie ging – völlig ich-synton – »robust« mit ihnen um, weil in ihrer Vorstellung Kinder »schlimme Wesen« sind.

Nur eine Interviewte konnte sich in dieser schweren Zeit mit ihrer Mutter auseinandersetzen und einen Zusammenhang zwischen der eigenen Frühgeschichte und dem Erleben mit ihrem Kind herstellen: »Man lässt doch sein Kind nicht allein!« Diese in der Kindheit vermisste Nähe zur eigenen Mutter, die sie erstmals im Wochenbett erlebte, tat ihr selbst gut und half ihr, ihr schwieriges Kind besser zu bemuttern.

In dieser Gruppe sind die durch die Mutterschaft ausgelösten Symptome in vier Fällen anhaltend, wenn auch in geringerem Ausmaß als unmittelbar im Wochenbett, z. B. dauerhafte Gewichtsabnahme, Erschöpfung, hektische Daueranspannung, latente depressive Verstimmung, dauerhafte Gewichtszunahme, Erkrankungen oder Verhaltensstörungen des Kindes.

Gedanken über die eigene Krippenzeit, Erziehungsvorstellungen
Der Einfluss der früheren Krippenerziehung wird von zwei Interviewten als unerheblich eingeschätzt, von zwei Interviewten als positiv mit Einschränkungen und von zwei Interviewten als deutlich kritisch für das eigene Leben gesehen. Eine Interviewte mit kritischer Sicht hatte sich schon von klein auf vorgenommen, »ich machs anders!«, wobei sie hauptsächlich ihre Mutter meinte. Sie brachte ihre »Angst vor Menschen lebenslang« mit der eigenen Frühzeit in Zusammenhang. Andererseits war sie auch stolz, dass sie mit vielem »allein gut klarkomme«. Sie schützte ihr eigenes Kind vor ungerechter Behandlung in der Kita in beeindruckender Weise und verhielt sich damit ganz bewusst anders, als sie es selbst erlebt hatte. Die andere Interviewte mit kritischer Haltung zur Krippenerziehung lastete dies ebenfalls hauptsächlich ihrer Mutter an: »Weggegeben-Werden ist schlimm!«

Eine Interviewte, die die Krippe überwiegend als positiv einschätzte, brachte allerdings ihr geringes Selbstwertgefühl und ihre Schüchternheit mit dem Aufwachsen in einer Krippe in Zusammenhang. Aber auch sie ist stolz auf sich, dass sie »mit vielem allein klarkommt« und sich »gut einordnen« kann.

Die Erziehungsvorstellungen waren in drei Fällen deutlich liberaler (kein Zwang, keine Gewalt, mehr Kreativität, keine Frühtrennung), und alle, bis auf eine Interviewte, gaben ihre Kinder später in die Kita, als sie selbst weggegeben worden waren. Eine Interviewte äußerte die Vorstellung, dass Kinder nicht später als mit einem Jahr in eine Kita kommen sollten, »da sie dann noch nicht so klettig sind«.

Insgesamt fällt auf, dass in dieser Gruppe mehr psychische und somatische Beschwerden im Zusammenhang mit der Mutterschaft oder dem Krippeneintritt der Kinder auftraten, dass aber zumindest bei vier Interviewten mehr kritisches Nachdenken und etwas mehr Einfühlung in die Kinder sichtbar wurde.

Gruppe 3 mit schweren krankheitswertigen körperlichen und/oder seelischen Störungen mit anhaltenden und zum Teil irreversiblen Auswirkungen auf die ganze Familie

Eigene Kindheit
Zu dieser Gruppe gehörte ein ehemaliges Wochenkrippenkind. Das Krippeneintrittsalter bei dieser Gruppe war in vier Fällen die sechste bis achte Lebenswoche und in den anderen beiden Fällen der dritter bis vierter Lebensmonat, also insgesamt noch früher als bei Gruppe 1. Zwei Interviewte wurden »krippenunfähig«. Zum Wort »krippenunfähig« möchten wir anmerken, dass dieses Wort die scheinbare »Unfähigkeit« eines Babys, die Krippe zu verkraften, bezeichnet, also eine Negativzuschreibung für das Baby beinhaltet. Hier kommen DDR-Normen zum Tragen. Es gab Fälle, bei denen den Müttern geraten wurde,

ihr Kind in eine Klinik zu geben, um weiter am Arbeitsprozess teilnehmen zu können. Sehr viele Mütter waren jedoch glücklich, wenn sie einen verständnisvollen Kinderarzt fanden, der ihnen die »Krippenunfähigkeit« ihres Babys amtlich bescheinigte und der ihnen dadurch länger als der staatlich vorgegebene Wochenurlaub erlaubte, mit ihren Kindern zu Hause zu bleiben. Andererseits gab es auch Mütter, die ihren Kindern diese »Unfähigkeit« verübelten und keine entsprechenden Konsequenzen ziehen konnten, was das Leid der Babys verstärkte.

Bei einer unserer »krippenunfähigen« Interviewten nahm die Mutter das Kind nach vielen Monaten Krankheit schließlich aus der Krippe, damit sie weiterstudieren konnte. Sie sprach nicht davon, dass es dem Baby bessergehen sollte, obwohl sie »sich nur an ein weinendes Baby, dem Blut aus den Ohren läuft«, erinnerte. Bei beiden »Krippenunfähigen« sprangen die Omas ein, die jedoch die Mutter nur teilweise ersetzen konnten.

Für zwei aus dieser Gruppe war die Krippe »ein geschützter Raum«, eine andere Interviewte mit zerrüttetem Elternhaus sagte wiederholt: »Im sozialistischen Kollektiv fühlte ich mich geborgen.«

Zwei Interviewte hatten erfahren, dass sie unerwünschte Kinder waren, und bei einer weiteren war dies zu vermuten. In vier Fällen fanden die Kinder liebevolle Ersatzmütter in der Oma, im Bekanntenkreis der Eltern oder in der Nachbarschaft, wo sie sich individuelle Zuwendung zu holen verstanden. Zwei Herkunftsfamilien waren als zerrüttet zu bezeichnen. Zwei Interviewte berichteten von Umzügen, die eine zusätzliche Entwurzelung bedeuteten und dadurch belastend waren.

Drei Interviewte berichteten über keine nennenswerten Erkrankungen in der Frühzeit, z. B. »ich war zart, aber relativ stabil«. Die beiden »Krippenunfähigen« litten unter rezidivierenden Otitiden bzw. unter gehäuften Anginen. Eine Interviewte musste die ersten Wochen im Brutkasten verbringen. Sie war immer ein ängstliches, dünnes Kind und hatte während der ganzen Kindheit viele, z. T. lebensbedrohliche Infekte, mit denen sie schon früh allein zu Hause gelassen wurde. Sie erlitt dann nach der Geburt ihres ersten Kindes die schwerste und bedrohlichste somatische Dekompensation von allen Interviewten.

Drei Interviewte aus dieser Gruppe litten schon in der Schulzeit an psychosomatischen Symptomen, hypochondrischen Befürchtungen und Zwängen bzw. an Angstzuständen und depressiven Verstimmungszuständen mit Suizidalität. In zwei Fällen wurde die Schulzeit als sehr schwierig geschildert, da die Interviewten durch die Staatsnähe der Eltern Außenseiter waren.

Erleben mit den eigenen Kindern

Schwangerschaften, Geburten und Wochenbett gestalteten sich in dieser Gruppe sehr dramatisch und belastend. Die Symptomatik entfaltete sich überwiegend beim ersten Kind. Nur in einem Fall entwickelte sie sich erst beim zweiten Kind. Hier waren die Umstände während des ersten Wochenbetts sehr günstig und die Interviewte erhielt vom Partner, von Freunden und den Eltern liebevolle Nachbemutterung, so dass sie dies als glücklichste Lebensphase erinnerte.

Drei Schwangerschaften waren hoch gefährdet, zweimal auf Grund eigenen Fehlverhaltens, was sogar einmal zum Kindstod führte.

Alle Interviewten dieser Gruppe erlebten das Wochenbett als extrem belastend, zwei mussten sogar stationär psychiatrisch behandelt werden (unklare »Wochenbettpsychose« und »schwere Angststörung«). In drei Fällen litten die Babys unter vielfältigen, z. T. bedrohlichen Symptomen und zwei mussten sogar auf einer Intensivstation behandelt werden. Dies erschwerte die Erholung und Wundheilung bei den Müttern, da sie die Kinder täglich mehrfach zum Stillen aufsuchten. Eine Interviewte bezeichnete sich als seitdem »dauerhaft beschädigt«. Eine Interviewte berichtete von ständigen Brustdrüsenentzündungen. Mehrfach erzählten die interviewten Frauen von sehr einfühlsamen Hebammen, die sie geduldig begleitet, getröstet und ermutigt hatten, so dass fast alle viel länger stillen konnten, als sie selbst gestillt wurden. Vier Interviewte fühlen sich seit der Geburt des Kindes »krank«, nicht im arbeitsrechtlichen Sinn, mit wechselnden depressiven Verstimmungszuständen sowie verschiedenen Ängsten, Schmerzen und Erschöpfung. Eine davon erkrankte etwa acht Monate nach der Geburt ihres Kindes an einer schweren, lebensbedrohlichen Erkrankung. Eine Interviewte bezeichnete die Geburt ihres Kindes mit den nachfolgenden Symptomen als »Schnitt im Leben«. Noch eine andere Interviewte gebrauchte das Wort »abgeschnitten« in diesem Zusammenhang. Es ist denkbar, dass mit dem »Schnitt« unbewusst auch der »Schnitt« des frühen, abrupten Weggegebenwerdens mitschwang.

Eine Interviewte, die selbst als Baby jeden Morgen nackt in der Krippe abgeliefert werden musste und die bis heute immer über Kältegefühle klagte, schilderte ihr Erleben mit ihrer Tochter folgendermaßen: »Jedes Mal, wenn sie schrie, bin ich zusammengezuckt. Da hab' ich Angst gehabt… ich denke, für sie war es (die Geburt) ein Schock, plötzlich hat man die Wärme nicht mehr…« Natürlich war ihr der Zusammenhang zu ihrer eigenen Früherfahrung nicht zugänglich.

In vier Fällen wurden die Ehemänner als hilfreich und fürsorglich geschildert. Eine Interviewte berichtete von Auseinandersetzungen mit dem Partner um Erziehungsfragen.

Fast alle Interviewten bemühten sich nach der Elternzeit (nach ein bis zwei Jahren) um Arbeit, die dann einen stabilisierenden Einfluss hatte: »Ich hatte nach den eineinhalb Jahren von meinem Kind her schon eine Krise.« Eine andere Interviewte sprach von »Isolation… Ich war in einem Loch, und dadurch (die Arbeit) habe ich mir ein bisschen Freiraum verschafft.«

Alle gaben ihre Kinder in eine Kita, immer wesentlich später, als sie es selbst erlebt hatten. Sechs Interviewte berichteten von erheblichen Trennungsschwierigkeiten ihrer Kinder sowie von erneuter Symptomverstärkung bei ihnen selbst. Mehrere Kinder reagierten auf die Trennung von der Mutter mit schweren Erkrankungen wie Pneumonie, Asthma und Bronchitis. Mehrere Interviewte schilderten viel ausführlicher die eigenen Probleme mit Erziehungszeit und Trennung, so dass wir auch in dieser Gruppe auf die schon in den anderen Gruppen deutlich gewordene Schwierigkeit stießen, das Leid ihres Babys wahrzunehmen. Eine Interviewte überließ die Begleitung der Eingewöhnungsphase ihrem Partner, weil sie es selbst nicht aushielt. Eine Interviewte schilderte eindrucksvoll, wie sie nicht in der Lage ist, mit dem »Jammern« ihrer Tochter umzugehen und sie angemessenen Frustrationen auszusetzen, was die Tochter bereits mit einem psychosomatischen Symptom beantwortet. Einer Interviewten gelang es erst nach mehreren Monaten, eine Beziehung zu ihrem Kind aufzunehmen. Dies wurde dann durch ihre eigene schwere, lebensbedrohliche Erkrankung jäh wieder unterbrochen.

Reflexionen zu Krippe, Elternhaus und Erziehung

Drei der Interviewten setzten sich durch die eigene Mutterschaft intensiv mit dem Erziehungsverhalten der Eltern auseinander, zwei davon sehr kritisch. Eine weitere Interviewte erlebte das Schreien ihres Babys als aggressiv, als Angriff. Sie reflektierte in diesem Zusammenhang aber auch, dass sie selbst lebenslang wohl nie protestiert habe.

Eine Interviewte erzählte mit Tränen in den Augen, dass sie, als das erste Kind ihr eigenes Krippeneintrittsalter von sechs Wochen erreicht hatte, ihre Mutter weinend gefragt hätte, wie sie es überhaupt fertig gebracht hätte, sie wegzugeben: »Ich hab' nicht verstanden, wie man das überlebt als Baby.« Bis auf die Frühtrennung empfand sie jedoch ihre kleine dörfliche Tageskrippe als geschützten Raum und Ort liebevoller Zuwendung. Das gab es für sie sonst, außer bei den Großeltern, nirgends. Als Lehrerkind brauchte sie außerdem meist nur bis mittags bleiben. Sie erzog ihre Kinder bewusst anders als sie es erlebt hat. Sie quälte sich aber damit, dass sie ihre eigenen Ideale doch nicht erfüllen konnte. Überhaupt waren Selbstzweifel am eigenen Erziehungsstil nur bei dieser Gruppe anzutreffen.

Diese drei Interviewten reflektierten ebenfalls sehr differenziert über den möglichen Einfluss, den die öffentliche Früherziehung auf ihre Persönlichkeitsentwicklung hatte. Alle drei sahen es als positiv, dass sie »gut allein klar kommen« und früh selbstständig wurden. Eine Interviewte beschrieb zusätzlich, dass sie sich gut einordnen könne. Sie war sich allerdings nicht sicher, ob dies nur positiv zu sehen ist. Sie beschäftigte sich intensiv mit Reformpädagogik und gab ihre Kinder in entsprechende Einrichtungen.

Drei Interviewte, wovon zwei »krippenunfähig« waren, sahen den Einfluss des Elternhauses ebenfalls als wesentlicher als den von Krippe und Kindergarten an. Eine Interviewte schätzte ihre Zeit in der Krippe, einschließlich der frühen Trennung, als »problemlos« ein und meinte, dass »frühe Trennung das Eingewöhnen erleichtert«. Eine Interviewte sah mehr ihr Dorf und die Natur als Wichtigstes an. Möglicherweise handelt es sich hier um ein apersonales Mutterbild.

Alle Interviewten dieser Gruppe gaben ihre Kinder wesentlich später in eine Einrichtung, als sie es selbst erlebt hatten. Alle hatten liberalere Erziehungsvorstellungen, wobei schwer zu unterscheiden war, was sich auf das Erziehungsverhalten der Eltern und was sich auf die pädagogischen Prinzipien der öffentlichen Früherziehung bezog.

Es fiel auf, dass in dieser Gruppe mit der symptomreichsten Reaktualisierung der eigenen Frühzeit die Reflexion des Themas mit den meisten Interviewten dieser Gruppe wesentlich differenzierter möglich war.

Diskussion

Das Kriterium für die Gruppenbildung war die Schwere der psychischen und oder somatischen Symptomatik im Zusammenhang mit Mutterschaft und Vaterschaft und Krippeneintritt der eigenen Kinder. Eindeutige Hinweise, wie die Schwere der Symptomatik mit dem Krippenschicksal im Zusammenhang steht, lassen sich jedoch nicht finden: Sowohl die Interviewten ohne wesentliche Symptomatik, Gruppe 1, als auch die mit schwerer Symptomatik, Gruppe 3, kamen relativ früh in eine Kinderkrippe.

Die symptomfreie Gruppe 1 als auch die Gruppe 2 mit mittlerer Symptomatik fallen durch eine besonders hohe Krankheitsanfälligkeit in der Frühzeit auf, obwohl auch zwei Interviewte der Gruppe 3 mit schwerer Symptomatik »krippenunfähig« waren. Bei Gruppe 1 und Gruppe 3 trafen wir sogar gehäuft auf Mitteilungen, dass sie die Krippe als geschützten Raum erlebten und sie sich dort in der Kindheit wohl und geborgen gefühlt hatten.

Belastende Faktoren im Elternhaus sowie familiäre Ressourcen wie z. B. liebevolle Großeltern oder besondere privilegierte Beziehung in den Einrichtungen oder der Nachbarschaft usw. fanden sich verteilt in allen 3 Gruppen.

Die Schwere der Symptomatik durch die Reaktualisierung früher schmerzhafter Erfahrungen durch eigene Elternschaft korrelierte nicht einfach mit dem Krippeneintrittsalter oder der Krippenart. Allerdings war das Krippeneintrittsalter der symptomreichsten Gruppe deutlich unter dem der anderen beiden Gruppen.

	Gruppe 1 (7)	Gruppe 2 (6)	Gruppe 3 (7)
Krippeneintritt Mittelwert in Wochen	20	25	15
Krankheiten in früher Kindheit	5 x häufig 2x wenig	5x häufig 1x wenig	5x häufig 2x wenig
Fam. Belastungen	4x deutlich belastet	3x deutlich belastet	5x deutlich belastet
Ressourcen (kleine Krippe, Großeltern, Nachbarn)	4x vorhanden	3x vorhanden	5x vorhanden
Störungsgrad durch Reaktualisierung	gering	mittel	stark
Reflexionsfähigkeit, Mittelwert (1 = gering, 2 = mittel, 3 = gut)	1, 4	1, 3	1, 9

Im Wesentlichen gibt es drei sehr augenfällige Ergebnisse:

1. Zwei Drittel unserer Interviewten reagierten mit erheblichen psychischen, psychosomatischen und auch somatischen Störungen im Zusammenhang mit Elternschaft und Krippeneintritt der eigenen Kinder.

2. Die bewusste Beurteilung der Krippenerfahrungen unserer Interviewten fiel überwiegend positiv aus, obwohl es nur wenige deutliche Erinnerungen gab.
3. Fast alle Interviewten gaben die eigenen Kinder später in eine Einrichtung und viele hatten liberalere Erziehungsvorstellungen, als sie in den DDR-Krippen praktiziert wurden.

1. Zwei Drittel reagierten mit erheblichen Störungen

Die Interviewten gehörten zu den wenigen Eltern, die sich zu einem Interview bereit erklärt hatten. Vermutlich ist dies schon eine besondere Auslese. Vielleicht waren viele von ihnen gerade auf Grund ihrer eigenen Schwierigkeiten mit der Elternschaft zu einem Gespräch bereit.

In der Literatur werden leichtere, nur wenige Tage oder Wochen anhaltende psychische Störungen nach der Geburt als »Post-Partum-Blues« (PPB) oder populär als »Baby-Blues« beschrieben und mit einer Häufigkeit von bis zu 80 Prozent angegeben. Etwa zehn bis 20 Prozent leiden an einer schwerwiegenderen Wochenbettdepression und die »Wochenbettpsychose« tritt nur etwa einmal bei 1.000 Geburten auf (Hofecker-Fallehpour et al., 2003; Härtl et al., 2006). Eine alleinige hormonelle Verursachung wird als wenig wahrscheinlich angesehen, da auch Adoptivmütter unter den genannten Störungen leiden (Unger & Rammsayer, 1996).

In einer österreichischen Untersuchung zur gesundheitsbezogenen Lebensqualität von Müttern mit Vorschulkindern wurde festgestellt, dass das körperliche und seelische Befinden dieser Bevölkerungsgruppe deutlich schlechter ist als bei der Normalbevölkerung. Am schlechtesten geht es den Müttern im ersten Jahr nach dem ersten Kind, unabhängig vom Bildungsstand oder der sozialen und partnerschaftlichen Situation. Eine Erklärung dafür kann die Autorin nicht geben (Klepp, 2003).

Es ist sehr wahrscheinlich, dass für das Zustandekommen der erhobenen Störungsbilder, sowohl bei der genannten österreichischen Studie als auch bei unseren Interviewten, u.a. die Mobilisierung eigener Früherfahrungen verantwortlich ist. Dies war den Interviewten jedoch nicht bewusst. In Kapitel 6 wird beschrieben, dass es im Verlauf des Interviews auch viele nonverbale Hinweise gab, die wir als unbewusste Informationen zum Erleben der Frühzeit unserer Interviewten gedeutet haben.

Da wir nur retrospektive Schilderungen der Interviewten ohne medizinische Befunde erfasst haben, konnten wir keine diagnostische Differenzierung vornehmen. Außerdem wurden nicht nur depressive Symptome, sondern auch psychosomatische und somatische Erkrankungen einbezogen. Es ist aber deutlich, dass die Gruppen 2 und 3 schwerere Störungen als den gutartigen Baby-Blues aufwiesen.

Unser Untersuchungsansatz ermöglichte jedoch nicht, eine eindeutige Differenzierung zwischen den Einflüssen durch die öffentliche Früherziehung und denen des Elternhauses vorzunehmen. Dies könnte wohl nur eine psychoanalytische Selbsterfahrung leisten. Es ist hinreichend bekannt, dass auch das Aufwachsen in einer Familie keine Garantie dafür ist, dass sich ein Baby geborgen und verstanden fühlt und vor schwerwiegenden Trennungserfahrungen geschützt ist.

Es ist jedoch unstrittig, dass frühe Trennungen wie zur DDR-Zeit üblich (zwischen der siebten und 25. Woche), über viele Stunden am Tag, ohne Eingewöhnung, oft mit häufig wechselnden Bezugspersonen in den großen Einrichtungen, neben den schädigenden Einflüssen des Elternhauses eine gravierende Stressbelastung für ein Baby sind.

Psychische und psychosomatische Störungen im Wochenbett und danach sind gesellschaftlich tabuisiert. Es dominiert die Vorstellung »von der erschöpften, aber überglücklichen Mutter« (Unger & Rammsayer, 1996). Viele junge Mütter/Eltern schämen sich für ihre »negativen« Gefühle. Für die eigenen mobilisierten Ängste, Bedürfnisse und Schmerzen bleibt kein Raum, und die Entwicklung der Mutter-Kind-Beziehung kann dadurch beeinträchtigt werden.

Die aktuelle gesellschaftliche Diskussion über die Krippen sollte also in erster Linie berücksichtigen, was junge Mütter und Väter brauchen, um den neuen Anforderungen als Eltern gewachsen zu sein. Viele junge ehemalige DDR-Krippenkinder, aber auch viele Erwachsene, die unter schwierigen Bedingungen in einer Familie aufwuchsen, brauchen auf Grund ihrer eigenen belastenden Trennungs- und Verlassenheitserfahrungen Hilfe bei der Bewältigung von Elternschaft. Die Vorsorge-Untersuchungen der Säuglinge (U 1 direkt nach der Geburt bis U 9 im fünften bis sechsten Lebensjahr) sollten das Befinden der jungen Eltern mit einbeziehen und im Bedarfsfall rechtzeitig psychotherapeutische Hilfen vermitteln. Die untersuchenden Kinderärzte sollten ganz direkt die Mütter und Väter ansprechen, wie sie selbst mit der veränderten Lebenssituation zurechtkommen und evtl. auch nach ihrem Krippenschicksal fragen.

Im Deutschen Ärzteblatt (2004) wird von der Psychologin Mergeay eindringlich gefordert: »Wir müssen die Mütter bemuttern, familiär und gesellschaftlich, damit sie sich ganz auf ihre Kinder einlassen können.«

Ob und wann ein Krippeneintritt des Kindes sinnvoll ist, sollte nach den Bedürfnissen von Kindern und Eltern entschieden werden. Die Selbstverständlichkeit, mit der Elternschaft und Berufstätigkeit in der ehemaligen DDR auch für Frauen möglich war, ist auch heute ein hoch anerkannter Wert in den modernen westlichen Industrieländern. Nach den Erkenntnissen unserer Studie kann es sogar sinnvoll für die Mutter-Kind-Beziehung sein, wenn eine Mutter aus Gründen der eigenen Stabilisierung eine Tätigkeit aufnimmt und dabei die Belastungsfähigkeit ihres Kindes sorgfältig bedenkt.

Merkwürdig ist das Ergebnis, dass die symptomreichste Gruppe über die beste Reflexionsfähigkeit verfügt. Vermutlich hängt das auch damit zusammen, dass fünf von sieben Interviewten in helfenden Berufen tätig waren. Damit bestätigt sich die bereits bekannte Erfahrung, dass eigene seelische Not die Berufswahl zum Helfer bestimmt. Drei von ihnen haben inzwischen (einige Zeit nach dem Interview) eine Psychotherapie aufgenommen.

2. Die positive Beurteilung der Krippenerfahrungen

Wir vermuteten, dass die Reaktualisierung eigener Früherfahrungen sich auf die Beurteilung der DDR-Krippenerfahrungen auswirken müssten. Die überwiegend positive Beurteilung überraschte uns. Wir habe dazu drei Vermutungen.

In der DDR-Zeit war es gesellschaftlicher Konsens, die Kinder früh abzugeben. Dies wurde im Gegensatz zu heute gesellschaftlich nicht problematisiert. Die wenigen Mütter, die zur DDR-Zeit mit ihren Kindern zu Hause blieben, waren gesellschaftlich isoliert und brauchten viel Energie, Kreativität und Selbstbewusstsein für ihren Sonderweg. Außerdem mussten sie materielle Einbußen hinnehmen. Teilzeitarbeitsmöglichkeiten gab es extrem selten. Überhaupt war die Teilnahme am Arbeitsprozess hoch positiv besetzt. Nicht zu arbeiten, d.h. nicht an der Erwerbstätigkeit teilzunehmen, war gesellschaftlich eher geächtet. Den jungen Frauen gefiel es natürlich, finanziell von ihren Männern unabhängig und dadurch selbstständig zu sein. Mit der Einführung des bezahlten Babyjahres im Jahre 1986 stieg die Zahl der Mütter, die dies in Anspruch nahmen, schlagartig enorm an.

In der DDR war es also selbstverständlich, dass die Frauen, wenn sie Kinder bekamen, weiter erwerbstätig waren und Karrierechancen in Anspruch nahmen. Der Staat versprach, die Sorge für die Kinder zu übernehmen und sie »zu wertvollen sozialistischen Menschen« zu erziehen. Trotzdem blieben die Eltern die Hauptbezugspersonen, was der DDR-Staat auch zunehmend erkannte.

Die meisten unserer Interviewten sind mit diesen Wertvorstellungen aufgewachsen und haben sie auch nachträglich kaum in Frage gestellt. Die allgemeinen Bildungspläne für Krippen und Kindergärten enthielten jedoch nicht nur ideologische Vorgaben, sondern waren in vieler Hinsicht von echter Sorge und Sorgfalt für das Aufwachsen der Kinder geprägt. Sie sind damit auch für die heutige Diskussion wertvoll.

Für die meisten jungen Familien in der DDR war also die Krippe ein selbstverständlicher Bestandteil des Alltags, wie auch der Kindergarten und später die Schule. Nun kam es sehr auf die Eltern an, wie lange die Kinder in den Einrichtungen verblieben, wie die Kinder in diesen Einrichtungen zurechtkamen und wie die Familien die verbleibende Zeit miteinander nutzten.

An die eigenen frühen Trennungserlebnisse können sich die ehemaligen Krippenkinder nicht erinnern. Ohne eine aufdeckende Psychotherapie, die die vielfältigen Abwehrmechanismen gegen schmerzliche Früherfahrungen behutsam mildert, können sie verständlicherweise kaum Zusammenhänge zwischen ihren Früherfahrungen und den eigenen Schwierigkeiten im Zusammenhang mit der Elternschaft herstellen.

Die positive DDR-Krippenbeurteilung unserer Interviewten ist auch ein Ergebnis der aktuellen Situation im vereinten Deutschland.

In den vergangenen 18 Jahren seit der Wende haben die meisten DDR-BürgerInnen vielfältige Entwertungserfahrungen hinnehmen müssen. Gerade über die DDR-Krippen hat es unzählige Pauschalverurteilungen und sehr vereinfachende Rückschlüsse zu den Problemen heutiger junger Menschen in Ostdeutschland gegeben. So vermuten wir, dass es bei vielen ehemaligen DDR-Bürgern auch eine gewisse Trotz- und Verteidigungshaltung gibt. Diese wäre nicht nötig, wenn eine sachliche gemeinsame Diskussion in Gang kommen würde, in der die positiven und negativen Aspekte der unterschiedlichen Erfahrungen mit der Früherziehung in Ost und in West und der Frauenerwerbstätigkeit diskutiert und gewertet werden könnten. Ich denke an diesem Punkt könnten Ost und West viel voneinander lernen. Denn auch die familiäre Kinderbetreuung in der Frühzeit ist keine Garantie für eine störungsfreie Persönlichkeitsentwicklung eines Kleinkindes.

In einigen Fällen konnten die familiären Ressourcen vieles ausgleichen, was die Krippen und Kindergärten auf Grund ihrer Unkenntnis, was Trennungstraumata betraf, und auf Grund der ideologischen Vorgaben nicht leisten konnten. Die Überbetonung des Kollektivs und die Vernachlässigung und Diskriminierung von Individualität in der DDR-Ideologie haben Auswirkungen bis heute, die z. T. auch von unseren Interviewten beschrieben wurden. In einigen Fällen wirkten beide, also Elternhaus und öffentliche Früherziehung in der DDR, gleichsinnig repressiv auf die individuelle Persönlichkeit des Kindes mit den entsprechenden Folgen ein.

Andererseits waren wir bei einigen Interviews sehr beeindruckt und bewegt, was die Einzelnen aus ihrem Leben gemacht haben. Jedes Kind, jeder Mensch scheint auch über ganz eigene Fähigkeiten zu verfügen, mit denen es trotz desolater Schicksalseinflüsse kreativ fertig zu werden versteht.

3. Fast alle Interviewten gaben ihre Kinder später in die Einrichtung

Obwohl die Interviewten kaum bewusste Erinnerungen an die eigenen schmerzhaften Trennungserfahrungen in ihrer Frühzeit hatten, scheinen diese doch unbewusst wirksam gewesen zu sein. Fast alle Kinder wurden später in eine Einrichtung gegeben. In den Gesprächen mit den ehemaligen Krippenkindern fiel jedoch immer wieder auf, dass viele mehr von ihren eigenen Schwierigkeiten sprachen. Einige konnten die Trennungsbelastungen ihrer Kinder kaum wahrnehmen. Dies lässt vermuten, dass hier eine Empathiestörung als Folge eigener unbewusster Trennungstraumatisierung vorliegt.

Zum anderen vermuten wir, dass die öffentliche Diskussion allmählich zu einem Umdenken führt. Es ist eben nicht mehr allgemeiner Konsens, die Kinder früh in eine Einrichtung zu geben. Sicher ist auch das veränderte Verhalten der heutigen Krippenerzieherinnen hilfreich, so dass inzwischen z. B. eine behutsame Eingewöhnung der Kleinkinder in der Einrichtung für die meisten selbstverständlich ist.

Die Erziehungsvorstellungen waren bei den meisten Interviewten liberaler als früher. Hierbei fiel auf, dass die Interviewten der »symptomfreien Gruppe« darüber wesentlich weniger reflektierten. Offenbar schützen die radikale Abspaltung und Verdrängung eigener belastender Trennungserfahrungen vor einer Reaktualisierung im Zusammenhang mit Elternschaft. Dies betrifft alle männlichen ehemaligen Krippenkinder. Vermutlich konnten sich unsere männlichen Interviewpartner trotz Teilnahme an der Geburt und Hilfe bei der Säuglingspflege durch das Verbleiben im Arbeitsprozess besser vor der Mobilisierung eigener früher Affekte schützen. Auch mehrere weibliche ehemalige Krippenkinder berichteten, dass es ihnen nach der Wiederaufnahme der Arbeit besser ging. Auch diese Tatsache sollte bei der aktuellen öffentlichen Debatte um die Krippen beachtet werden.

Die Interviewten der beiden »symptomreichen Gruppen« setzten sich mehr mit Erziehungsfragen auseinander und beurteilten die eigenen Erfahrungen im Elternhaus und den Einrichtungen wesentlich kritischer. Sie konnten jedoch oft ihre liberaleren Erziehungsvorstellungen selbst nicht durchhalten (siehe Kapitel 11). Viele bemängelten die fehlenden klaren Bildungspläne in den heutigen Einrichtungen. In der symptomreichsten Gruppe 3 waren vier von sieben Interviewten in helfenden Berufen tätig. Sicher ist dies auch eine Ursache für die größere Aufgeschlossenheit für Erziehungsfragen.

Insgesamt verbieten sich aus unserer Sicht einfache, also monokausale Schlussfolgerungen darüber, wie sich die Krippenaufenthalte der ehemaligen DDR-Bürger bis heute auswirken. Vielmehr scheint es wichtig, die Vielfalt der Krippenschicksale anzuerkennen sowie wahrzunehmen, dass das Zusammenwirken von Familie und öffentlichen Einrichtungen entscheidend für ein Kind ist. Außerdem müssen die besonderen Fähigkeiten eines Kindes, schwierige Situationen kreativ zu bewältigen und individuelle Hilfen für sich zu finden, gewürdigt werden (Göppel, 1997).

Wir sind unseren Interviewten sehr dankbar, dass sie uns an ihren Erfahrungen haben teilhaben lassen.

Kapitel 11

Einfluss der Krippenbetreuung auf die Erziehung der eigenen Kinder

Ingrid Kerz-Rühling

Die Frühtrennung und die vor allem auf das Einhalten von Regeln und festen Gewohnheiten ausgerichtete Erziehung in der Krippe blieben nicht ohne Einfluss auf den Erziehungsstil der Interviewten. Natürlich spielten auch die Erfahrungen in der Familie eine wichtige Rolle bei der Entstehung der Erziehungskonzepte. Da aber in den meisten von uns untersuchten Fällen keine große Diskrepanz zwischen der Krippenerziehung und dem familiären Umgang mit dem Kind bestand, sahen sich die Interviewten selten widersprüchlichen Erziehungsmaßnahmen ausgesetzt. In beiden Bereichen waren eine frühe Sauberkeitserziehung, strenge Essgewohnheiten sowie die Unterordnung der kindlichen Bedürfnisse unter die der Gruppe bzw. der Familie wesentliche Forderungen. Die Krippenerziehung war durch einen umfassenden Kontrollanspruch gegenüber dem Kind gekennzeichnet. Im Erziehungsplan wurde die Lenkung aller kindlichen Aktivitäten gefordert (Karutz, 2001). Jedoch wurde dieses Programm nicht in allen staatlichen Krippen im Detail realisiert. Auch nach dem Aufenthalt in der Krippe wurde der Alltag der Kinder und Jugendlichen durch Kindergarten, Hort, die Pionierorganisation und die Mitgliedschaft in der »Freien Deutschen Jugend« (FDJ) geprägt, so dass diese Erfahrungen sich ebenfalls auf den Umgang mit den eigenen Kindern auswirkten (Bauer, 1985; Israel, 1990).

Als Kriterien für die Beurteilung der Erziehungskonzeption betrachten wir das Ausmaß der Reglementierung, die Erwartung von Gehorsam, die Einfühlung in die kindlichen Bedürfnisse sowie Förderung von Autonomie und Selbstvertrauen. Fast alle Interviewten hielten die Frühtrennung für problematisch und versuchten, die eigenen Kinder vor massiven Trennungsängsten zu schützen, indem sie diese später und mit einer Eingewöhnungszeit in die Krippe abgaben. Hinsichtlich des Erziehungsprogramms der Krippe bestand jedoch eine eher ambivalente Einstellung. Auch wenn sie selbst die Unterordnung unter die strengen Regeln als Belastung erlebt hatten, so fiel es ihnen oft schwer, den eigenen Kindern mehr Autonomie zuzugestehen. Die Internalisierung der Ge- und Verbote hatte die Ich-Ideal- und Über-Ich-Bildung der Interviewten so geprägt, dass die Normen und Wertvorstellungen einer Reflexion nur begrenzt zugänglich waren. Die nach 1990 diskutierten, stärker auf die Bedürfnisse des Kindes Rücksicht nehmenden Erziehungskonzepte wurden zwar bewusst als die für die Entwicklung förderlicheren angenommen. Manchen

Interviewten fiel es jedoch schwer, den Kindern etwas zuzugestehen, was sie selbst nicht erfahren hatten. Auch das Argument, dass die strenge Erziehung nicht geschadet habe, und die Kritik an dem fehlenden Respekt der heutigen Kindergeneration führten zu einem Festhalten an der Forderung nach Unterordnung der Kinder unter strenge Regeln.

Forderung von Gehorsam und Respekt

Bei der Zuordnung der Interviewten zu Gruppen entsprechend ihren Erziehungskonzepten ergab sich, dass sechs Interviewte an striktem Gehorsam und der Anpassung an einen rigiden Zeitplan festhielten und sich für eine frühe Sauberkeitserziehung einsetzten. Für sie ist auch heute die Unterwerfung unter die Gebote der Eltern eine wichtige Erziehungsrichtlinie, sie legen großen Wert auf feste Gewohnheiten bei der Nahrungsaufnahme, dem Schlafengehen und der Sauberkeitserziehung. »Unsere Kinder haben einen strikten Tagesablauf«, betonte eine Interviewte und schilderte, welche Regeln sie beim Essen und Schlafengehen für unerlässlich hält. Die Kinder sollen sich wie die Erwachsenen im Arbeitsleben dem Zeitplan der Eltern unterordnen. Die Forderung nach Gehorsam und Respekt wurde von einer anderen Interviewten damit begründet, dass Kinder »schlimme Wesen sind« und »sowieso machen, was sie wollen«. Drei interviewte Väter, die bisher weniger über die Erziehung nachgedacht hatten, schilderten nach einigem Zögern, dass ihnen Gehorsam der Kinder und feste Gewohnheiten wichtig seien, da die Kinder sonst, wie ein Vater es befürchtet, den Eltern »auf der Nase herumtanzen«. Ein anderer Vater, der großen Wert auf das Einhalten von Ordnung und festen Zeiten beim Essen und beim Schlafengehen legte, hatte die Devise: »Mit einem strikten Zeitplan kommt man eigentlich gut durchs Leben.«

Zehn Interviewte zeigten sich eher ambivalent, d. h. es fiel ihnen schwer, eine eindeutige Haltung einzunehmen. Sie schwankten zwischen dem Wunsch nach einer größeren Toleranz gegenüber den Bedürfnissen der Kinder und dem Festhalten an den ihnen aus der eigenen Kindheit vertrauten, rigiden Erziehungsmaßnahmen. Sie setzten sich zwar für einen verständnisvolleren Umgang mit den Kindern ein, waren jedoch teilweise unsicher hinsichtlich des Ausmaßes an Freiheit, das sie gewähren wollten. Zwar bemühten sie sich, die Individualität des Kindes stärker zu berücksichtigen, aber zugleich bedauerten sie den fehlenden Respekt vor den Erwachsenen. Eine Interviewte machte es daran fest, dass die Kinder heute die Erzieherinnen mit Vornamen ansprechen, was in der DDR unmöglich gewesen wäre. Sie bedauerte, dass »nicht mehr aus den Ostzeiten in den Westen mit rübergenommen wurde«. Andererseits fand sie es gut, dass die Kinder nicht mehr gezwungen werden, alles aufzuessen. Eine Mutter, die früher selbst Erzieherin war, lässt ihren Kindern zwar mehr Freiheit, aber vermeidet es im Interview, sich mit den strengen Erziehungsmaßnahmen zur Zeit der DDR auseinanderzusetzen. Sie bedauerte vor allem, dass die Kinder heute weniger in Kindereinrichtungen gingen und dadurch kaum Freunde zum Spielen fänden. Auch wenn eine Interviewte hervorhob, dass ihre Tochter so viel wie möglich selbst bestimmen sollte, so beschrieb sie sich andererseits als zu dominant und damit ihrer Mutter sehr ähnlich. Die zwischen Toleranz und der Forderung nach Unterwerfung der Kinder schwankenden Interviewten, versuchten, sich einerseits von den Erziehungsmethoden der Krippe und der eigenen Eltern abzugrenzen, schilderten aber andererseits oft ein ähnliches Verhalten im Umgang mit ihren Kindern wie das, was sie erlebt hatten. Die Identifikation mit den Eltern und Krippenerzieherinnen und auch der ihnen oft unbewusste Neid auf die Kinder, die unter günstigeren Bedingungen aufwachsen, erschwert es ihnen, sich entsprechend ihren angestrebten toleranteren Erziehungsvorstellungen zu verhalten.

Insgesamt beurteilen sie die damalige Krippenerziehung eher positiv und bedauern, dass es heute für Kinder weniger Angebote als früher gibt. Sie heben hervor, dass die Krippe in der DDR das soziale Lernen in der Gruppe gefördert hätte. Diese Gruppe der Interviewten gibt sich verständnisvoller, aber fühlt sich – wie eine Interviewte es ausdrückte – durch das Eingehen auf die Bedürfnisse der Kinder und die größere Rücksichtnahme oft erschöpft und überfordert.

Nur vier der interviewten Mütter äußerten sich sehr kritisch gegenüber der Forderung nach Unterordnung unter strenge Ordnungsprinzipien und setzten sich für eine verständnisvolle, flexible Haltung ein. Eine Mutter forderte durchlässige Regeln und wollte vermeiden, dass ihre Kinder sich wie »Marionetten« fühlen. Sie kann bis heute kaum verstehen, warum ihre Eltern die Kinder den rigiden Erziehungsmaßnahmen der Krippe ausgesetzt haben. Eine andere betont: »Ich würde meine Kinder nie so erziehen« wie zu DDR-Zeiten. Sie suchte einen neuen Kindergarten, als sie bemerkte, dass in dem ersten noch nach den »alten Mustern« erzogen wurde. Was sie bis heute furchtbar findet, ist die strenge Sauberkeitserziehung: »Das habe ich mit meinen Kindern nie so gemacht«. Um ihren Kinder eine liberalere Erziehung zu gewähren, schickte eine Interviewte ihre Kinder in einen Montessori-Kindergarten, in dem das Kind in seiner Persönlichkeit geachtet wird und man ihm hilft, selbstständig zu denken und zu handeln. »Mir gefällt das Konzept von Montessori: den Kindern viel zuzutrauen und auch zu akzeptieren, dass beim Lernen etwas schiefgeht, und dass man ihnen hilft, das selber auszuprobieren.« Eine andere Interviewte hält die »Dressur« bei der Erziehung für einen Fehler. Auch wenn sie beim ersten Kind noch streng war, so bemüht sie sich beim zweiten mehr Toleranz aufzubringen.

Berücksichtigung kindlicher Bedürfnisse und Förderung der Autonomie

Bei der Frage nach der Einfühlung in kindliche Bedürfnisse und der Berücksichtigung der Eigenarten bzw. des Entwicklungsstands der Kinder reagierten fünf der Befragten mit Unverständnis, da sie sich darüber keine Gedanken gemacht hatten oder nicht wussten, was die Frage bedeutete. Es blieb unklar, wie sie sich den Kindern gegenüber verhielten. Drei Mütter konnten sich nur wenig auf die Bedürfnisse der Kinder einstellen. Eine Mutter, die betonte, dass sie kein »Muttertier« sei, ihren Kinder zwar Liebe gebe, aber auch ein eigenes Leben haben und sich verwirklichen möchte, konnte sich nur schwer vorstellen, was ihre Kinder sich wünschten. Eine andere beruhigte sich beim Weinen des Kindes bei der Aufnahme in die Krippe damit, dass »das Kind es vielleicht besser wegsteckt als die Eltern«. Auf diese Weise ersparte sie sich das Eingehen auf die Verlassenheitsängste des Kindes. Diese Interviewten vermieden es, sich mit den Bedürfnissen und dem Leid der Kinder zu beschäftigen, da sie es in ihrer Kindheit ebenfalls nicht erlebt hatten, dass man ihre Ängste berücksichtigte. Einige von ihnen verstanden die Frage nach ihrem Eingehen auf die Bedürfnisse ihrer Kinder in dem Sinne, ob sie ihnen materielle Wünsche erfüllen würden, und weniger, inwieweit sie sich auf die emotionale Situation des Kindes einzustellen bereit wären. In schwierigen Situationen neigten sie eher dazu, das Kind durch Süßigkeiten zu beruhigen als durch ein liebevolles Trösten.

Neun der Interviewten waren zwar bemüht, sich in die Psyche der Kinder einzufühlen, stießen aber immer wieder an Grenzen ihres Verständnisses. Sie schwankten zwischen der Einsicht, dass Kinder auf die mütterliche Fürsorge und Berücksichtigung altersentsprechender Bedürfnisse angewiesen sind, und dem Wunsch, eigenen Interessen nachzugehen. Eine Mutter, die sehr unsicher hinsichtlich der Erziehung war, holte sich Rat bei einer Erzieherin. Sie fürchtete, dass die eigenen Erfahrungen auf ihr Kind einwirken könnten, und wollte weniger streng sein, mehr auf seine Bedürfnisse eingehen. Andererseits erlebte sie die Kinder heute als viel zu eigenständig und fordernd und meinte, man müsse ihnen häufiger Grenzen setzen,

Drei Interviewte zeigten Verständnis für die Abhängigkeit des Säuglings von einer haltenden Umwelt, stellten sich auf dessen Bedürfnisse ein und unterstützten ihre Kinder später in ihrem Autonomiebestreben. Sie hatten mehr Zugang zu ihren eigenen Affekten und Beziehungswünschen und konnten sich daher ihren Kindern eher verständnisvoll zuwenden. Auch in ihren Partnerschaften ließen sie emotionale Nähe zu und sorgten füreinander. Eine Frau schilderte, wie wichtig es ihr ist, bei ihren Kindern zu bleiben und sie zu trösten, wenn sie krank sind. Diese Interviewten hatten sich in ihrer Kindheit bei teilweise fehlender elterlicher Zuwendung von Großeltern oder anderen Beziehungspersonen liebevoll angenommen gefühlt. Insbesondere Großmütter und in zwei Fällen auch Erzieherinnen hatten mütterliche Funktionen übernommen und sich verständnisvoll auf die psychischen und physischen Bedürfnisse des Kindes eingestellt. Diese Interviewten sind daher eher in der Lage, sich verstehend auf die Situation des Kleinkindes einzustellen, seine Affekte anzunehmen und sein Selbstgefühl zu stärken (Fonagy et al., 2002).

Anhand unserer Untersuchung wird deutlich, dass es den Interviewten, die eine Krippe in der DDR besuchten und keine ausreichende emotionale Sicherheit und eine ihre Bedürfnisse berücksichtigende Betreuung erfahren haben, als Eltern schwerfällt, den eigenen Kindern das für die ersten Entwicklungsphasen notwendige Verständnis und eine sichere Beziehung zu gewährleisten. Auch wenn wir nur 20 ehemalige Krippenkinder interviewt haben, so fällt bei der Mehrzahl auf, dass weder die jungen, berufstätigen Eltern noch die Krippenerzieherinnen bis auf einige Ausnahmen sich empathisch auf die Kinder einstellen und eine affektive Spiegelung ermöglichen konnten. Das Fehlen der Affektabstimmung zwischen Mutter bzw. Betreuerin und Kind erschwerte später die Wahrnehmung eigener Affekte und auch die Einfühlung in den Anderen. Für die meisten Interviewten war es daher schwer, sich als Erwachsene auf das psychische Erleben der Kinder einzustimmen und ihnen die Entwicklung einer sicheren emotionalen Bindung zu ermöglichen, auch wenn sie sich bewusst in vielen Fällen darum bemühten.

Gehorsam und Respekt vor den Erwachsenen wurde nach Meinung mehrerer Interviewter in der Krippe in der DDR eher erreicht, als es bei der heutigen Erziehung der Fall ist. Die Frage, welchen Einfluss die Wiedervereinigung beider deutschen Staaten und die damit verbundene größere Entscheidungsfreiheit bei der frühen Betreuung von Kindern auf die Erziehungsvorstellungen der Interviewten hat, lässt sich anhand unserer Untersuchung nicht entscheiden.

Kapitel 12

Einige Überlegungen zur transgenerationalen Weitergabe von Lebens- und Verhaltensmustern

Luise Köhler, Irene Misselwitz

In diesem Kapitel sollen einige Aspekte der unbewussten Weitergabe von Erfahrungen, Lebensentwürfen, Verhaltensmustern über die Generationen beschrieben werden, soweit sie sich aus dem Interviewmaterial in Zusammenschau mit den Literaturkenntnissen erschließen lassen. Außerdem soll die Aufmerksamkeit auch darauf gerichtet werden, an welchen Stellen wir eine Durchbrechung belastender Aspekte transgenerationaler Weitergabe vermuten.

Unsere Ergebnisse werden zur besseren Übersicht in drei Themenkomplexe untergliedert, obwohl alle Themen miteinander in Zusammenhang stehen.

1. die transgenerationale Weitergabe der Anpassungsmechanismen der Nachkriegsgeneration an die nächste Generation in der DDR (unsere Interviewten)
2. die transgenerationale Weitergabe der Berufsorientierung der Frauen (über drei Generationen)
3. die transgenerationale Weitergabe von Früherfahrungen im Umgang mit Kleinkindern (über drei Generationen)

1.

Bei der Diskussion der Interviews überfiel uns an vielen Stellen die Erinnerung an den bekannten »grauen« DDR-Alltag, den wir selbst erlebt hatten und dessen Widerspiegelung durch Westbesucher uns früher oft gekränkt hatte. Wir vermuten, dass dieses »Grau« verschiedene Aspekte symbolisiert, nicht nur die grauen, verfallenen Häuser, die fehlende Reklame und die fehlenden Blumen und Farben überhaupt im DDR-Alltag. Wir vermuten, dass diese heutigen jungen Erwachsenen in der DDR einem ähnlichen Anpassungsdruck unterlagen wie die Generation ihrer Eltern in der Nachkriegszeit im äußerlich zerstörten und innerlich angeschlagenen Deutschland.

Die Eltern unserer Interviewten wuchsen im Schatten des Zweiten Weltkrieges auf, den sie z. T. noch selbst als Kinder erlebt hatten (zwei Mütter) oder mit dessen Folgen sie in Kindheit und Jugend konfrontiert waren. Radebold (2000) beschrieb, dass diese Generation in Ost und West einem erheblichen Anpassungsdruck unterlag und gezwungen war, unauffällig, pflegeleicht, pflichtbewusst zu funktionieren, um die körperlich und seelisch beschädigten Eltern, sofern sie überlebt hatten, zu stützen. Für sie ist der Begriff »pathologische Normalität« geprägt worden, d. h. belastende Impulse und Gefühle mussten in Identifikation mit den beschädigten Eltern unterdrückt und verleugnet werden. Werner Bohleber (2007) nimmt außerdem an, dass das Realitätsgefühl der Nachkriegskinder durch die Haltung des Schweigens über die Nazizeit und die persönliche Beteiligung oder Nichtbeteiligung der Familienmitglieder beschädigt wurde und so eine transgenerationale (= von einer Generation an die nächste weitergebende) Dynamik in Gang gesetzt wurde.

Allerdings waren die gesellschaftlichen Verhältnisse in Ost und West sehr unterschiedlich. Die große 68er-Aufbruchbewegung dieser Generation in ganz Europa führte in Deutschland zu heftigen Auseinandersetzungen zwischen der Kriegsgeneration und der Folgegeneration mit Infragestellung der Lebenskonzepte und des Menschenbildes.

Die zur gleichen Zeit in den östlichen Ländern aufbrechende Reformbewegung, als »Prager Frühling« bezeichnet, wurde dagegen im Keim erstickt und 1968 brutal niedergeschlagen. Dies verschärfte den Anpassungsdruck auf die Eltern der Interviewten und in der Folge auch auf die Interviewten, unabhängig von ihrer Stellung zum System und unabhängig von der eigenen Wahrnehmung.

Wie stellt sich dies nun bei unseren Interviewten dar?

Unsere Interviewten schilderten das an die DDR-Verhältnisse angepasste Familienleben, wozu auch die Selbstverständlichkeit der Vollbeschäftigung der Frauen als auch des Krippenbesuchs gehörte. Kritik an der DDR oder den Eltern gab und gibt es bei unseren Interviewten kaum.

Anders als in der Bundesrepublik wurden in der DDR gesellschaftskritische Äußerungen schwer geahndet, wenn sie ein bestimmtes Maß überschritten. Die Nischengesellschaft, in der sich Lebendigkeit und Vielfalt nur im Verborgenen entwickelte war die Folge. Allerdings besaßen die sozialistischen Ideale, verbunden mit dem Gefühl, »auf der richtigen Seite zu stehen« (auf der Seite der ehemaligen Widerstandskämpfer), für viele eine hohe Anziehungskraft. Der Kontrast zur Realität des sozialistischen Alltags wurde weitgehend ausgeblendet (auch von den westlichen Linken), was die o. g. These von Werner Bohleber bestätigt.

Das sprachlose Grau, das sich uns in mehreren Interviews intensiv mitteilte, scheint uns ein Aspekt der transgenerationalen Weitergabe zu sein: Die sprachlose, subtil gedrückte Anpassung der Eltern unserer Interviewten an den Alltag im zerstörten Nachkriegsdeutschland wurde an die Folgegeneration in der DDR weitergegeben. Dazu passt, dass viele Westdeutsche der Nachkriegsgeneration, die uns in der späteren DDR-Zeit oder kurz nach der Wende besuchten, immer wieder berichteten, dass sie sich bei uns in die Kindheit der 1950er Jahre zurückversetzt fühlten, verbunden mit ganz unterschiedlichen intensiven Gefühlen. Zu diesen Gefühlen gehörte auch das Schuldgefühl, dass sie diesem Leben entwachsen waren und ohne eigenes Zutun in der Bundesrepublik ein freieres, komfortableres Leben gehabt hatten. Hier ist die gemeinsame Schuldthematik enthalten. Die individuellen psychologischen Mechanismen (s. Israel in diesem Band), wie die transgenerationale Weitergabe in den Familien unserer Interviewten erfolgte, haben wir nicht im einzelnen erfassen können.

Die 68er-Aufbruchbewegung hat sicher nicht die subtilen individuellen Abwehrmechanismen der Nachkriegsgeneration der BRD erreicht, jedoch äußere und innere autoritäre Strukturen und Denkweisen in Frage gestellt und damit einen kulturellen Wandel in Gang gesetzt. Dieser Veränderungsprozess wirkte trotz Mauer auch nach Osten, so dass die Aufbruchsbewegung, die noch 1968 niedergeschlagen werden konnte, 1989 nicht mehr aufzuhalten war. Der seit dieser Zeit in Gang gekommene kulturelle Wandel birgt die Chance, die transgenerationale Weitergabe durch Infragestellung bisheriger Lebensentwürfe und Verhaltensweisen zu mildern und teilweise zu durchbrechen. Dies braucht jedoch Zeit, um sich mit den »Identifizierungen mit dem DDR-System, den Imprägnierungen durch das System und dem lebendigen Glauben, auf der richtigen Seite zu stehen« auseinanderzusetzen (Seidler, 2006). Dieser Auseinandersetzungsprozess findet statt, auch wenn er noch lange nicht beendet ist.

Bei allen Interviewten fiel auf, dass sie sich gut an die neuen Verhältnisse anpassen konnten, dass sie flexibel waren und die neuen Chancen wahrnehmen und gut für sich nutzen konnten. Alle erreichten oder überschritten das Bildungsniveau ihrer Eltern. Sie setzten auch den familiären Lebensentwurf ihrer Eltern mit Partnerschaft und Kindern fort. Allerdings bekamen die meisten Interviewten (bis auf vier) ihre Kinder deutlich später als ihre Eltern. Unsere Interviewten leben in der Mitte der heutigen Gesellschaft, ähnlich wie ihre Eltern in der DDR-Gesellschaft. Direkte Kritik an der DDR kam nur in einem Interview zur Sprache: »Da hast du richtig Pech gehabt mit dem Staat!« Mit »Pech« war hier die Krippenpolitik der DDR gemeint. Etwa die Hälfte der Elternhäuser war mit der staatlichen Ideologie identifiziert, die andere Hälfte hatte sich gut eingerichtet. Oppositionelle Elternhäuser gab es in unserer Stichprobe nicht. Klare Kritik am Umgang der Eltern mit den Kindern äußerten nur zwei Interviewte.

Wir vermuten, dass dies ein typischer Befund ist. Die junge Generation mit DDR-Hintergrund setzt sich kaum mit den Eltern auseinander. Dies wurde teilweise als gutes Familienklima missverstanden (Brähler, 2000). Wir vermuten, dass der Systemwandel die Generationsgrenzen verwischt hat: Alle sind gleichermaßen davon betroffen. Die Anpassungsfähigkeit der älteren Generation ist natürlicherweise geschwächt, unsere Interviewten kommen mit den neuen Bedingungen wesentlich besser zurecht als sie. Für uns blieb immer wieder der Eindruck von Sprachlosigkeit und leiser Trauer.

2.

Für alle Interviewten war es selbstverständlich, dass sie Familienleben mit kleinen Kindern und Berufstätigkeit vereinen wollten, wie sie es schon bei ihren Müttern und Großmüttern erlebt hatten. Dies war fast allen auch relativ gut gelungen. Nur zwei Interviewte waren mit ihrer aktuellen beruflichen Situation unzufrieden, und zwei Interviewte waren durch einen bevorstehenden Umzug in ein anderes Bundesland in einer unsicheren beruflichen Situation.

In der ehemaligen DDR wurde das Ideal der Frauenemanzipation des ausgehenden 19. und des 20. Jahrhunderts, dass Frauen ebenso wie Männer ein Recht auf Teilnahme an der Erwerbstätigkeit haben, durch die sozialistischen Ideale der Gleichberechtigung von Männern und Frauen verstärkt. Schon die Frauen der Kriegsgeneration wurden durch das Fehlen der Männer im Krieg und danach verstärkt in das Erwerbsleben einbezogen. Wirtschaftliche Notwendigkeit und der ständige Arbeitskräftemangel in der ehemaligen DDR führten dazu, dass die »Trümmerfrauen« auch nach der Beseitigung der Trümmer weiter im Arbeitsprozess verblieben. Die Förderung der Frauenarbeit und Frauenbildung wurde von den Frauen willig aufgenommen, auch wenn sich hinter den Kulissen die alte Rollenteilung zwischen Mann und Frau fortsetzte. Es bedeutete einen großen narzisstischen Gewinn für die Frauen, Anerkennung im Beruf zu bekommen und wirtschaftlich unabhängig zu sein. Beides ist bei ausschließlicher Familienarbeit meist nicht gegeben. Durch den zunehmenden Ausbau der Kinderbetreuungseinrichtungen kam es bei den Frauen zu einer enormen Verschiebung des »maternal psychic room« in Richtung »non-maternal psychic room« (Alizade, 2006, zit. nach Harsch, 2007), eine Entwicklung, die sich inzwischen in allen westlichen Industrieländern vollzieht.

Die Vollbeschäftigung, verbunden mit der Versorgung von Haushalt und Kindern, überforderte jedoch sowohl die Frauen und Mütter als auch die Säuglinge und Kleinkinder, die darauf mit gehäuften Infekten reagierten. Die DDR-Führung war gezwungen, hier Entlastungen zu schaffen (zunehmende Verlängerung der bezahlten Freistellung bis zu einem Jahr nach Geburt eines Kindes, Arbeitszeitverkürzung; s. Israel in diesem Band). Wir glauben, dass diese Belastungen der Mütter auf Kosten der Einfühlung für die Nächsten und Abhängigsten ging, auf Kosten der Säuglinge und Kleinstkinder. Hinweise dafür – aber auch Hinweise für hoffnungsvolle Veränderungen – finden wir beim Umgang unserer Interviewten mit ihren eigenen Kindern.

Es findet sich hier eine Wiederholung über drei Generationen, die mit der Kriegsgeneration, also den Großeltern der Interviewten, begann. Die Nachkriegszeit mit all ihren Belastungen erschwerte in vielen Fällen die Einfühlung der jungen Eltern in ihre Kleinkinder. Oft waren die Väter nicht mehr da. Außerdem gab es noch wenig Wissen über die Auswirkungen der Frühtrennung, wie auch das Standardwerk der Nazi-Säuglingserziehung von Johanna Haarer »Die deutsche Mutter und ihr erstes Kind« (1934) zeigt. Dieses Buch wurde in der Bundesrepublik bis 1986 regelmäßig neu aufgelegt!

Ein Beispiel soll das Gesagte illustrieren: Die Großmutter von Frau B war kriegstraumatisiert und war lebenslang psychisch auffällig. Sie hatte nur sechs Schulklassen besucht. Sie lebte immer im Haushalt ihrer Tochter mit, der Mutter unserer Interviewten. Mit 30 Jahren holte diese Großmutter damals eine anspruchsvolle Berufsausbildung nach. Ihre Tochter, die Mutter von Frau B, machte nach der Geburt ihres Kindes (Frau B) neben ihrer vollen Berufstätigkeit noch ein Fernstudium. Sie gab ihr vier Monate altes Baby täglich neuneinhalb Stunden in eine Kinderkrippe. Die Interviewte selbst erreichte wiederum einen höheren Berufsabschluss als ihre Mutter. Sie übertrug die Fürsorge für ihren kleinen Sohn nach zehn Wochen Mutterschutz an ihren Ehemann und arbeitete wieder voll. Etwa nach drei Monaten (um das eigene Krippeneintrittsalter herum) entwickelte sie quälende Angstzustände, wie auch schon als Kind und als Jugendliche, die bis heute anhalten. Mit elf Monaten gab sie ihr Kind in die Krippe, also wesentlich später, als sie selbst in die Krippe gegeben wurde. Die Eingewöhnungsphase übernahm ihr Mann, da sie die Trennungsreaktionen ihres Sohnes nicht aushielt. Sie war in einem helfenden Beruf tätig und ahnte, dass ihre Symptome seit der Mutterschaft mit ihrer eigenen Frühzeit zusammenhängen könnten. Sie fürchtete, dass sie deshalb die Familie »nicht so gut hinkriege wie meine Mutter«. Die Berufstätigkeit hatte sie wieder stabilisiert. Das Kind entwickelte sich bisher ohne Störungen.

Hier ist die transgenerationale Berufsorientierung von der kriegstraumatisierten psychisch gestörten Großmutter bis hin zur Interviewten über drei Generationen sehr eindrücklich. Die Mechanismen der transgenerationalen Weitergabe werden von Israel in diesem Band beschrieben. Die Berufstätigkeit hatte für diese Frauen eine stabilisierende Funktion. Es ist zu vermuten, dass der Einsatz des Ehemannes und der wesentlich spätere Krippeneintritt des Sohnes der Interviewten hier die transgenerationale Weitergabe schmerzlicher Früherfahrungen evtl. durchbrechen kann.

3.

Zwei Aspekte werden dargestellt:

1. die Reaktualisierung eigener Früherfahrungen im Zusammenhang mit Elternschaft als Gefahr für die transgenerationale Weitergabe
2. der transgenerationale Prozess im Zusammenhang mit der Einstellung zur Krippensituation als vergleichende Sichtweise über zwei Generationen

In Kapitel 10 wird beschrieben, dass zwei Drittel unserer Interviewten im Zusammenhang mit Elternschaft und Krippeneintritt der eigenen Kinder erhebliche psychische, psychosomatische und auch somatische Störungen entwickelten. Dies wurde als Reaktualisierung eigener Früherfahrungen verstanden. Die Beeinträchtigung der Mutter am Lebensanfang ihres Babys birgt die Gefahr, dass eine unbewusste Weitergabe auf die nächste Generation stattfindet. Die Mutter kann durch die eigene Symptomatik innerlich sehr besetzt und dadurch in der Einfühlung und im Umgang mit dem Baby behindert sein. Die Interviewten schilderten ihre Beeinträchtigungen eindrücklich und berichteten, wie sie in vielen Fällen Hilfe von verständnisvollen Hebammen, Partnern, Eltern oder anderen Personen bekamen, die ihnen das Hineinwachsen in die neue Situation erleichterten, was natürlich auch den Babys zugutekam. Es ist denkbar, dass durch diese Hilfen die transgenerationale Weitergabe durchbrochen oder gemildert werden kann.

Unstrittig muss jedoch angenommen werden, dass die frühe Krippenabgabe, wie sie in der früheren DDR üblich war und den meisten Interviewten selbst widerfahren war, den gegenseitigen primären Anpassungsprozess von Mutter und Kind beeinträchtigt hat. Es ist anzunehmen, dass dadurch eine transgenerationale Weitergabe schmerzlicher Früherfahrungen der Mütter der Interviewten auf die Babys verstärkt wurde. Dazu passt, dass in unserer Stichprobe die Interviewten, die sehr früh abgegeben wurden, die schwerste Symptomatik entwickelten (s. auch Kapitel 8).

Eine dieser Interviewten, die mit sechs Wochen in eine Krippe gegeben wurde, hatte bewusst nur positive Erinnerungen an die Krippe. Sie fühlte sich dort geschützt und geborgen, ganz im Gegensatz zu ihren belastenden Erfahrungen im Kindergarten, in der Schule und im Elternhaus. Sie erinnerte sich, dass sie als Kind die beste Puppenmutti weit und breit war und nie ihre Puppen weggab, also offensichtlich ihre Trennungserfahrungen im Spiel immer wieder zu reparieren versuchte. Als sie selbst ihr erstes Kind bekam und heftige, anhaltende depressive und psychosomatische Symptome entwickelte, wurde ihr ansatzweise bewusst, wie schwer sie das frühe Weggegebenwerden als Baby wohl verkraftet haben mochte. »Guck mal, so hast du mich weggeschafft«, sagte sie zu ihrer Mutter, als ihr Baby sechs Wochen alt war. Sie begann nach dem Interview eine Psychotherapie.

Alle Interviewten gaben ihre Kinder wieder in eine Krippe und setzten somit das Verhalten ihrer Eltern fort. Wir untersuchten ihre Einstellung dazu sowie auch ihr Verhalten im Umgang mit den Kindern, soweit dies in einem einmaligen Gespräch überhaupt möglich war (s. auch Kapitel 11).

Die Krippenaufnahme wurde einerseits mit dem Bedürfnis begründet, wieder berufstätig sein zu wollen, z. B.: »Ich liebe meine Kinder, aber ich brauche etwas für mich und meinen Kopf und nicht nur Mama-Sein, Hausfrau-Sein und Ringel-Reihen-Machen.« Im »Ringel-Reihen-Machen« ist eine Geringschätzung der Familienarbeit spürbar, was sicher auch ein DDR-Erbe ist. Andererseits wurden auch Kind-bezogene Argumente häufig angeführt, z. B.: »Man merkt eben, wenn sie ein Jahr sind, … dass sie nicht nur mit sich allein spielen wollen, dass sie auch Kontakt zu anderen Kindern suchen.« Mehrere fanden eine Möglichkeit der Teilzeitarbeit, um mehr Zeit mit ihren Kindern verbringen zu können, z. B.: »… dass man noch ein bisschen Zeit hat, dass man noch zu Hause bisschen spielt oder mal auf den Spielplatz geht oder einfach in den Zoo geht. Also das soll schon sein, dass das nicht nur am Wochenende ist. Ich finde das eigentlich schön.« Diese Interviewte war froh, dass sie es sich anders einrichten konnte als ihre Mutter.

Ein sehr auffälliges Ergebnis ist, dass alle bis auf eine Interviewte, deren Kind aber krippenunfähig wurde, ihre Kinder *später* in eine Einrichtung gaben, als sie selbst abgegeben wurden: Das durchschnittliche Krippeneintrittsalter der Interviewten betrug 4,1 Monate, das ihrer Kinder 15,3 Monate. (Der Trend, die Kinder später in eine Krippe zu geben, hatte schon in den letzten DDR-Jahren begonnen.) Dies ist eine große Veränderung, die chancenreich für die Mutter-Kind-Beziehung ist. Somit besteht die Hoffnung, dass die belastenden Trennungserfahrungen der Eltern heute nicht mehr in gleicher Weise weitergegeben werden. Die Elternzeit konnten einige sehr genießen. Andere wiederum litten unter den Symptomen der Reaktualisierung. Viele Interviewte berichteten von ihren Erlebnissen, als sie die eigenen Kinder in die Krippe brachten. Alle beurteilten die Eingewöhnungsphase positiv. Mehrere reflektierten das Fehlen dieser Hilfe in der DDR der 1970er Jahre.

Bei der Untersuchung, wie die Interviewten die Trennung von den eigenen Kindern wahrnahmen und reflektierten, fanden wir ein breites Spektrum. Viele Interviewte reflektierten mehr die eigenen Probleme beim Abgeben ihrer Kinder, weniger die Trennungsprobleme ihrer Kinder. Eine Interviewte berichtete, dass ihre Tochter ähnlich wie sie unter der Trennung litt: »Sie war so ein Trennungskind, eben ein Mamakind. So wie ich früher. Ich war auch ein absolutes Mamakind.« Sie erlebte es als etwas Schlechtes, Mamakind zu sein. Sie meinte, die Tochter wolle »den Eltern ein schlechtes Gewissen machen, noch mal auf die Tränendrüsen und so«. Eine andere Interviewte beschäftigte sich sehr intensiv mit Reformpädagogik und suchte sich einen Montessori-Kindergarten für ihre Kinder. Es ist also erkennbar, dass die innere Verarbeitung der eigenen Früherfahrungen bei unseren Interviewten sehr unterschiedlich weit gediehen war.

Auch in den Erziehungsvorstellungen und der Reflexion über damals und heute fanden wir ein breites Spektrum bei unseren Interviewten, wobei insgesamt eine Tendenz zur Liberalisierung erkennbar wurde. An dieser Stelle soll noch hinzugefügt werden, dass fast alle Interviewten das Aufwachsen in einem Kollektiv positiv beurteilten. Diese Wertschätzung des Kollektivs, heute »Team« genannt, wird offensichtlich von dem gesellschaftlichen Wandel nicht in Frage gestellt, obwohl alle Interviewten durchaus sehr vielfältige Biographien seit der Wende und viel individuelle Kreativität bei der Kombination von Familie und Beruf entwickelten.

Insgesamt ist ein Prozess erkennbar. Die transgenerationale Weitergabe von belastenden Früherfahrungen durch die heutige junge Elterngeneration findet unter den veränderten gesellschaftlichen Bedingungen nicht wie in den Vorgenerationen statt. Wir vermuten, dass sich heute in Bezug auf den Umgang mit kleinen Kindern ein ähnlicher kultureller Wandel in der Elterngeneration mit DDR-Hintergrund abzeichnet wie schon 1968 in der Bundesrepublik. Unsere Interviewten nahmen viele Veränderungen positiv auf, und ihre Kinder profitierten davon. Zum Teil scheint ein innerer Verarbeitungsprozess in Gang gekommen zu sein und zum Teil verhalten sich die Interviewten unreflektiert angepasst an die jetzt veränderten Bedingungen.

Es wäre tragisch, wenn die aktuelle Krippendiskussion die DDR-Erfahrungen nicht differenziert reflektierte und darüber nachdächte: Welche Werte wollen wir an die Jüngsten weitergeben? Wie viel »Kollektiv« und wie viel »Individualität« braucht eine zukunftsfähige Gesellschaft?

Zum Schluss soll noch an einem ausführlichen Beispiel dargestellt werden, wie die Unterbrechung der transgenerationalen Weitergabe von belastenden Früherfahrungen im Einzelnen aussehen kann. Bei dieser Interviewten werden Entwicklungsprozesse deutlich, in diesem Fall sowohl durch persönliche tragische Erfahrungen als auch durch den gesellschaftlichen Wandel:

Frau F bekam mit 19 Jahren ihr erstes Kind, genauso wie ihre Mutter. Sie wurde von den Eltern unterstützt, auch wie ihre Mutter. Frau F wurde mit sechs Wochen in eine Krippe gegeben, in der auch die Oma und die Tante arbeiteten. Die Familie war sehr staatsnah. Zu Hause und in der Krippe galten die gleichen strengen Regeln. Dies versuchte Frau F mit ihrem ersten Kind fortzusetzen. Die Tochter war auf Grund ihres starken Rauchens bei der Geburt zu klein und musste drei Wochen intensivmedizinisch behandelt werden. Frau F entwickelte schwere Angstzustände, das Kind wurde ein Schreikind. Die Beziehung zu ihr ist bis heute »glipschig«, wie die Beziehung zu ihrer eigenen Mutter. Das zweite Kind wurde im achten Monat tot geboren – über die schwere Zeit danach schwieg sie. Acht Jahre später bekam sie einen gesunden Sohn, offenbar eine heilsame Erfahrung: »Wahrscheinlich weil ich eine Totgeburt vorher hatte, war er für mich so was Schönes, über das ich mich jeden Tag freuen konnte, auf einmal auch keine Angst mehr groß hatte.« Mit ihm konnte sie anders umgehen, weniger streng und fordernd, mehr auf seine Bedürfnisse achtend als bei der Tochter, wie sie selbst bedauernd feststellte. Sie gab ihren Sohn erst mit knapp drei Jahren in eine Einrichtung. Da er sich weinend wehrte und sie daraufhin feststellte, dass dort noch nach den »alten Maßstäben und Regeln« gearbeitet wurde, zog sie die Konsequenzen. Sie gab ihn in eine andere Kita, obwohl sie dadurch einen längeren Weg in Kauf nehmen musste. Auch nach dem Umzug aufs Dorf brachte sie die Kinder weiter in ihre vertrauten Einrichtungen, um ihnen Trennungen zu ersparen.

Sie kann jetzt ganz offensichtlich einfühlsamer handeln als die eigene Mutter und auch als sie selbst mit ihrem ältesten Kind. In merkwürdigem Kontrast dazu stehen ihre Aussagen, dass jüngere Kinder die Fremdbetreuung »normaler empfinden, denn sie kennen es ja nicht anders«. Es könne dann keine Trennungsschmerzen geben. So sei es bei ihr auch gewesen. Eine andere Interviewte, ein ehemaliges Wochenkrippenkind, äußerte sich ähnlich: »dann sind sie noch nicht so klettig«, obwohl auch sie sich mit ihren Kindern anders verhielt.

Dieses Beispiel zeigt eindrücklich den langsamen, lebendigen und auch widersprüchlichen Prozess des kulturellen und individuellen Wandels, wie er sicher für die ostdeutsche Gesellschaft typisch ist.

Kapitel 13

Diskussion und Schlussfolgerungen

Agathe Israel, Ingrid Kerz-Rühling

Die Frage, ob Krippenbetreuung für die kindliche Entwicklung förderlich ist oder eher zu psychischen und gesundheitlichen Belastungen führt, lässt sich nicht ohne die Berücksichtigung vieler Einflussfaktoren beantworten. Sowohl die familiäre Lebenssituation wie die Qualität der Krippenbetreuung als auch das Lebensalter des Kindes und die Praxis der Aufnahme in die Krippe beeinflussen entscheidend, wie und ob diese gewaltige Veränderung vom Kind verkraftet werden kann. Die »Notwendigkeit« früher Fremdbetreuung, die zunehmend als selbstverständlich zum Aufwachsen gehörend angesehen wird, geht primär nicht von den Kleinkindern aus. Diesen Umstand sollten wir uns unbedingt vergegenwärtigen, um seine »Normalität« angemessen beleuchten zu können.

Die Entscheidung, wie viel Zeit eine Gesellschaft den Kindern gewährt, sich so an ihre Eltern zu binden, dass sie im Dialog mit ihnen sich selbst und die Welt kennenlernen, wird bestimmt durch die kulturellen Maßstäbe und den Lebensstandard. Der Kontext für das Großziehen von Kindern ist die Bindung an diejenigen, die für das Kind verantwortlich sind. Das ist eine grundlegende, selbstverständliche Voraussetzung. Wenn staatlich ausgebildete Professionelle und Institutionen maßgeblich in das Großziehen von Babys und Kleinstkindern einbezogen sind, wird dieser Kontext verlassen. Da die Fremdbetreuung so selbstverständlich geworden ist, denken wir kaum noch darüber nach. Besonders in der DDR-Kinderkrippe der 1970er Jahre mit ihrem »mageren« individuellen Beziehungsangebot »ersetzten« vermutlich Gleichaltrige, die dazu noch nicht in der Lage waren, den emotionalen Dialog im Leben des Kindes.

Selbst wenn heutzutage deutlich günstigere Bedingungen wie die elternbegleitete Eingewöhnung und eine kindzentrierte Betreuung den Krippenalltag prägen, müssen wir uns darüber klar sein, dass sich die Kinder aus der Bindung zu ihren Eltern etwas zurückziehen, also ihre Eltern dementsprechend weniger »besetzen«, um die Realität zu bewältigen. Dieses Phänomen, das sich ganz unauffällig vollzieht, sollte man künftig unvoreingenommen untersuchen.

Da die Ergebnisse unserer Untersuchung sich also auf die Erfahrungen in Kinderkrippen der DDR stützen, lassen sie sich nicht ohne weiteres auf die aktuelle Krippenbetreuung übertragen. Trotz der staatlich durch das Ministerium für Gesundheit vorgegebenen Erziehungspraktiken bestanden abhängig von den dort tätigen Erzieherinnen und der Größe der Krippe u. E. vermutlich große Unterschiede zwischen einzelnen Einrichtungen.

Bei der Diskussion der Ergebnisse ist außerdem zu berücksichtigen, dass die nachträgliche Erzählung Erwachsener über frühkindliche Erfahrungen nur partiell das damalige Erleben wiedergibt, da Erinnerungen immer durch die innere Verarbeitung, durch spätere Erlebnisse und die aktuelle Lebenssituation geprägt werden. Es war uns daher wichtig, die *Motive* für die Teilnahme an der Untersuchung und die *Interaktion* mit dem Interviewer zu erfassen, da sie uns Aussagen über die unbewusste Verarbeitung der Frühtrennung und der kollektiven Erziehung ermöglichen, die aus den Erzählungen allein nicht zu gewinnen sind.

In den Interviews wurde deutlich, dass der Interviewer häufig als eine Person angesehen wurde, die zuhört und die – anders als es Mutter, Vater und Krippenerzieherin oft getan hatten – lebensgeschichtliche Belastungen anerkennt. In diesen Fällen war die Interaktion zwischen beiden von dieser Erwartung geprägt. Aber auch der Wunsch, die Bedürfnisse der eigenen Kinder besser zu verstehen, spielte für die Teilnahme an der Untersuchung eine wichtige Rolle. Wir trafen bei 13 Interviewten auf die Tendenz, sich dem Interviewer derartig anzupassen, dass wenig Spielraum für eine tiefere Nachdenklichkeit entstehen konnte. Die gegenteilige Haltung anderer Interviewter, so kritisch und distanziert mit dem Interviewer umzugehen, als müsse gegen ihn und sein Anliegen Protest eingelegt werden, behinderte ebenfalls den emotionalen Austausch besonders über schmerzhafte Erinnerungen. Auffällig war, dass diejenigen Interviewten aus beiden Untergruppen, die besonders betonten, dass ihnen die Krippenerziehung »nicht geschadet« habe, frühe Erfahrungen, von denen wir im Gruppenrating schmerzlich betroffen waren, eher sachlich und affektarm schilderten. Dieser Eindruck lässt eine unbewusste Verleugnung von Trennungsängsten und frühen Konflikten vermuten. Die Gestaltung des Interviews, der Umgang mit dem Interviewer und die Art der Erzählung gaben uns somit wesentliche Hinweise auf die unbewusste Verarbeitung früher Objektbeziehungserfahrungen.

Da wir nur 20 ehemalige Krippenkinder interviewten, ist es kaum möglich, die Befunde zu generalisieren. Trotzdem geben die Lebensgeschichten durch die psychoanalytische Interpretation Hinweise auf Vor- und Nachteile der außerfamiliären Betreuung, die für die zukünftige Gestaltung der Krippenbetreuung hilfreich sein können.

Wie bereits zahlreiche Untersuchungen gezeigt haben, lässt sich die Krippenbetreuung nicht unabhängig von der *Eltern-Kind-Beziehung* und der *Einstellung der Eltern zur Fremdbetreuung* der Kinder betrachten. Bei den von uns Interviewten wurde deutlich, dass in der DDR die Entscheidung zur frühen Krippenbetreuung auf Grund staatlicher Forderung nach Berufstätigkeit der Frauen und meist nicht aus persönlicher Überzeugung der Eltern erfolgte und nur wenige Mütter positive Erwartungen mit der Betreuung verbanden. Die Familie hatte kaum Mitspracherechte bei der Abgabe oder den Erziehungsmaßnahmen, was oft zu großen Belastungen der Kinder, aber auch der Eltern und besonders der Mütter führte.

Wie positiv sich eine gute Zusammenarbeit zwischen Eltern und Erzieherinnen auswirken kann, zeigen die Geschichten von Krippenkindern, die kleine ländliche oder auch Betriebskrippen besuchten, in denen die Mütter guten Kontakt zu den Betreuerinnen hatten und diese die Familienverhältnisse kannten. Schwierige familiäre Situationen konnten gelegentlich durch eine verständnisvolle Betreuung in der Krippe wenigstens teilweise ausgeglichen werden. Insbesondere für sehr junge Mütter, die sich durch die Erziehung überfordert fühlten, bedeutete die Krippe eine hilfreiche Entlastung.

Welche Bedeutung unsere Interviewten dem gemeinsamen familiären Zusammenwachsen und einer, die Trennungsängste mildernden Eingewöhnungszeit zuschrieben, zeigte sich u. a. darin, dass fast alle Interviewten ihre eigenen Kinder erst später und wenn möglich mit einer ausreichenden Eingewöhnungszeit in die Krippe abgaben.

Um eine Berufstätigkeit der Mütter der interviewten ehemaligen Krippenkinder abzusichern, reichte die Krippenbetreuung allein meist nicht aus. Ohne ein *soziales Netzwerk*, das ihnen half, den straff organisierten Alltag zu meistern, kamen die jungen Familien und besonders die Mütter kaum zurecht. Bei den häufigen Erkrankungen der Kinder waren die Mütter auf die Unterstützung von Großeltern, Verwandten, Nachbarn oder Freundinnen angewiesen, die die Versorgung übernahmen; ansonsten hätten sie allzu oft die Arbeit unterbrechen müssen. Auch selbst wenn die Mütter zur Pflege der kranken Kinder vorübergehend die Berufstätigkeit unterbrachen, waren sie auf die sozialen Ressourcen angewiesen. Diese »Ersatzmütter« dienten jedoch nicht nur zur Unterstützung bei Erkrankungen der Kinder. In vielen Fällen konnten sie auch die mangelhafte emotionale Zuwendung der Eltern ausgleichen.

Der *Selbstentwicklung,* deren lebendiger Ausdruck die reflexive Funktion ist, also die Fähigkeit, sich selbst und den Anderen als eigenständiges Wesen in Gedanken, Gefühlen und Bedürfnissen wahrzunehmen, schenkten wir besondere Aufmerksamkeit. Ihre Entfaltung wurde bei unseren ehemaligen Krippenkindern in erster Linie vom Dialog zwischen dem Kind und seinen Beziehungspersonen beeinflusst. Mehr als die Hälfte unserer Interviewten verfügte nach unseren Einschätzungskriterien über eine niedrige reflexive Funktion. Ein Zusammenhang zwischen dem Alter bei der Krippenaufnahme und der reflexiven Funktion konnte nicht gefunden werden. Die Selbstentwicklung erwies sich vielmehr als abhängig von der Qualität der Betreuung und dem einfühlsamen Umgang von Eltern und Erzieherinnen mit den Bedürfnissen des Kindes. Rigide Erziehungsprogramme, wie sie seit 1974 flächendeckend in der DDR eingeführt wurden, hatten vermutlich eine die individuelle Entwicklung beeinträchtigende Auswirkung. Auch eine traumatisierende bzw. belastete Eltern-Kind-Beziehung behinderte die Entfaltung der reflexiven Funktionen, wobei die Abwesenheit des Vaters oft ein zusätzliches Risiko darstellte. Wenn Eltern ähnlich den Erziehungsprogrammen der Krippe strikten Gehorsam forderten und sich wenig auf die Bedürfnisse und Eigenheiten des Kindes einstellten, so erschwerte dies ebenfalls die Selbstentwicklung. Dass sich insbesondere bei Interviewten, die vor 1974 in die Krippe aufgenommen worden waren, eine mittlere bis gute reflexive Funktion fand, selbst dann, wenn sie bei der Krippenaufnahme noch sehr jung waren, lässt vermuten, dass die psychische Entwicklung weniger vom Alter bei der Krippenaufnahme als von einer die Autonomie fördernden, toleranten, auf die Bedürfnisse des Kindes eingehenden Betreuung abhängig ist.

Fast alle Interviewten litten häufig an chronisch rezidivierenden *Erkrankungen,* die teilweise sogar zur »Krippenunfähigkeit« führten. Die bereits vor dem sechsten Lebensmonat in die Krippe aufgenommenen Kinder zeigten eine höhere Krankheitsrate, was sich auf die Stressbelastung durch den Verlust der primären Beziehungsperson und die Konfrontation mit wechselnden Betreuerinnen zurückführen lässt.

Im Vorschulalter wurden diese sukzessiv durch psychosomatische und psychische Auffälligkeiten ergänzt bzw. abgelöst. Die Schulzeit der Interviewten war durch ein breites Spektrum von körperlichen, psychosomatischen und psychischen Auffälligkeiten geprägt, deren Auslöser die Interviewten oft in der damals bestehenden Stressbelastung durch Schule, Hort und Familie sahen.

Mit Beginn der Adoleszenz traten vor allem psychische Probleme auf. Auch im Erwachsenenalter berichteten einige Interviewte über aktuelle körperliche, psychosomatische und psychischen Probleme. Die Ergebnisse weisen darauf hin, dass vor allem vor dem sechsten Lebensmonat in die Krippe aufgenommene Kinder besonders häufig erkrankten, was sowohl auf den Stress durch die frühe Trennung als auch auf die Ansteckungsgefahr durch andere Kinder zurückgeführt werden kann. Bei den von uns als gesund eingeschätzten Interviewten wurden der in den Krippen praktizierte Umgang mit den Kindern und auch die familiäre Erziehung als einfühlsam oder zumindest als nicht ablehnend beschrieben. Dieser Befund macht deutlich, wie wichtig eine konstante, die Bedürfnisse der Kinder berücksichtigende Betreuung auch für die Gesundheit ist.

Durch die Längsschnitterfassung von Symptomen und Krankheitsverläufen in unserer Untersuchung konnten wir zeigen, dass frühe Trennung und Fremdbetreuung als gravierende lebensgeschichtliche Ereignisse zu fortgeschriebener Stressbelastung bzw. eingeschränkter Bewältigungsmöglichkeit von Schwellen -und Konfliktsituationen und zur Beeinträchtigung der Gesundheit führten, wenn keine verlässlichen Bindungspersonen in der frühen Kindheit zur Verfügung standen.

Die Frühtrennung und die Erziehung, die eine Unterwerfung unter strenge Regeln forderten, hatten jedoch nicht nur Einfluss auf die gesundheitliche Entwicklung, sondern ebenso auf die psychische Entwicklung, was sich sehr deutlich in der *Adoleszenz* der ehemaligen Krippenkinder zeigte. Dabei muss zwischen jenen unterschieden werden, die ihre Adoleszenz noch vor 1989 durchlebten und als Folge der repressiven Erziehung in Krippe, Schule und Jugendorganisationen nur wenig gegen Eltern und Institutionen protestierten, und jenen, die die Pubertät in und kurz nach der Wende erlebten.

Diejenigen, die ihre Pubertät bereits vor 1989 durchlebt und wenig gegen Eltern und Institutionen protestiert hatten, verhielten sich als »ältere Adoleszente« in der Wendezeit ähnlich angepasst. Diejenigen hingegen, die sich während oder kurz nach der Wende in der Pubertät befanden, übten lauten Protest und nahmen meist regen Anteil am politischen Geschehen. Die Heftigkeit der Äußerungen in der Gruppe der »Jüngeren« zur Wende- und Nachwendezeit könnte als Ausdruck von Autonomieimpulsen vor dem Hintergrund einer sich rasch verändernden Gesellschaft verstanden werden. Sie schienen die Pubertät als zweite Entwicklungschance mehr genutzt zu haben als die Gruppe der »Älteren«.

Die Nachhaltigkeit der frühen Trennung und der kollektiven Erziehung zeigte sich auch bei der Untersuchung der *Reaktualisierung* infantiler belastender Erfahrungen bei der Geburt eigener Kinder und deren Abgabe in die Krippe. Mutterschaft und Vaterschaft sind als existentielle Neuerfahrungen Schwellensituationen, deren Bewältigung neben der aktuellen familiären und soziale Situation besonders von eigenen Erfahrungen in der frühen Lebenszeit abhängig ist. Dass zwei Drittel unserer Interviewten mit erheblichen psychischen, psychosomatischen und auch somatischen Störungen reagierten, verstanden wir als Ausdruck der Reaktualisierung früher Überforderung und schmerzhafter Erfahrungen. Die Symptomatik wurde von uns als schwerer eingeschätzt im Vergleich zu dem in der Literatur beschriebenen »Post-Partum-Blues« (PPB) oder populär »Babyblues«, der mit einer Häufigkeit von bis zu 80 Prozent angegeben wird. Eine schwerere depressive Symptomatik im Wochenbett wird in der Literatur bei etwa 20 Prozent aller Mütter angegeben, was deutlich unter der von uns erhobenen Anzahl schwererer Störungen liegt. Durch die kleine Zahl unserer Interviewten können daraus keine weitreichenden Schlüsse für die Frühtrennung durch die Krippenerziehung gezogen werden. Allerdings lag das Krippeneintrittsalter der symptomreichsten Gruppe deutlich unter dem der anderen beiden Gruppen, die weniger oder keine Symptome aufwiesen. Sehr wahrscheinlich ist auch, dass der Leidensdruck bei den Interviewten die Bereitschaft, sich zu einem Interview zur Krippenerziehung in der DDR zur Verfügung zu stellen, unbewusst gefördert hat.

Fast alle Interviewten beurteilten ihre eigenen Krippenerfahrung als positiv und konnten sich nicht bewusst an die eigenen schmerzhaften Trennungserfahrungen in ihrer Frühzeit erinnern. Dennoch haben sie in ihnen unbewusst weiter gewirkt, da alle ihre Kinder später in eine Krippe abgaben, als sie selbst abgegeben worden waren, und viel Flexibilität und Kreativität aufbrachten, um Familien- und Berufsalltag zu koordinieren.

Die psychische Belastung bei der Trennung von den eigenen Kinder gestaltete sich dadurch etwas unproblematischer. Trotzdem berichteten sechs der Interviewten, dass sie unerwartet heftig unter der Trennung gelitten und sich ihre psychosomatischen oder somatischen Störungen wieder verstärkt hatten. Auch fiel auf, dass viele Interviewte mehr von den eigenen Schwierigkeiten sprachen und sich weniger mit dem Erleben ihrer Kinder befassten. Dies lässt eine Empathiestörung als Folge eigener unbewusster Trennungstraumatisierung vermuten.

Unsere Ergebnisse zeigen, dass es für viele junge Eltern, insbesondere für jene, die auf Grund eigener traumatisierender Trennungs- und Verlassenheitserfahrungen durch frühe Fremdbetreuung und durch schwierige Bedingungen in der Familie belastet sind, wichtig wäre, bei der Bewältigung der Elternschaft und der Betreuung der Kinder Unterstützung zu erhalten. Dies könnte z. B. durch Beratung von Hebammen, Kinder- und Jugendlichen-Psychotherapeuten und Kinderärzten geschehen, die Vorsorgeuntersuchungen an Säuglingen durchführen. Auf diese Weise könnte sich die Fürsorge für das Kind auch auf das Befinden der Eltern und deren Beziehung zum Kind erweitern und im Bedarfsfall rechtzeitig psychotherapeutische Hilfen vermittelt werden.

Auch der Zeitpunkt der Krippenaufnahme eines Kindes sollte nicht allein nach äußeren Kriterien festgelegt werden, sondern sich nach den Bedürfnissen von Eltern und Kind richten. Die Selbstverständlichkeit, mit der Elternschaft und Berufstätigkeit in der ehemaligen DDR auch für Frauen möglich war, ist auch heute ein hoch anerkannter Wert und eine ökonomische Erfordernis in den modernen westlichen Industrieländern. Nach den Erkenntnissen unserer Studie kann es sogar sinnvoll für die Mutter-Kind-Beziehung sein, wenn eine Mutter aus Gründen der eigenen Stabilisierung eine Tätigkeit aufnimmt, wenn die Eltern gleichzeitig die Belastungsfähigkeit ihres Kindes sorgfältig bedenken.

Bei der Beurteilung der Auswirkungen der Krippenerziehung sind also nicht nur die Folgen für die in der Krippe Betreuten zu berücksichtigen, sondern auch die Folgen für die nächste Generation. Die Frage nach der *transgenerationalen Weitergabe von Lebens-und Verhaltensmustern* war daher ebenfalls ein Gegenstand unserer Untersuchung. Transgenerational wurde von der Nachkriegsgeneration, also den Eltern unserer Interviewten, an die Folgegeneration in der DDR ihre sprachlose, subtil gedrückte *Anpassung* an den Alltag im zerstörten Nachkriegsdeutschland weitergegeben. Dieser Anpassungsmechanismus teilte sich uns als »sprachloses Grau« in mehreren Interviews intensiv mit. Seine Wirksamkeit konnte auf dem Hintergrund der gewandelten Gesellschaft, durch Infragestellung bisheriger Lebensentwürfe und Verhaltensweisen gemildert und teilweise durchbrochen werden. Dieser Auseinandersetzungsprozess, zu dem unser Interviewprojekt beitragen soll, findet statt, braucht jedoch u. E. Zeit und Raum.

Die *transgenerationale Weitergabe von belastenden Früherfahrungen* durch die heutige junge Elterngeneration an ihre Kinder vollzieht sich unter den veränderten gesellschaftlichen Bedingungen nicht so ungebrochen wie in den beiden Vorgenerationen. Wir vermuten, dass sich heute in Bezug auf den Umgang mit kleinen Kindern ein ähnlicher kultureller Wandel in der Elterngeneration mit DDR-Hintergrund abzeichnet wie bereits 1968 in der Bundesrepublik. Unsere Interviewten nahmen viele Veränderungen positiv auf, und ihre Kinder profitierten davon. Zum Teil scheint ein innerer Verarbeitungsprozess in Gang gekommen zu sein, und zum Teil verhalten sich die Interviewten unreflektiert angepasst an die jetzt veränderten Bedingungen.

Die Selbstverständlichkeit unserer weiblichen Interviewten, nach der Geburt ihres Kindes ihre *Berufstätigkeit* fortzusetzen, gründet sich auf die transgenerationale Weitergabe einer »Tradition« über drei Generationen. Die Berufstätigkeit der Großmütter unserer Interviewten war ein Modell für ihre Mütter, das außerdem der staatlichen Erwartung in der DDR entsprach und den Frauen gewisse Karrierechancen und finanzielle Unabhängigkeit von ihren Partnern verschaffte. Alle weiblichen Interviewten übten wie ihre Mütter, insofern sie gesundheitliche Gründe nicht daran hinderten, auch nach der Geburt ihres Kindes einen Beruf aus. Aber es deuteten sich Veränderungen an. Sie blieben länger mit den Kindern zu Hause und nutzten dann häufiger die heute gegebene Möglichkeit der Teilzeitarbeit.

Viele weibliche Interviewte entwickelten psychische und psychosomatische Störungen im Zusammenhang mit der Mutterschaft, was wir auf die *Reaktualisierung* eigener

Früherfahrungen zurückführten. Die daraus entstandene Einschränkung, sich empathisch auf das Kind einzulassen, hat unbewusst zur Weitergabe selbst erlebter Beziehungsmängel und -störungen geführt. Doch berichteten viele Interviewte auch von verständnisvollen Hilfen durch Hebammen, Krankenschwestern, Familienangehörige, die ihnen das Hineinwachsen in die Elternrolle erleichterten. Damit konnte die transgenerationale Weitergabe gemildert werden.

Die selbst erlebte Krippenerziehung wurde als solche nicht in Frage gestellt. Deutlich wichen die Interviewten jedoch von eigenen Kindheitserfahrungen ab, als sie sich entschieden, ihr Kind erst nach dem ersten Lebensjahr in die Krippe zu geben. Das *Eintrittsalter* ihrer Kinder verschob sich drastisch nach hinten. Während unsere Interviewten durchschnittlich mit 4,1 Monaten in die Krippe gekommen waren, gaben sie ihre Kinder viel später, nämlich erst mit etwa 15,3 Monaten in die Krippe und betonten, wie wichtig für sie eine Eingewöhnungszeit der Kinder ist.

Der Einfluss der Krippenerfahrung beschränkte sich jedoch nicht nur auf die Reaktualisierung frühester Erfahrungen, sondern bestimmte u. a. auch den *Umgang mit den eigenen Kindern.* Denjenigen ehemaligen Krippenkindern, die keine ausreichende emotionale Sicherheit und eine ihre Bedürfnisse berücksichtigende Betreuung erfahren hatten, fiel es schwer, ihren Kindern das für die frühe Entwicklung notwendige Verständnis und eine stabile Beziehung zu gewähren. Es gelang ihnen oft nur schwer, sich auf das psychische Erleben der Kinder einzustimmen und ihre Autonomiebestrebungen zu unterstützen. Auch wenn sie bewusst für ihre Kinder eine weniger repressive Erziehung anstrebten, forderten sie doch oft, ähnlich der Erziehungspraxis, die sie selbst in der Krippe erlebt hatten, strikten Gehorsam beim Schlafengehen oder Essen und bei der Anpassung an die Erwachsenen.

Dennoch deutet sich in der Gesamtschau an, dass die Generation unserer Interviewten ihre Früherfahrungen nicht in gleichem Maße weitergeben wird wie die Vorgenerationen.

Aus unseren Befunden, die auf Grund der kleinen Zahl nicht repräsentativ sind, ergeben sich jedoch wichtige Hinweise, dass eine Krippenbetreuung, die der Entwicklung der Kinder förderlich sein soll, auf ihre individuellen Bedürfnisse und ihren Entwicklungsstand Rücksicht nehmen und ihre Autonomie fördern muss. Dyadische Interaktionsprozesse, bei denen sich die Erzieherinnen auf wenige Kinder konzentrieren, die sie sehr gut kennen, können dies am besten gewährleisten. Ein Betreuerschlüssel von 1 : 3 bis 1 : 4, wie ihn Ahnert vorschlägt (Ahnert, 2005) und wie er zum Beispiel in Schweden realisiert wird, ist teuer. Von den Erzieherinnen werden erzieherische Sensitivität für das einzelne Kleinkind verbunden mit Fähigkeiten für das Gruppenmanagement und bei der Neuaufnahme von Kindern sowie im Umgang mit geschlechtstypisierenden und interkulturellen Einflüssen erwartet. Das stellt hohe Anforderungen an Ausbildung und persönliche Eignung. Solcherart Qualität der Krippenbetreuung muss umfassend gewährleistet und geschützt werden. In gleichem Maße benötigen die Eltern, deren Kräfte das Aufwachsen grundlegend tragen, unsere behutsame Unterstützung.

Literatur

Ahnert, L. (Hrsg.): Tagesbetreuung für Kinder unter drei Jahren. Theorien und Tatsachen. Huber, Bern 1998

Ahnert, L.: Bildung und Betreuung und Erziehung von Kindern unter sechs Jahren. Verlag Deutsches Jugendinstitut, München 2005

Arendt, H.; Heidegger, M.: Briefe 1925–1975 und andere Zeugnisse. Klostermann, Frankfurt a.M. 1998

Argelander, H.: Das Erstinterview in der Psychotherapie. Wissenschaftliche Buchgesellschaft, Darmstadt 1970

Bailey, A.K. (2008): Verlusterfahrung und Containment. In: Psyche – Z Psychoanal 62, 154–170

Bauer, J.: Das Gedächtnis des Körpers – Wie Beziehungen und Lebensstile unsere Gene steuern. Piper, München/Zürich 2004

Bauer, J.: Prinzip Menschlichkeit – Warum wir von Natur aus kooperieren. Hoffmann & Campe, Hamburg 2006

Bauer, K.W.: Kinder im realen Sozialismus – Notizen zum Kinderalltag in der DDR. In: Hengst, H. (Hrsg.): Kindheit in Europa. Zwischen Spielplatz und Computer. Suhrkamp, Frankfurt a.M. 1985.

Bensel, J. (1994): Ist die Tagesbetreuung in Krippen ein Risiko? In: Zeitschrift für Pädagogik 40, 2, 303–326

Benz, U.: Der notwendige Blick auf die eigenen Wurzeln. Frühkindliche Prägungen durch den Nationalsozialismus in den alten Bundesländern. In: Benz, U. und W. (Hrsg.): Deutschland, deine Kinder. Zur Prägung von Feindbildern in Ost und West. Deutscher Taschenbuch Verlag, München 2001

Bion, W.: Lernen durch Erfahrung. Suhrkamp, Frankfurt a.M. 1992

Blau, H.-J. (1982) Reifung der Immmunantwort. In: Blau, H.-J. (Hrsg.): Pädiatrische Immunologie. VEB Georg Thieme, Leipzig 1982

Böttcher, H.R.: Rückblick auf die Eltern. Deutscher Verlag der Wissenschaften, Berlin 1968

Bohleber, W. (2007): Erinnerung, Trauma und kollektives Gedächtnis. Der Kampf um die Erinnerung in der Psychoanalyse. In: Psyche – Z Psychoanal 61, 2

Bowlby, J.: Bindung. Eine Analyse der Mutter-Kind-Beziehung. Kindler, München 1975

Bowlby, J.: Trennung. Psychische Schäden als Folge der Trennung von Mutter und Kind. Kindler, München 1976

Bowlby, J.: Verlust. Trauer und Depression. Kindler, München 1983

Bowlby, J.; Robertson, J.; Rosenbluth, D. (1952): A two-year-old goes to hospital. The Psychoanalytic Study Child 7

Brähler, E.; Schumacher, J.; Eisemann, M.: Das erinnerte elterliche Erziehungsverhalten im Ost-West-Vergleich und seine Beziehung zur aktuellen Befindlichkeit. In: Kerz-Rühling, I.; Plänkers, T. (Hrsg.): Sozialistische Diktatur und psychische Folgen. Edition diskord, Tübingen 2000

Bredy, T.W.; Zhang, T.Y.; Grant, R.J., Diorio, J.; Meaney, M.J. (2004): Peripubertal environmental enrichment reverses the effects of maternal care on hippocampal development and glutamate receptor subunit expression. European Journal of Neuroscience 20, (5)

Brisch, K.H.: Bindungsstörungen. Von der Bindungstheorie zu Therapie. Klett-Cotta, Stuttgart 1999

Bühring, P. (2004) Postpartale Depression: Immer noch tabuisiert. Dtsch Arztebl 101(7), 301

Cierpka, M., Windaus, E. (Hrsg.): Psychoanalytische Säuglings-Kleinkind-Elterntherapie. Brandes & Apsel, Frankfurt a. M. 2007

Clauß, G. (Hrsg.): Wörterbuch der Psychologie. Bibliographisches Institut, Leipzig 1976

Compas, B. E. (2006) Psychobiological Process of Stress and Coping. Implication for Resilience in Children and Adolescents. Annals of the New York Academy of Sciences 1094 (1)

Deutsche Psychoanalytische Vereinigung (DPV). Kommission Öffentlichkeit und interdisziplinärer Dialog (Leitung: Dr. phil. Franziska Hennigsen) (2007): Krippenausbau in Deutschland – Psychoanalytiker nehmen Stellung. Psychoanalyse aktuell (12.12.2007)

Dornes, M. (2008): Mütterliche Berufstätigkeit und kindliche Entwicklung. Psyche – Z Psychoanal 62

Egle, U.T.; Hardt, J.; Nickel, R.; Kappis, B.; Hoffmann, S.O. (2002): Früher Stress und Langzeitfolgen für die Gesundheit – Wissenschaftlicher Erkenntnisstand und Forschungsdesiderate. Z Psychosom Med Psychother 48

Erdheim, M.: Adoleszenz zwischen Familie und Kultur – Ethnopsychoanalytische Überlegungen zur Funktion der Jugend in der Kultur. In: Erdheim, M.: Psychoanalyse und Unbewußtheit in der Kultur. Suhrkamp, Frankfurt a. M. 1988

Erickson, E. H.: Kindheit und Gesellschaft. Klett-Verlag, Stuttgart 1969

Ermann, M.: Psychotherapeutische und Psychosomatische Medizin. Kohlhammer, Stuttgart/ 1999

Felitti, V. J. (2002): Belastungen in der Kindheit und Gesundheit im Erwachsenenalter: die Verwandlung von Gold in Blei. Z Psychosom Med Psychother 48

Fellitti, V. J.; Anda, R. et al. (1998): Relationship of childhood abuse and household dysfunction to many of the leading causes of death in adults. The adverse Childhood Experiences (ACE) Study. Am J Prev Med 14, 255–258

Ferchhoff W.: Jugend an der Wende des 20. Jahrhunderts. Leske und Budrich, Opladen 1993

Fiebeler, C.; Boehlke, M.; Gericke, H.: OstPunk! Too much future. (Dokumentarfilm) 2006

Fonagy, P.: Frühe Bindung und Psychische Entwicklung. Psychosozial-Verlag, Gießen 2003

Fonagy, P., Steel, M., Moran, G., Steele, H., Higgitt, A.: Measuring the ghost in the Nursery: A Summary of the MainFindings of the Anna Freud Centre – University College London Parent-Child-Study. Bulletin of the Anna Freud Centre 1991 Vol. 14 S. 125

Fonagy, P.; Gergely, G.; Jurist, E. L.; Target, M.: Affektregulierung, Mentalisierung und die Entwicklung des Selbst. Klett-Cotta, Stuttgart 2004

Fonagy, P., Target, M., Steele, H., Steele, M. (1998): Reflective-Functioning Manual Version 5 for Application to Adult Attachment Interviews. Arbeitstext

Fraiberg, S. et al. (2003): »Gespenster im Kinderzimmer.« Probleme gestörter Mutter-Säuglings-Beziehungen aus psychoanalytischer Sicht. Analytische Kinder- und Jugendlichen-Psychotherapie 34

Freiberger, E.: Reaktivierung des inneren Kindes. In: Israel, A. (Hrsg.): Der Säugling und seine Eltern. Brandes & Apsel, Frankfurt a. M. 2007

Freud, A. (1960): Probleme der Pubertät. Psyche-Z Psychoanal 14

Gaschke, S.: Die Emanzipationsfalle. Goldmann-Verlag, München 2006

Göppel, R.: Die Ursprünge seelischer Gesundheit. Risiko- und Schutzfaktoren in der kindlichen Entwicklung. Edition Bentheim, Würzburg 1997

Günther K.-H. et al. (Redaktionskollegium im Auftrag des Ministeriums für Volksbildung der DDR): Die Schule in der Deutschen Demokratischen Republik. Verlag Volk und Wissen, Berlin 1959

Haarer, J.: Die deutsche Mutter und ihr erstes Kind. J. F. Lehmanns-Verlag, München/Berlin 1934

Härtl, K.; Müller, M.; Friese, K. (2006): Wochenbettdepression, Gynäkologie 39

Hanser, H.; Scholtyssek, Ch. (Red.): Lexikon der Neurowissenschaft. Spektrum Akademischer Verlag, Heidelberg/Berlin 2000

Hardin, H.T.; Hardin, D.H. (1985): On the vicissitudes of early primary surrogate mothering. J Am Psychoanal Ass 33

Hardin, H.T. (2008): »Weinen, Mama weinen!« Außerfamiliäre Betreuung und Verlusterfahrung, Psyche – Z Psychoanal 62

Harsch, H.E. (2008): Psychoanalytische Überlegungen zur 4000jährigen Geschichte der frühen außerfamiliären Betreuung. Psyche – Z Psychoanal 62

Hausmann, L.; Buck, D.: Sonnenallee. (Spielfilm nach einem Roman von Thomas Brussig) 1999

Hofecker-Fallahpour, M.; Zinkernagel-Burri, Ch.; Stöckli, B.; Wüsten, G.; Stieglitz, R.-D,; Riecher-Rössler, A. (2003): Gruppentherapie bei Depression in der frühen Mutterschaft, Nervenarzt 74

Hüther, M. (2002) Die Folgen traumatischer Kindheitserfahrungen für die Hirnentwicklung. Vortrag an der Psychiatrischen Klinik der Universität Göttingen. 12/2002

Jonas, K.; Stroebe, W.; Hewstone, M. (Hrsg.): Sozialpsychologie. Eine Einführung. Springer-Verlag, Berlin 2003

Israel, A. (2001): Die Entwicklung früher Objektbeziehungen im Spiegel einer Säuglingsbeobachtung. Forum der Psychoanalyse 17

Israel, A.: Pubertät im gesellschaftlichen Wandel. In: Froese, M.; Seidler, Ch. (Hrsg.): Leben im Übergang. Edition Bodoni, Berlin 2001

Israel, A. (2003): Adoleszenzkonflikte – Jugendgewalt in Hoyerswerda gegen Ausländer. Analytische Kinder- und Jugendlichen-Psychotherapie Heft 119, XXXIV. Jg., 3/2003

Israel, A. (Hrsg.): Der Säugling und seine Eltern. Die psychoanalytische Behandlung frühester Entwicklungsstörungen. Brandes & Apsel Verlag, Frankfurt a. M. 2007

Israel, A. (2008): Frühe Kindheit in der DDR. Kinderanalyse 16

Karutz, A.: Erziehung in staatlichen Kinderkrippen und Kindergärten in der DDR. In: Benz U.; Benz W. (Hrsg.): Deutschland, deine Kinder. Zur Prägung von Feindbildern in Ost und West. Deutscher Taschenbuch Verlag, München 2001

Kerz-Rühling, I.; Plänkers, T.; Fischer, R.: Kontinuität und Wandel – Zur psychischen Verarbeitung der politischen Wende von 1989. Eine empirisch-psychoanalytische Studie an Lehrern in Ostdeutschland und Tschechien. In: Kerz-Rühling, I.; Plänkers, T. (Hrsg.): Sozialistische Diktatur und psychische Folgen – Psychoanalytisch-psychologische Untersuchungen in Ostdeutschland und Tschechien. Edition diskord, Tübingen 2000

Klein, O.: Ihr könnt uns einfach nicht verstehen! Warum Ost- und Westdeutsche aneinander vorbeireden. Eichborn Verlag, Frankfurt a. M. 2001

Klepp, D. (2003): Lebenssituation und subjektive Lebensqualität von Frauen mit Kindern im Alter von 0 – 6 Jahren: Eine empirische psychologische Studie zur Mutterschaft, ÖIF Schriften 12

Klüwer, R. (2004): Das Konzept des Fokus im psychoanalytischen Denken. In: Klüwer, R.; Lachauer, R. (Hrsg): Der Fokus: Perspektiven für die Zukunft. Psychoanalytische Blätter, Band 26. Vandenhoeck & Ruprecht, Göttingen

Köditz, H.; Aurich, G.; Oppermann, J.: Infektionskrankheiten und Immunologie. In: Grossmann, P.; Plenert, W. (Hrsg.): Pädiatrie. VEB Georg Thieme, Leipzig 1986.

Kosten, T.A.; Karanian, D.A.; Yeh, J.; Haile, C.N.; Kim, J.J.; Kehoe P.; Bahr, B.A. (2007): Memory impairments and hippocampal modifications in adult rats with neonatal isolation stress experience. Neurobiology of learning and Memory 88

Kühn, B.; Voerkel, A.: Gedanken zur Entwicklung von Krippenkindern aus ärztlicher Sicht. Unveröffentlichtes Manuskript, Leipzig 1986

Kugler, J.: Psychische Belastung und das lokale Immunsystem der oberen Luftwege. In: Schedlowski, M.; Tewes, U. (Hrsg.): Psychoneuroimmunologie. Spektrum, Heidelberg 1996

Laewen, H.-J. (1994): Zum Verhalten und Wohlbefinden von Krippenkindern. Bezüge zur mütterlichen Lebenssituation und der Qualität der Beziehung von Erzieherin und Mutter. Psychologie in Erziehung und Unterricht 41

Laewen, H-J.; Andres, B.; Hedervari, E.: Auf dem Weg zu einer neuen Kleinkindpädagogik. Anmerkungen zur Tagesbetreuung von Kleinkindern in Kindertagesstätten. INFANS, Institut für angewandte Sozialisationsforschung/Frühe Kindheit e. V., Berlin 1992

Leuzinger-Bohleber, M.; Garlichs A.: Früherziehung West-Ost. Materialien. Juventa, Weinheim 1993

Lorenzer, A. (1983): Sprache, Lebenspraxis und szenisches Verstehen in der Psychoanalyse. Psyche – Z Psychoanal 37

Maiello, S. (1996): Das frühe Klangobjekt. Psyche – Z Psychoanal 50

Marx, Rita (2007): Frühe außerfamiliäre Betreuung: Psychoanalytische Perspektiven. Psyche – Z Psychoanal 61

Matejcek, Z.; Langmeier, J. (1968). Die zeitweilige Gemeinschaftserziehung im Hinblick auf die psychische Deprivation. Paedagogica Europea, 4

Mehan, Matthew (2008): Gespräch mit David Bosworth. Sinn und Form 60 (1)

Mentzos, S.: Psychoanalytische Neurosenlehre. In: Mertens, W. (Hrsg.): Schlüsselbegriffe der Psychoanalyse. Verlag Internationale Psychoanalyse, Stuttgart 1993

Mosetter, K.; Reutter, W. (2007) Insulin und Insulinresistenz im Gehirn. Schweizerische Zeitschrift für Ganzheitsmedizin 19

Müller-Hegemann, D. (1956): Einige grundsätzliche Bemerkungen zur Kinderpsychologie. Zeitschrift für Psychiatrie, Neurologie und Medizinische Psychologie 12

Ministerrat der DDR, Ministerium für Volksbildung: Programm für die Bildungs- und Erziehungsarbeit im Kindergarten. VEB Verlag Volk und Wissen, Berlin 1986

Rad, M. von: Psychoanalytische Psychsomatik. In: Mertens, W. (Hrsg.): Schlüsselbegriffe der Psychoanalyse. Verlag Internationale Psychoanalyse, Stuttgart 1993

Radebold, H.: Abwesende Väter. Folgen der Kriegskindheit in Psychoanalysen. Vandenhoeck & Rupprecht, Göttingen 2000

Radebold, H. (Hrsg.): Kindheiten im II. Weltkrieg und ihre Folgen. Psychosozial-Verlag, Gießen 2004

Richter, H.-E.: Patient Familie. Rowohlt Verlag, Reinbek 1970

Robertson, J.; Robertson, J. (1975): Reaktionen kleiner Kinder auf kurzfristige Trennung von der Mutter im Lichte neuer Beoachtungen. Psyche – Z Psychoanal 29

Romeo, R. D.; McEwen, B. S. (2006): Stress and the Adolescent Brain. Annals of the New York Academy of Sciences 1094 (1)

Scharnhorst, E.: Lebensweise und Erziehung in der Familie. In: Nationales Komitee für Gesundheitserziehung der DDR (Hrsg.) Beiträge des 3. Symposiums Schwerin. Eigendruck, Berlin 1989

Schedlowski, M.; Tewes, U. (Hrsg.): Psychoneuroimmunologie. Spektrum Akademischer Verlag, Heidelberg/Berlin/Oxford 1996

Scheerer, A. K. (2008): Außerfamiliäre Betreuung als Trennungsaufgabe. Psyche – Z Psychanal 62

Schmidt, H.-D.: Erziehungsbedingungen in der DDR. In: Trommsdorf, G. (Hrsg.): Sozialisation und Entwicklung von Kindern vor und nach der Vereinigung. Leske und Budrich, Opladen 1996

Schmidt, D.; Vogelsänger, P.: Altersabhängige Immunleistungen im Kindesalter. 18. Forschungstagung des Forschungsprojektes M44 »Gesundheitsschutz im Kindes- und Jugendalter«, 19.-22.1.1988, Reinhardsbrunn 1988

Schmidt-Kolmer, E. (Hrsg): Pädagogische Aufgaben und Arbeitsweisen der Krippen. VEB Verlag Volk und Gesundheit, Berlin 1974

Schur, M. (1955): Comments on the Metapsychology of Somatization. Psychoanalytic Study of the Child 10

Seidler, Ch.; Froese, M. J.: Traumatisierungen in Ostdeutschland. Psychosozial-Verlag, Gießen 2006

Siebert, H.: Die Hebung des Leistungsstandes der deutschen demokratischen Schule. In: Der 4. Pädagogische Kongress vom 23.-24 August 1949. Volk und Wissen, Berlin/Leipzig 1949

Siegler, R.; DeLoache, J.; Eisenberg, N.; Entwicklungspsychologie des Kindes- und Jugendalters. Spektrum Akademischer Verlag, Heidelberg/Berlin 2005

Spitz, R. E.: Vom Säugling zum Kleinkind. Naturgeschichte der Mutter-Kind-Beziehung im ersten Lebensjahr. Klett-Cotta, Stuttgart 1996

Steinhausen, H.-Ch.: Psychische Störungen bei Kindern und Jugendlichen. Urban & Fischer, München/Jena 2006

Textor, M. R.: Die NICDH Study of Early Child Care – ein Überblick. In: Textor, M. R. (Hrsg.): Kindergartenpädagogik. Online-Handbuch 2007

Tress, W. (2007): Psychosomatik der schweren Persönlichkeitsstörungen. Ärztliche Psychotherapie und psychosomatische Medizin 2

Trilling, A.: Blinde Flecken im Umgang mit dem Erinnern in Deutschland. In: Radebold, H. (Hrsg.): Kindheiten im II. Weltkrieg und ihre Folgen. Psychosozial-Verlag, Gießen 2004.

Unger, U. ; Rammsayer, T.: Himmelhoch jauchzend und zu Tode betrübt. Eine Literaturübersicht zum Post-Partum-Blues und Ergebnisse einer klinischen Studie. In: Brähler, E.; Unger, U. (Hrsg.): Schwangerschaft, Geburt und der Übergang zur Elternschaft. Westdeutscher Verlag, Opladen 1996

Vogelsänger, P.: Altersbiologische Entwicklung unspezifischer Abwehrmechanismen. Kolloquium der Arbeitsgemeinschaft Immunologie, 6.6.1988, Magdeburg 1988

Volkan, V. D.: Das Versagen der Diplomatie. Zur Psychoanalyse nationaler, ethnischer und religiöser Konflikte. Psychosozial-Verlag, Gießen 2003

Weber, Ch. (1996) Erziehungsbedingungen im frühen Kindesalter in Kinderkrippen vor und nach der Wende in: Trommsdorf, G. (Hrsg.) Sozialisation und Entwicklung von Kindern vor und nach der Vereinigung. Leske & Budrich, Opladen 1996

Weaver, I. C. G.; Meaney, M. J.; Szyf M. (2006): Maternal care effects on the hippocampal transcriptome and anxiety-mediated behaviors in the offspring that are reversible in adulthood Proc Natl Acad Sci USA, 103

Wendt, D.: Entwicklungspsychologie. Kohlhammer, Stuttgart/Berlin/Köln 1997

Willi, J.: Die Zweierbeziehung. Rowohlt, Reinbek 1975

Zwiener, K.: Geschichte und Zukunft der Krippenerziehung in Ostdeutschland. In: Büchner, P.; Krüger, H.-H. (Hrsg.): Aufwachsen hüben und drüben. Deutsch-deutsche Kindheit und Jugend vor und nach der Vereinigung. Leske & Budrich, Opladen 1991

Die Autorinnen und der Autor

Agathe Israel, Dr. med., Psychoanalytikerin für Kinder, Jugendliche und Erwachsene. Mitbegründerin des Instituts für Analytische Kinder- und Jugendlichen-Psychotherapie in Berlin. Zahlreiche Veröffentlichungen u. a. bei Brandes & Apsel: *Der Säugling und seine Eltern. Die psychoanalytische Behandlung frühester Entwicklungsstörungen* (2007).

Ingrid Kerz-Rühling, Dr. med., Ärztin für Neurologie und Psychiatrie, Psychoanalytikerin (DPV). Von 1977 bis 2006 wissenschaftliche Mitarbeiterin am Sigmund-Freud-Institut in Frankfurt a. M. Veröffentlichungen zur Psychoanalyse und den Transformationsprozessen nach 1989 in der ehemaligen DDR, u. a.: *Sozialistische Diktatur und psychische Folgen* (2000), *Verräter oder Verführte?* (2004).

Luise Köhler, geb. 1945, Dr. med., Fachärztin für Psychotherapie, in eigener Praxis in Berlin. Arbeitsschwerpunkte: Depression, posttraumatische Beziehungsstörung, Hypnotherapie nach Milton Erickson.

Irene Misselwitz, geb. 1945, Dr. med., Psychoanalytikerin (DPV, DGPT) und Psychotherapeutin in eigener Praxis (seit 1993) in Jena. Davor 23 Jahre an der Universitätsnervenklinik Jena überwiegend als Gruppentherapeutin tätig. Vorsitzende und Lehranalytikerin am Institut für Psychotherapie und Angewandte Psychoanalyse e. V. in Thüringen. Arbeitsschwerpunkte: Ethnopsychoanalyse, Geschichte der analytischen Gruppenpsychotherapie in Ost und West.

Dagmar Völker, geb. 1945, Dr. med., Fachärztin für Neurologie und Psychiatrie, Psychoanalytikerin (DPV, DGPT), Lehranalytikerin am Sächsischen Institut für Psychoanalyse und Psychotherapie, Niederlassung in eigener Praxis in Leipzig. Arbeitsschwerpunkt: Entwicklungspsychologie.

Peter Vogelsänger, Dr. med., Facharzt für Kinderheilkunde, Facharzt für Psychosomatische Medizin und Psychotherapie, Psychoanalytiker, arbeitet als niedergelassener Arzt in Berlin, Lehrtätigkeit als Dozent und Supervisor am Institut für analytische Kinder- und Jugendlichenpsychotherapie in Berlin. Arbeitsschwerpunkte: Pädiatrische Immunologie, Geschichte der Psychotherapie und Psychosomatischen Medizin.